스승이 필요한 시간

스승이 필요한 시간

홍승완 지음

구본형(具本亨) 사부에게

좋은 스승은 거울도 되고 창문도 되어주지.

그들은 거울을 통해 우리 자신을 비춰 보게 하고,

창문을 통해서는 세상을 바라보게 한다.

– 노아 벤샤[1]

스승이 사라진 시대에
스승을 찾는 사람들

이 책을 쓰면서 지인들에게 '스승'이라는 주제를 어떻게 생각하는지 물어보았다. 반응은 50 대 50으로 뚜렷하게 나뉘었다. 절반은 스승의 중요성에 공감하면서 사람과 사람의 만남에 관한 이야기라면 흥미롭겠다고 했다. 다른 절반은 부정적인 반응을 보였는데 이유는 크게 두 가지였다. 하나는 '스승이 사라진 시대'에 왜 굳이 스승을 이야기하느냐는 것이었다. 요즘에 누가 스승에 관한 책을 읽겠는가, 팔리지 않는다는 주장이었다. 다른 이유는 멘토나 코치처럼 '있어 보이는' 단어를 놔두고 왜 하필 잘 사용하지 않는 스승이라는 낡은 표현을 쓰느냐는 지적이었다.

한번 생각해볼 만하다. 정말로 우리는 스승이 사라진 시대를 살고 있을까? 그럴지도 모른다. 뉴스는 무너져가는 공교육을 말하고, 학부모와 학생의 교육 만족도는 낮으며, 교사의 권위도 전례 없이 추락하고 있다. 대학도 사정은 크게 다르지 않다. 대학(大學)은 이름 그대로 큰 학문의 전당이 아닌 취업 준비 기관으로 빠르게 바뀌고 있다. 대학 구성원 모두가 학과 선택부터 수업 내용, 학사 시스템까지 취업과 커리어에 매달리고 있는 실정이다. 학생이 교수를 보는 시선도 학점 취득과 취직에 도움이 되는지를 일차적으로 보는 경우가 태반이다. "선생은 있어도 스승은 없고 학생은 있지만 제자는 없다"는 말이 허투루 들리지 않는 현실이다.

교육의 위기가 스승의 부재를 초래했을까? 아니면 스승의 부재가 교육의 위기를 가져왔을까? 분명 둘 다 서로에게 어느 정도 영향을 미쳤을 것이다. 교육의 위기와 스승의 부재가 서로 밀고 끌며 악순환을 거듭하고 있는 것으로 보인다. 그런데 관점을 조금 바꿔서 볼 필요도 있다. 나는 교육의 위기가 스승의 중요성을 희석시킬 수 없을뿐더러 스승의 부재 또한 스승의 무용함을 의미하지 않는다고 생각한다. 요컨대 스승이 사라졌다는 것이 스승이 불필요하다는 뜻은 아니다. 오히려 현실은 정반대에 가깝다.

최근 몇 년 사이에 케이블 방송을 비롯해 많은 매체에서 다수의 멘토 특강을 정기적으로 진행해왔으며, 다양한 형태의 멘토링 프로그램이 점점 늘고 있다. 또한 성인을 위한 교육 프로그램도 무슨무슨 '학교' 또는 '수업'이라는 이름을 달고 우후죽순 생기고 있다. 10년 전만 해도 볼 수 없던 현상이다. 코칭과 멘토링을 포함한 교육·강연 시장도 꾸준히 성장하고 있다. 그래서 누군가는 오늘날을 '멘토와 힐링의 시대'로 규정하기도 한다.

이쯤에서 이렇게 묻고 싶은 분들도 있을 것이다. "그렇다고 해도 사람들이 스승이라는 단어를 사용하지 않게 된 건 사실이지 않은가?" 맞다. 스승은 점점 입에 담지 않는 표현이 되어가고 있다. 얼마 지나지 않아 오래된 책에만 남게 될지도 모른다. 하지만 속단하기는 이르다. 우선 스승을 대체하고 있는 표현부터 살펴보자.

최근에 우리는 스승보다 멘토와 코치라는 외래어에 더 익숙하다. 기본적으로 멘토와 코치는 지식과 기술을 가르치고 모범을 보이고 잠재력을 이끌어내는 사람이다. 이것은 다름 아닌 스승이 하는 일이다. 즉 스승은 멘토와 코치의 역할을 포괄한다. 서점에 가보면 스승에 관한 책은 적을지 모르지만 멘토링과 코칭 관련 서적은 따로 모아놓았을 정도로 많다. 멘토링과 코칭은 자기계발과 기업 교육에서 인기 있는 주제이기도 하다. 이는 스승을 가리키는 표현은 달라졌을지 모르지만 스승이 하는 역할은 여전히 중요하다는 사실을 보여준다.

그렇다면 왜 이 책은 멘토나 코치가 아닌 굳이 스승이라는 단어를 사용할까? 스승이 고리타분하게 보이는 반면에 멘토나 코치는 세련되게 들리는데 말이다. 여기에도 분명한 이유가 있다.

스승과 멘토와 코치는 비슷한 듯하면서도 다르다. 엄밀히 말하면 멘토와 코치도 서로 차이가 있지만 둘 다 특정한 문제 해결이나 기술 습득, 다양한 조언에 초점을 맞추는 경향을 가진다. 그래서 코치와 멘토는 한 분야의 풍부한 지식과 경험을 갖춘 전문가이자 조언가인 경우가 대부분이다. 그에 비해 이 책에서 말하는 스승은 존재와 존재의 만남, 삶을 함께 나누는 관계로서 지식과 기술을 가르치는 차원을 넘어선다.

참된 스승은 '진정한 나를 찾아 떠나는 길'로 인도한다. 우리 각자의 잠재력과 소명은 저 밖에 있지 않다. 그것은 궁극적으로 내 안에 있다.

이것이 모든 사람이 스스로를 탐구해야 하는 이유이고, 스승이 제자를 내면의 길로 안내하는 까닭이다. 또한 스승은 제자가 앞으로 개척해나가야 하는 외면의 길을 보여준다. 즉 스승은 제자가 앞으로 실현해야 할 모습을 상징적으로 대표하는 역할 모델(role model)이기도 하다. 그래서 스승은 제자의 내적 성숙뿐만 아니라 외적 성장에도 큰 도움을 준다.

한 사람이 스승에게 배우는 형태는 크게 사사(師事)와 사숙(私淑)으로 구분할 수 있다. 사사는 스승을 직접 만나서 가르침을 받는 방식이고, 사숙은 만날 수 없는 스승을 책과 작품 등을 통해 배우며 마음으로 본받는 것이다. 대면 만남이 원칙인 멘토링과 코칭은 사사에 속한다. 전화나 온라인으로 이뤄지는 코칭과 멘토링도 실시간 만남이라는 점에서 사사에 해당한다. 그런데 직접 얼굴을 마주해야만 배움이 가능한 건 아니다. 실제로 만날 수 있는 스승만 선택해야 하는 것도 아니다. 오히려 누군가를 사숙할 때 창의적인 관계를 맺을 수 있고 더 자유롭게 배울 수 있다. 이 책에서 사사와 함께 사숙을 중요하게 다루는 이유다. 오해하지 않았으면 한다. 코치와 멘토가 중요하지 않다는 말이 아니다. 스승은 코치와 멘토를 포괄하는 존재이며, 점점 낯설어지고 있는 스승이라는 표현을 이 책에서 사용하는 이유를 말하고 싶었다.

한 사람은 살아가면서 수많은 만남을 통해 삶을 일구고 성장한다. 만남의 대상은 책과 영화, 자연과 일 등 다양한데 그중에서도 가장 중요한 건 사람이다. 우리가 한평생 경영하는 일의 절반 이상이 사람 사이에서 일어난다. 삶에서 펼쳐지는 다채로운 인간관계 중에서도 나는 스승과의 만남에 특히 주목한다. 세 가지 이유가 있다.

첫째, 나 자신이 스승에게 큰 영향을 받았다. 나는 어떤 주제를 책으로 쓸지 말지 결정할 때 스스로에게 세 가지 질문을 던진다. '쓰고 싶은가? 쓸 수 있는가? 써야만 하는가?' 지금껏 일곱 권의 책을 쓰면서 첫 질문과 두 번째 질문을 중시했다. 스승도 열정에 불을 당긴 주제이고 쓸 수 있다는 자신감도 있었지만, 무엇보다 나는 이 책을 써야만 했다. 아니, 쓸 수밖에 없었다. 나의 스승을 빼놓고는 지금의 나를 이야기하기 어려울 정도로 스승은 삶에 결정적인 영향을 미쳤다.

둘째, 사람은 사람에 의해 바뀌는데 가장 주요한 변화 요인이 스승이다. 다양한 분야에서 많은 스승과 제자의 이야기를 살펴보면서 내 경우가 예외가 아님을 알게 되었다. 많은 이들이 삶의 길에서 스승을 만나 인생에 새로운 전기를 마련했다. 그리고 지금도 많은 사람이 알게 모르게 좋은 스승을 그리워하고 있다. 이 부분이 중요하며 앞으로 자세히 알아볼 것이다. 다만 여기서는 진정한 스승은 보통의 선생이나 조언가 이상의 역할을 한다는 점만 밝혀두겠다.

셋째, 좋은 스승만 한 '인생 교과서'가 없다. 훌륭한 스승은 그 자체가 최고의 학교다. 인도의 탁월한 불교학자이자 명상가인 아나가리카 무닌드라(Anagarika Munindra)는 단 한 번도 본인 소유의 절이나 수행 공간을 가진 적이 없다. 대신에 그가 머무는 곳이 곧 교육의 장소였다. 무닌드라 자신이 하나의 학교였기에 제자들은 그가 있는 곳이라면 어디서든 배울 수 있었다. 이것은 종교나 영성에만 적용되는 게 아니다. 영성과 거리가 멀어 보이며 신체와 기술에 크게 의존하는 스포츠에서도 스승의 중요성은 변함이 없다. 케냐의 한적한 마을 이텐(Iten)은 세

11

계적인 마라토너와 장거리 육상선수를 유독 많이 배출해서 달리기의 성지(聖地)로 불린다. 최첨단 설비나 경기장도 없는 시골인데 세계 곳곳에서 수많은 육상인이 모여든다. 이곳에 브라더 콤(Brother Colm)이라 불리는 전설적인 코치가 살기 때문이다. 그는 아일랜드 출신으로 '케냐 마라톤의 대부'로 불린다. 브라더 콤은 1960대 후반부터 케냐에서 지도를 시작했고 지금까지 25명이 넘는 세계 육상 대회 챔피언과 4명의 올림픽 금메달리스트를 키워냈다.

하나만 더 예를 들어보자. 권투 역사에서 최고의 라이트급 선수로 불리는 로베르토 듀란(Roberto Duran)은 뛰어난 복서 트레이너인 레이 아르셀(Ray Arcel)을 만나 새로운 차원의 복싱에 눈을 떴다. 투쟁심과 '돌주먹'을 가졌지만 정교한 기술과 차별적 전략, 성숙한 멘탈이 부족했던 듀란은 아르셀의 지도를 받으며 자신만의 복싱 스타일을 완성해나갔다. 젊은 시절 듀란은 "어느 학교에 다니냐?"는 질문에 이렇게 대답했다.

"레이 아르셀". 훌륭한 스승은 그 존재 자체가 학교다.

스승이라는 호칭은 죽은말이 되어 사라질까? 스승은 진부한 존재로 전락할까? 그렇지 않다! 스승을 부르는 표현은 달라질지언정 본질은 변하지 않는다. 지금처럼 불안하고 혼란스러운 시절일수록 사람들은 참스승을 더욱 그리워한다. 다른 사람이 아닌 스스로에게 물어보라.

'나에게는 스승이 필요한가?'

'좋은 스승을 만나고 싶은가?'

차례

스승은 제자의 오래된 미래

스승의 호랑이 눈이 나를 꿰뚫어보면,
나는 내 운명을 인식하고
몸 안에서 화염이 느껴지는가 하면 얼음이 느껴진다.

– 헤르만 헤세[1]

인도에서 전해 내려오는 동물 우화 중에 이런 이야기가 있다.

새끼를 밴 암호랑이 한 마리가 초원을 배회하고 있었다. 호랑이는 며칠 채 먹이를 구하지 못해서 몹시 굶주린 상태였는데, 마침 푸른 초원에서 풀을 뜯고 있는 염소 떼가 눈에 들어왔다. 배고픔에 지친 호랑이는 염소들을 향해 있는 힘껏 달려들었다. 하지만 너무 흥분한 탓일까. 호랑이는 갑작스럽게 산기(産氣)와 함께 극심한 통증을 느꼈다. 결국 암호랑이는 새끼를 낳고 기력이 다해 죽고 말았다.

호랑이에 놀라 흩어졌던 염소 떼가 초원으로 돌아와 보니 죽은 어미 옆에 아기 호랑이가 울고 있었다. 양육 본능이 강한 염소들은 아기 호랑이를 가엽게 여겨 대신 돌보았다. 염소들과 함께 살면서 호랑이는 염소의 말을 배우고, 부드러운 목소리로 음매하고 울었다. 풀을 뜯어 먹는 법도 익혀서 처음에는 뾰족한 이빨로 풀잎을 씹기가 쉽지 않앉지만 조금씩 적응해나갔다. 하지만 풀이 호랑이에게 좋을 리 없어서 몸이 마르고 연약했다. 그렇게 새끼 호랑이는 스스로를 염소로 여기며 살았다.

그러던 어느 날, 새끼 호랑이가 사춘기에 접어들 무렵 큰 수컷 호랑이가 나타나 염소 떼를 공격했다. 염소들은 혼비백산하여 뿔뿔이 도망쳤다. 하지만 아직 어리고 허약한 새끼 호랑이는 도망도 못 가고 멍하니 서 있었다. 그런데 이상하게도 새끼 호랑이 눈에는 큰 호랑이가 그렇게 무섭지 않았다. 하지만 그것도 잠시. 정신을 차리고 보니 주변에 다른 염소가 보이지 않았고 몹시 두려워졌다.

돌처럼 굳은 새끼 호랑이를 보고 큰 호랑이도 깜짝 놀랐다. 염소 떼 속 호랑이라니. "넌 뭐야, 염소들하고 같이 살고 있는 거야?" "음매." 새끼 호랑이가 울었다. 큰 호랑이는 녀석을 정신 차리게 해야겠다 싶어서 살짝 몇 대 때렸다. 하지만 새끼 호랑이는 잔뜩 움츠린 채 계속 염소 소리를 내며 풀만 씹어댔다. "이 녀석아 뭘 먹고 있는 거야?" "음매." 새끼 호랑이가 애원하듯 울었다. "어쩌자고 그런 비실비실한 소리를 내고 있는 게냐?" 큰 호랑이는 울화통이 터졌다. 더는 안 되겠다는 생각에 작은 호랑이를 연못으로 끌고 갔다. 그러고는 잔잔한 연못에 들이밀었다. 새끼는 처음으로 자신의 본모습을 보았다. 큰 호랑이는 자기 얼굴을 그 옆에 갖다 대고 말했다.

"이것 봐. 네 얼굴이 내 얼굴이랑 비슷하지? 넌 염소가 아니야. 나와 같은 호랑이라고. 알았어? 네 진짜 모습을 잊지 마라. 넌 호랑이로 살아야 해."

새끼 호랑이는 물에 비친 두 모습을 번갈아 보면서 몹시 혼란스러

16

위겼다. 큰 호랑이는 새끼를 자기 동굴로 데려가서 피가 뚝뚝 떨어지는 고기 한 덩어리를 던져 주었다. 얼마 전에 잡은 영양 고기였다. "자, 먹음직스럽지? 마음껏 먹어봐." 큰 호랑이가 고기를 한 입 베어 먹으며 말했다. 새끼 호랑이는 놀라서 주춤했다. "저는 채식주의자인데요." "헛소리하지 말고!" 큰 호랑이가 고기 토막을 집어서 새끼의 목구멍 안으로 쿡 찔러 넣었다. 새끼 호랑이는 숨이 막혀 캑캑거렸다. "씹어라. 호랑이는 도망치지도 못하는 풀 따위는 먹지 않는다. 달려들어 생명을 잡아먹고 그 생명으로 살아가는 것이다."

새끼는 고기를 처음 먹어본 탓에 삼키기가 쉽지 않았다. 하지만 일단 삼키고 나자 한 번도 접하지 못한 색다른 맛을 느꼈다. 다시 고기를 크게 한 입 물었다. 풀로는 채울 수 없는 포만감이 느껴졌다. 어느새 새끼는 고깃덩이를 몸속으로 받아들이고 있었고, 안에서부터 힘이 용솟음치듯 퍼져나갔다. 새끼 호랑이는 입맛을 쩍쩍 다시며 혀로 입 언저리를 핥았다. 몸을 펴고 등을 세우고, 마침내 진짜 호랑이다운 기지개를 켜며 포효했다. 자기도 모르게 나온 첫 포효였다. 호랑이의 몸에서 염소라는 과거가 뚝 하고 떨어져 나갔다. 드디어 염소의 탈을 벗고 호랑이로 거듭난 것이다. 큰 호랑이가 말했다.

"그거야. 이제 너도 제대로 된 거야. 따라오너라. 이제 숲으로 들어가서 호랑이답게 살아보자."[2]

나는 이 동물 우화를 신화학자 조지프 캠벨(Joseph Campbell)의 책에서 읽었다. 캠벨에게 이 이야기를 들려준 사람은 그가 '나의 마지막 구루(Guru: 힌두교에서 스승을 일컫는 말)'라고 부른 인도학자 하인리히

17

짐머(Heinrich Zimmer)이다. 짐머와 캠벨이 이야기를 자기 입맛에 맞춰 각색한 것처럼 나도 내 식대로 조금 다듬었지만 핵심 메시지는 동일하다. 제자가 자신의 진정한 모습을 자각할 수 있도록 돕는 게 스승의 역할이다. 큰 호랑이가 새끼 호랑이를 연못으로 데려가 자기 본모습을 알게 해준 것처럼. 캠벨은 한 인터뷰에서 말했다.

"이것이 스승이 하는 일이다. 내 모습을 마음에 새겨라. 너는 네가 누구인지 알게 되리라."

스승이 큰 호랑이라면 제자는 염소처럼 살아가는 어린 호랑이다. 제자는 아직 자신의 참모습을 모르고 있다. 스승은 제자의 진면목을 알아보고 '올바른 먹이'로 일깨워준다. 이 먹이를 소화하는 건 처음에는 쉬운 일이 아니지만 제자는 끌린다. 내면의 본성과 통하기 때문이다. 물론 스승을 만난다고 해서 모든 문제가 눈 녹듯 사라지지는 않는다. 사람은 그렇게 간단한 존재가 아니고 인생 역시 그 정도로 만만하지 않다. 하지만 좋은 스승과 함께하면 일반적인 문제 해결이나 보통의 학습을 넘어서는 아주 특별한 일이 일어난다. 확신하건대 다른 어디에서도 구할 수 없는 보물을 찾을 수 있다.

그게 뭐냐고? 먼저 스승의 가르침은 믿을 수 있는 지침이고, 앞서 걸어간 스승의 발자취는 영감을 주는 모범이다. 스승은 중요한 질문을 일깨워주고 화두(話頭)를 제시하고 실마리를 제공한다. 무엇보다 '나'란 존재와 인생을 탐험하는 방법을 알려준다.

예로부터 많은 현자들이 제자가 준비되면 스승이 나타난다고 말했다. 조금 다르게 말하면 새끼 호랑이가 보통 염소들과 달리 큰 호랑이를 보고 낯설어도 친근감을 느꼈듯이 제자는 자신의 본모습과 상통하는 스승에게 끌린다. 처음에는 인식하지 못할 수 있지만 무의식적으로 스승에게서 자신의 잠재력을 보기 때문이다. 염소처럼 살고 있는 새끼 호랑이가 진짜 호랑이로 거듭나기 위해서는 큰 호랑이가 필요하다. 우리 안의 가능성을 계발하기 위해서도 그런 인물이 필요하다.

———

스승은 제자의 '오래된 미래'다.
스승이라는 존재는 제자가 발견해야 할 본연의 나를 암시하고,
스승의 삶은 제자가 열어야 할 새로운 삶의 모델을 보여준다.
어떤 스승에게 배우냐에 따라
미래의 나와 나의 미래가 완전히 달라질 수 있다.

스티브 잡스에게도 스승이 있었을까?

스승은 학자나 예술가에게만 필요한 것이 아니다. 삶의 길 위에 있는 누구에게나 스승이 필요하다. 인류 역사에는 스승을 만나 새롭게 삶의 문을 연 사람들의 이야기가 별처럼 반짝이고 있다. 그렇다면 누구도 모방하지 않을 것 같은 혁신적인 인물에게도 스승이 필요할까? 가령 스티브 잡스(Steve Jobs)에게도 스승이 있었을까?

잡스는 IT 시대를 선도한 대표적인 혁신가다. 현대인의 생활을 바꾼 매킨토시와 아이폰, 아이튠즈 스토어 같은 상품의 탄생을 주도했고, 컴퓨터와 스마트폰과 음악 시장을 포함해 여러 분야에서 근본적인 변화를 선도했다. 그 정도로 독창적인 인물이기에 스승이나 역할모델이 없

을 거라 여기기 쉽다. 나도 처음에는 그렇게 생각했다. 그런데 잡스에 관해 알아보니 사실은 정반대에 가까웠다. 그에게도 존경하는 인물이 있었다. 그것도 한 명이 아닌 여러 명이었다. 그는 삶에 큰 영향을 미친 사람을 '성자(saint)' 혹은 '마음속 영웅(hero)'이라고 불렀다. 잡스가 존경한 인물 중 세 사람이 특히 눈에 띈다. 에드윈 H. 랜드(Edwin H. Land), 밥 딜런(Bob Dylan), 오토가와 고분 치노(乙川弘文).

2010년, 잡스는 아이패드와 아이폰4를 발표하는 자리에서 오랫동안 가슴에 품고 있던 화두를 제시했다. "애플은 늘 기술과 인문학의 경계에 서 있습니다." 잡스의 경영 철학이라 할 만한 이 화두에 결정적인 영향을 미친 사람이 에드윈 H. 랜드이다. 내가 조사한 바로는 수많은 기업가 가운데 잡스가 가장 존경한 인물이다. 에드윈 랜드는 물리학자이자 즉석필름 카메라를 개발한 발명가이고, 폴라로이드(Polaroid)를 창업한 기업가이기도 하다.

잡스는 랜드가 광학을 비롯한 최신 과학기술과 사진이라는 예술을 결합해 시대를 앞서간 제품을 발명하고 직접 회사를 경영했다는 점에 끌렸다. 그는 랜드를 '국보'로 표현하며 "랜드는 자신의 회사가 예술과 과학이 만나는 지점에 서기를 바랐다. 나는 결코 그걸 잊은 적이 없다"고 말했다. 잡스는 자신의 전기(傳記)를 집필한 월터 아이작슨(Walter Isaacson)과 인터뷰하면서 어릴 적부터 인문학과 전자공학에 관심을 가졌다면서 덧붙였다.

"어느 날 저의 영웅 중 한 명인 폴라로이드 사의 에드윈 랜드가 한 말을 읽었어요. 인문학과 과학기술의 교차점에 설 수 있는 사람들의 중요성에 관한 것이었는데, 그걸 읽자마자 저도 그런 사람이 되고 싶다고 결심했지요."[3]

에드윈 랜드는 종래의 상식이나 선입견을 깨는 데도 주저함이 없었다. 그는 폴라로이드를 경영하면서 미국 매사추세츠 주에 위치한 스미스칼리지(Smith College)에서 예술사를 전공한 여성 졸업생들을 채용했다. 당시, 그러니까 1940년대와 1950년대에 엔지니어링 업무에 여성이 종사하는 경우는 드물었다. 더욱이 예술사 전공자에게 기술직을 맡기는 기업은 전무하다시피 했다. 랜드의 새로운 시도는 조직에 다양성과 창의력을 높이는 자양분을 제공해 히트 제품을 연이어 개발하는 데 한몫했다.

"엄연히 중요하면서도 달성이 거의 불가능한 목표가 아니라면, 시작도 하지 마라."

누가 한 말 같은가? 처음에 나는 잡스가 할 법한 말이라고 생각했는데, 주인공은 랜드였다. 하지만 자신의 말을 너무 맹신한 걸까. 1980년에 랜드는 즉석영화 장치를 개발하려다 실패했고 자신이 세운 회사에서 물러난다. 랜드의 제품은 비디오테이프와의 경쟁에서 밀렸고, 회사는 그에게 투자 실패의 책임을 물었다. 잡스는 이 소식을 듣고 마치 자신에게 일어난 일처럼 분노했다. "그가 한 일이라곤 그저 몇 백만 달러를 날린 것뿐인데, 저 사람들이 그의 회사를 빼앗아버린 겁니다." 잡스의 말이다. 그런데 그로부터 5년 후 잡스도 랜드처럼 본인이 만든 회사에서 쫓겨난다. 우연치고는 참 묘하다.

1988년 10월, 잡스는 애플과 결별하고 새로 창업한 회사 넥스트(NeXT)의 첫 컴퓨터를 소개하는 자리에서 말했다. "나의 영웅 중에는 폴라로이를 설립한 에드윈 랜드 박사가 늘 있었습니다. 그는 폴라로이드가 예술과 과학이 만나는 곳에 서기를 바란다고 했죠. 저희는 넥스트에 대해서도 똑같은 느낌을 갖습니다.” 기업가로서 잡스가 지향한 바를 다시 확인할 수 있는 대목이다.

이후의 이야기는 길게 설명할 필요도 없을 것 같다. 널리 알려져 있듯이 우여곡절을 겪긴 했지만 잡스는 랜드로부터 스스로 물려받은 비전에 몰두하여 스승을 능가하는 성공을 일궈냈다. 아이작슨이 쓴 〈스티브 잡스〉의 끝부분을 보면 잡스가 죽음을 예감하며 무엇이 자신의 유산이 되기를 바라는지 직접 정리한 글이 실려 있다. 잡스는 랜드를 떠올리며 인문학과 과학기술의 교차점을 얘기한다. 삶의 끝자락에서도 자신의 영웅을 마음에 품고 있었던 것이다.

그리고 이 글에는 잡스가 영웅이라 부른 또 한 명의 인물이 등장한다. 바로 가수 밥 딜런이다. 전해지는 이야기에 따르면 잡스가 다른 사람 앞에서 너무 긴장해서 말문이 막힌 적은 딜런을 만났을 때뿐이라고 한다. 너무 거침없이 사람을 상대해서 문제를 일으키곤 했던 잡스가 그토록 긴장한 이유는 무엇일까? 그의 말을 들어보자.

“그는 제 영웅이었어요. 그래서 굉장히 긴장했지요. 언제나 그는 제 영웅입니다. 그를 흠모하는 마음은 세월이 흐르면서 더욱 깊어졌어요.”[4]

잡스에게 밥 딜런은 그저 유명한 가수가 아니었다. 그에게 딜런의 노래는 작품이었고, 아무도 대체할 수 없는 예술가였으며, 자신의 음악 세계를 끊임없이 진화시킨 혁신가의 모범이었다. 딜런은 가수이면서 작곡가이고, 자신이 쓴 노랫말로 노벨문학상을 받은 빼어난 싱어송라이터(singer-songwriter)이니 잡스의 찬탄이 과장은 아니다.

2016년 스웨덴 왕립과학원 노벨상위원회는 '미국 음악 전통 안에서 새로운 시적 표현을 창조해낸' 공로로, 가수로서는 최초로 밥 딜런에게 노벨문학상을 수여한다고 밝혔다. 위원회는 그를 영어권의 위대한 시인 존 밀턴(John Milton)과 윌리엄 블레이크(William Blake)에 견주면서 그의 노래를 '귀를 위한 시(poetry for the ear)'라고 극찬했다. 잡스가 살아서 이 소식을 들었다면 격하게 공감하며 기립 박수를 보냈을 것이다. 잡스는 자신도 작품을 창조하는 예술가로서 딜런의 노래처럼 완벽한 뭔가를 만들겠다는 비전을 늘 마음에 품고 있었다.

잡스는 십대 때부터 죽기 전까지 밥 딜런의 노래를 듣고 또 들었다. 그의 아이팟과 아이패드에 가장 많은 노래가 저장된 가수도 물론 딜런이다. 팬 수준이 아닌 '밥 딜런 전문가'로 손색이 없었다. 그의 노래는 일종의 고전(classic)이기 때문에 젊은 세대가 꼭 들을 가치가 있다고 잡스는 생각했다. 그래서 기꺼이 디지털 시대에 딜런을 소개하는 역할을 하고 싶었고 실제로 그렇게 했다. 그는 딜런을 직접 만난 후 대담한 계획을 세웠는데, 700곡이 넘는 딜런의 모든 노래를 담은 디지털 패키지 세트를 아이튠스 스토어에서 판매하기로 결정한 것이다. 또한 그를 설득하여 2006년 아이팟 텔레비전 광고를 통해 새 앨범 〈모던 타임스(Modern Times)〉의 발매를 알렸다. 아이튠스 스토어와 아이팟 마케팅 덕분에 딜런은 젊은 세대에게 다가갈 수 있었고, 1976년 이후 처음으로 빌보드 앨범차트 1위에 올랐다.

잡스는 밥 딜런에게 배운 한 가지로 '창조적 진화'를 꼽는다. 딜런은 자신을 스타덤에 올려놓은 포크송과 저항 가요에 머물지 않고 끊임없이 새로운 음악을 모색했다. 달리 말하면 성공에 안주하지 않고 도전하고 실패를 감수하고 시행착오에서 배우며 성장했다는 뜻이다. 실제로 그는 통기타를 버리고 전기기타를 들고 로큰롤을 시도하고, 이후에는 컨트리 음악과 블루스 등으로 음악적 변신을 거듭했다. 나중에는 이 모든 것을 자유롭게 결합한 독특한 스타일로 본인의 음악을 쇄신해 나갔다.

잡스는 "태어나느라 바쁘지 않으면 죽느라 바쁠 수밖에 없다"는 딜런의 말을 인용하며 도전과 진화야말로 언제나 자신이 노력하며 시도한 모든 것이라고 힘주어 말했다. 커다란 혁신을 주도하기 위해서는 온갖 위험을 무릅쓰고 끊임없이 나아갈 줄 알아야 하는데 딜런에게서 그 모범을 보았던 것이다.

1974년 열아홉 살의 잡스는 인도에서 7개월 동안 순례 여행을 한 적이 있다. 가볍게 떠난 여행이 아니었다. 많은 구루와 영성으로 충만한 인도에서 '나는 누구인지, 어떻게 살아야 하는지' 답을 찾고 싶었다. 인도는 미국과 거의 정반대에 위치한 문화를 맛보게 해주고 강렬한 체험의 장을 제공했다. 하지만 간절히 원했던 깨달음은 얻지 못했다. 잡스는 미국으로 돌아오면서 이제 다른 방법을 찾아야겠다고 생각하던 차에 운명처럼 선불교(禪佛敎)를 만났다.

잡스는 자신이 사는 동네에 있는 선원(禪院)에서 오토가와 고분 치노를 만나 선불교에 입문했다. 고분 치노는 그저 그런 선승(禪僧)이 아니었다. 일본의 승려 가문에서 태어나 교토대학교에서 소승불교(小乘佛敎)로 박사학위를 받은, 이론과 체험을 겸비한 수행자였다. 또한 그는 선불교를 미국에 전파하는 데 크게 공헌한 선의 대가 스즈키 순류(鈴木俊隆)의 제자이기도 했다.

훗날 불교와의 만남을 인생에서 가장 중요한 사건 중 하나로 꼽을 만큼 그는 선불교에 푹 빠졌다. 스스로도 그렇고 주변 사람들도 잡스가 오랫동안 열성적인 선(禪) 수행자였다고 입을 모은다. 실제로 잡스는 남은 인생 전부를 선불교에 바치는 걸 고민했고 일본의 한 절을 수행처로 정해두기도 했다. 삶을 바꿀 이 문제를 고분 치노와 상의했고, 스승은 사회생활을 하며 영적 생활도 할 수 있다며 만류했다. 한동안 잡스는 거의 매일 고분 치노를 찾아가 선불교와 명상을 익혔다. 잡스는 말했다.

"고분과 만나는 시간은 제게 대단히 의미심장한 경험이었습니다. 그래서 가급적 많은 시간을 그와 함께 보내려 노력했지요."[5]

잡스는 고분 치노가 가르치는 선원에서 열성적으로 선을 공부했다. 고분 치노는 명상을 지도하는 중에 참가자가 질문하면 그 순간 마음속에 떠오르는 답을 하곤 했는데, 대부분 은유적인 표현으로 짧게 말했다. 잡스는 어떤 질문에도 막힘없이 직관적으로 답하는 스승의 능력에 감탄했고 나중에는 열심히 모방했다. 일종의 선문답(禪問答) 같은 스승의 화술은 잡스의 독특한 커뮤니케이션 스타일에 녹아들었다. 이 점은 그의 연설 또는 애플의 광고를 통해 유명해진 '여정이 보상이다(The journey is the reward)' '해적이 되자(Let's be pirates)' '다르게 생각하라 (Think different)' 등의 메시지에도 잘 드러난다.

잡스는 영적 깨달음을 열정적으로 추구하되 그것을 종교가 아닌 삶에서 구체적으로 펼쳐내기를 꿈꿨다. 그런 잡스에게 선불교는 내면세계부터 라이프 스타일, 디자인과 제품 개발, 회사 경영에 이르기까지 광범위하게 영향을 미쳤다. 그 자신도 인정했듯이 선 수행을 통해 자신의 강점인 직관과 집중력, 단순화 능력을 키웠으며, 특유의 미니멀리즘에 바탕을 둔 미의식도 선불교에서 지대한 영향을 받았다. 고분 치노와 잡스의 관계는 오랫동안 이어졌다. 일례로 잡스는 결혼하며 주례를 고분 치노에게 부탁했다. 둘이 인연을 맺은 지 17년이 지난 후의 일이다. 주례를 아무에게나 맡기는 사람은 없다. 애플을 떠나 창업한 회사 넥스트의 공식 멘토 역할을 고분 치노에게 부탁하기도 했다. 그가 고분을 어떻게 생각했는지 짐작할 수 있다.

정리하면 잡스에게 에드윈 H. 랜드는 인문학과 과학기술을 결합한 역할모델이었고, 밥 딜런은 완벽한 작품을 창조하는 예술가의 본보기였다. 고분 치노는 그를 선불교와 명상의 세계로 인도한 영적 스승이었다. 이 세 사람은 잡스의 마음을 사로잡았고 그의 인생에 지울 수 없는 영향을 미쳤다.

'마음속 영웅'은 잡스에게 어떤 영향을 미쳤을까?

스티브 잡스의 이야기를 통해 우리는 혁신가에게도 스승이 필요하다는 점과 역할모델이 한 사람의 삶에 미치는 파급력을 확인할 수 있다. 그렇다면 마음속 영웅들은 잡스에게 구체적으로 어떤 영향을 미쳤을까? 두 가지로 요약할 수 있는데, 잡스의 2005년 6월 스탠퍼드대학 졸업식 연설에서 첫 번째 답을 찾을 수 있다.

"앞을 보면서 점(dots)을 연결할 수는 없습니다. 뒤를 돌아보면서 연결할 수 있을 뿐이지요. 그러므로 점들이 미래에 어떤 식으로든 연결된다는 걸 믿어야 합니다. 여러분은 뭔가를 믿어야 합니다. 여러분의 직감, 운명, 인생, 카르마(karma) 등 그게 무엇이든 말이죠. 이런 삶의 방식은 저를 실망시킨 적이 없습니다. 그리고 제 인생을 완전히 달라지게 했습니다."[6]

스승이야말로 중요한 '점'이 될 수 있다. 실제로 잡스에게 마음속 영웅들 각자는 하나의 점이었고 이들은 서로 연결되었다. 특히 잡스의 영웅들은 삶의 방향성을 정립하는 데 중요한 영향을 미쳤다. 사실 잡스는 독특한 개성을 가진 인물답게 하나의 범주에 넣을 수 없는 삶을 살았다. 젊은 시절에 창업하고 삶의 대부분을 비즈니스 세계에서 보냈고, 수십 건의 특허를 가지고 있으며, 수십 년간 명상에 열중했다. 이렇다 보니 기업가, 발명가, 수행자 중 하나의 역할로 그를 규정하기가 어렵다. 오히려 마음껏 넘나들었다. 주목할 점은 잡스가 마음에 품은 영웅들의 조합이 그의 넘나들기를 그대로 반영하고 있다는 점이다. 말 그대로 스승이라는 '점들이 연결(connecting the dots)'된 것이다. 잡스는 예외적인 경우가 아니다. 앞으로 살펴볼 여러 사례에서 스승이 제자의 삶에 미치는 영향을 확인할 것이다.

또 하나, 잡스는 마음속 영웅을 통해 자기 안에 숨은 보물을 발견했다. 영웅들은 각 잠재력의 실현자였고, 잡스가 가진 잠재력의 결실을 생생히 보여주었다. 잡스도 이 점을 잘 알고 이렇게 강조했다.

"자신의 본모습을 기억해내는 방법 중 하나는 자신이 존경하는 마음속 영웅을 떠올리는 것이다."[7]

잡스가 자신의 역할모델을 '마음속 영웅'이라고 부른 데는 절묘한 면이 있다. 사람은 내면에 여러 잠재력을 가지고 있다. 물론 이미 어느 정도 계발해서 능숙한 활동이나 강점도 있다. 하지만 여전히 좋은 자질들이 씨앗과 같은 형태로 남아 있다. 그런데 우리는 자기 안에 존재하는 가능성을 밖으로 투사(projection)하는 경우가 많다. 투사는 내 안에 있는 걸 밖에서 찾는 심리다. 내 안의 좋은 특성을 자기 것으로 받아들이지 않고 이걸 가진 대리인이나 대용품을 찾는 것이다. 왜일까? 왜 내 안에 좋은 것이 있는데 밖에서 헤맬까?

한 가지 이유는 잠재력을 계발하는 과정이 힘들고 번거롭기 때문이다. 언제 끝날지 모를 혹독한 연습생 시절을 견뎌내고 스타가 되기보다는 팬으로 남는 게 더 쉽다. 하지만 이런 투사는 오래가지 않는다. '환상 속의 그대'는 현실이 아니고, 환상은 깨지기 마련이다.

투사에 의해 팬으로만 지내다 보면 이런저런 이유로 시들해지거나 어느 순간 스타에게 실망하게 된다. 그러면 다른 투사 대상을 찾아 나선다. 이런 과정이 거듭되면 정작 '진정한 나'와는 점점 멀어진다. 그렇다고 투사가 나쁘기만 한 건 아니다. 오히려 투사는 내 안의 보물을 발견하는 기회를 제공한다. 잡스의 말을 조금 바꿔서 표현하면 나의 잠재력을 발견하는 방법은 내가 존경하는 마음속 영웅을 떠올리는 것이다. 그러니까 사과 열매 안에 그 씨앗이 자리하고 있듯이 존경하는 영웅에게 나를 비추어 보면 내 안의 빛나는 씨앗을 발견할 수 있다.

언젠가 잡스는 아이작슨과 인터뷰 중에 밥 딜런에게 존경을 표하며 젊은 나이에 어떻게 그토록 대단한 일들을 해냈는지 모르겠다고 했다. 잡스를 좋아하는 이들은 같은 감탄을 그에게 할 것이다. 잡스가 세상을 바꾼 혁신의 아이콘이 될 수 있었던 비결은 무엇일까? 그를 연구하며 내가 찾은 답은 잡스의 마음속 영웅들이 그의 잠재력을 일깨우고 삶에 영감을 주었으며, 잡스는 존경하는 영웅의 팬으로 남지 않고 그들을 본받아 자신을 열심히 연마했다는 점이다.

에드윈 H. 랜드의 말에서 가슴을 뛰게 하는 꿈을 발견하고, 여러 역할을 넘나드는 랜드에게서 미래의 자신을 보았다. 밥 딜런의 노래를 들으며 복제 테이프를 만들거나 숭배하는 차원을 넘어 자신에게도 예술적 감성이 있음을 깨달았고, 오토가와 고분 치노에게서 선불교와 명상을 익히며 그의 모습에서 자기 안의 수행자를 찾았다. 요컨대 잡스는 세 명의 스승을 본보기 삼아 자기 안의 다이아몬드 원석을 발굴하고 치열하게 세공해 찬란한 보석으로 만들었다. 기억하자. 밖에서 만난 본보기는 내 안에 숨어 있는 본모습을 비춘다.

———

자신에게 영감을 주는 스승을 찾아보자.

스승 안에 그대가 있고,

그대 안에 스승이 있다.

스승을 관찰하고 모방하고 힘껏 배우자.

그러면 스스로 바로 설 수 있다.

새로운 인생이 펼쳐진다.

1장

나의 마음속 스승

진정으로 위대한 사람은
'나도 위대한 사람이 될 수 있다'는 확신을 당신에게 심어준다.

– 마크 트웨인(Mark Twain)[1]

한 권의 책으로
시작된 인연

만남은 존재의 모자람 때문에 이루어지는 것이 아니고,
오히려 만남이 존재를 발견하게 한다.

– 마르틴 부버(Martin Buber)[2]

내게는 '사부(師父)'라 부르는 스승이 있다. 변화경영전문가 구본형.

지금부터 우리 두 사람이 어떻게 만났고, 그가 어떤 과정을 거쳐 나의 사부가 되었는지 이야기하려고 한다. 앞에서 유명한 스티브 잡스의 이야기를 소개했는데 이번에는 평범한 사람이 스승과 인연을 맺고 새로운 관계가 펼쳐지는 과정을 들여다보자. 누구에게나 스승이 필요하고 스승에게 배우는 과정은 가치가 있다. 이를 이해하는 데 나 같은 보통 사람의 체험만큼 확실한 증거도 없을 것이다.

나와 구본형의 인연은 한 권의 책에서 시작됐다. 1999년 2월 우연히 책 한 권을 만났다. 당시 나는 열흘에 한 번씩 서점 나들이를 하곤 했는데, 그날도 서점에서 책 구경을 하고 있었다. 신간 코너에서 《낯선 곳에서의 아침》이라는 책이 눈에 들어왔다. 저자 이름은 구본형. 어디선가 본 듯한 이름이었다. 책의 날개에 있는 저자 소개를 보고 의문이 풀렸다. 《익숙한 것과의 결별》의 저자였다. 6개월쯤 전에 서점에서 그 책을 스치듯 만났지만 자기계발서 치고는 이상한 제목이라고 생각하며 지나쳤다.

이번에는 느낌이 달랐다. 당시 내 상황 때문이었을 것이다. 꽤 잘살았던 우리 집의 경제 사정은 1990년대 후반 이른바 'IMF 경제 위기'를 기점으로 급격히 안 좋아졌다. 불안하게 유지되던 가정의 화목은 깨졌고, 부모님이 열심히 쌓아온 재산은 순식간에 사라졌다. 부잣집 막내아들이라는 나의 가면도 벗겨졌다. 가면이 사라진 후의 내 모습은 보잘것없었다.

대학생이었지만 돈을 물 쓰듯 쓰며 밤새 흥청망청 놀기 바빴으며, 무엇을 하고 싶고 잘할 수 있는 게 뭔지도 모르는 철부지였다. 내세울 것 없는 과거는 초라했고, 손쓸 수 없는 문제로 압박해오는 현재는 위태로웠으며, 희망이 보이지 않는 미래는 암울했다. 절망적이었다. 그럼에도 살아야 했기에 절박했다. 정말이지 새로운 인생이 절실한 시기였다. '낯선 곳에서의 아침'이란 책 제목에 눈이 커진 까닭이다.

책을 들고 아무 곳이나 펼쳤다. 한 문장 한 문장이 마음에 와닿았다. 다른 책은 눈에 들어오지 않았고 이 책을 얼른 읽고 싶었다. 바로 사서 집으로 돌아와 읽기 시작했다. 내가 꿈꾸던 흐릿한 미래를 책이 선명하게 보여주고 있었다. 저자의 말이 나를 위한 메시지처럼 다가왔다.

2주 동안 두 번 연달아 읽었다. 이어서 《익숙한 것과의 결별》도 정독했다. 두 달 넘게 이 두 권을 끼고 살았다. 책에 나오는 여러 방법론을 종이에 적고 진지하게 실천하기도 했다. 두 권의 책에는 내가 원하는 변화, 마음을 설레게 하는 전문가의 모습이 담겨 있었다. 그렇게 구본형은 '가장 좋아하는 저자'로 내 마음에 각인되었다.

책으로 시작된 인연은 온라인으로 이어졌다. 1999년 12월 그에게 이메일을 보냈다. 지금 생각하면 당찬 내용이다. "저는 구본형 님처럼 경영 컨설턴트가 꿈입니다. 언젠가 현장에서 만날 수 있겠지요. 그래서 저는 당신을 선생님이 아니라 선배님이라 부르고 싶습니다." 며칠 후 따뜻한 격려를 전하는 답장을 받았다.

2000년 3월 '좋아하는 저자이자 선배'를 실제로 볼 기회가 왔다. 교보문고에서 공개 강연이 열렸다. 나는 스물넷이었고, 공익근무요원으로 출퇴근하며 막바지 군 복무를 하고 있었다. 혹시 인사를 드릴 수 있을까 기대하며 한 벌뿐인 양복을 입고 강연장을 찾았다. 드디어 그의 얼굴을 봤다. 인상이 부드럽고 저음의 목소리가 매력적이었다. 소탈한 웃음과 조금 처진 눈꼬리도 마음에 들었다. 온화하고 편안해 보였다.

강연을 시작하고 그가 강연장을 떠날 때까지 유심히 관찰했다. 구본형은 차분하게 강연을 진행했다. 보통 강사들과 다르게 자료를 스크린에 띄우지 않고 내내 청중을 바라보며 흥미로운 사례와 자기 경험, 명쾌한 메시지를 중심으로 강연을 요리해나갔다. 유머로 청중을 즐겁게 하기보다는 진지하게 강의하는 스타일인 것 같았다.

강연이 끝나고 인사를 건네고 싶었지만 용기가 없었다. 가져간 책에 사인도 받지 못했다. '오늘은 선배님을 직접 뵌 걸로 만족하자'고 스스로를 위로했다.

공개 강연이 있기 직전, 그러니까 2000년 봄이 막 시작될 무렵 마흔여섯의 구본형은 20년간 몸담았던 직장을 나와 '구본형 변화경영연구소'를 만들었다. 그때부터 변화경영연구소 홈페이지는 내 놀이터가 되었다. 공개 강연에 참석하고 얼마 안 되어 나는 군 복무를 마치고 복학을 기다리고 있었다. 점심과 저녁에 어머니가 하던 식당을 돕는 일 말고는 시간이 여유로웠다. 구본형의 책을 반복해 읽었고 변화경영연구소 홈페이지에서 참 신나게 놀았다. 처음에는 몰랐는데 나중에 보니 홈페이지에 글을 가장 많이 올린 사람이 나였다. 홈페이지 주인보다 내 글이 더 많았다.

개설된 지 얼마 안 된 홈페이지에는 방문자가 많지 않았다. 구본형은 매주 두세 편의 글을 올렸다. 나는 그의 글을 기다렸다가 가장 먼저 읽고 댓글을 달았다. 그가 올리는 모든 글을 반복해서 읽었다. 그의 글은 내게 꿈과 희망을 주었다. 내가 꿈꾸는 직업의 살아 있는 증거를 넘어 그처럼 살고 싶다는 바람이 점점 강해졌다. 어느새 구본형은 나의 '역할모델'로 자리 잡았다.

2001년 2월 기대치 않은 선물을 받았다. 그가 친필 사인과 함께 자신의 신간 《그대, 스스로를 고용하라》를 보내준 것이다. 잊지 못할 일이었다. 그해 여름이 시작될 즈음 그에게서 메일 한 통을 받았다. "만나고 싶다"는 것이었다. 전혀 예상치 못한 일이었다. 오래전부터 그에 대한 존경이 커졌지만 개인적으로 만날 수 있으리라 기대한 적은 없다. 나는 늦게 철들어 좌충우돌하고 있는 젊은이였고, 그런 내게 구본형은 정말이지 대단한 사람으로 보였다. 당시만 해도 유명한 책을 쓴 사람을 직접 만날 수 있다고 전혀 생각하지 못했다.

나중에 알았는데 먼저 만나자고 하는 건 그의 스타일이 아니었다. 언젠가 그에게 친구가 "네 홈페이지에 자주 글 올리는 사람이 누구냐?"

고 물었다고 한다. 모르는 사람이라고 답하자 친구가 말했다. "너는 그 사람이 궁금하지 않아? 글을 보니 너랑 나이 차이가 많이 나는 것 같은데, 왜 네 홈페이지에 그렇게 글을 많이 올리는지 궁금하지 않아? 내가 관심을 가질 정도면 너는 더 궁금할 것 같은데." 이 말을 듣고 그는 어떤 녀석인지 한번 만나봐야겠다는 생각이 들었다고 한다. 이 사실을 전혀 몰랐던 나는 그저 놀라운 행운이 찾아왔다고 여겼다. 뛰는 가슴을 붙들고 답신을 보냈다.

"선생님, 저도 정말 뵙고 싶습니다!"

그는 서울 '광화문 교보빌딩 앞에 있는 다섯 번째 나무'에서 만나자고 했다. 도심에 위치한 나무를 약속 장소로 잡는 게 독특하면서도 의아했다. 시간이 흐른 후에 그가 나무를 좋아한다는 걸 알았다. 특히 소나무와 벚나무 그리고 느티나무를 좋아했다. 우리가 만나기로 한 나무는 느티나무였다. 6월의 어느 날 그를 만났다. 그는 나무에 기대어 하늘을 바라보고 있었다. 앞으로 가서 인사하자 그가 손을 내밀고 어깨를 감쌌다. 우리는 버스를 타고 북한산으로 향했다. 나는 말이 많은 편이지만 함께 산을 오르는 동안 거의 입을 열지 못했다. 그저 함께 있는 것만으로 긴장되었다.

구본형과 나는 성격이 많이 달랐다. 내가 사람들과 쉽게 친해지고 계획적이고 실용적인 반면에 그는 내향적이고 신중하며 직관적이었다. 나는 사람과의 만남에서 침묵을 어색해하고 견디지 못하는 편인데 이상하게도 그와의 첫 만남은 그렇지 않았다. 조심스럽고 낯설면서도 한편으로는 이미 전부터 알고 있는 듯한 친밀감을 느꼈다. 그리고 집중해서 그를 관찰할 수 있었기 때문에 말이 없어도 좋았다.

우리는 초여름에 북한산을 오르며 땀을 많이 흘렸다. 산에서 내려와 목욕탕에 갔다. 처음 만난 사이에 같이 목욕을 한다는 게 조금 어색했지만 좀 더 친해진 것 같아서 좋았다. 목욕을 마치고 헤어지며 그는 "앞으로 가끔씩 연락하자"고 했다. 쉬이 꺼내지 못하던 말을 대신 해주어서 고마웠다. 서로 많은 말을 하지 않았지만 왠지 그가 나를 알아주는 것 같았다. 이 만남을 계기로 구본형은 나의 '사부'가 되었다.

여기까지가 1999년 2월부터 2001년 6월까지 구본형과 내가 인연을 형성한 과정이다. 책으로 맺은 인연이 이메일로 이어졌고, 몇 개월 후에 강연장에서 실제로 보았고, 그로부터 1년 후 가상공간에서 교감 후 직접 만나게 되었다. 내게 구본형은 처음에는 '좋은 책의 저자'였고 다음에는 '함께 일하고 싶은 선배'가 되었다. 내 꿈의 '살아 있는 증거'를 거쳐 '역할모델'이 되었고 마침내 '사부'가 됐다.

구본형 사부와의 만남은 내 인생의 변곡점이다. 사부의 책을 읽고 그와 만나면서 나 자신에 대해 희망을 가지게 되었다. 한없이 부족하다고 여겨온 내게 좋은 씨앗이 있음을 알게 되었고, 그것을 온전히 가꿀 수 있는 힘 또한 내 안에 있음을 깨달았다. 요즘도 광화문 근처에 갈 일이 있으면 사부와 처음 만난 느티나무를 찾곤 한다. 거기서 나무를 보며 우리 인연을 떠올린다. 구본형 사부는 '만남'이라는 글에서 깊어지는 인연에 대해 말했다.

"깊이 사귀면 훨씬 많이 마음이 쓰이지만 마음을 쓰는 일이 또한 즐겁습니다. 마음을 나누게 되면 따뜻해집니다. 이해를 좇지 않고도 행동할 수 있고, 홀로 있어도 마음을 기댈 데가 있어 외롭지 않습니다. 간혹 세상에 상처를 입더라도 더불어 잊을 또 다른 세계가 있기 때문입니다. 사람은 사람 속에 숨습니다. 그래서 한 사람만 있어도 견딜 수 있는 것입니다. 그 사람 때문에 아무렇게나 살 수 없는 것입니다. 그 사람은 어머니입니다. 그 사람은 친구입니다. 그 사람은 연인입니다. 그 사람은 누구나 될 수 있습니다. 그러나 반드시 사랑이어야 합니다."

사부는 이 글을 2003년 가을에 썼다. 사부를 직접 만난 지 3년이 되던 때였고, 이때부터는 사부에게 먼저 연락할 수 있게 되었다. 그렇게 사부는 내게 마음을 나눌 수 있는 '한 사람'이 되었다.

스승을 통해
잠재력에 눈뜨다

Education(교육)의 어원은 educare로서,
글자 그대로 잠재적으로 현존하는 것을 나타나게 한다,
또는 끌어낸다는 뜻이다.

— 에리히 프롬(Erich Fromm) [3]

나는 평범한 사람이다. 학력과 경력을 비롯해 사회에서 통용되는 기준들에서 무엇 하나 뛰어나지 않다. 다만 독서를 즐기고 글쓰기를 좋아하며 스스로 배우고 익힌 것으로 강의를 할 수 있다. 사실 이만큼 할 수 있게 된 것도 한 사람의 도움 때문이다. 구본형 사부, 그는 내가 평범한 사람이란 걸 알고 있었음에도 늘 특별하게 봐주었다. 나의 표층이 아닌 심층, 이룬 것이 아닌 잠재력을 나의 본질로 보았다. 돌아보면 사부는 이 세상에 평범한 사람은 없다고 생각했다. 누구나 자기 안에 고유한 불씨와 꽃씨를 지닌 존재로 보았다.

2002년 여름이었다. 사부에게서 연락이 왔다. 국내의 한 중견기업을 대상으로 1박 2일 일정으로 조직혁신을 위한 워크숍을 진행하는데 조수로 참여해볼 생각이 있느냐고 물었다. 곧바로 하겠다고 했다. 조수라고는 하지만 내가 할 일은 많지 않았다. 함께 강의 자료를 만들고, 워크숍을 진행할 때 노트북에서 강의 슬라이드를 넘기고 참가자들의 실습을 돕는 정도였다. 워크숍 며칠 전 그는 내게 "어떻게 진행될지 상상해보고, 참여해서는 잘 보고 배우라"고 했다.

나는 사부가 워크숍을 준비하고 진행하는 과정을 유심히 관찰하고 메모했다. 또 집에서 혼자 강의안을 띄어놓고 그처럼 강의하는 연습을 여러 번 해보기도 했다. 사부는 그해에만 비슷한 워크숍에 나를 두 번더 데려갔다. 총 세 번의 워크숍을 마치고 난 후 나는 '변화경영 모델'을 주제로 90분 강의를 할 수 있을 정도가 되었다. 실제로 조직경영을 공부하는 모임에서 30명을 앞에 두고 변화경영에 관해 무료 강의를 했는데, 반응이 꽤 좋았다. 대학생 때 했던 발표 외에 처음 해보는 공개 강의였다. 이 경험을 통해 내가 강의를 할 수 있는 사람이란 걸 알게 되었다.

2008년 8월 구본형 사부는 변화경영연구소에서 온라인 회원들에게 보내는 '마음편지'에 내가 실제로 진행한 강의에 대해 쓴 적이 있다. 당시 강의 주제는 '내 인생의 첫 책 쓰기', 대상은 어린이를 위한 과학책을 쓰고 싶어 하는 여성 작가 지망생들이었다. 내가 처음으로 돈을 받고 하는 강의여서 많이 긴장했다. 이를테면 강사 데뷔전이었던 셈인데 사부가 강의 자리를 만들어주었다. 사부의 마음편지 제목은 '여성 전용 강사'였는데 이런 내용이 나온다.

"나는 맨 뒷자리에서 그가 강연하는 것을 들었습니다. 나는 약간 긴장하고 있었습니다. 그가 매끄러운 강연자가 아니라는 것을 알고 있었기 때문에 잘해주기를 바라는 마음이 커서 그랬을 것입니다. 강의가 시작되고 1분 정도 후에 나는 안심했습니다. 거기 앉아 있는 여인들의 뒷모습이 그의 마음 안으로 흡수되어 들어가는 것을 느꼈기 때문입니다. 뒷모습만 보아도 그 사람이 얼마나 열중하고 있는지를 알 수 있다는 사실이 매우 흥미로웠습니다.

그는 훌륭하게 1시간의 강연을 끝냈습니다. 나는 그가 매우 훌륭한 '여성 전용 강사'로서의 소양이 있다는 것을 알게 되었습니다. 그날처럼 청중과의 애정의 끈을 꼭 놓치지 않는다면 그는 몇 년 안에 한국 최고의 여성 전용 강사가 될 수 있을 것입니다. 그처럼 여성적 공감대를 깊이 끌어들일 수 있는 특별한 감각을 자연스럽게 갖춘 강사는 그리 많지 않을 것입니다. 그는 처음 추는 춤이지만 파트너와 함께 아주 훌륭한 춤을 추었습니다."

이 글을 보고 나는 스스로를 특별하게 보게 되었다. 그럴 수밖에 없었다. 다른 누구도 아닌 존경하는 스승에게 받은 평이었다. 하지만 사부가 이 편지를 쓴 지 10년이 더 지났지만 나는 '최고의 여성 전용 강사'가 아니다. 그렇게 되지 못했고, 언제 그렇게 될 수 있을지도 모르겠다.

젊은 시절에 나는 내심 재능이 많기를 기대했지만 서른 초반이 되어서야 재능이 몇 개 없음을 알았다. 처음에는 실망했지만 재능의 수가 적으면 집중해 계발할 수 있다는 장점도 있다. 레오나르도 다빈치 같은 다재다능형은 다양한 재능으로 인해 에너지가 분산되는 경우가 적지 않다. 할 줄 아는 게 많아도 전문가라고 할 만큼 빼어난 필살기가 없는 수가 많고, 대체로 마무리가 약하거나 미완성도 많다.

문제는 재능의 많고 적음이 아니었다. 나는 그 적은 재능조차 제대로 계발하지 않고 있었다. 진정 부끄러운 일은 재능이 부족한 게 아니라 내 안의 재능을 방치하는 것이다. 어쩌면 재능의 종류나 양은 내 의지와 상관없이 주어지는 것일지 모른다. 하지만 그 재능을 계발하는 일은 오롯이 내 몫이다. 사부가 아니었다면 나는 재능을 분명히 자각하기 어려웠을 것이다. 또한 사부는 성공은 많은 재능이 아니라 가진 재능을 남김없이 쓸 때 찾아오는 결실임을 알려주었다.

처음으로 1박 2일 일정으로 조직혁신 워크숍을 진행했던 날 저녁을 잊을 수 없다. 그날 저녁에 우리 두 사람은 숙소에서 캔맥주를 마시며 오랜 시간 대화를 나눴다. 대화 중에 나는 경영 컨설턴트가 되기 위해 3년 동안 '개인대학'이란 걸 만들어 나름의 공부와 실험을 하고 있다고 말했다. 그러자 사부가 말했다. "그 이야기를 책으로 써보면 어때? 20대의 언어로 20대에게 필요한 메시지를 줄 수 있을 것 같은데. 자네라면 쓸 수 있을 거야." 길게 말한 것도 아니고 대화 중 짧은 순간이었다. 처음에는 이게 무슨 말인가 싶었다.

'책이라니, 나처럼 모자란 사람이 어떻게 책을 쓸 수 있다는 거지?'

그런데 그 한마디가 씨앗이 되었다. 책을 쓸 수 있다고 한 번도 생각해본 적 없었지만 워크숍을 마치고 집으로 돌아오고 며칠 후부터 개인대학 경험을 기록하기 시작했다. 방에서 자고 먹고 쓰고, 쓰고 먹고 자기를 반복하며 한여름을 보냈다. 매일 10시간 가까이 썼던 것 같다. 그렇게 한 달 정도 쓰고 나니 A4 용지로 110매 정도가 쌓였다. 그제야 깜짝 놀랐다. 완성도는 차치하고 내가 단기간에 이렇게 쓸 수 있다는 점이 놀라웠다. 한 번도 상상하지 못한 일이었다.

이 원고는 책으로 내지 못했다. 기획서와 함께 원고를 출판사 다섯 곳에 보냈는데 한 곳에서 관심이 있다는 연락이 왔다. 그렇지만 내 뜻대로 출간할 수 없었기 때문에 포기했다. 지금 와서 보면 더 많은 출판사와 접촉했으면 책이 나왔을지도 모르겠다는 생각이 든다. 그렇지만 출판사에서 관심을 가졌다는 사실만으로도 신선한 충격이었다. '열심히 하면 나도 언젠가 책 한 권을 낼 수 있겠다'는 믿음이 생겼다. 그리고 이 일이 있고 정확히 5년 후에 공저로 첫 책을 출간했으며, 그 후 3년이 안 되어 4권의 저서를 줄줄이 펴냈다.

앞서 소개한 마음편지 '여성 전용 강사'에 이어 사부는 같은 해 10월에 쓴 마음편지에서 한 번 더 내 이야기를 꺼냈다. 제목은 '마음으로 스며들 줄 아는 따뜻한 글쟁이'다. 이 글에서 사부는 '작가로서의 나'에 관해 말했다.

"그는 언어를 다룰 줄 압니다. 처음 그는 많은 것들을 모방했습니다. 글도 훔쳐 오고 생각도 훔쳐 왔지요. 인류의 보고 속에 쌓인 위대한 스승들의 책으로부터 열심히 단어와 문장을 훔쳐 왔습니다. 내 것도 얼마나 많이 훔쳐 갔는지 모릅니다. 몇 년이 지나 그는 힘 있는 말을 찾아낼 줄 알게 되었고, 꼭 맞는 적절한 단어를 찾아낼 줄 알게 되었습니다. 곧 따뜻한 자신만의 문체를 만들어낼 수 있을 것입니다. 서른이 갓 지나 그는 글을 통해 사람의 마음속으로 스며드는 법을 터득하게 되었고 사람의 마음에 따뜻한 불을 지필 줄 알게 되었습니다.

그는 아직 월급쟁이입니다. 그러나 절대로 월급쟁이로 끝날 인물이 아닙니다. 앞으로 그는 수없이 많은 책을 다른 사람과 함께 써내게 될 것입니다. 세월이 더 지나 오락가락하는 청년의 방황이 지나가면 자신만의 훌륭한 책을 써내게 될 것입니다. 많은 사람들이 그의 책을 보게 될 것이고 그의 이야기를 들으려고 할 것입니다. 그는 가장 뛰어난 자기경영 작가 중의 한 사람이 될 것입니다."

사부를 처음 만났을 때 내 나이 스물다섯이고, 이 편지 속의 나는 서른둘이다. 이제 내 나이 마흔다섯이 넘었으니 더 이상 청년이 아니다. 그리고 나는 뛰어난 자기경영 작가가 아니다. 여러 사람들과 함께 일곱 권의 책을 썼지만 혼자 쓴 책은 없고, 5년 동안 책 한 권 내지 못한 적도 있다. 사부가 예상한 것처럼 지금 나는 월급쟁이가 아니다. 이미 오래전에 회사를 그만뒀지만 여전히 1인 기업가로 자립하기 위해 고군분투 중이다.

이 글을 쓰며 앞에서 소개한 마음편지에 사부가 단 태그(tag)를 우연히 보았다. '글쟁이, 여성전용, 수련, 모방, 제자'. 아…… 나는 '최고의 여성 전용 강사'가 아니고, '마음으로 스며들 줄 아는 따뜻한 글쟁이'도 아니다. 사부를 '모방'했지만 성실하게 '수련'하지 않아서 스승이 미리 본 내 잠재력을 제대로 실현하지 못했다. 그럼에도 사부의 예언(?)은 절반 이상 맞았다. 어쩌면 사부가 나의 잠재력을 간파하고 내 삶이 어떻게 흘러갈지 꽤 정확하게 맞췄다고 볼 수도 있다. 나는 책을 썼고 지금도 쓰고 있으며, 강사로 활동하고 있고 더 이상 직장인도 아니니 말이다. 사부는 '마음으로 스며들 줄 아는 따뜻한 글쟁이'라는 편지를 다음과 같이 마무리했다.

"그는 모아둔 재산이 없기 때문에 가난합니다. 그래서 아직 장가를 가지 못했습니다. 그러나 그는 그 많은 시간을 자신을 계발하는 곳에 투자해두었습니다. 그의 부는 그의 잠재력입니다. 어떤 예쁜 여자가 그것을 보고 그를 데려간다면 참 좋을 텐데요. 그 결혼식의 주례는 내가 설 생각입니다."

과연 스승의 예상은 빗나가지 않았다. 나는 여전히 부자가 아니고, '예쁜 여자'를 만나 늦은 나이에 결혼을 했다. 아내도 사부처럼 나의 가능성을 믿어주었다. 그렇지 않았다면 나와 결혼하지 않았을 것이다. 일반적인 기준으로 볼 때 결혼 상대로서 나는 최악이라고 할 만한 조건을 가지고 있었다. 좋은 직장을 다니고 있지 않았고, 그렇다고 탄탄한 직업이 있는 것도 아니었다. 서른일곱이라는 나이에 모아둔 결혼 자금도 아주 적었다. 아내와 내가 결혼하기 전 사부는 우리와 우연히 만난 자리에서 내가 좋은 남자라고 아내에게 말해주었다. 아내는 이미 알고 있다는 듯이 고개를 끄덕였다. 그때 사부와 아내가 나를 바라보며 미소 짓던 장면을 소중히 간직하고 있다. 가끔씩 나는 아내에게 마음으로 속삭이곤 한다. '언젠가 나란 꽃도 필 거야.' 아마 2003년이었던 것 같다. 사부에게 나중에 결혼을 하게 되면 주례를 맡아달라고 부탁했다. 그는 흔쾌히 받아주었고, 10년 후 약속대로 주례를 서주었다. 사부의 마지막 주례였다.

평소에 사부는 자기변화란 '내 안에 있는 내가 바라는 그 사람'을 발견하고 사랑하는 것이라고 말하곤 했다. 그는 내 안에 있음에도 정작 나 자신은 모르던 모습을 나보다 먼저 알아봤다. 그리고 언젠가 꽃 필 수 있는 잠재력의 씨앗을 넌지시 일러주었다. 구본형 사부는 자신이 이루고 싶은 꿈을 다음과 같이 묘사한 적이 있다.

"나는 평범한 인간 속에 살고 있는 위대함에 열광한다. 자신의 삶 속에서 그 위대함을 끄집어내어 훌륭한 인생을 살아가게 될 평범한 사람들의 잠재력에 몰두한다. 나는 평범하고 초라한 사람들이 어느 날 자신을 일으켜 세우는 위대한 순간을 목격하고 싶다. 나도 그들 중 한 사람이고 싶다. 그들이 꽃으로 피어날 때 그 자리에 있고 싶다. 이것이 내 직업이 내게 줄 수 있는 가장 아름다운 풍광이다."[4]

나는 사부에게 '가장 아름다운 풍광'을 선사하지 못했지만 그는 내 인생에서 가장 아름다운 풍경을 선물했다. 사부와 오랫동안 함께하며 가까이서 지켜봤기에 나는 확신을 가지고 말할 수 있다. "구본형은 자신이 바라는 그 사람이 되었다"고. 사부 생전에 나는 그가 바라는 대로 되지 못했지만 이제 나도 '내가 바라는 그 사람'이 되고자 한다. 그렇게 될 수 있으리라 믿는다. 한 사람을 통해 내가 바라는 그 존재의 생생한 모습을 볼 수 있었기 때문이다. 구본형 사부는 내가 알아본 '내 밖에 있는 내가 바라는 그 사람'이었다.

스승이 떠나고
알게 된 것들

스승의 영향력은 영원하다.
스승조차 그것이 어디서 멈출지 알 수 없다.

– 헨리 브룩스 아담스(Henry Brooks Adams)

구본형 사부는 2013년 봄에 세상을 떠났다. 아무도 예상하지 못한 갑작스러운 이별이었다. 그가 떠난 후로 4월은 내게 가장 슬픈 달이 되었다. 매년 활짝 피어나는 벚꽃을 보며 사부를 영원히 기억하게 되리라.

스승은 봄의 절정에 떠났고 나는 심연으로 추락했다. 스승이 떠나고 한동안 멍했다. 마치 내 반쪽을 잃은 듯했다. 스승의 부재는 메울 수 없는 공백을 만들었다. 나는 그 속으로 빨려들 듯 가라앉았다. 559권, 2014년에 내가 한 인터넷 서점에서 구매한 책의 양이다. 다른 데서 산 책까지 합치면 600권이 훌쩍 넘었을 것이다. 읽지도 못할 책을 미친 듯이 사들였다. 그때는 몰랐지만 이제야 돌아보면 내면의 공백을 어떻게든 채우려는 안간힘이었던 것 같다.

홀로 자주 울었다. 시간이 흐르며 눈물은 그리움으로 짙어졌다. 프랑스의 철학자 가브리엘 마르셀(Gabriel Marcel)은 한 사람이 다른 사람에게 선사할 수 있는 최고의 선물을 이야기한 적이 있다. '추억'. "수많은 것들이 사라져버린다. 인간이 인간에게 주는 모든 물건들은 사라져버린다. 그러나 아름다운 추억은 사라지지 않는다"고 그는 말했다. 이 말이 맞는다면 사부는 최고의 선물을 주었다. 그래서 더욱 사부가 그립다. 그가 떠난 자리는 울음으로도 풀 수 없는 그리움으로 남았다. 오히려 부재로 인해 존재감은 더 커지고, 떠난 자리에서 기억은 더 생생해졌다.

그리움과 우울에 싸여 스승과 함께한 시간을 반추했다. 2001년 첫 만남 후 13년을 이 세상에서 함께했다. 같이 공부하고 책을 쓰고 여러 프로젝트를 수행했다. 자주 밥 먹고 술 마시고 여행했다. 사부로부터 많은 가르침을 받았다. 책을 쓰고 강의하는 법을 배웠고, 다양한 콘텐츠를 만드는 방법을 익혔다. 그는 자기 존재를 탐험하는 기술을 알려주었고, 나는 그를 통해 삶을 보는 관점을 넓힐 수 있었다. 무엇보다 스승 곁에서 자기다운 인생을 가꿔나가는 모습을 관찰할 수 있었다.

오래 함께한 만큼 사부가 자리한 아름다운 풍경이 여럿 남아 있다. 그중에서도 구본형이란 한 사람에 대해 가장 기억에 남는 걸 한 가지만 꼽으면 질문하고 경청하는 모습이다. 그는 질문을 좋아했다. 그래서 스스로를 '질문하는 사람'으로 여기곤 했다. 아마도 좋은 질문은 정보를 끄집어내고 훌륭한 질문은 변화를 촉발한다고 생각했던 것 같다. 그래서 누군가가 조언을 구하면 먼저 상대방에게 여러 질문을 하고 그 이야기에 귀 기울였다. 그는 제자들에게도 질문을 강조했다.

사부가 10년 가까이 진행한 변화경영연구소의 연구원 수업은 아주 독특했다. 사부가 매달 특정 주제를 제시하되 실제 수업은 그 주제에 대해 연구원들의 개별 발표와 질의응답, 토론이 주를 차지했다. 내 기억이 맞는다면 연구원 수업에서 사부는 강의를 한 번도 하지 않았다. 가끔 실마리를 일러주고 도움이 될 만한 정보를 제시하기도 했지만 그보다는 질문할 때가 훨씬 많았다. 그는 주장이나 조언보다 질문이 공부에 도움이 된다고 생각했고 연구원들에게도 질문을 신중히 다듬어 할 것을 권했다. 자주 제자들에게 이렇게 말했다.

"질문은 대부분의 경우 답만큼이나 중요하다. 어떤 때는 오히려 답 이상으로 중요하다. 중요한 질문일수록 더욱 그렇다. 훌륭한 질문만이 훌륭한 답을 만들어낼 수 있다."

사부는 스스로에게도 질문하기를 즐겼다. 골치 아픈 사건이나 중요한 문제를 질문으로 바꿔서 학습과 실험의 계기로 삼곤 했다. 그 질문에 대해 사유하고 답을 찾기 위해 공부하고 일상에서 실험한 내용이 글감이 되고 강연의 재료가 되었다. 정말 중요한 질문은 집중적인 연구 주제로 삼아 1년쯤 후면 한 권의 책으로 멋지게 만들어내기도 했다.

그는 질문을 즐기는 만큼 좋은 질문을 던질 줄 알았다. 언젠가 그와 함께 비즈니스 미팅에 참석한 적이 있는데, 그때 내게 이런 미팅 전에는 자기 자신에게 세 가지 질문을 던진다고 말했다. '나는 이 일의 핵심을 확실하게 이해하고 있는가? 나와 상대는 어떤 면에서 서로 도울 수 있는가? 나는 이 일에 집착하고 있는가?' 미팅을 시작하기 전에 세 질문에 대해 생각해보고 실제 미팅에서도 상대방과 대화를 나누며 계속 자신에게 물어본다고 했다. 그리고 질문에 대한 답이 부정적이면 일을 진행하지 않는 걸 원칙으로 삼았다. 특히 세 번째 질문을 강조하면서 만일 어떤 일에 집착하고 있다면 그건 좋은 일이 아니기 때문에 스스로를 달래 마음의 평정을 얻도록 하는 게 좋다고 했다. 나는 이때 배운 세 가지 질문을 지금도 유용하게 사용하고 있다.

나는 스승이 세상을 떠나고 나서야 궁금해졌다. 어떻게 사부는 좋은 질문을 적절한 때에 적합한 방식으로 활용할 줄 알았을까? 질문을 인생을 살아가는 유용한 나침반으로 사용하는 어떤 비결이 있었을까? 한마디로 좋은 질문을 할 줄 알았던 비결은 무엇일까?

꽤 오랫동안 탐색하고 나서 한 단어로 결론이 나왔다. '경청'. 사부는 '눈 두 개, 귀 두 개, 입 하나의 법칙'에 충실한 사람이었다. 두 개의 눈으로 두루 보고, 두 개의 귀로 여러 입장을 헤아려 듣고, 안에서 가지런히 정돈하여 하나의 입으로 표현할 줄 알았다. 그는 말이 많지 않았고 다른 이의 말을 끊는 법이 없었다. 지레짐작하거나 속단하지도 않았다. 대신에 골치 아픈 문제에 시달리는 사람에게 다양한 질문을 던져 입을 열게 하고, 혼란스럽게 말을 쏟아내기 바쁜 사람을 대할 때는 계속해서 상대의 말을 들으며 공감에 인색하지 않았다. 대화에서 답보다 질문이 중요하고 공감이 꼭 동의를 뜻하는 건 아님을 알고 있었기 때문이다.

솔직히 말하면 처음에는 답이 뻔히 보이는 문제에 대해서도 하염없이 듣기만 하는 스승이 답답했다. 왜 빨리 적절한 조언으로 문제를 해결할 수 있도록 도와주지 않는지 의아했다. 비가 쏟아지면 얼른 우산부터 줘야지 어쩌자고 같이 비를 맞고 있는가 싶었다. 그런데 사부가 질문하고 귀 기울이며 대화를 이어나가는 모습을 보다 보면 전혀 예상하지 못한 지점에서 새로운 실마리가 나오곤 했다. 더욱이 그가 아닌 상대방의 입에서 절묘한 해답이 나오는 경우가 아주 많았다. 답이 뻔히 정해져 있다는 내 생각이야말로 뻔한 생각이었던 셈이다. 정성껏 들어주기만 해도 힘들어 하던 상대방이 기운을 차리고 돌파구를 찾아내는 걸 여러 번 목격했다.

많은 이들이 다른 사람에게 꺼내지 못하는 이야기를 이상하리만치 사부에게는 편하게 했다. 그가 진심으로 듣는다는 걸 느꼈기 때문이리라. 그렇게 그는 점점 더 많은 사람의 이야기를 듣게 되었다. 물론 사람들의 사정은 제각각이어서 어떤 건 어둡고 아픈 사연도 있었고 즐겁고 밝은 내용도 있었는데 모두가 진실한 이야기였다. 그렇게 사부에게 들어온 보석 같은 이야기들이 그를 더 품이 넓고 지혜롭게 만들어준 게 아닐까 싶다. 그 결실이 알게 모르게 그의 정신에 녹아들며 자연스레 질문하는 능력이 커졌다고 나는 생각한다.

사부는 내 이야기도 참 많이 들어주었다. 때로는 엄살을 부리고, 어려운 문제를 들고 나타나 조언을 구한 적도 여러 번이다. 그때마다 사부는 잘 들어주었지만 속 시원하게 답을 준 적이 거의 없다. 어딘가에 있을 정답을 얼른 알고 싶어 하는 내 마음을 아는지 모르는지 사부는 그저 묵묵히 듣다가 오히려 여러 질문을 던지곤 했다. 내가 원한 건 또 다른 질문이 아니라 답이었기에 답답하기도 했다. 사부가 떠나고 나서야 알았다. 훌륭한 스승은 제자의 질문에 답을 내놓기보다 스스로 답을 찾도록 돕는다는 걸.

질문과 탐색은 불가분의 관계에 있다. 중요한 질문일수록 더욱 그렇다. 질문이 없으면 탐색할 이유가 없고, 탐색 없이는 질문을 풀 수 없다. 이것이 '질문(question)' 안에 '탐색(quest)'이 들어가 있는 이유다.

관건은 답이 아니라 질문이 우리에게 부여하는 여정, 즉 답을 찾아가는 과정이다. 그 길에서 나를 발견하고 새롭게 만들 수 있으며 삶이 주는 교훈을 배울 수 있음을 이제야 조금씩 알아가고 있다.

오래전 사부가 말했다. "스승이 없는 상황이 최고의 스승일 수 있다." 무슨 말인지 몰랐는데 이젠 알 것 같다. 길을 잃고 시행착오도 많았지만 사부의 말대로 스승 없는 상황이 엄한 스승 역할을 해주었다. 스승이 떠난 후 질문도 답을 찾는 일도 혼자 해야 했다. 아무리 좋은 답이라도 자신이 소화한 만큼만 확신을 가지고 실천할 수 있다. 괴롭고 힘든 과정이었으나 그만큼 결실이 좋았다. 나는 그렇게 스승의 부재라는 심연에서 벗어났다. 그리고 스스로 삶의 방향과 내가 할 일을 찾았다.

사부를 생각하면 종종 북한산이 같이 떠오른다. 처음 만나서 시간을 보낸 공간이고, 그 후에도 자주 함께 간 곳이기도 하다. 사부는 등산을 즐겼고 북한산을 특히 좋아해서 직장을 다닐 때도 매주 찾았다. "북한산의 작은 길마다 내 자취를 느낄 수 있다." 그의 말이다. 그에게 북한산은 '거대하고 육중한 생명, 바로 자연'이었다. 이 자연 속을 천천히 걸으며 호젓한 곳에 잠시 머물면 시들었던 몸과 마음도 이내 싱싱해졌다. 나중에는 아예 북한산 자락에 집을 마련해서 집 앞 공원 다니듯 드나들었다.

미욱한 나는 스승이 떠나고 나서야 그가 북한산과 참 비슷하다는 걸 알았다. 북한산은 적당한 높이에 계절마다 멋진 옷으로 갈아입는 풍경이 매력적이다. 너무 낮지도 높지도 않아서 험준한 등반길도 여럿 있고 오르내리기 어렵지 않은 코스도 많다. 전체 면적도 꽤 커서 입구가 여러 곳이고, 등산 중에 힘이 부치면 수월하게 내려올 수 있으며, 평탄한 오솔길도 종종 만날 수 있다. 제각기 매혹적인 모습을 가진 나무들로 가득하고 넓은 바위에 앉아 탁 트인 조망을 즐기며 쉴 곳도 많다. 날마다 다른 정경을 보여주고 자주 찾아도 늘 새로운 길을 발견할 수 있다. 내게는 사부가 딱 그런 존재였다.

한때 나만큼 사부와 특별한 추억을 공유한 제자는 없을 거라고 생각한 적이 있다. 그런데 사부가 떠나고 사람들과 대화를 나눠 보니 나뿐 아니라 대부분의 제자들이 같은 생각을 한다는 걸 알게 되었다. 왜일까? 제자마다 구체적인 표현은 다르겠지만 본질은 같다. 구본형 사부는 삶을 하나의 작품으로 보여주었다. 나는 그의 글쓰기와 강연 방식을 따라 할 수 있었지만 이 능력은 흉내조차 낼 수 없었다. 지금도 여전히 그렇다. 이렇게 말하면 구본형이라는 사람을 지나치게 찬양한다고 생각할지도 모르겠다. 그럴지도 모른다. 하지만 사부를 처음 만났을 때 풋내기였던 나도 어느새 마흔을 훌쩍 넘겼다. 그동안 이런저런 일을 겪고 여러 사람을 만나면서 알게 되었다. 진심으로 머리 숙일 수 있는 사람을 만나기가 그리 쉽지 않다는 걸. 사부가 떠나고 알았다. 깊이 존경할 수 있는 스승이 있다는 사실이 얼마나 소중한 축복인지를.

프랑스에는 '작가의 죽음은 생물학적 죽음 10년 뒤에 온다'는 말이 있다. 작가의 책이 더 이상 읽히지 않을 때가 작가의 죽음이라는 뜻이다. 육신이 사라져도 그가 쓴 책은 남는다. 글에는 글쓴이의 정신이 흐르고 마음의 무늬가 드러난다. 그래서 작가의 육신이 떠나도 책이 남아 있으면 그의 존재와 삶도 사라진 게 아니다. 그의 책이 오래 남아 읽힌다면 그 또한 살아 있는 것이다.

생물학적 소멸과 함께 사라지지 않는 사람이 어디 작가뿐이겠는가. 존경하는 스승 또한 마지막 호흡으로 사라지지 않는다. 스승과의 인연은 기억으로 간직되고, 함께한 시간은 이야기로 남는다. 그러므로 스승의 죽음은 육체적 죽음 10년 뒤가 아니라 스승을 사랑하는 이들의 기억의 끝, 스승과 제자의 이야기가 사라진 뒤에 온다. 기억이 지속되는 한 인연은 끊긴 것이 아니며 기억이 지워지지 않으면 마음속 스승도 사라지지 않는다. 스승의 이야기가 한 사람에게서 다른 사람에게 계속 전해지면 그 이야기는 죽지 않는다. 이것이 모든 불멸하는 이야기가 살아남은 방식이다.

지금도 스승이 많이 보고 싶다. 미처 나누지 못한 마음과 전하지 못한 말과 같이하지 못한 일 모두 그리움으로 남았다. 그리움을 그저 허비하지 않을 생각이다. 그리움을 마음의 길 삼아 내 길을 가겠다고 다짐한다.

마음속 스승을 찾아
사숙하다

거인의 어깨 위에 올라앉은 난쟁이는
거인보다 더 멀리 내다볼 수 있는 법이다.

– 사무엘 테일러 콜리지(Samuel Taylor Coleridge)[5]

세상을 살다 보면 특별한 만남이 이뤄질 때가 있다. 인연은 우연인 것 같지만 자세히 보면 그렇지 않다. 우리 각자는 오랫동안 알게 모르게 가꿔온 고유의 빛깔과 내적 그리움을 가지고 있어서 거기에 부합하는 대상을 끌어당긴다. 한마디로 유유상종(類類相從), 마음이 통하고 정신의 정경이 비슷한 사람들이 서로를 알아본다. 스승과 제자의 만남도 다르지 않다. 놀랍게도 그 만남은 시간과 공간에 매이지도 않는다.

내게는 구본형과 더불어 존경하는 세 명의 스승이 있다. 심층심리학의 선구자 칼 융(Carl Jung)과 신화 연구가 조지프 캠벨(Joseph Campbell), 그리고 맑고 향기로운 수행자 법정(法頂) 스님. 나는 이들을 '마음속 스승'이라 부른다. 거의 매일 마음속 스승이 쓴 책을 읽고, 하루에도 몇 번씩 그들을 생각한다. 이렇게 스승과 공명하고 그들의 정신은 내 안에서 울려 퍼진다. 물론 네 명의 스승은 지금의 나와 비교할 수 없을 정도로 뛰어나다. 그렇다고 낙담하지 않는다. 열등감도 들지 않는다. 오히려 알면 알수록 호기심이 커지고 탐구심이 불타오른다.

많고 많은 사람들 중에 내가 마음속 스승들과 감응하는 이유가 있을 것이다. 내게 없는 걸 가진 사람에게 관심이 쏠리는 수도 있지만 그 반대 이유로 마음이 가는 경우가 더 많다. 즉 내 안에 그와 비슷한 무엇이 있기에 끌리는 것이다.

네 명의 마음속 스승 모두 삶의 중요한 국면에서 만났다. 구본형은 20대 초반 인생의 첫 변곡점에서 만나 직접 가르침을 받았고, 캠벨과 융과 법정은 10년 후 찾아온 두 번째 전환기에 만났다. 두 번째 전환기를 거치는 동안 가장 의미 있는 일을 꼽으라면 세 명의 스승과 인연을 맺은 것이다. 세 스승에게 배우는 일은 새로운 인생을 모색하는 전환기의 중요한 축이었다. 그런데 세 사람 모두 이미 세상을 떠나서 직접 만날 수 없었다. 그렇다면 나는 이들에게 어떻게 배웠을까? 사숙(私淑)했다. 사숙은 여러 이유로 직접 만날 수 없는 스승을 마음에 품고 그의 책과 작품 등을 통해 배우는 것이다.

어쩌면 독자들에게 사숙이라는 단어가 낯설게 다가올지 모르지만 그 방법은 낯설지 않을 것이다. 나는 세 스승이 쓴 책을 최대한 많이 모으고 한 권씩 읽어나갔다. 다른 작가나 연구자들이 스승에 관해 쓴 책들도 읽었다. 책에서 배운 점을 나름대로 실천하고 스승의 삶과 가르침을 기록했으며, 마음속 스승을 좀 더 깊이 만나기 위해 그들이 머물렀던 공간을 답사했다.

구체적으로 법정 스님을 사숙한 과정을 예로 들어보자. 법정 스님을 스승으로 섬긴 것은 2012년부터다. 사실 그전까지 법정 스님의 책을 한 권 읽었을 뿐 별다른 인상이 없었고, 스님이 2010년 3월 입적(入寂)했으니 먼발치에서나마 뵌 적도 없었다. 그런데 우연한 기회에 스님을 새롭게 만나게 되었다. 다큐멘터리 영화 〈법정 스님의 의자〉를 보며 스님의 삶에 감탄했다. 그런데 감동의 이유가 뚜렷하지 않았다. 언행일치와 무소유 사상이 표면적 이유겠지만 뭔가 다른 게 있는 것 같았다. 이의문을 풀고 싶어서 스님의 책을 몇 권 읽었다. 그 과정에서 스님과 연결된 듯한 묘한 체험을 했다. 그렇게 관심은 감동을 넘어 존경으로 확장됐다.

본격적으로 법정 스님을 사숙하기 위해 먼저 스님이 쓴 책을 전부 구했다. 40년 넘게 글을 쓴 스님은 《무소유》를 비롯한 산문집부터 법문집과 잠언집, 여행서, 여러 권의 불교 관련 번역서, 어린이 책과 오디오북에 이르기까지 방대한 저작을 남겼다. 일부 저서는 초판이 나온후 출판사와 제목을 바꿔 출간되기도 했다. 스님 입적 후 대부분 절판되어서 구하기 어려운 책들도 있었지만 몇 년에 걸쳐 헌책방을 다니며 거의 다 찾았다. 이렇게 모은 책이 40권이 넘는다. 여기에 더해 법정 스님의 제자와 지인 등이 그에 대해 쓴 서적도 거의 구해두었는데 이 책들만 10권이 훌쩍 넘는다. 이렇게 모은 책들 가운데 지금까지 40권 정도를 정독했다. 몇 권은 세 번 넘게 재독(再讀)했다. 아직 보지 않은 책은 물론이고 이미 읽은 책도 두고두고 여러 번 다시 읽을 생각이다.

집중 독서와 함께 네 번에 걸쳐 스님이 머물렀던 공간을 여행했다. 불일암과 미래사, 통도사와 쌍계사 등 법정 스님의 삶에서 한 자리를 차지하는 장소 대부분을 답사했다. 이런 여행을 나는 '마음속 스승을 찾아 떠나는 여행'이라 부른다. 여행 중의 몇몇 순간은 내 삶에서 가장 아름다운 풍경으로 남아 있다. 또 여행하며 생전에 스님이 좋아한 공간을 찾아가곤 했는데, 가령 전라도 광주에 위치한 음악감상실 '베토벤'과 '맑고향기롭게 광주지부'에서는 스님의 제자 두 분과 소중한 인연을 맺기도 했다. 종종 스님이 머문 공간에서 스님의 책을 읽었는데, 마치 스님과 실제로 만나고 있는 듯했다. 7년 넘게 법정 스님에게 푹 빠져 스님의 책을 읽고 배운 점을 기록하고, 스님을 찾아 떠난 여행의 여정도 글과 사진으로 남겨두었다.

법정 스님을 사숙하며 정해둔 원칙이 있다. '스님에 관해 30쪽 분량의 논문을 쓰고 90분 강의를 할 수 있을 정도로 배운다.' 이 정도는 해야 스님의 가르침을 조금이나마 소화할 수 있겠다고 생각했다. 언젠가 법정 스님에 관한 책을 쓰고 싶다는 꿈도 가지고 있다. 다른 마음속 스승도 법정 스님을 사숙한 것처럼 심도 있게 공부하고 있다. 사숙은 스승을 마음에 품고 생활하며 스승에게 깊숙이 접속하는 것이다. 직접 가르침을 받을 수 없기에 마음 안에서 스승과 교감하고, 저서와 그에 관한 책을 보고 내 생각을 더해 음미하고, 스승과 인연이 짙은 공간을 답사한다. 이렇게 배운 과정을 글로 정리하는 것이 사숙의 기본이다. 이 책 또한 스승들에게 배우고 공명하는 과정에서 나온 결실이다.

나의 스승들에게는 공통점이 있다. 세 스승 모두 삶을 사랑하고 자기다운 인생을 살았다. 세 분 모두 자신과 그 삶이 참으로 잘 어울렸다. 그래서일까. 이들은 입을 모아 '진정한 내가 되어 살라'고 강조했다. 일례로 칼 융은 '진정한 치유는 자기 자신이 되는 것'임을 일관되게 강조했고, 법정 스님은 평생의 화두로 '나는 누구인가'를 들며 모든 사람이 자기 자신으로부터 시작의 발걸음을 내디뎠듯이 '마침내 도달해야 할 곳도 참된 자기 자신'이라고 역설했다. 조지프 캠벨은 '영웅적인 삶은 각자의 모험을 실행하는 것'이라고 주장했다. 여기서 모험은 진정한 자기를 발견하고 완성하는 과정을 의미한다.

그런데 자기다운 삶을 어떻게 알 수 있을까? 자기를 닮은 의미 있는 세계 하나를 구축했는지를 보면 된다. 이것이 가장 확실한 증거다. 여기서 '의미 있는'이라는 수식을 붙인 이유는 이 세계가 한 개인을 넘어서는 가치를 지향하기 때문이다. 실제로 세 명의 스승은 혼자 잘 먹고 잘 사는 데 그치지 않고 각자의 깨달음과 보물을 세상과 나누었다. 이를테면 칼 융은 30대 후반에 치열하게 내면을 탐험하며 지그문트 프로이트(Sigmund Freud)의 정신분석학과 확연히 다른 분석심리학을 창시하여 심리학의 지평을 넓혔다. 캠벨은 동서고금의 많은 영웅신화를 관통하는 원형적 패턴인 '영웅의 여정(Hero's journey)'을 정립하여 많은 이들에게 영감을 주었고, 법정 스님은 '맑고 향기로운 삶'을 몸소 실천하는 데서 한 걸음 나아가 세상에 '맑고 향기롭게 운동'을 전파했다.

나는 스승들에게서 자기 세상 하나를 가꿔가는 모범을 보았다. 더불어 나도 나를 닮은 세상 하나를 창조하고 싶다는 꿈을 가지게 되었다. 이것이 스승들에게 배운 가장 소중한 가르침이다. 물론 나는 여전히 나다운 세상을 만들기 위해 시행착오를 겪고 있다. 스승들도 공부하고 성찰하고 실험하며 잠재력을 하나하나 계발했다. 이 사실을 알기에 나 역시 조급해하거나 포기하지 않는다. 오히려 더 공부하고 성찰하고 실험해야 한다고 마음을 다잡는다.

마음속 스승들은 내 마음의 우주에 떠 있는 빛나는 별이다. 이 별들은 서로 연결되어 아름다운 별자리를 형성하고 있다. 예로부터 인간은 밤하늘의 별자리를 보고 자신의 위치를 파악하고 계절의 흐름을 가늠했다. 어둠 속에서 반짝이는 별은 많은 이들의 상상력을 점화시켜 새로운 꿈을 꾸게 하고 놀라운 신화를 낳았다.

나는 스승을 통해 인생길에서 내가 서 있는 지점을 점검하고 삶의 방향을 조망할 수 있다. 스승에게서 쏟아지는 암시와 상징으로 빛나는 영감은 나로 하여금 새로운 꿈을 꾸게 하며, 그들은 자신의 삶을 들어 보이며 '너 자신의 신화'를 펼쳐나가라고 격려한다.

스승에게 배우는
두 가지 방식

> 삶에서 새로운 가능성을 깨달았을 때 우리는
> 그 가능성을 다른 사람에게서 먼저 보게 되는 경우가 많다.
> 숨겨져 있던 우리의 한 부분이 드러날 때는
> 무의식에서 의식 가운데로 곧장 등장하지 않는다.
> 그것은 중개자를 통해 우리에게 다가온다.
>
> – 로버트 A. 존슨(Robert A. Johnson)[6]

제자가 스승에게 배우는 방식은 크게 두 가지로 나눌 수 있다. 사사(師事)와 사숙(私淑)이다. 사사는 스승을 직접 만나서 가르침을 받는 것이고, 사숙은 실제로 만나지는 못했으나 마음속으로 한 사람을 본받아서 도(道)나 학문을 닦는 걸 뜻한다. 예를 들면 나는 구본형을 사사하고, 융과 캠벨과 법정을 사숙하고 있다.

《데미안》과 〈큰 바위 얼굴〉로 본 사사와 사숙

너새니얼 호손(Nathaniel Hawthorne)의 단편소설 〈큰 바위 얼굴〉의 주요 인물은 두 명이다. 어니스트와 큰 바위 얼굴. 큰 바위 얼굴은 어니스트가 사는 마을 근처에 있는 산의 한 면에 자연이 만들어놓은 사람 얼굴 모양의 암석으로 '장엄하면서도 다정한' 분위기를 풍긴다. 어니스트는 어린 시절부터 큰 바위 얼굴을 너무나 좋아해서 저런 얼굴을 가진 사람을 만난다면 얼마나 좋을지 생각만 해도 가슴이 뛰었다. 큰 바위 얼굴을 흠모하는 어니스트에게 어머니는 옛날부터 전해 내려오는 예언을 전해주었다.

"장래 어느 때에 이 근방에서 태어난 아이가 당대의 가장 위대하고 가장 고귀한 인물이 될 운명인데, 그 아이가 어른이 되면 큰 바위 얼굴과 똑같은 얼굴이 된다는 것이다."[7]

마을 사람들은 오랫동안 이 예언이 성취되기를 바라왔지만 아직까지 그 주인공은 나타나지 않았다. 기다리다 지친 사람들은 점점 예언을 믿지 않게 되었다. 하지만 어머니는 아들에게 예언이 이루어진다고, 그러면 그 사람을 만날 거라고 말했다.

어니스트는 어머니의 이야기를 소중히 간직하고 위대한 사람이 오기를 기다렸다. 동시에 매일 몇 시간씩 큰 바위 얼굴을 바라보며, 그 얼굴이 자신을 알아보고 힘을 준다고 상상했다. 그렇게 큰 바위는 자연스럽게 그의 스승으로 자리 잡았다. 큰 바위 얼굴은 어니스트의 내면으로 들어와 마음을 넓게 키워주었다. 어니스트는 큰 바위 얼굴에서 '책에서 배우는 것보다 훨씬 더 좋은 지혜'와 '훌륭한 모범'을 보았다. 다른 한편으로 시간이 흐르는 동안 돈을 많이 번 상인부터 전쟁에서 승리한 군인, 빼어난 언변을 가진 정치가가 바위 얼굴의 후보로 등장했지만 모두가 예언을 실현할 인물이 아닌 것으로 밝혀진다. 어니스트가 실망하며 큰 바위를 바라볼 때마다 그 얼굴은 같은 메시지를 마음으로 전해준다.

'걱정하지 말거라, 어니스트야. 그는 언젠가 올 것이다.'[8]

어느 날 어니스트는 신성한 진실을 아름답게 노래하는 시인을 만난다. 그는 시인을 예언의 주인공으로 기대하지만 정작 시인은 자신은 위대한 인물이 될 수 없다고 고백한다. 뛰어난 감수성을 지닌 시인은 오히려 언행과 생각이 심오한 조화를 이뤄 '그가 하루 살아 있으므로 해서 세상을 그만큼 더 살기 좋은 곳'으로 만드는 어니스트가 큰 바위 얼굴임을 깨닫는다. 실제로 오랫동안 어니스트는 늘 정직한 태도로 자연과 함께 생활하며 깨달은 지혜를 일상에 실천해온 터였다. 시인은 마을 사람들에게 외친다.

"보세요! 보세요! 어니스트야말로 큰 바위 얼굴의 판박이입니다."[9]

어니스트는 어릴 때부터 변함없이 큰 바위를 마음에 품어왔다. 매일 열심히 그 얼굴을 보았으며 부지불식간에 스스로를 바위에 비추며 성찰해왔다. 이 과정에서 그는 점점 전설의 인물, 그 얼굴이 의미하는 존재로 성장했던 것이다.

헤르만 헤세의 소설 《데미안》의 주인공도 두 사람이다. 에밀 싱클레어와 막스 데미안. 헤세는 싱클레어라는 한 소년이 진정한 '자신에 이르는 길'을 생생하게 보여준다. 이 과정은 쉽지 않은 일종의 문턱 넘기인데, 《데미안》은 소설이지만 인간의 성장을 그린 성찰적 체험으로 다가온다. 소설 전체를 지배하는 주제는 첫 페이지에서 작가가 던지는 질문에 잘 드러나 있다.

"내 속에서 솟아 나오려는 것, 바로 그것을 나는 살아보려고 했다. 왜 그것이 그토록 어려웠을까."[10]

이 질문은 진정한 나를 찾기 위해서는 내면으로의 탐험을 거쳐야 함을 내포한다. 내면 탐험의 여정은 나의 고유한 소명을 발견하는 데 의의가 있고, 이 목적을 실현하는 데 방황과 시련을 피할 수 없다. 헤세는 이 탐험적인 '나를 찾아가는 길'을 다음과 같이 은유적으로 표현한다.

"새는 알에서 나오려고 투쟁한다. 알은 세계이다. 태어나려는 자는 하나의 세계를 깨뜨려야 한다."[11]

이 문장은 《데미안》의 전체 내용을 관통하는 메시지이다. 이 소설은 말 그대로 자신이 몸담고 있던 외부와 내부 세계를 깨뜨리고 거듭나는 험난한 투쟁의 기록이기 때문이다. 알을 깨는 일은 위험하고 매우 어렵다. 그렇지 않다면 굳이 투쟁할 필요가 없다. 여기서 알은 하나의 세계를 상징하는데, 그것은 내가 머물고 있는 편안한 세상과 익숙한 내면이다. 기존의 세계를 부수고 새로 태어나려는 사람에게는 '용기'뿐만 아니라 '길잡이'도 필요하다. 싱클레어의 이야기에서 데미안이라는 인물이 그 역할을 수행한다.

헤세가 책 제목을 주인공인 싱클레어가 아닌 길잡이 데미안으로 정한 데는 이유가 있다. 데미안은 진정한 나를 찾아가는 탐험에서 발견해야 할 중요한 한 가지를 상징한다. 이것은 데미안이 싱클레어에게 건넨 "우리들 속에는 모든 것을 알고, 모든 것을 하고자 하고, 모든 것을 우리들 자신보다 더 잘 해내는 어떤 사람이 있다"는 말에 담겨 있는 '어떤 사람'이다. 싱클레어는 데미안을 통해 바로 이 존재를 발견한다.

소설에서 데미안은 싱클레어에게 처음에는 구원자로 다가오고 그후에는 정신적 우상이자 스승이 된다. 데미안은 싱클레어가 내면에 지니고 있는 힘의 인격화로 볼 수 있는데, 그가 싱클레어를 보는 시선은 싱클레어의 모든 것을 아는 바로 그 사람의 시선이다. 싱클레어의 이야기는 데미안의 이야기이기도 하고 반대의 경우도 마찬가지다. 이 절묘한 변모는 싱클레어가 자기 내면에서 데미안을 발견하고 그와 하나되는 모습으로 완성된다. 그리고 이 완성의 순간은 소설의 끝이기도하다.

"이따금 열쇠를 찾아내어 완전히 내 자신 속으로 내려가면, 거기 어두운 거울 속에서 운명의 영상들이 잠들어 있는 곳으로 내려가면, 거기서 나는 그 검은 거울 위로 몸을 숙이기만 하면 되었다. 그러면 나 자신의 모습이 보였다. 이제 그와 완전히 닮아 있었다. 그와, 내 친구이자나의 인도자인 그와."[12]

호손의 〈큰 바위 얼굴〉과 헤세의 《데미안》은 서로 다른 이야기지만공통점도 적지 않다. 먼저 소설의 주인공이 두 명이다. 어니스트와 큰바위 얼굴, 싱클레어와 데미안. 또한 두 소설은 소년(어니스트, 싱클레어)이 성인이 되어가는 과정을 담은 성장 소설이며, 동시에 스승과 제자에 관한 이야기이기도 하다. 물론 어니스트의 스승은 큰 바위 얼굴이고, 싱클레어의 스승은 데미안이다. 헤세와 호손 둘 다 제자보다 스승의 중요성을 강조하고 있는 듯하다. 두 소설가가 스승의 이름을 소설의 제목으로 삼은 것도 우연은 아닐 것이다.

물론 두 소설이 보여주는 스승과 제자의 관계는 결이 다소 다르다. 싱클레어의 이야기는 데미안을 직접 만나서 가르침을 받는 사사에 해당하고, 마음속에서 큰 바위 얼굴에게 배우는 어니스트는 사숙에 가깝다. 데미안은 싱클레어가 내면에 지니고 있는 힘의 인격화이고, 큰 바위 얼굴은 어니스트의 마음에 숨겨져 있는 가능성 전체를 의인화한 상징이다.

싱클레어는 행운아다. 한 사람이 본래의 자기에게 이르도록 돕는 일을 노련하게 해낼 수 있는 길잡이를 만났기 때문이다. 데미안 역시 운이 좋았다. 데미안 주변에는 적지 않은 사람이 있었음에도 그의 진가를 알아본 사람은 싱클레어뿐이었고, 제자는 혼란 속에서도 데미안을 신뢰하고 그의 조언을 실천하기 위해 진심으로 노력했다.

호손이 소설에서 넌지시 언급하듯이 어니스트에게 큰 바위 얼굴을 매일 바라보며 어른이 된다는 것은 큰 축복이었다. 고귀하고 따뜻한 바위 얼굴은 그저 보는 것만으로도 마음에 힘을 주고 꼭 필요한 교훈을 전했다. 여기서 잊지 말아야 할 점이 있다. 오랫동안 같은 자리에 존재한 큰 바위를 스승으로 모시고 극진한 마음으로 매일 들여다본 사람은 어니스트뿐이었다. 큰 바위 얼굴과 말을 초월한 무언의 에너지로 대화를 나눌 수 있는 이도 어니스트 한 사람이었다.

어니스트와 큰 바위 얼굴, 싱클레어와 데미안의 관계는 그저 소설에만 등장하는 기묘한 이야기가 아니다. 동서고금의 인류 역사는 물론이고 지금 우리 주변에서도 같은 스토리가 펼쳐지고 있다. 이제 사사와 사숙에 대해 한 걸음 더 들어가 보자.

사사와 사숙의 의미

한 분야에서 최고의 자리에 오른 사람들의 삶을 보면 그 도약의 발판에 어김없이 '사람'이 있다. 그중에서도 가장 많이 보이는 존재가 스승이다. 이를테면 발레리나 강수진의 성공 뒤에는 그녀가 '어머니'이자 '대단한 스승'으로 따른 마리카 베소브라소바(Marika Besobrasova)가 있고, 화가 빈센트 반 고흐는 프랑스의 화가 장 프랑수아 밀레(Jean Francois Millet)를 '평생의 스승'으로 흠모했다.

강수진은 15세인 1982년부터 5년 동안 모나코 왕립발레학교에서 발레를 익혔다. 그녀가 없었다면 지금의 자신도 없었을 거라며 존경한 마리카 베소브라소바가 이 학교의 교장이었다. 한동안 강수진은 베소브라소바 집에서 함께 생활하며 발레뿐만 아니라 문화적 소양과 예의범절에 이르기까지 어머니에게 배우듯 폭넓은 교육을 받았다. 이처럼 스승을 실제로 만나 곁에서 배우는 사사는 일반적으로 많이 볼 수 있는 사제(師弟) 관계이다. 2장에서 살펴볼 여러 사례가 사사에 속하고, 기업과 자기계발 분야에서 많이 활용하는 코칭(coaching)과 멘토링(mentoring)도 사사의 한 방식이다.

배움에서 스승의 존재는 필수이지만 여러 이유로 스승을 만나지 못할 수 있다. 스승으로 모시고 싶은 인물이 세상을 떠났거나, 너무 멀리 떨어져 있어서 만날 수 없는 경우도 있다. 이런 상황에서 스승에게 배울 수 있는 방법이 사숙이다. 사숙은 현실에서 대면할 수 없는 스승을 가슴에 품고 간접적인 방식으로 배우는 것이다.

예를 들어 빈센트 반 고흐는 장 프랑수아 밀레를 오랫동안 존경했지만 두 사람은 직접 얼굴을 맞댄 적이 한 번도 없다. 둘은 동시대를 살았지만 밀레는 고흐가 그림을 시작하기 몇 년 전에 세상을 떠났다. 밀레를 '화가들의 모범'으로 삼은 고흐는 스승의 작품을 유심히 관찰하고 그에 관한 책을 보며 공부했다. 또 스승의 여러 작품을 모사하는 방식으로 회화 훈련을 했다. 특히 고흐는 세상을 떠나기 전 1년 동안 심혈을 기울여 밀레의 작품을 창조적으로 다시 그렸는데, 이 작업을 '번역'이라고 불렀다. 특히 밀레의 대표작 〈씨 뿌리는 사람〉은 고흐가 처음 붓을 든 때부터 죽을 때까지 수십 번 '번역'해서 스승뿐 아니라 제자에게도 대표작이 되었다.

사사와 사숙의 가장 큰 차이는 스승과의 직접 만남 여부다. 그러니까 실제로 스승을 만나 지도를 받으면 사사, 대면 만남 없이 책과 작품 등을 통해 배우면 사숙이다. 따라서 강수진은 베소브라소바를 사사했고 고흐는 밀레를 사숙했다고 말할 수 있다.

사사가 외부 세상에서 맺어지는 스승과 제자의 인연이라면 사숙은 주로 내면에서 이뤄지는 과정이다. 그렇다고 사사와 사숙이 외면과 내면 둘 중 어느 한쪽만 무대로 삼는 건 아니다. 스승과 제자가 직접 만나더라도 마음의 교감이 없으면 진정한 관계를 맺을 수 없고, 사숙은 실제로 만날 수 없는 스승에게 배우는 방식이지만 스승이 세상에 남긴 자취와 책과 작품 없이는 관계를 시작할 수 없다. 얼핏 보면 사사와 사숙은 아주 다른 듯하지만 둘 다 존경하는 스승에게 정성을 다해 배우는 길이라는 점에서 본질은 같다. 사사에 사숙의 요소가 있고 사숙은 사사의 특성을 포함하고 있다.

사숙은 동서양 모두의 전통적 학습법이다

어쩌면 사숙이라는 개념이 여전히 낯설지도 모르겠다. 하지만 사실 사숙은 새로운 개념이 아니다. 오히려 동양에서 오래전부터 전해 내려온 학습법이다. 가장 많이 알려진 사숙의 예로 맹자(孟子)를 들 수 있다. 맹자는 공자(孔子) 사후 백여 년 후에 태어났다. 당연히 공자 밑에서 직접 배우지 못했다. 그런데 그는 《맹자》 '공손추(公孫丑)' 편에서 "사람이 생겨난 이래로 아직 공자 같은 분은 없었다"며 공자에게 존경을 표하고, 자신이 진정 바라는 일은 공자를 따라 배우는 것이라고 고백했다. 맹자는 공자의 행적과 책을 통해 배우고 치열하게 독학하여 탁월한 경지에 이르렀다. 그는 말한다.

"나는 직접 공자의 제자가 되어 가르침을 받지는 못했으나, 여러 사람들을 통해 공자의 도(道)를 들었다. 나는 공자를 사숙했다."[13]

맹자는 공자에게 직접 수학하지 못했음에도 유학(儒學)의 정통 계승자로서 공자에 버금가는 수준, 즉 아성(亞聖)에 올랐다. 중국 사상사에서 일반적으로 유학의 도(道)는 '공자 → 증자(曾子) → 자사(子思) → 맹자'로 이어진다고 본다. 증자는 공자의 직계제자이고, 자사는 공자의 손자로 증자 밑에서 배웠다. 증자는 공자를 사사하고 자사는 증자를 사사한 것이다. 사마천(司馬遷)이 쓴 《사기(史記)》에 따르면 맹자는 자사에게 직접 가르침을 받지 못하고, 다만 자사의 문인(門人)에게 배웠다. 그런데도 자사 사후 맹자가 유학의 맥을 이었다고 보는 이유는 무엇일까? 맹자가 공자의 사상을 종합적으로 완성했기 때문이다. 그래서 유학을 두 사람의 이름을 따서 공맹사상(孔孟思想)이라 부르기도 한다.

공자의 직계제자들을 제치고 맹자가 유학을 대표하고 있는 점은 스승을 직접 만나야만 제대로 배울 수 있는 게 아님을 보여준다. 사사만큼 사숙도 훌륭한 학습법이 될 수 있다는 말이다.

서양은 어떨까? 서양에서도 학습의 일환으로 사숙을 활용하고 있을까? 동양처럼 서양에도 사숙의 전통이 존재할까? 그렇다. 일례로 사숙이 없었다면 고대 그리스의 미학과 인문 정신을 재발견하여 당대에 새롭게 접목한 유럽의 르네상스는 불가능했을 것이다. 고대 그리스의 미(美)와 인본주의는 당시 활약한 예술가의 작품과 현인들의 책에 농축되어 있었고, 그로부터 수천 년 후 유럽의 예술가와 지적 탐구자 들이 그들을 사숙한 결실이 르네상스를 이끈 원동력이었다.

사숙의 최근 예로 뛰어난 투자가이자 버크셔해서웨이(Berkshire Hathaway)의 부회장 찰스 멍거(Charles Munger)를 들 수 있다. 멍거는 오래전부터 미국 건국에 크게 기여한 벤저민 프랭클린(Benjamin Franklin)을 역할모델로 존경했다. 멍거는 프랭클린의 삶을 모범 삼아 자신의 인생 철학을 정립하고, 그를 보다 가깝게 느끼기 위해 사무실에 실물 크기의 프랭클린 청동상을 갖다 놓았다. 또한 2005년 출간한 자서전 제목을 프랭클린의 저서 《가난한 리처드의 달력(Poor Richard's Almanack)》을 모방해 《가난한 찰리의 달력(Poor Charlie's Almanack)》으로 짓기도 했다. 특히 멍거는 프랭클린에게 배운 점으로 돈을 가치 있게 사용하는 법을 꼽는다. 그가 프랭클린을 본받아 공공 도서관과 대학과 병원 등을 위한 자선 활동에 매진하게 되었다는 사실은 널리 알려져 있다.

이처럼 아주 오래전부터 동양과 서양 양쪽에서 사숙을 중요한 학습법으로 활용했다. 그런데 불과 수십 년 사이에 사숙에 대한 이야기는 거의 사라지고 사숙이란 단어보다 코칭이나 멘토링 같은 외래어를 더 빈번하게 사용하고 있다. 하지만 자세히 들여다보면 여전히 많은 이들이 다양한 방식으로 스승에게 배우고 있으며 그 중심에 사숙이 자리하고 있다. 3장에서 여러 인물 사례와 함께 사숙에 대해 자세히 알아볼 것이다.

사사는 영감을 주는 스승과의 만남이다

비범한 인물 뒤에는 훌륭한 스승이 있는 경우가 많다. 철학자 플라톤에게는 소크라테스라는 스승이 있었고, 플라톤 또한 아리스토텔레스라는 걸출한 제자를 키워냈다. 법정 스님은 세속을 떠나 출가하는 삶의 갈림길에서 효봉(曉峰)이라는 '큰 스승'을 만났고, 뒤늦게 음악을 시작한 작곡가 이고르 스트라빈스키(Igor Stravinsky) 곁에는 '아버지 같은 스승' 림스키 코르사코프(Rimsky-Korsakov)가 함께했다.

알버트 슈바이처(Albert Schweitzer)는 "삶에서 내면의 불꽃이 꺼질 때가 있다. 그 불꽃은 다른 인간 존재와의 만남에 의해 다시 타오른다"고 말했다. 자폐증을 극복한 동물학자이자 가축설비 전문가 템플 그랜딘(Temple Grandin)에게는 자폐증이라는 꼬리표가 아닌 그녀의 잠재력에 주목한 과학 교사 윌리엄 칼록(William Carlock)이 그런 존재였다. 인간 승리의 대명사로 불리는 헬렌 켈러(Helen Keller)는 앤 설리번(Anne Sullivan) 선생을 만나 사그라든 내면의 불꽃을 다시 밝혔다. 이처럼 어떤 스승을 만나느냐에 따라 삶이 크게 달라진다.

《모리와 함께한 화요일》이라는 책이 있다. 죽어가는 사람이 살아가는 사람과 대화를 나누며, 인생에서 명심해야 할 것을 전하는 책이다. 여기서 죽어가는 사람은 모리 슈워츠(Morrie Schwartz)이고 살아가는 사람은 미치 앨봄(Mitch Albom)이다. 모리는 루게릭병이라는 희귀병에 걸리기 전까지 브랜다이스대학의 사회학 교수였다. 미치는 대학생 시절에 모리가 가르친 모든 과목을 수강했고 그를 코치라고 부른 제자로 이제는 꽤 알려진 방송인이자 칼럼니스트이다. 미치는 우연히 모리가 투병 중이라는 소식을 접하고, 대학을 졸업한 지 20년 만에 스승을 찾아간다.

죽음과 친해진 모리는 제자에게 삶과 죽음에 대해 이야기한다. 모리의 '인생수업'은 그가 세상을 떠날 때까지 서너 달 동안 이어졌다. 수업은 매주 화요일, 장소는 모리의 서재, 강의 주제는 삶의 의미였다. 교재는 필요 없었다. 스승이라는 존재, 그와의 대화가 곧 배움이었다. 마지막 수업 날 미치는 여전히 모리를 코치라 부르며 존경하고, 모리는 제자를 '사랑하는 친구'라고 부른다.

미치는 스승과의 대화에서 한동안 잊고 있던 진실을 깨닫는다. 스승에게 스스로를 비춰보며 인생에서 무엇이 소중한지 재발견하고, 자신이 정말로 어떤 삶을 살고 싶은지 차분히 생각해보는 시간을 가진다. 덕분에 이제껏 잘못된 줄 알면서도 좀처럼 벗어나지 못해 심신을 피폐하게 만든 일중독에서 벗어나고 물질에 대한 지나친 집착도 놓게 된다. 또 스승과 함께하며 인간답게 사는 것과 사람과 관계 맺기를 다시 배운다.

모리는 제자에게 꿈꾸는 인생을 시작할 힘이 자신 안에 있음을 일깨워주고 진심으로 격려한다. 덕분에 미치는 전보다 마음을 활짝 열고, 오랫동안 서먹하게 지내던 남동생과 화해한다. 오랜만에 만난 스승 덕분에 새로운 인생을 살게 된 것이다. 이 모든 과정을 기록한 책이 《모리와 함께한 화요일》이다. 모리에게는 제자와 함께 쓴 '마지막 논문'이었고, 미치에게는 스승의 가르침을 담은 '졸업 논문'이었다. 이 책에서 미치는 독자들에게 묻는다.

"여러분들껜 혹시 이런 스승이 안 계십니까?"

자신을 있는 그대로 존중하고, 열심히 갈고 닦으면 찬란한 보석이 될 수 있음을 알려주는 스승이 한 명 있어야 한다. 스승 안에서 나를 보고 내 안에서 스승을 볼 수 있는 만남을 이루어야 한다. 그런 과정이 사사다. 이어지는 2장에서 스승과 제자의 아름다운 만남을 살펴보자.

2장

사사, 존재와 삶을 바꾸는 만남

이렇게 만난다. 만날 사람끼리 만난 것이다.
스승을 찾아 헤매던 나그네와 제자를 기다리던 스승은
이때 서로가 말은 없어도 두 마음은 하나로 맺어진다.
사람과 사람의 본질적이고 가장 구체적인 결합은
이와 같은 만남(邂逅)으로 이루어진다.
만남에 의해서 인간은 비로소 '나'를 자각하게 된다.

— 법정(法頂)[1]

라이너 풍크,
프롬을 만나 거듭나다

나에게 이런 만남은 전혀 새로운 경험이었다.
프롬과의 만남은 나에게 곧 지금까지와는
완전히 다른 인생이 시작된다는 것을 의미했다.

– 라이너 풍크(Rainer Funk) [2]

1972년 9월 한 젊은이가 스위스 로카르노에 살고 있는 저명한 정신분석학자이자 사회심리학자 에리히 프롬(Erich Fromm)을 찾아왔다. 젊은이는 독일 태생으로 이름은 라이너 풍크(Rainer Funk), 나이는 스물아홉이었다. 그는 신학과 윤리학을 주제로 박사 논문을 준비하고 있었다. 《자유로부터의 도피》와 《사랑의 기술》로 명성을 얻은 에리히 프롬은 유태계 독일 출신으로 당시 일흔둘의 나이였다.

풍크는 한 달 전쯤 프롬에게 편지를 보내 약속을 잡아둔 상태였다. 편지에 "선생님의 휴머니즘은 제가 선생님과의 대화를 통해 좋은 결실을 얻을 수 있을 거라는 기대를 하게 만듭니다"라고 썼지만, 사실 그가 프롬을 찾은 목적은 배우기 위함이 아니었다. 프롬을 존경했기 때문은 더더욱 아니었다. 오히려 그는 의문을 품고 있었다.

프롬은 저서에서 자신이 무신론자임을 밝혀왔고, 동시에 휴머니즘 윤리를 일관되게 강조했다. 풍크의 물음표는 이 지점을 향했다. '인간의 좁은 생각을 넘어서는 거대한 존재, 즉 신을 믿지 않고 윤리라는 것이 성립할 수 있을까? 그런 휴머니즘 윤리가 가능하기는 할까?' 유대인인 프롬은 제2차 세계대전 중에 나치 독일이 자행한 유대인 학살을 목도했다. 더욱이 친척과 지인이 나치에게 살해된 아픈 기억을 가지고 있었다. 인류 역사에서 유례를 찾아볼 수 없는 홀로코스트를 자행한 파괴적 인간성을 처절히 경험한 사람이 신에 의지하지 않고 인간에게 희망을 건다고 주장하는 것이 풍크에게는 지나치게 순진하게 보였다.

젊은이다운 자신감을 가진 풍크는 교양과 생각할 줄 아는 힘이 인생에서 가장 중요하다고 확신했다. 프롬을 만나 윤리와 휴머니즘에 대한 본인의 생각을 밝히고 논쟁할 준비가 되어 있었다. 패기 넘치는 그에게 이번 만남은 친목이나 배움보다는 대결에 가까웠다. 그런데 두 사람의 만남은 풍크의 예상과 너무 다르게 흘러갔다. 눈빛조차 날카로운 그에게서 사나운 기운을 느낄 법한데도 프롬은 따뜻하게 반겨주었고, 풍크는 프롬과 마주하면서 공격하려는 마음이 녹아내렸다.

프롬이 함께하는 내내 온화한 눈길로 보자 적대적인 감정이 사라지고 마음이 차분해졌다. 노학자는 멀리서 찾아온 젊은이에게 깊은 관심을 보였다. 지금 하는 일부터 박사학위 논문 주제, 독일의 사회적 이슈에 이르기까지 폭넓게 질문했다. 마치 이 세상에 풍크 한 사람만 존재하는 것처럼 경청했다.

프롬은 부드러운 태도로 계속 물었다. 무엇을 사랑하는지, 미워하는게 있다면 어떤 것인지, 무엇을 소중하게 여기고 무엇을 갈망하는지. 훗날 풍크는 이때의 만남을 회고하며 프롬은 차분하게 대화를 이어가면서 자신의 감정과 욕구, 관심과 격정을 차근차근 어루만졌다고 고백했다. "그것은 그때까지 내가 가진 그 어떤 만남과도 비교할 수 없는 경험이었다." 사려 깊은 대가는 낯선 젊은이가 가진 합리적인 태도와 함께 비합리적인 면을 이해하고, 그 안에 숨은 감정과 충동을 알고 싶어 했다. 이를 위해 그가 사용한 방법은 눈맞춤과 질문 그리고 경청이었다. 깊은 대화를 통해 한 사람을 온전히 이해하고자 한 것이다. 프롬의 태도에서 풍크는 그가 자신을 진심으로 존중하고 이해하기 위해 애쓰고 있음을 느꼈다. 또한 자신이 유명세에 가려진 훨씬 특별한 뭔가를 가진 사람을 만나고 있음을 깨달았다. 그는 당시 느낀 점을 다음과 같이 전한다.

"프롬이 나를 바라보며 말을 걸고 이야기를 이끌어가는 방식에는 여느 사람과는 다른 독특한 분위기가 묻어났다. 직접적으로 내 영혼의 문을 두드리고 있는데도, 난 전혀 곤란하다거나 심판을 받고 있다거나 하는 느낌이 들지 않았다. 그저 편안했다. 나를 방어해야겠다거나 어디론가 숨어버리고 싶다는 생각은 조금도 들지 않았다. 나는 느낄 수 있었다. 프롬이 나를 가슴에서 우러나오는 넉넉한 이해심으로 마주하고 있다는 것을. 그는 온전히 나에게만 집중해 내 내면에 지극한 관심을 표함으로써, 자신의 내면세계를 들여다보는 일을 조금도 두려워할 필요가 없다는 것을 나 스스로 느낄 수 있게 해주었다. 말 한마디 한마디와 나를 바라보는 시선에는 우리는 함께 인생길을 가는 동지라고 속삭이는 듯한 따뜻한 사랑이 배어 나왔다."[3]

풍크는 프롬을 만나기 전 《사랑의 기술》을 읽고는 이 책에 담긴 사랑에 관한 메시지를 순진한 낭만주의나 몽상에 가까운 이상론으로 치부했다. 그런데 그의 눈앞에서 프롬은 보란 듯이 본인 책의 살아 있는 버전으로 존재하고 있는 게 아닌가. 풍크는 충격을 받았다.

《사랑의 기술》에서 프롬은 진정한 사랑의 기본 요소로 적극적 관심과 존중을 꼽았다. 존중은 한 사람을 있는 그대로 보고 독특한 개성을 이해하며 그 사람이 성장하기를 바라는 관심이다. 그는 책에 쓴 그대로 풍크를 대했다. 또한 프롬에 따르면 사랑은 능동적이고 생산적인 힘이다. 이 힘의 본질은 사랑을 받는 게 아니라 줄 수 있는 능력이다. 그렇다면 무엇을 주는 것일까? 성숙한 사랑은 아무거나 아무렇게 주지 않는다. 가진 것 중에서 가장 소중한 것, 저자의 표현을 빌리면 '생명'을 줌으로써 다른 생명을 북돋는다.

"이 말은 반드시 남을 위해 자신의 생명을 희생한다는 뜻은 아니다. 오히려 자기 자신 속에 살아 있는 것을 준다는 뜻이다. 그는 자신의 기쁨, 자신의 관심, 자신의 이해, 자신의 지식, 자신의 유머, 자신의 슬픔―자기 자신 속에 살아 있는 것의 모든 표현과 현시(顯示)를 주는 것이다. 이와 같이 자신의 생명을 줌으로써 그는 타인을 풍요하게 만들고, 자기 자신의 생동감을 고양함으로써 타인의 생동감을 고양시킨다."[4]

글과 삶이 일치하는 작가는 스스로를 사심 없이 열어 보임으로써 이방인의 가슴을 열었다. 사랑으로 충만한 프롬은 명성이나 지위 뒤에 숨지 않고 한 사람을 있는 그대로 이해하기 위해 최선을 다했다. 그러자 풍크는 자신과 다르다고 생각해온 사람에게서 자기와 같은 부분을 발견하고 친밀감을 느꼈다. 프롬은 상대를 자기 쪽으로 포섭하거나 본인의 사상을 주입하려 하지 않았다. 풍크는 비판의 칼을 버리고 그와 하나가 되어갔다. 책에 나오듯이 사랑은 인간관계에서 분리감을 극복하는 동시에 각자의 개성도 허용한다. 즉 사랑할 때 두 존재는 하나가 되면서도 둘로 남는 역설이 가능하다.

　한 번의 만남이 한 젊은이의 내면을 바꾸고 인생에 새로운 문을 열었다. 풍크는 프롬과의 대화에서 강한 자극을 받았다. 내면에서 맥동하던 비전을 비로소 자각했다. 로카르노를 떠나는 그의 가슴은 새로운 인생에 대한 예감으로 가득했다.

　어떻게 이런 일이 가능했을까? 핵심은 비전(vision)에 있다. 비전이 무엇인지 이해하기 위해 무엇이 비전이 아닌지부터 살펴보자. 비전과 유사한 개념으로 예언을 들 수 있다. 예언과 비전 둘 다 미래를 향한다는 점에서 같은 듯 보이지만 실상은 매우 다르다. 비전은 미래에 실현할 수 있는 내면 깊숙이 자리한 최상의 잠재력에 바탕을 두고 있다. 그래서 한 사람이 가장 자기답고 탁월하게 성장할 수 있는 길을 보여준다. 그에 비해 예언은 일종의 숙명론이어서 확정된 미래를 가리킨다. 모든 예언은 과정은 건너뛰고 결과에 초점을 맞춘다. 비전이 변화와 성장의 씨앗을 품고 있다면 예언은 고정불변의 미래에 대한 선언이어서 오히려 변화의 여지를 막는다.

　스승은 예언자가 아니다. 예언자가 되려 해서도 안 된다. 어쩌면 예언자 같은 스승이 가장 위험하다. 제자를 성장의 길로 인도하기는커녕 자기 식대로 재단하고 낙인찍기 때문이다. 그래서 현명한 스승은 좀처럼 예언하지 않는다. 대신에 제자의 잠재력을 알아보고 제자가 자각할 수 있도록 돕는다. 예언자와 스승은 소통 방식에서도 확연히 차이가

난다. 고정된 미래를 가리키는 예언자는 질문보다는 하나의 답을 제시하고 대화보다는 단정적으로 명령한다. 그에 비해 스승은 프롬이 풍크에게 보인 모습처럼 질문하고 경청하고 공감하며 대화를 나눈다.

비전은 땅에 묻힌 씨앗이 정정한 나무 한 그루로 성장하는 데 비유할 수 있다. 그런데 이 씨앗을 땅의 주인조차 모르는 경우가 많아서 그 가능성을 일깨워줄 존재가 필요하다. 이것이 스승이 할 일이다. 나의 잠재력이 나아갈 방향을 찾도록 돕는 나침반 같은 스승을 만난다면 가장 이상적이다.

풍크는 프롬이라는 딱 맞는 스승을 만나 자기 안의 가능성에 눈떴다. 진정한 나를 찾아가는 여정을 시작했다. 내면의 변화는 삶의 모양을 바꾼다. 풍크는 그동안 연구해온 신학과 윤리에서 인간의 심리로 학문 주제를 바꾸었다. 그리하여 프롬의 사회심리학과 윤리학에 관한 논문으로 박사학위를 취득하고, 프롬처럼 정신분석가가 되었다. 훌륭한 스승과의 만남을 통해 학문의 지향점을 재설정하고 직업의 방향을 수정한 것이다.

첫 만남 후 풍크는 프롬의 제자이자 조교가 되었고 프롬이 이 세상에서 보낸 마지막 8년을 함께했다. 특히 1974년부터 2년 동안 거의 매일 프롬 곁에 머물며 그의 대표작 《소유냐 존재냐》의 집필을 도왔다. 프롬은 머리말에서 책을 쓰는 데 도움을 준 이들에게 감사를 표했는데 자신의 마지막 조교를 첫 번째로 언급했다.

"맨 먼저 여러 분야에서 큰 도움을 준 라이너 풍크에게 감사하고 싶다. 그는 긴 시간 여러 차례에 걸친 대화를 통해 기독교 신학의 복잡한 문제들을 이해하도록 나를 도와주었다. 열성적으로 신학 분야의 책을 내게 소개해주었고 나의 원고도 여러 차례 읽어주었다. 그의 탁월하고 체계적인 제안과 비평은 이 책의 내용을 풍부하게 하고 몇 가지 오류를 덜어주는 데에 큰 도움이 되었다."[5]

에리히 프롬은 1980년 3월 세상을 떠난 후에도 풍크의 삶에서 나침반 역할을 했다. 첫 만남이 있고 20년 후 풍크는 스승의 사후 문헌관리자가 되어 '에리히 프롬 전집'과《에리히 프롬 유고 선집》의 편집을 책임졌다. 프롬 사후에 나온《존재의 기술》,《나는 왜 무기력을 되풀이하는가》등 대부분 책은 풍크의 손을 거쳤다. 1999년에는 스승의 일대기를 담은《에리히 프롬 : 삶에 대한 사랑》을 출간했다. 여기에 더해 프롬과 8년간 함께하며 배운 점과, 스승이 세상을 떠난 후 그의 책을 읽으며 공부한 내용을 정리해서 2007년《내가 에리히 프롬에게 배운 것들》을 펴냈다. 프롬과 첫 만남을 가진 지 35년 후의 일이다.

한 사람의 인생에서 35년은 짧은 시간이 아니다. 두 사람의 인연은 지금도 진행 중이어서 현재 풍크는 국제 에리히 프롬 협회의 주축 멤버로 활동하고 있다. 독일에서 프롬 문헌실을 운영하며 스승의 유고 및 저작권을 관리하고 있다. 나는 이 모든 게 한 번의 만남에서 비롯되었다는 사실에 놀란다. 도대체 어떤 인연일까? 풍크는《내가 에리히 프롬에게 배운 것들》에서 이렇게 소개한다.

"프롬과의 첫 만남에서 난 분명하게 느낄 수 있었다. 내가 그의 휴머니즘을 문제 삼으려고 시비를 거는 것은 우매하기 짝이 없는 짓이라는 것을. 논증을 앞세운 나의 '정신적 무기'는 그야말로 시비 걸기에 불과했고, 이성적이라기보다 내가 옳다고 뻐기는 것에 지나지 않았다. 나는 대결을 원했지만, 그는 내게 직접적인 만남을 선물했다."[6]

여기서 '직접적인 만남'이라는 표현에 주목할 필요가 있다. 에리히 프롬의 삶과 사상을 관통하는 열쇳말이며, 동시에 풍크가 스승에게 배운 핵심이다. 직접적인 만남은 프롬이 말년에 정립한 그의 사상적 집약이라고 할 수 있는 '소유와 존재의 실존 양식'과도 관련이 깊다. 간략히 소개하면 소유와 존재는 근본적으로 다른 인간 체험의 두 형태이며 서로 지향점이 다르다. 소유 양식은 주로 과거와 미래, 예를 들어 과거에 산 물건과 미래에 살 물건을 중시한다면 존재 양식은 현재를 우선시해서 '지금 여기'에 몰입한다. 사랑과 기쁨의 체험, 진리를 발견하는 경험은 과거나 미래가 아닌 지금 여기에서 일어나기 때문이다. 직접적 만남과 연관지어 말하자면 존재 양식에 충실한 사람은 지금 내 앞에 있는 사람에게 온전히 집중한다.

프롬이 강조하는 직접적인 만남은 상대방과 얼굴을 맞대고 서로의 내면을 공유하는 과정이다. 형태적으로는 두 사람의 대면이고, 심리적으로는 마음의 '중심에서 우러나오는 관계'이다. 핵심은 서로가 전(全)인격을 체험하고 공유하는 것이다. 이를 위해 얼굴과 얼굴을 마주하고 서로를 향해 마음을 활짝 여는 것이다. 프롬은 직접적인 만남을 행하기 위한 요건을 다음과 같이 제시한다.

- 상대방에게 진심으로 관심을 가진다.
- 상대의 이야기를 경청한다.
- 선입견을 품고 대하지 않는다.
- 상대방에 대해 속단하거나 평가하지 않는다.[7]

어쩌면 이런 내용이 허울뿐인 관념처럼, 또는 너무 당연하게 들릴지도 모른다. 그렇다면 한번 생각해보자. 그대는 오늘 하루 여러 사람을 마주하면서 깊은 관심을 가지고 상대의 말에 귀 기울이고 선입견이나 평가 없이 만난 적이 얼마나 되는가? 또 누가 나를 이렇게 대한 경우는 몇 번이나 있는가? 아마 손에 꼽을 만큼 적을 것이다.

프롬의 주장이 진부하게 들릴 수 있지만 직접적인 만남으로 이뤄지는 관계는 전혀 진부하지 않다. 오히려 만날 때마다 새롭다. 이런 이유로 정식분석가로서 프롬은 심리 치료의 중요한 요인으로 직접적인 만남을 주도하는 치료자의 능력을 꼽았으며, 의사와 환자의 관계뿐만 아니라 스승을 포함한 다른 사람과의 만남에서도 직접적인 만남의 중요성을 거듭 강조했다.

그렇다면 직접적인 만남을 실현하는 능력을 어떻게 키울 수 있을까? 프롬에 따르면 가장 먼저 다른 누구보다 자기 자신과 직접적인 만남을 이뤄낼 줄 알아야 한다. 나 자신과의 직접적인 만남을 통해 자기 이해가 깊어질수록 타인을 이해하는 능력도 커진다.

직접적인 만남의 원동력은 다른 어디가 아닌 내 안에 있다. 프롬은 이 힘을 키우는 방법으로 '자기분석(Self-Analysis)'을 제시한다. 그는 40년 넘게 매일 아침 90분 동안 자기분석 활동을 수행하듯 실천했다. 그의 자기분석 과정을 간단히 요약하면 먼저 호흡을 고르고 몸의 감각과 느낌을 살펴본다. 다음으로 참선(參禪)과 집중력 훈련을 한다. 이어서 본격적인 자기분석 작업에 들어가는데 정신분석가답게 밤에 꾼 꿈, 자발적 연상, 실수, 전이(transference)를 구체적인 재료로 삼아 무의식을 세심하게 분석한다. 그리고 내면에서 요동치는 충동과 갈등, 밖으로 나올 준비가 된 잠재력을 탐구한다. 프롬은 수십 년간의 자기분석 작업을 통해 주도적으로 성장할 수 있는 길을 모색했으며, 상대방과 온전히 함께할 수 있는 능력, 즉 직접적인 만남을 이룰 능력을 키웠다.

이처럼 프롬에게 직접적인 만남은 그저 책에 소개한 이론이나 모델이 아니라, 평생 동안 일상에서 실행하고자 애쓴 가치이자 방법론이다. 그는 직접적인 만남을 포함해 본인의 사상과 존재가 일치하는 삶을 지향했다. 그런 노력을 풍크는 프롬과 함께하며 생생히 체험했다. 이것이 풍크가 프롬을 존경하고 스승으로 모신 이유다. 제자는 스승의 학문뿐 아니라 스승이 배우고 깨달은 대로 살기 위해 최선을 다하는 모습에 감명 받았다.

나는 궁금했다. 에리히 프롬이 풍크에게 지대한 영향을 준 것처럼 프롬에게도 그런 스승이 있었을까? 프롬에 따르면 사는 동안 몇 명의 '큰 스승'에게 가르침을 받았다고 한다. 그중에서도 그의 내면에 직접적인 영향을 미친 사람이 있었으니, '정신의 스승'으로 평생 존경한 랍비 살만 바루흐 라빈코프(Salman Baruch Rabinkow)이다. 특히 그는 프롬이 직접적인 만남을 개념화하고 삶에 적용하는 데 결정적 영감을 주었다. 따라서 프롬이 라빈코프에게 받은 가르침을 살펴보는 일은 직접적인 만남을 이해하는 첩경이기도 하다.

랍비 살만 라빈코프는 독일 하이델베르크에서 활동한 탈무드(Talmud) 스승으로, 율법의 내면성을 존중하는 유대교 경건주의 운동인 하시디즘 (Hasidism)에 정통했다. 프롬은 스무 살부터 6년 가까이 라빈코프의 제자로서 함께했다. 거의 매일 스승을 만나 함께 탈무드와 유대교의 고전을 읽고 다양한 사회 문제에 대해 토론했으며, 스승은 제자가 박사 학위 논문을 쓰는 데 도움을 주기도 했다. 무엇보다 프롬은 리빈코프가 경건한 삶을 입으로만 얘기하지 않고 실천에 옮기는 모습과 언제나 휴머니즘을 견지하는 태도에 깊은 인상을 받았다. 또한 라빈코프는 인간의 '자기 결정권'이 사회나 신앙 공동체의 요구보다 중요하다고 주장하면서 개인과 사회의 관계에서 인간이 자신의 의지대로 살 수 있는 자유를 중시했다. 이런 관점은 프롬의 사상에 그대로 스며들었다. 훗날 프롬은 살면서 가장 큰 영향을 받은 인물로 라빈코프를 꼽으며 스승을 다음과 같이 회고했다.

"선생님이 내 인생에 누구보다도 많은 영향을 주지 않았나 싶다. 그의 사상은 비록 개념이나 표현은 조금씩 달라졌을지 몰라도 내 안에 영원히 살아 있다. 선생님은 처음 만났을 때도 전혀 타인처럼 느껴지지 않았던 분이다. 마치 오래전부터 알고 있던 사람처럼 자연스럽게 대화가 이어졌다."[8]

라빈코프는 프롬이 찾고자 했던 이상적인 삶의 태도를 생활에서 모범으로 보여주었다. 겸손하고 신중하면서 유머 또한 즐겼으며, 제자에게 명령하거나 본인 생각을 강요하는 법이 없었다. 주장하거나 지적하기보다 질문을 선호하고 경청할 줄 알았다. 명성이나 인기에 초연했으며 옷차림과 식사를 비롯한 일상은 더없이 소박하고 단정했다. 프롬을 포함해 제자들에게 아무런 수업료를 받지 않았고, 새벽에 일어나 독서와 공부하는 걸 원칙으로 삼았다.

라빈코프의 존재 그대로가 가르침이었다. 프롬은 하루하루 지행일치를 실천하는 스승에게 감명 받았다. 프롬의 말했다. "나에게 영향을 준 것이라면 오로지 선생님이 존재한다는 것, 그리고 나에게 행동으로 본보기가 되어준다는 것뿐이다. 분명한 것은 선생님은 언제나 온전히 선생님 자신이었다는 사실이다." 이는 풍크가 프롬을 존경한 이유와 같다. 더불어 프롬이 묘사한 라빈코프의 모습은 풍크가 만난 프롬과 놀랍도록 닮았다.

한 사람은 하나의 세계이다. 그러므로 한 사람과의 만남은 한 세계와의 조우이다. 삶에서 많은 사람이 등장하고 떠나고, 어떤 이는 한동안 머물며 마음에 흔적을 남긴다. 드물지만 몇은 오랫동안 함께하며 내면에 지울 수 없는 풍경을 선사한다. 풍크에게 프롬이 그런 존재였고, 프롬에게 라빈코프가 영혼의 풍경으로 자리 잡았다.

스승과의 인연은
일기일회

그대 삶에 있어 크나큰 중요성을 지니게 될 사람을 만날 때에는,
그 첫 만남에서부터 장차 뭔가 벌어질 것을 알게 된다.
매우 신비스러운 일이 아닐 수 없다.

– 조지프 캠벨[9]

큰 스승과의 만남은 인생에 변곡점을 만든다. 에리히 프롬과의 만남을 빼놓고는 라이너 풍크를 온전히 이해할 수 없는 것처럼, 만남을 기점으로 전과 후가 확연히 달라진다. 스승과 제자의 관계는 어떻게 시작될까? 그 문을 열어보자.

성장에 결정적 영향을 미치는 한 사람

워싱턴대학에서 진행한 대담에서 한 젊은이가 세계 최고의 투자가 워런 버핏에게 물었다. "성장하면서 당신에게 가장 중요했던 역할모델이 누구였습니까? 그 사람이 당신의 성공에 어떤 영향을 미쳤습니까?" 버핏이 답했다.

"제 생각에는 역할모델(role models)이란 표현보다 영웅(heroes)이란 호칭이 더 어울릴 것 같네요. 여러분의 영웅이 누구냐에 따라 앞으로 여러분의 삶이 어떻게 전개될지도 대강 짐작할 수 있지요. 삶에는 우여곡절이 있기 마련입니다. 저 역시 살아오면서 힘든 시기를 여러 차례 넘겼습니다. 하지만 훌륭한 영웅들을 둔 사람은 힘든 시기에도 올바른 길을 선택하기 마련입니다."[10]

사람은 사람을 통해 성장한다. 교육학에서는 한 사람이 성장하는 데 결정적 영향을 미치는 사람을 의미 있는 타인(Significant Others)이라고 부른다. 사회심리학자 조지 허버트 미드(George Herbert Mead)는 인간이 자아를 형성하는 과정에서 가장 중한 요인으로 의미 있는 타인을 꼽은 바 있다. 태어나는 순간부터 우리는 누군가와 교감하고 관계를 맺는다. 그래서 삶은 사람의 준말이고 삶이란 사람들과의 관계라고 말하기도 한다. 무수한 관계 중에서도 가장 중요한 '의미 있는 타인'으로 스승을 꼽을 수 있다.

이 점을 잘 보여주는 사례가 조선시대 최고의 실학자 다산 정약용(茶山 丁若鏞)과 황상(黃裳)의 인연이다. 다산은 천주교를 접했다는 죄로 전라남도 강진으로 유배 온 지 1년이 지나는 시점(1802년 10월)에 자신이 머물던 주막집 방에 작은 서당을 열었다. 이곳에서 열다섯 살 소년 황상을 처음 만났다. 다산은 일주일간 유심히 관찰하면서 소년의 성실함과 재능을 알아보고 제자로 받아들였다. 그는 소년에게 진지하게 문사(文史)를 공부해보라는 권유와 함께 '부지런하고 부지런하고 부지런하라'는 가르침을 친필로 적어 주었다.

스스로를 둔하기만 할 뿐 장점이 없다고 여겼던 황상은 자신의 잠재력을 알아준 스승에게 감동하여 스승이 준 가르침을 '삼근계(三勤戒)'라 부르며 평생 소중히 간직했다.

다산은 쓸쓸한 유배지에서 만난 황상을 아들처럼 아끼고 진심으로 가르쳤다. 황상이 시(詩)에 재능이 있음을 간파하고 시의 세계로 이끌었다. 시를 지어 제출하게 하고 손수 점검했으며, 책을 추천하고 공부하는 방법을 알려주었다. 특히 다산은 책을 읽으며 필요한 부분을 뽑아서 기록하는 초서(抄書)를 공부의 기본으로 삼았다. 황상은 다산의 가르침에 성실로 답하여 늙어서까지 초서를 멈추지 않았다. 스승은 제자에게 두보(杜甫), 한유(韓愈), 소동파(蘇東波), 육유(陸遊)를 소개하며 이 네 명의 시인을 철저히 연구하라는 구체적 지침을 제시하기도 했다. 황상은 수십 년 동안 다산의 시와 함께 네 명의 시인을 사숙하며 그만의 시적 개성을 담금질해나갔다.

다산 곁에서 황상의 실력은 물 만난 고기처럼 성장했다. 훌륭한 스승과 시라는 전문 분야, 그리고 황상의 재능과 성실함이 결합한 결과였다. 특히 스승이 예견했듯이 시에서 큰 성취를 보였다. 황상은 다산처럼 다재다능한 대학자가 되지는 못했지만 한평생 전념한 시에서는 스승 못지않은 경지에 올랐다. 실제로 안목이 높기로 유명한 다산은 많은 제자들 중에 최고의 시인으로 주저 없이 그를 꼽았으며 "제자 중에서 너를 얻은 것을 다행으로 여겨 기뻐한다"고 자랑스러워했다. 훗날 황상의 시는 많은 문인들로부터 다산을 포함한 다섯 시인(두보, 한유, 소동파, 육유)을 따르는 듯하면서도 독창적인 경지에 올랐다는 평가를 받았다.

정약용과 황상의 이야기는 삶의 차원을 바꾸는 사제관계를 보여준다. 스승은 힘든 시절에 만난 제자를 진심으로 가르쳤고, 제자는 스승의 가르침을 뼈에 새기는 각오로 평생 실천했다. 두 사람의 진솔한 만남이 서로의 인생을 바꿨다.

운명적 끌림과 준비된 제자

누군가에게 훌륭한 스승이라고 모든 사람에게 그렇지는 않다. 같은 스승에게 배워도 제자의 성취가 많이 다른 경우가 적지 않다. 두 가지 이유가 있다. 사람 사이에 인연이란 게 있고, 스승의 가르침은 준비된 사람에게 효력을 발휘하기 때문이다.

인연에는 말로 설명하기 어려운 묘한 면이 있다. 피천득의 수필 '인연'에 나오는 구절처럼 "그리워하는데도 한 번 만나고는 못 만나게 되기도 하고, 일생을 못 잊으면서도 아니 만나고 살기도 한다." 조금 후에 살펴보겠지만 신영복은 스승을 만나리라고는 전혀 예상할 수 없던 감옥에서 자유로운 저 밖에서도 만나기 어려운 뛰어난 스승을, 그것도 둘이나 만나 동양고전과 서예를 체계적으로 익혔다. 불교에서는 사람 간의 인연을 '겁(劫)'으로 표현한다. '천지가 한 번 개벽하고 다음 개벽이 될 때까지의 시간'으로 아주 긴 시간이다. 불가에서는 옷깃만 스친 만남은 5백 겁의 인연이고 1천 겁은 같은 나라에 태어나며 5천 겁은 한 동네에서 태어난다고 한다. 아내와 남편은 7천 겁의 인연이고 형제자매는 9천 겁이다. 모든 관계 중 가장 깊은 인연은 스승과 제자로 무려 1만 겁이다. 그 정도로 귀하다는 뜻이리라.

'일기일회(一期一會)'라는 말이 있다. '단 한 번의 시간, 단 한 번의 만남'을 의미한다. 일기일회의 인연은 한 번의 만남으로 불타오른다. 라이너 풍크는 에리히 프롬과의 첫 만남에서 "서로 얼굴을 마주본 지 불과 몇 분밖에 되지 않았음에도 더할 수 없는 친근한 분위기가 샘솟는 듯"했고 "따뜻한 시선으로 서로 숨바꼭질을 하지 않고 아무런 허세도 없이 자신을 고스란히 드러내" 보일 수 있었다며 놀라워했다. 구본형은 스무 살에 대학 입시 면접장에서 처음 만난 길현모 교수를 '마음속 별' 같은 스승으로 평생 존경했다.

풍크와 구본형은 예외적인 경우가 아니다. 워런 버핏은 투자의 대가 벤저민 그레이엄(Benjamin Graham)을 책으로 처음 접하고 몇 년 후 컬럼비아대학원에서 실제로 만나 푹 빠졌다. 버핏과 그레이엄은 수십 명이 모인 수업에서 만났음에도 서로를 단박에 알아봤다. 미국 생태문학의 효시로 불리는 《월든》의 저자 헨리 데이비드 소로(Henry David Thoreau)도 랠프 왈도 에머슨(Ralph Waldo Emerson)을 책으로 먼저 만나고 얼마 후 에머슨의 집에서 직접 만났다. 두 사람은 처음 본 순간 상대에게 매료되었다. 소로는 에머슨의 글을 읽으며 그의 마음을 자기 마음처럼 느낄 수 있었는데 이는 에머슨도 마찬가지였다.

나중에 자세히 살펴볼 물리학자 레너드 플로디로프(Leonard Mlodinow)도 우연히 손에 들어온 리처드 파인만(Richard Feynman)의 책을 읽고 물리학을 공부하기로 결심했으며, 7년 후 우연한 기회에 파인만이 있는 대학에서 만나 가르침을 받았다. 어떤 경로를 통하든 삶에서 중요한 스승을 만날 때는 특별한 예감이 일렁인다. 나와 잘 맞는 스승을 만날 때는 운명적 끌림이 따른다. 그래서 일기일회라 부를 만하다.

• 2장 사사, 존재와 삶을 바꾸는 만남 •

구본형은 스승을 처음 만나고 30여 년 후 쓴 글에서 "길현모 선생님은 인생의 결정적 순간마다 내 곁에 현존하는 훌륭한 역할모델이었다"면서 "내가 선생님을 만난 것은 행운이었다"고 고백했다. 경영 사상가 찰스 핸디(Charles Handy)는 "스승이란 억지로 가질 수 있는 것이 아니다. 자연 발생적으로 갖게 되는 것이다. 어떤 사람에게서 정신적 가르침을 얻게 되기까지는 어떤 마음의 움직임이 필요하다"고 말했다. 구본형이 말하는 '행운'과, 핸디의 '자연 발생적' 그리고 '마음의 작용'은 두 가지를 의미한다. 하나는 앞서 언급한 인연, 즉 '운명적 끌림'이고, 다른 하나는 제자의 '준비' 여부다.

사람에게 첫눈에 호감을 느낄 때가 있다. 첫사랑을 떠올려보라. 대부분 상대에 관한 정보를 두루 알아보고 사랑하는 게 아니다. 그냥 끌린다. 모든 사람은 각자 고유한 빛깔과 향기, 즉 기운(氣運)을 가지고 있다. 기운이 맞는 사람들은 서로 끌리고 잘 통한다. 이전부터 알아온 것처럼, 오래전부터 기다려온 사람을 만난 듯이 말이다. 철학자 블레즈 파스칼(Blaise Pascal)이 쓴 "이미 나를 이해하지 않았더라면 그대는 나를 만나지 않았을 것"이라는 구절을 본 적이 있다. 일견 모순되는 듯 들리지만 귀한 인연은 이토록 신비롭다.

스승과의 만남도 다르지 않다. 그렇다면 스승을 만나기 전에 이미 이해하고 있다는 게 무슨 뜻일까? 제자가 준비되어 있다는 말이다. 스승과의 마주침은 그저 우연이 아니라 제자가 열망하며 찾은 노력에 대한 응답이다. 인연과 준비된 제자는 서로 연결되어 있다. 운명적 끌림은 제자를 점화하고, 준비된 제자는 인연을 알아볼 수 있다.

스승은 일종의 척도다. 스승이 제자를 선택하는 것처럼 제자도 스승을 선택한다. 스승을 택할 때 우리는 부지불식간에 현재 내가 품고 있는 소망과 계발해야 할 가능성을 투영한다. 알게 모르게 지금의 내가 힘껏 노력하면 오를 수 있는 최고의 모습을 보여주는 모델을 스승으로 선택한다. 이것이 역할모델이라는 단어에 담긴 본래 의미다. 스승은 내 안에 잠든, 깨우고 살려야 할 덕목과 자질, 미래의 삶을 표상한다. 스승은 내 잠재력의 현시(顯示)이다.

오해가 없기를 바란다. 스승은 '자연 발생적'으로 만나며 '운명적 끌림'과 '운'이 필요하다는 건, 마냥 스승을 기다리라는 뜻이 아니다. 스승이 나를 찾아와 주기를 바라는 건 더더욱 아니다. 훌륭한 스승은 제자를 쫓아다니며 가르치지 않는다. 그럴 필요가 없다. 준비가 안 된 사람은 아무리 좋은 가르침도 받아들이지 않는다는 걸 이미 알기 때문이다. 스스로 스승을 찾고 싶다는 마음이 들면 준비가 되었다는 증거다. 그럴 때는 능동적으로 찾아나서야 한다.

스승을 찾을 때 필요한 마음가짐

스승을 만나는 계기는 다양하다. 구본형과 길현모, 템플 그랜딘과 윌리엄 칼록처럼 학교나 교육기관에서 만날 수 있고, 버핏과 그레이엄, 소로와 에머슨처럼 책을 통해 먼저 인연을 맺을 수도 있다. 나와 법정 스님처럼 영화가 계기가 될 수 있고, 지인의 소개나 예상치 않은 자리에서 스승과 첫인사를 나눌 수도 있다.

다양한 형태로 스승을 만날 수 있다는 건 언제 어디서든 스승과 마

95

주칠 수 있다는 말이기도 하다. 공자는 "세 사람이 함께 길을 가면 반드시 나의 스승이 있다"고 했는데 이 말은 두 가지 의미로 해석할 수 있다. 먼저 많은 사람들에게 배울 점이 있으며, 스스로 찾고자 노력하면 스승을 만날 수 있다는 뜻도 내포한다. 나는 많은 스승과 제자의 사례를 살펴보면서 훌륭한 스승을 만나는 핵심 요인이 제자의 태도라는 걸 알게 되었다. 구체적으로 다음과 같이 정리할 수 있다.

우선 언제 어디서든 스승을 만날 수 있으므로 스승을 찾는 사람은 깨어 있어야 한다. 깨어 있음은 대단한 무엇이 아니라 스승이라는 존재에 대한 관심, 좋은 스승을 만나면 적극적으로 배움을 구하겠다는 자세를 말한다. 진심으로 스승을 구할 때 스승을 만날 가능성이 커진다.

다음으로 스승에게 자신을 비춰 보는 태도이다. '무감어수 감어인(無鑑於水 鑑於人)'이라는 옛말이 있다. 물에 비춰 보지 말고 사람에게 자기를 비춰 보라는 의미다. 나란 존재를 물에 비춰 보면 겉모습만 볼 수 있지만 사람에게 비춰 보면 그 사람 안에 있는 내 모습을 볼 수 있다. 사람 중에서도 커다란 거울이 스승이다. 그러므로 감어사(鑑於師), 스승에게 나 자신을 비춰 볼 줄 알아야 한다. 스승을 찾기 앞서 진지하게 물어보라. '스승에게 나를 기꺼이 비추어 보려는 자세를 갖고 있는가?' '감어사'의 마음가짐이 없으면 훌륭한 스승이 눈앞에 있어도 알아보지 못한다.

병아리가 태어나는 과정을 가리키는 줄탁동시(啐啄同時)라는 사자성어가 있다. 병아리가 알 안에서 어미를 부르며 쪼는 것이 '줄'이고 어미가 이에 응답해 밖에서 쪼는 것이 '탁'이다. 이 둘이 함께 일어나야 새로운 생명이 탄생할 수 있다. 여기서 병아리가 안에서 간절하게 부르는 게 먼저라는 점에 주목하자. 알을 깨고자 부단히 노력하지 않는 병아리는 알을 깰 수 없다. 같은 이치로 제자가 주도적으로 스승을 찾아 나서야 한다. 스승이 제자를 알아보는 게 연(緣)이라면 보다 직접적인 원인, 즉 인(因)은 제자에게 있다. 스승과 마주하는 가장 중대한 요소는 스승을 찾고자 하는 제자의 의지와 노력이다.

그런데 좋은 태도를 갖추고 열심히 스승을 찾아도 만날 수 없다면 어떻게 해야 할까? 이런 경우에는 기다려야 한다. 본인의 의지와 노력도 중요하지만, 앞에서 말한 1만 겁의 인연과 일기일회, 줄탁동시 모두 적절한 때를 강조하고 있다. 스승을 빨리 만난다고 좋은 게 아니고 늦게 만난다고 나쁜 일도 아니다. 우회로가 딱 맞는 절묘한 길일 때가 있듯이 스승을 언제 어떻게 만나는가에는 정답이 없다.

그렇다고 마냥 손 놓고 기다려서는 곤란하다. 길을 열심히 모색하고 할 일을 충실히 해야 한다. 실천과 몰두의 도정에서 스승을 발견하는 경우가 많다. 스승을 만나 새로운 길이 열리는 경우가 적지 않지만, 스스로 새롭게 시작하기 위해 노력하는 중에 스승과 대면하는 수도 그만큼 많다. 신영복은 "자기가 하는 일에 몰두하고 있을 때 그 일에 가치를 인정하는 사람이 다가옴으로써 스승을 만나게 된다"고 말했다. 내가 선택한 길을 성실히 가는 중에 동반자처럼 마주치는 스승을 알아볼 수 있다는 것이다. 실제로 신영복은 그렇게 스승을 만났다.

신영복, 가장 낮은 곳에서 스승을 만나다

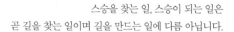

> 스승을 찾는 일, 스승이 되는 일은
> 곧 길을 찾는 일이며 길을 만드는 일에 다름 아닙니다.
>
> – 신영복[11]

신영복은 여행 산문집 《나무야 나무야》에서 첫 여행지로 경남 밀양 천황산에 자리한 '얼음골'을 찾았다. 그 스스로 '20년의 징역살이와 7년여의 칩거 후에 가장 먼저 찾아온 곳'이라고 밝힌 걸 보면 남다른 의미가 깃든 장소였으리라. 그가 이곳을 찾은 주된 이유는 '스승과 제자의 원융(圓融)'을 느끼기 위해서였다. 얼음골은 이은성의 소설 《동의보감》에서 주인공 허준과 그의 스승 유의태가 마지막 인사를 나눈 무대로, 스승은 허준에게 훌륭한 의사가 되어야 한다며 자신이 죽은 후 시신을 해부하라고 마지막 가르침을 전한다.

신영복은 스승과 제자가 서로를 처절하게 승계하는 현장에서 "배우고 가르치는 이른바 사제(師弟)의 연쇄(連鎖)를 더듬어 확인하는 일이 곧 자신을 정확하게 통찰하는 길"임을 강조한다. 이 말은 제자는 스승을 통해 자기 존재를 온전히 알 수 있으며, 제자를 보면 그 스승을 또한 이해할 수 있다는 뜻이다. 이 점은 신영복도 예외가 아니다. 그를 온전히 이해하기 위해서는 그의 스승이 누구이며 그로부터 무엇을 배웠는지 알아야 한다.

"감옥은 강한 자는 더욱 강하게 만들고 약한 자는 더욱 약하게 만든다"는 말이 있다. 아마도 세상의 밑바닥이기 때문일 것이다. 가장 낮고 어두운 만큼 그 안에 갇힌 사람도 그렇게 만들 수 있다. 동시에 이곳은 가장 단단하기도 해서 스스로를 담금질할 수 있는 수련장이 될 수도 있다. 신영복은 이른바 '통혁당 사건'에 연루되어 감옥에서 20년을 보냈다. 사형수로 옥살이를 시작해 우여곡절 끝에 무기수로 감형되었으며 20년 가운데 5년은 독방에 있었다. 나이로 치면 세상의 '가장 끝 동네'에서 20대 후반부터 40대 후반을 보냈다. 인생에서 가장 왕성하게 활동하며 학문적으로 창조력을 발휘하는 전성기라고 할 만한 시절 대부분을 감옥에서 지낸 셈이다.

긴 세월을 갇혀 보내면 분노와 절망으로 심신이 사그라들기 십상이다. 하지만 신영복은 무너지지 않았다. 오히려 감옥을 삶을 다시 시작하는 교육 현장으로 삼았다. 온갖 사연을 가진 20여 명의 사람들이 한 방에 모여 종일 밀착하여 생활하는 징역살이는 그에게 '인간학(人間學)과 사회학(社會學) 교실' 같았다. 담장 밖 사회와 달리 감방에서 모든 사람은 안팎으로 적나라한 모습으로 대면한다. 그에 따르면 일체의 포장을 벗고 상호작용하기에 가장 리얼한 공부가 가능하다. 신영복은 엄혹한 감옥에서 다양한 사람들을 만나고 과거 경험을 하나하나 반추하며 지난 삶을 돌아봤다. 더불어 동양고전을 중심에 두고 독서하고 글 쓰고 붓글씨를 익히며 암담한 하루하루를 자기 연마의 길로 변모시켰다.

언제 세상으로 돌아갈지 기약할 수 없는 무기수로서 그가 어떤 마음으로 수형생활을 하고자 했는지 잘 보여주는 글귀가 있다. '좋은 쇠는 뜨거운 화로에서 백 번 단련된 다음에 나오는 법이며, 매화는 추운 고통을 겪은 다음에 맑은 향기를 발하는 법이다(精金百鍊出紅爐, 梅經寒苦發淸香).' 그는 옥중에서 붓글씨로 이 문장을 자주 썼다. 사방이 막힌 공간을 자신을 옥죄는 구속이 아닌 뜨거운 화로처럼 스스로를 단련하는 장으로 삼겠다는 결심, 무기징역형을 탈출구 없는 절망적 상황이 아닌 한겨울을 밝히는 매화처럼 청향(淸香)을 예비하는 시절로 만들겠다는 다짐이었다. 그런 그에게 감옥은 대학(大學)이어서 20년 수형생활은 인간과 사회를 공부하는 '대학 시절'이었다. 그리고 이 학교에서 저 밖에서라면 만날 수 없었을 귀한 스승을 만났다.

신영복은 1975년 대전 교도소에서 자신과 같은 무기수로 이미 17년간 복역 중인 노촌(老村) 이구영(李九榮)을 처음 만났다. 이구영은 조선 중기 4대 문장가인 월사(月沙) 이정귀(李廷龜)의 후손으로 위당(爲堂) 정인보(鄭寅普)와 벽초(碧初) 홍명희(洪命憙)로부터 가르침을 받은 한학(漢學)의 대가였다. 두 사람은 4년이 넘는 시간을 한 방에서 동고동락했다. 훗날 신영복은 감옥에서 노촌과 사제의 연을 맺은 것은 "바깥에 있었더라면 도저히 얻을 수 없는 행운이었다"고 밝히며 1995년 펴낸 서예 작품집 《손잡고 더불어》의 서문에서 노촌에 대해 다음과 같이 말했다.

"그러한 출신과 성분, 그러한 연배에서는 뵙기 어려울 정도로 진보적인 사상을 체득하고 계신 분이었다. 진보적인 사상이 그냥 진보적인 것으로 드러나지 않고 우리의 전통과 정서가 그 속에 무르녹아 있는 중후한 인격을 통하여 표현되는 그런 분이었다." [12]

노촌과 함께한 4년은 그에게 하루 24시간 같이하는 합숙 훈련처럼 농밀한 학습의 장이었다. 당시 노촌은 집안에서 전해져 내려오던 의병(義兵) 문헌을 번역하는 일에 몰두하고 있었는데 신영복은 이 일에 손을 보태며 한문과 동양고전, 서도(書道)의 정신뿐만 아니라 우리 문화의 심층에서 흐르고 있는 전통과 정서를 배웠다. 훗날 그는 "노촌 선생님과 한 방에서 책의 번역을 도와드렸다기보다는 오히려 선생님의 과분하신 훈도와 애정을 입었음을 감사드리지 않을 수 없다"고 회상했다. 이처럼 스승 곁에서 생활하는 데는 큰 이점이 있다. 의지만 뒷받침된다면 근거리에서 효과적으로 배울 수 있고, 배운 내용을 스승의 지도를 받으며 일상에서 실천하기도 수월하다. 스승이 옆에 있다는 사실 자체가 학습 동기를 강화하고 다른 데서 얻기 드문 힘을 준다. 신영복은 노촌에게 하루하루 배우며 새로운 세계를 차츰차츰 알아나갔다.

두 사람은 20년이 넘는 나이 차이가 무색할 정도로 깊은 관계를 맺었다. 그도 그럴 것이 둘은 사상범이자 무기수라는 공통점을 가지고 있었다. 감옥에서 총 22년을 보낸 이구영에게 신영복은 '가장 오랫동안 한 방에서 함께 지낸 사람'이었고, 20년을 복역한 신영복에게도 아마 노촌이 그런 사람이었을 것이다.

서로 간에 마음의 교감이 컸던 만큼 옥중에서 맺은 사제의 연은 출소 후에도 끈끈하게 이어졌다. 1994년 신영복은 재야 동양학자 기세춘과 함께 번역하고 엮은 《중국역대시가선집》을 출간했는데, 이 책은 중국 역사에서 주요 시기를 대표하는 시를 가려 뽑아 총 4권으로 결집한 방대한 작업이었다. 국내에서 최초의 시도였으며 더욱이 두 사람은 중국 문학 전공자도 아님을 감안하면 더욱 놀라운 일이었다. 그런 부담 때문이었을까. 두 편역자는 2년여에 걸쳐 번역을 마치고도 좀처럼 출판을 하지 못한 채 머뭇거렸다. 이때 힘이 되어준 두 사람이 있다. 이 책의 의의를 간파한 원로 시인 김규동이 번역 원고를 교정해주었고, 노촌은 두 사람을 수시로 격려하며 뜻깊은 작업을 세상에 알리는 역할을 자처했다. 또한 노촌은 책에 시대적 배경과 시인에 대한 소개를 보강하는 게 좋겠다고 조언하기도 했다. 그가 김규동 시인과 함께《중국 역대시가선집》감수자로 이름이 오른 이유이기도 하다.

신영복 또한 노촌에게 크고 작은 일이 있을 때마다 제자로서 해야 할 일을 흔쾌히 맡았다. 일례로 그는 스승의 오랜 숙원으로 옥중에서 번역을 시작하여 1993년 출간한《호서의병사적(湖西義兵事蹟)》의 서문을 썼다. 노촌은 중요한 결정을 해야 할 때면 그와 가장 먼저 상의하곤 했다. 세상을 떠나기 얼마 전 동양고전을 공부하기 위해 본인이 설립한 '이문학회(以文學會)'를 비롯한 뒷일을 세 명의 제자에게 부탁했는데, 세 제자 중 첫 자리는 물론 신영복이었다. 그 정도로 스승은 제자를 신뢰했다. 1980년 감옥에서 나오고 20년도 더 지난 어느 날 이구영은 한 제자에게 자신의 인생을 함축적으로 표현한 시 〈회우(懷友)〉에 대해 얘기하면서 "다른 사람들은 내 삶의 의미를 온전히 이해할 수 없을지 몰라도 신영복 교수만은 알 거예요, 암 알고말고"라고 말했다.

신영복은 노촌의 일생을 '역사와 인간에 바친 고귀한 삶'으로 공경했다. 한번은 이런 일도 있었다. 2004년 5월 7일 그는 팔순을 훌쩍 넘긴 스승을 찾아가 큰절을 올렸다. 노촌이 출소 후 20년간 써온 한시와 수필을 가려 모아 문집《찬 겨울 매화 향기에 마음을 씻고》를 출간하자 직접 찾아가 축하 인사를 드린 것이다. 이때는 신영복도 이미 회갑을 넘기고 많은 이들에게 존경받고 있었지만 스승을 모시는 태도에 어느 하나 부족함이 없었다.

그는 이날 스승의 문집 출간을 축하하는 마음을 담아 붓글씨 〈길벗 삼천리〉를 선물했다. 스승의 평생 소원인 '남북이 통일 될 그날까지 함께 길동무가 되어 가자'는 염원을 다섯 글자에 녹인 작품이었다. 또한 그는 옥중에서 〈춘향전〉을 정성껏 옮겨 적고, 출소 후 병풍으로 만들어 스승에게 선물하기도 했다. 나는 2017년 1월에 열린 '신영복 선생 1주기 서화전시회'에서 이 병풍을 실물로 볼 수 있었는데, 조금만 유심히 봐도 한 자 한 자 얼마나 공들여 썼는지가 느껴졌다. 그는 이구영의 일대기를 담은《역사는 남북을 묻지 않는다》의 발문을 쓰기도 했는데 이 글의 마지막 부분만 봐도 스승을 어떻게 생각했는지 짐작할 수 있다.

"지금도 나는 국어사전을 찾을 때면 일부러라도 290쪽을 펼쳐 본다. 국어사전 290쪽은 노촌 선생님께서 바늘을 숨겨놓는 책갈피이다. 바늘을 항상 노촌 선생님께 빌려 쓰면서도 무심하다가, 언젠가 왜 하필 290쪽에다 숨겨두시느냐고 물은 적이 있다. 선생님은 '290'이 바로 '이구영'이라고 답변하셨다. 엄혹한 옥방에서 바늘 하나를 간수하시면서도 잃지 않으셨던 선생님의 여유이면서 유연함이었다.

지금도 물론 내 가까이에는 국어사전이 있고 자주 사전을 찾고 있다. 찾을 때면 290쪽을 열어보고 그 시절의 노촌 선생님을 만나 뵙고 있다."[13]

그렇다면 보다 구체적으로 신영복은 스승에게 무엇을 배웠을까? 어떤 영향을 받았을까? 가장 먼저 노촌은 그의 동양고전 스승이다. 신영복은 《강의》에서 감옥에 들어간 후부터 본격적으로 동양고전에 관심을 가졌다고 하면서 '동양고전 공부에서 빼놓을 수 없는 분'으로 이구영을 꼽았다. 그는 독방에 머문 동안 마음에 품고 있던 문제 하나를 근본적인 지점에서 다시 생각하게 되었는데, 그건 바로 자신 안에 너무나 확고하게 자리 잡은 서구적 사고방식에 대한 반성이었다. 이 연장선상에서 시대와 사회를 성찰하면서 동양고전을 숙독하자고 결심한다. 그리고 때마침 한학의 대가 이구영을 만나 공부에 가속도가 붙는다. 《강의》의 '서론'에서 그는 다음과 같이 썼다.

"내가 그 엄청난 동양고전을 비교적 진보적 시각에서 선별하여 읽을수 있었던 것이나 모르는 구절을 새겨 읽을 수 있었던 것은 노촌 선생님이 옆에 계셨기 때문에 가능했다고 생각합니다. 나는 그때 공감되는 부분이나 앞으로 재조명이 필요하다고 생각되는 부분들을 표시해두었습니다. 지금 여러분과 같이 공부하고자 하는 예시 문안의 대부분이 그때 표시해두었던 부분인 셈입니다.

그런 의미에서 여러분과 함께 공부하게 될 동양고전 강독은 사실 감옥에서 시작된 것이라 할 수 있습니다. 그리고 노촌 선생님의 생각이 간접적으로 전승되는 것이라 할 수도 있습니다."[14]

그가 이미 여러 자리에서 밝혔듯이 노촌에게 배운 점은 동양고전에 국한되지 않는다. 많은 이들이 신영복을 존경하는 이유로 '시대를 정직하게 품었던 스승'이란 점을 드는데, 그 또한 한 사람의 삶을 바라보는 기준으로 세속적 성공보다 '그 사람의 인생에 시대가 얼마나 담겨 있느냐'를 중시했다. 다시 말해 '시대를 비켜 간 인생'이나 '시대를 역이용하여 자신을 높여간 삶'이 아닌 자신이 '몸담았던 시대와 정직하게 호흡하는 삶'이야말로 진정 가치가 있다고 믿었다. 이와 같은 인생을 산 인물로 그는 주저 없이 노촌을 들었다. 실제로 노촌의 일생은 대한민국 근현대사의 굴곡을 관통하고 있다.

노촌은 1920년에 태어나 조선 봉건사회와 일제하의 식민지 사회, 6.25 전쟁, 북한 사회주의, 20여 년의 옥살이, 그리고 1980년대 이후의 자본주의 사회를 두루 살았다. 신영복은 노촌의 한평생을 '현대사의 가장 첨예한 모순의 현장에서 일구어온 참으로 드물고 정직한 삶'으로 흠모했다. 또한 노촌은 파란만장한 인생길에서도 시류에 편승하지 않고 온갖 역경에 용감하게 직면함으로써 인간과 역사에 대한 통찰과 믿음을 든든하게 다져왔다는 게 그의 생각이었다.

신영복은 2000년 11월 노촌과 진행한 인터뷰에서 스승이 지금껏 일관되게 지향한 사상의 핵심이 무엇인지 물은 적이 있다. 노촌은 '사람을 중심에 놓는 태도'와 '시대의 아픔을 자기의 아픔으로 정직하게 받아들이는 자세'라고 답했다. 그러니까 신영복이 한 사람을 바라보는 시선으로 중시한 '삶에 시대가 얼마나 들어와 있는가'라는 질문은 노촌에게 배운 것이기도 하다.

노촌은 제자의 인생철학에도 적지 않은 영향을 미쳤다. 신영복에게 특히 인상적이었던 점은 스승의 '춘풍추상(春風秋霜)의 생활 철학'이다. 춘풍추상은 '대인춘풍 지기추상(待人春風 持己秋霜)'의 줄임말로 '남을 대할 때에는 봄바람처럼 부드럽게 하고 자신을 지키기는 가을서릿발처럼 매섭게 한다'는 뜻이다. 감옥에서 만난 서른을 갓 넘은 제자에게 스승은 춘풍추상의 본보기가 되어주었다. 다른 사람을 대할 때면 늘 그 사람의 입장에서 생각하고 그의 처지를 존중했다. 섣불리 조언하기보다는 경청하고, 단점보다 장점을 먼저 보고, 서로 다른 부분보다 공통점에 주목했다. 역으로 자기 자신에게는 매우 엄정했다. 언행을 절제하고, 자신이 한 작은 실수라도 가볍게 넘기지 않았으며, 나이와 학식이 많다는 이유로 어떤 특혜도 바라지 않았다. 노촌의 제자들은 스승의 말과 행동이 물 흐르듯 자연스럽고 그 존재는 따뜻하기가 봄볕 같다고 입을 모은다.

노촌은 춘풍추상이 책에서만 읽을 수 있는 개념이 아님을 일상 속 모습으로 보여주었다. 더욱이 그 현장이 감옥이라는 결코 만만치 않은 환경이었기에 그 모습이 더욱 감명 깊게 다가왔다. 신영복은 스승이 보인 모범을 배우기 위해 노력하면서 이 네 글자를 붓글씨로 자주 쓰곤 했다. 그의 제자들이 한 입으로 말했듯이 춘풍추상은 신영복의 한결같은 생활신조였다. 제자들이 그를 존경하는 이유로 가장 빈번하게 꼽는 겸손한 인품과 언행일치의 삶 역시 춘풍추상에 바탕을 두고 있다.

신영복은 동양고전을 바탕으로 관계론 중심의 사상을 정립하고 서민적이고 한국적인 붓글씨로 대중과 소통했다. 그래서 '신영복' 하면 붓글씨를 떠올리는 사람이 많다. 미술평론가 유홍준이 이미 오래전에 알아봤듯이 그는 서예에서 '독자적인 서풍(書風)과 서체'를 이룬 것으로 평가받고 있다. 동양고전과 마찬가지로 신영복은 어려서 할아버지에게 배웠던 서예를 옥중에서 본격적으로 익혔다. 그가 전문 서예가도 이루기 어려운 경지에 오른 데는 치열한 노력이 자리 잡고 있지만 여기에 스승의 도움도 적지 않았다.

서예에서도 노촌은 그에게 하나의 모범을 보여주었다. 두 사람은 감옥의 서도반에서 함께 글씨를 썼는데 신영복의 표현을 빌리면 노촌은 그에게 '서도(書道)의 정신을 일깨워주신 분'으로 "무릇 붓글씨가 어떠해야 하는지를 선생님으로 하여 바로 알 수 있었다"고 한다.

　다른 한편 신영복은 서도반에서 그의 서예 발전사에서 중요한 위치를 차지하는 또 한 명의 스승을 만나게 된다. 바로 정향(靜香) 조병호(趙柄鎬)이다. 〈서예와 나〉라는 글에서 그는 정향을, 당대 최고의 서예가인 우하(又荷) 민형식(閔衡植)과 위창(葦滄) 오세창(吳世昌)에게 배우고, 추사체(秋史體)로 널리 알려진 김정희(金正喜)의 정통을 이은 서예의 거장으로 소개하고 있다. 신영복은 조병호를 1982년 2월 대전 교도소에서 처음 만나 전주 교도소로 이감되기 전까지 5년여 동안 가르침을 받았다. 그의 공부를 봐주던 노촌이 1980년 5월 출소하고 나서 또 한 번 실력이 출중한 스승을 모시게 된 것이다. 그는 일주일에 한 번씩 정향으로부터 체계적인 지도를 받으며 서도의 진수를 습득했다.

　신영복에게 정향은 전혀 예상치 않게 만난 뛰어난 스승이었다. 마찬가지로 정향에게도 신영복은 뜻밖의 공간에서 만난 뛰어난 제자였다. 아쉽게도 여기서는 지면의 한계로 정향과 신영복의 관계를 자세히 이야기하기 어렵다. 다만 신영복이 노촌과 정향에게서 공통적으로 서도 그 자체를 넘어서는 깨달음을 얻었다는 점만은 밝혀두고자 한다. 신영복은 서예에 있어서 사람과 작품의 통일이 중요하다고 봤다. 즉 서예는 글씨와 글을 쓰는 사람을 분리할 수 없으며 '훌륭한 글씨를 쓰기 위해서는 훌륭한 사람이 되지 않을 수 없다'는 말이다. 이른바 글씨는 그걸 쓴 사람과 같다는 서여기인(書如其人)은 동양의 전통적 예술론이지만 이것을 온전히 내면화하기 위해서는 무엇보다 실제로 보고 배울 수 있는 모범이 필요하다. 그가 노촌과 정향에게서 가장 크게 배운 점이 이것이었다.

그는 지금껏 수많은 글씨를 보아 오면서도 노촌의 글씨를 잊지 못하고 있다면서 "선생님의 글씨는 학문과 인격과 서예에 대한 높은 안목이 하나로 어우러진 범상치 않은 경지를 보여"주기 때문이라고 밝혔다. 이 점은 정향도 다를 바가 없어서 신영복은 "상품화된 서예는 아예 서도가 아니고 인격과 학문의 온축이 그 바닥에 깔려 있지 않은 글씨란 글씨일 수가 없다"는 정향의 가르침을 서도의 근간으로 삼았다.

이처럼 신영복은 살아 있는 본보기를 통해 정신의 성숙이 글씨의 완성도와 불가분의 관계가 있음을 분명하게 이해할 수 있었다. 《순자(荀子)》〈권학(勸學)〉편을 보면 "높은 산에 올라가지 않으면 하늘이 높은 줄 알지 못하고 깊은 골짜기에 가보지 않으면 땅이 두꺼운 줄 알지 못하는 법"이라는 말이 나온다. 신영복에게 감옥에서 만난 두 스승은 '높은 산'과 '깊은 골짜기'가 되어주었다. 그는 이 두 곳을 부지런히 오르내리며 공부와 서예를 포괄하는 삶의 깊이와 두터움을 키울 수 있었다. 어린 시절 할아버지로부터 배우고 감옥에서 노촌 이구영과 정향 조병호라는 걸출한 스승을 만나 심화된 필법은, 이후 수십 년간의 훈련을 거치며 독창적 서예 스타일로 만개한다.

신영복은 한 인터뷰에서 자신에게 인생이 무엇이라고 생각하는지 묻는다면 인생은 사람과의 만남이자 공부라고 답하겠다고 말했다. 그는 어둡고 차가운 감옥에서 그의 삶에 따뜻한 영향을 미치는 스승을 만나서 함께 공부했다. 20년이라는 길고 긴 시련기를 수련기로 전환하고 성실한 공부로 극복해냈다. 그리하여 전공인 경제학을 넘어 사회 사상가, 수필가, 고전 연구자, 서예가로서 일가를 이뤘으며, 세상을 떠난 지금도 많은 사람들에게 '인생의 스승'으로서 존경받고 있다.

마지막으로 한 가지 밝혀둘 점이 있다. 많은 사람들이 신영복을 '이 시대의 사표(師表)', '대표적 멘토'로 꼽지만, 정작 그 자신은 한 명의 스승이 한 사람에게 중대한 영향을 미치는 걸 회의적으로 봤다. 그는 왜 멘토나 스승에 대해 회의적이었을까? 내가 조사한 바로는 두 가지 이유가 있다.

첫째, 한 명의 스승이 가지는 한계이다. 만약에 한 사람 안에 모든 게 다 갖춰져 있다면 수월하게 배울 수 있을 것이다. 하지만 완벽한 사람이 없는 것처럼 완벽한 스승도 존재하지 않는다. 신영복은 자신도 예외가 아니라고 생각했다. 많은 이들이 그를 스승으로 따르며 다양한 문제에 대해 조언을 구할 때마다, 그는 편하게 반겨주었지만 늘 스승이 가지는 한계를 경계하고자 했다. 언젠가 가까운 한 제자에게 이렇게 토로하기도 했다.

"사람들이 내가 답을 다 갖고 있다고 생각하나 봐. 답은 자기 자신이 찾아야 하는 건데……."

여기에 더해 스승이 자유로운 배움을 속박하는 낡은 틀이 될 수 있다는 점도 우려했다. 날로 빠르게 변하는 세상에서 새로운 미래를 열어나가야 하는 이들에게, 살아온 날보다 살아갈 날이 적은 사람이 자칫 화석화된 생각을 가르치는 건 아닌지 의문이 들었던 것이다.

나는 그의 지적이 타당하다고 생각한다. 다만 내가 구본형을 비롯해 네 명의 스승에게 배우고 있듯이 한 명의 스승에게만 배워야 하는 건 아니고, 진정한 스승은 시류에 따라 쉬이 변하는 정보나 지식이 아닌 본질적 지혜와 올곧은 태도를 깨우쳐준다는 점도 기억할 필요가 있다. 그 역시 오래 머문 감옥에서 세상으로 처음 나왔을 때 인생살이의 외형적 현상은 많이 변했을지 모르지만 사회의 근본적인 면은 별로 바뀌지 않았음을 확인했다고 말한 바 있다. 다시 말해 세상과 삶의 표면은 빠르게 바뀔 수 있지만 심층은 나무의 뿌리와 같아서 쉬이 변하지 않는다. 같은 맥락에서 존재의 심층을 교감하며 배울 수 있는 사제관계는 여전히 중요하다.

두 번째 이유는 계몽주의와 교조주의의 폐해와 관련이 있다. 신영복은 계몽주의의 밝은 면을 인정하면서도 계몽주의가 '계급적 편견'을 전제하고 있다고 생각했다. 그래서 그에게 계몽주의는 궁극적 목적지가 아닌 딛고 나아가야 할 경유지 내지는 극복해야 할 프레임이었다. 조금 거칠게 말하면 계몽주의는 소위 잘난 사람이 본인 기준으로 한 사람을 재단할 수 있으며, 사람들이 특별한 멘토나 스승에 의존하는 모습은 계몽주의의 변형으로 볼 수 있다는 것이다. 또한 스승은 망치가 되어 고착화된 틀을 깨뜨려야 하는데 오히려 스승이 장벽이 되어 제자를 가두면 제자의 가능성이 꽃필 수 없음을 그는 경계했다.

그렇다면 신영복이 한 명의 특별한 스승이라는 존재에 회의적임에도 나는 왜 그를 사례로 들었을까? 세 가지 이유가 있다.

첫 번째는, 그가 다른 한편으로 스승의 중요성을 지속적으로 강조했기 때문이다. 그는 '교사로 산다는 것'이라는 글에서 스승의 중요한 역할로 길을 가리키고 보여주는 인격적 모범을 꼽으면서 스승은 반드시 있어야 할 존재이며 절실하게 요청되는 존재라고 역설했다. 또 다른 글에서도 스승은 학습이 용이한 모범이어서 사람은 사람을 통해 배우는 것이 가장 쉽고 흥미로우며 "사람 배움에는 가슴에 와닿는 절절함이 있다"고 말했다. 그는 자신의 사상적 본체라 할 수 있는 관계론에서도, 인간관계의 빛나는 본보기로 서로를 깊이 이해하고 신뢰하는 사제 관계를 꼽았다. 제자는 스승과의 진정한 관계를 통해 자기를 발견하고 자신의 운명을 자각할 수 있기 때문이다.

다른 중요한 이유는, 신영복에게 큰 영향을 미친 스승이 실제로 있었다는 사실이다. 앞서 살펴봤듯이 노촌은 자칫 메마르고 쉬이 나태해질 수 있는 감옥에서 춘풍추상의 태도를 견지하며 사람들과 진실한 관계를 맺고 고전 중심으로 공부하는 생활의 본보기가 되어주었다. 신영복은 옥중에서 깨달음에 이르는 데 큰 도움을 준 요소로 농밀한 인간관계를 꼽았는데, 스승과 함께한 시간이 그 관계에서 적지 않은 비중을 차지하고 있다. 언젠가 그는 스승과 함께 보낸 "그 시절은 나 자신을 여러 각도에서 새롭게 바라보게 해준 숱한 사연들로 가득하다"고 회고하면서 이것이 "내가 노촌 선생님과의 기억을 귀하게 간직하고 있는 이유"라고 고백했다.

신영복은 어쩌면 가장 힘겨운 시련이라 할 만한 상황에서 스승을 만났다. 이 점은 오늘을 사는 우리에게 시사하는 바가 큰데, 이 책에서 그의 이야기를 소개하는 세 번째 이유이기도 하다. 감옥은 타율적 환경에서 인간관계가 제한적이고 총체적 인간성이 숨김없이 드러나는 현장이다. 여기서 스승을 만날 수 있다면 다른 어느 곳에서도 스승을 만날 수 있지 않을까. 동시에 감옥 안에서 역경을 견디며 두 사람이 교감하는 과정도 매우 놀랍다. 이 이야기는 스승을 알아보는 눈과 진심으로 가르침을 구하는 마음가짐, 여기에 시절인연이 더해질 때 진정한 스승을 만날 수 있음을 보여 준다.

누가 훌륭한 스승인가?

> 대가는 제자에게 내면적인 작품을 삶으로 보여주며,
> 단지 자신의 현존재만으로 제자를 설득한다.
>
> – 오이겐 헤리겔(Eugen Herrigel)[15]

워런 버핏이 하버드대학에서 학생들과 대화를 나누는 중에 한 학생이 물었다. "누구를 위해 일해야 할까요?" 버핏은 평소 생각해온 대로 존경하는 사람을 찾아서 그를 위해 일하라고 답했다. 몇 주 후 하버드대학의 학장이 버핏에게 전화를 했다. "도대체 학생들에게 무슨 말을 한 겁니까? 그들 모두 창업을 하기로 결심했답니다!" 반쯤 농담처럼 들리지만 이 이야기는 중요한 점을 시사하고 있다.

어떤 사람에게 배우고 싶은가?

왜 학생들이 회사에 들어가지 않고 창업을 하겠다고 했을까? 그만큼 존경할 만한 인물을 찾기가 쉽지 않기 때문이다. 그렇다면 존경하는 인물을 만나기 어려운 이유는 무엇일까? 적어도 두 가지 이유가 있다.

하나는 앞에서 말했듯이 계산이나 논리로 설명하기 어려운 인연의 작용이 필요하기 때문이다. 버핏이 젊은이들에게 본인의 경험을 예로 들며 존경하는 인물을 찾으라고 권하면서도 본보기가 될 만한 영웅을 만난다면 운이 좋은 것이라고 말한 까닭이 여기에 있다. 스승과 제자의 만남에는 운명적 끌림과 같은 묘한 힘이 작용한다. 또 다른 이유는 스승의 조건 자체가 까다롭기 때문이다. 어떤 사람도 아무나 스승으로 삼지 않는다. 우리는 스승이란 존재가 중요함을 이미 본능적으로 알고 있다.

여기서 또 하나의 질문이 떠오른다. 평범한 선생과 훌륭한 스승을 가늠하는 기준은 무엇인가? 우리는 어떻게 훌륭한 스승을 알아볼 수 있는가? 단순하고 확실한 두 가지 기준이 있다. 실력과 인품.

먼저 인품. 좋은 스승은 마음부터 다르다. 인품은 일에 임하고 사람을 대하는 태도와 인생철학, 그리고 소명 의식에 잘 드러난다. 칼 융에 따르면 인격은 타고난 개인 특유의 성질을 최고도로 실현한 형태이자 개인을 구성하고 있는 모든 요소의 결정체이다. 그 정도로 인품은 한 사람의 전체성을 응축한다.

지식과 기술은 대체할 수 있어도 인품은 대체할 수 없다. 그래서 발레리나계의 살아 있는 전설 강수진은 "실력은 인격이라는 기초가 마련된 후, 그 위에 쌓아야 한다"라고 강조한다. 구본형은 자신의 스승을 떠올리며 "그분은 내게 역사학을 대학의 커리큘럼을 통해 교실에서 가르쳤다. 그것은 내가 다른 선생님에게서도 충분히 배울 수 있는 것이었다. 나를 정말 감동시킨 것은 그분의 삶에 대한 자세와 그 내면의 풍광이다"라고 말했다. 신영복이 노촌의 곧으면서도 은은한 인품에 매료된 것처럼 신영복의 제자들도 이구동성으로 스승을 존경하는 이유로 결이 곱고 맑은 인품을 들었다.

한 사람을 스승으로 삼기 전에 인격을 신뢰할 수 있는지, 평판이 좋은지, 모범으로 가르치는지 확인해야 한다. 스승과 제자 사이에서 신뢰는 대단히 중요하다. 불신과 존경은 함께할 수 없다. 존경은 신뢰의 땅에서만 자라며 배움은 존경의 나무에서 열린다.

다음으로 실력. 최고에게 배우는 게 최선이다. 본인 역량으로 꾸준히 성과를 낸 사람을 스승으로 모셔야 한다. 집안 배경이나 한두 번의 행운, 불법과 편법 등 자기 힘이 아닌 걸로 성과를 낸 사람은 최고의 위치에 있더라도 피하는 게 좋다. 실력은 그 사람이 이룬 성취와 함께 성취를 이룬 과정, 그리고 어떻게 훈련했는지를 살펴보면 어렵지 않게 알 수 있다.

훌륭한 스승은 대체로 '10년의 법칙'을 실천한 경우가 많다. 교육심리학자 하워드 가드너(Howard Gardner)가 자신의 역작 《열정과 기질》에서 제시한 개념으로, 그는 치밀한 연구를 통해 아인슈타인과 간디처럼 한 분야를 근본적으로 바꾼 인물도 혁신적인 업적을 이루기까지 10년간의 수련기를 거쳐야 했음을 보여주었다. 10년의 법칙은 예외가 없지 않지만 탄탄한 증거를 갖고 있다. 이를테면 TV 프로그램 〈생활의 달인〉에 등장하는 다양한 고수들도 거의 다 10년 이상의 시간을 치열한 연습으로 채웠다.

앞으로 이 책에 등장하는 스승들은 본인이 활동하는 분야에서 절정 고수였다. 예를 들면 헨리 데이비드 소로의 대표작 《월든》은 지금도 많은 사람의 영감을 자극하는 책으로 유명한데, 소로의 스승 랠프 왈도 에머슨이 이 책보다 20년 가까이 먼저 출간한 본인의 첫 책《자연》또한 소로를 비롯해 많은 사람에게 새로운 패러다임을 선사한 걸작이다. 국내에 에머슨은 소로의 스승으로 잘 알려져 있지만, 사실 미국에서는 1837년 하버드대학에서 행한 '미국의 지적 독립선언'이라 일컬어지는 '미국학자(American Scholar)'의 연설자로 이름이 높다. 또한 1841년에 펴낸 자기개혁을 통한 자주적 삶을 역설한《자기신뢰(Self-Reliance)》는 버락 오바마 전 대통령을 비롯해 수많은 미국인에게 신선한 비전을 보여준 명저로 지금도 꾸준히 읽힌다. 한마디로 에머슨은 미국 지성사를 한 차원 도약시킨 이른바 19세기 미국 르네상스(American Renaissance)를 이끈 선각자였다.

믿을 만한 실력자를 찾는 유용한 방법이 있다. 본인이 선택한 분야에서 활동하는 전문가들이 중요한 결정을 할 때나 어려운 문제를 풀 때 도움을 청하는 사람이 누구인지 알아보라. 이들이 많이 찾는 사람은 십중팔구 인품과 실력을 겸비한 스승이다. 말하자면 교사의 교사, 작가의 작가, 의사의 의사를 찾는 것이다.

여기에 덧붙여 어떤 스승이 자신과 맞는지 가늠하고자 할 때는 그 스승의 제자들을 살펴보기를 권하고 싶다. 대체로 선생의 수준은 본인이 이룬 성취와 자신이 지도한 제자가 달성한 수준을 벗어나지 않는다. 염두에 두고 있는 스승의 과거나 현재 제자들이 어느 수준에 이르렀는지 알아보고, 그들의 이야기를 들어보고 스승을 어떻게 생각하는지 확인할 수 있다면 가장 이상적이다.

스승의 인품과 실력

스승의 조건이 인품과 실력이라는 건 너무 상식적이고 당연한 소리로 들릴 수 있다. 맞다. 그 정도로 현실적이면서도 보기 드물고 자주 간과되는 요소이기도 하다. 그에 비해 인기나 이익, 이해관계는 스승의 기준이 될 수 없다. 인기와 이익은 상황에 따라 쉬이 바뀔 수 있고 이해관계도 굳건하지 않기는 매한가지다.

그에 비해 인품과 실력은 가볍게 형성되지 않고 쉽게 무너지지도 않는다. 인품과 실력을 겸비한 사람이어야 진심으로 존경할 수 있다. 인품은 부족한데 실력이 출중한 사람과는 적당한 선을 지키며 일을 도모할 수 있지만 존경하는 스승으로 모시기에는 미심쩍다. 반대로 실력은 떨어지지만 인품이 좋은 사람은 어떨까? 친밀한 관계는 맺을 수 있겠지만 존경심은 일어나지 않는다. 우정은 나눌 수 있어도 존경의 대상은 아니라는 말이다.

강수진은 실력과 인품으로 상대와 심신의 조화를 이루는 사람을 최고의 발레 파트너로 꼽는다. 스승도 다르지 않다. 훌륭한 스승은 실력과 인품을 겸비한 까닭에 제자와 마음을 나누고 제자의 눈높이에 맞춰 공명할 줄 안다. 다산 정약용은 어린 황상을 겉모습이나 집안으로 평가하지 않았다. 오히려 스스로를 아둔하게 여기는 그 안에 잠자고 있는 가능성을 보고 차근차근 일깨워주었다. 다산은 이제껏 들어본 적 없는 칭찬에 어쩔 줄 몰라 하는 소년에게 자신의 뜻을 종이에 손수 적어 줌('삼근계')으로써 그냥 하는 말이 아님을 보여주었다. 이를 통해 황상은 고매한 정신을 지닌 큰 어른에게서 아들을 품는 아버지의 따뜻한 마음을 느꼈다. 이후부터 다산은 이 젊은이를 최고의 인재를 키우듯 힘껏 지도했고 황상은 스승을 아버지같이 따랐다.

저널리스트인 데이비드 브룩스(David Brooks)는 《인간의 품격》에서 '이력서 덕목'과 '조문(弔文) 덕목'을 구분한다. 이력서 덕목은 취업과 이직, 커리어 개발 등 직업적 성공을 이루는 데 필요한 역량과 전문성이 주를 이룬다. 조문 덕목은 장례식장에서 고인을 잘 아는 지인이 낭독하는 내용으로, 한 사람의 중심을 이루는 성격과 살면서 지향한 가치, 고인이 보인 모범에 초점을 맞춘다. 인품과 실력을 겸비한 스승은 제자가 훗날 자신의 조문에 들어갔으면 하고 바라는 덕목과 이력서에 넣고 싶은 능력을 두루 갖추고 있다.

스승은 교수나 교사 같은 직함을 가리키는 호칭이 아니다. 그럴듯한 이미지로 포장할 수 있는 건 더더욱 아니다. 스승의 힘은 오롯이 그의 전체 존재, 즉 인품과 실력에 바탕을 두고 있다. 탁월한 실력은 인품을 더욱 빛나게 하고, 고결한 인격은 실력에 거부할 수 없는 기품을 형성한다. 스승으로 모실만 한 인물을 만났다면 세 가지 질문을 던져보라.

'좋아하는가? 믿을 수 있는가? 존경하는가?'

세 질문에 하나라도 부정적이라면 적합한 스승이 아니다. 특히 가장 중요한 질문은 세 번째이다. 아무도 존경을 강요할 수 없다. 존경은 신뢰에 기반한다. 스승을 믿지 않으면 마음을 나눌 수 없고, 마음의 교감이 없으면 깊이 배울 수 없다. 기억하자. 실력과 인품을 갖춘 인물을 스승으로 모실 때 우리 스스로 머리를 숙일 수 있다.

훌륭한 스승의 조건

사실 공부할 거리는 세상에 널려 있다. 길가에 핀 풀꽃처럼 배움의 재료는 무성하다. 그렇다면 굳이 애써서 스승을 찾지 않아도 되지 않을까? 지혜로운 이에게는 모든 일이 스승이고 모든 곳이 학교라는 말도 있지 않은가. 하지만 그건 말 그대로 현자(賢者)에게나 해당하는 얘기다. 적어도 나처럼 평범한 사람에게는 인생살이 모두가 공부이고 도처가 학교임을 보여주는 본보기, 쉬이 타성에 잠드는 정신을 흔들어 깨워주는 죽비가 필요하다. 그런 스승에게 몰두하는 시간이 필요하다.

누가 훌륭한 스승인가? 누누이 강조했듯이 인품과 실력을 겸비한 인물이다. 여기에 마지막 조건을 하나 더하고 싶다. 그건 바로 최고의 스승일수록 열심히 배우고 잘 가르친다는 점이다. 배우지 않으면 가르칠 게 없고, 가르쳐보지 않으면 배움을 심화할 수 없는 법이다.

훌륭한 스승은 삶이 곧 배움이고 가르침이어서 배움과 가르침 사이에 구분이 없다. 배움과 가르침을 가르는 경계가 사라지면 가르치지 않으면서도 가르칠 수 있고 배우지 않는 듯하면서도 배울 수 있다. 배움과 가르침이 존재 방식 자체가 된다.

교학상장(敎學相長)이란 말이 있다. 가르치고 배우면서 성장한다는 뜻이다. 어쩌면 배우는 것이 공부의 절반이고, 나머지 절반은 가르치는 것이다. 배우기와 가르치기가 서로를 키워갈 때 학습의 완성도가 높아진다. 분명한 사실은, 뭔가를 제대로 배우는 가장 확실한 방법은 그걸 가르쳐보는 것이다. 그래서 에머슨도 "사람은 자신의 사고를 남에게 가르침으로써 비로소 확실하게 자기 사상을 가질 수 있게 된다"고 강조했다. 실제 교육 현장에서도 가르치기와 배우기는 놀라운 상승작용을 일으키는데, 미국 행동과학연구소(NTL, National Training Laboratories)의 '학습 효과 피라미드' 연구가 이 점을 명확히 보여준다.

학습 피라미드는 학습을 마치고 24시간 지난 후 배운 내용을 기억하는 비율(학습 내용 평균 잔존율)을 다양한 공부 방법별로 나타낸 것이다. NTL의 발표에 따르면 수동적(passive) 학습에 속하는 강의 듣기의 평균 기억 잔존율은 5%, 읽으면서 하는 공부는 10%, 이 둘을 합친 시청각 교육은 20%, 시연 보기는 30%에 그친다. 이에 비해 능동적(participatory) 학습에 해당하는 그룹 토론은 50%, 직접 해보기(연습)는 75%, 다른 사람 가르치기는 무려 90%의 효과를 보인다.

능동적 학습이 수동적 학습을 압도하는 이유는 '인출'에 있다. 수동적 학습이 입력에 치중한다면 능동적 학습은 인출에 집중한다. 더욱이 인출은 학습의 목적이기도 해서, 공부한 내용을 적재적소에 끄집어내서 활용할 수 없다면 그 학습은 쓸모가 없다. 요컨대 가르치기는 능동적 학습 중에서도 가장 고난이도의 인출 활동에 속한다. 누군가를 가르치기 위해서는 다양한 면에서 학습 내용을 살피고 완전히 소화해야 한다. 또 그 과정에서 내가 무엇이 부족하고 어떤 부분이 까다로운지 정확히 파악할 수 있다. 그래서 가르치기는 두 번 배우는 효과를 발휘한다. 이것이 삶이 곧 배움이고 가르침인 스승이 심오한 경지에 이르는 이유다. 열심히 배우는 사람이 열심히 가르치면 배움의 깊이는 두 배가 되고, 배움과 가르침 사이에서 폭발적인 상승작용이 일어난다. 이런 경지에 오른 스승은 다른 이들에게 가르침을 주고 또 주어도 뿌리는 두터워지고 영감은 옹달샘처럼 계속 솟아난다.

어딘가에서 "다른 사람의 길을 밝혀주기 위해 등불을 켜면 결국 자신의 길도 밝힐 수 있다"는 문장을 본 적이 있다. 이 격언을 가장 잘 보여주는 인물이 미국의 이론물리학자 존 아치볼드 휠러(John Archibald Wheeler)이다. 휠러는 50년 넘게 대학에 몸담으며 뛰어난 물리학자를 여럿 키워냈다. 2017년 노벨물리학상 수상자로 영화 〈인터스텔라〉의 자문 물리학자로 유명한 킵 손(Kip Thorne)도 그의 제자 중 한 명이다. 휠러는 제자들에게 성자(saint)라고 불릴 정도로 겸손하고 인자한 성품을 지녔고 '시인을 위한 물리학자'라는 별명에 걸맞게 난해한 물리학 개념을 쉽고 명쾌하게 풀어낼 줄 알았다. 빛을 포함해 어떤 것도 빠져나올 수 없는 우주의 영역에 블랙홀(black hole)이라는 이름을 처음 붙인 사람도 그다. 뿐만 아니라 휠러는 특유의 명석함과 독창적인 상상력을 결합해 입자물리학과 일반상대성이론, 우주론에 크게 기여한 물리학의 대가다.

휠러는 22세에 박사 학위를 취득하고 27세에 프린스턴 대학 교수로 임용될 정도로 일찍 성공을 거뒀다. 그럼에도 허세나 자만 없이 오랫동안 열정적으로 물리학 연구에 몰두했다. 대학에서 50년 넘게 물리학을 강의하고 수많은 논문을 발표했으며 8권이 넘는 책을 썼다. 물리학자로서 대부분의 시간을 양자물리학을 연구하는 데 쏟은 휠러는 2001년 여든아홉의 나이에 발병한 심장 발작에서 회복한 뒤 말했다. "살날이 얼마 남지 않은 것 같으니, 남은 시간은 양자(quantum)에 대해 생각하는 게 좋겠다." 실제로 아흔이 넘어서도 일주일에 두 번씩 연구실에 출근해 우주의 근원을 계속 탐구했다.

아마 휠러의 제자 중에서 가장 유명한 이는 리처드 파인만일 것이다.

맞다. 앞에서 레너드 믈로디노프의 스승으로 잠시 언급한 바로 그 사람이다. 고국인 미국에서 아인슈타인 못지않게 유명한 파인만은 박사학위를 받은 프린스턴대학에서 휠러를 처음 만났다. 그는 휠러를 통해 훌륭한 스승일수록 열심히 배우고 열성적으로 가르친다는 걸 생생히 깨달았다.

휠러는 젊은 시절부터 명강사로 이름을 날렸는데, 특이하게도 꼭 알고 싶은 과학 주제가 생기면 대학에 그 주제에 관한 강의를 할 수 있게 해달라고 요청하곤 했다. 가르치기의 반은 배움을 쌓는 과정임을 알고 있었기 때문이다. 학생들을 가르치려면 하나하나 제대로 배워야 하고, 열심히 가르치다 보면 예상 밖의 참신한 통찰에 도달할 수 있다고 그는 굳게 믿었다.

파인만은 휠러의 조교로 지내면서 누구보다 가까이서 스승이 강의를 어떻게 준비하는지 관찰할 수 있었다. 휠러는 강의 중에 '소크라테스의 산파술'이라 불린 선생과 학생이 질문과 답을 주고받는 대화 방식을 많이 활용했다. 보통의 수업처럼 그저 지식을 전달하는 데 그치지 않고 대화를 통해 지적 가능성을 열고 새로운 이해에 이르고자 했다.

그의 강의에서 또 다른 특징은 다이어그램(diagram)을 능숙하게 사용하여 농구 감독이 작전판에 선수들의 위치와 상호작용을 그리는 것처럼 물리 개념을 보여주는 걸 즐겼다는 점이다. 휠러는 "그림 없이는 생각을 전개해나갈 수 없다"고 했다. 강의를 준비할 때는 또 달라서 강의안을 아주 꼼꼼히 기록했다. 얼마나 자세히 작성했던지 강의 노트를 기반으로 훗날 고전의 반열에 오른 물리학 교재를 집필하기도 했다.

당시 20대 초반이었던 파인만은 끊임없이 공부하고 철두철미하게 강의를 준비하고 가르치는 일을 놀이하듯 즐기는 휠러에게서 자신이 앞으로 어떻게 물리학을 연구하고 또 어떤 선생이 되어야 하는지 선명한 영감을 받았다(파인만에 대해서는 뒤에서 다시 살펴본다).

훌륭한 스승이 훌륭한 학습자임은 더 많은 예를 들지 않아도 될 것 같다. 앞에서 소개한 몇몇 스승을 비롯해 앞으로 만날 인물들을 통해 거듭 확인할 것이다. 지금까지 살펴본 내용과 다양한 사례를 바탕으로 정리한 훌륭한 스승의 특징은 다음과 같다.

◆ 훌륭한 스승의 특징 ◆

1. 배움과 가르침의 구분이 없다.
○ 가르치면서 배우고, 배우면서 가르친다.
○ 제자 못지않게 열심히 배운다.

2. 제자의 과거나 현재보다 잠재력을 중시한다.
○ 이미 이뤄낸 성과보다 잠재력에 집중한다.
○ 제자가 어렴풋이 알고 있는 재능을 명확히 짚어주고 키우도록 이끈다.

3. 삶으로 모범을 보이고, 존재로 가르친다.
○ 삶으로 보여주고 현존재로 감화한다.
○ 제자는 스승과 함께 있는 것만으로 더 나은 사람이 될 수 있다.

4. 제자의 성공을 진심으로 기뻐한다.
○ 제자를 위해 자신의 어깨를 기꺼이 내준다.
○ 제자가 빛날 때 스승도 빛난다고 믿는다.

구본형, 천둥처럼 영혼을 깨우는 스승을 만나다

> 길현모 선생님은 내 삶을 이룬 중요한
> 상징적 테마였고 질문이었고 가능한 대답의 하나였다.
> 나는 선생님에게서 학자의 모범을 보았고,
> 어두운 길 위에 뿌려진 달빛 같은 영감을 받았다.
> 내가 선생님을 만난 것은 행운이었다.
>
> — 구본형[16]

나의 스승인 구본형에게도 스승이 있었을까? 나는 늘 궁금했다. 이 물음은 2006년 5월의 어느 날 우연한 기회에 풀렸다. 그날 저녁 서울 광화문의 한 음식점에 변화경영연구소의 연구원들이 모였다. 이날 우리는 스승을 모시고 저녁을 먹으려고 했는데, 구본형은 한 시간쯤 늦을 것 같으니 먼저 식사를 하고 있으라고 했다. 얼마 후 그가 도착하자 내가 물었다. "댁에서 오시는 건가요?" "아니, 나도 은사님을 뵙고 왔어." 그렇다. 이날은 스승의 날이었다. 우리는 사부를 보고 싶어 했고 사부는 자신의 스승을 보고 싶어 했다. 그도 누군가의 제자였다.

구본형은 2011년에 출간한 《깊은 인생》에서 한 사람이 평범에서 비범으로 도약하는 7가지 요인의 하나로 스승을 제시했다. 그가 스승을 중요하게 여긴 이유는 그 자신도 훌륭한 스승을 만난 경험이 있기 때문이다. 구본형은 국내 서양사학의 기반을 다지는 데 기여한 길현모

서강대학교 명예교수를 '나의 영혼을 일으켜' 세운 스승으로 존경했다.

생전에 길현모는 제자들에게 귀감이 될 만한 역사적 인물을 정해서 집중적으로 공부하거나 논문 주제로 삼으라고 조언하곤 했다. 이렇게 권한 데는 여러 이유가 있을 텐데, 정신이 아직 여물지 않은 시기에 본이 될 만한 인물을 탐구하면서 지식 습득을 넘어서는 인격 도야에 긍정적인 자극을 받을 수 있다는 점도 고려했을 것이다.

내가 조사한 바로는 길 교수는 이 방식을 스스로에게도 적용했다. 그가 찾아낸 본보기는 역사학자 E. H. 카(Edward Hallett Carr)인데, 역사학의 고전으로 꼽히는 카의 대표작 《역사란 무엇인가》를 국내에 처음 소개한 사람도 그다.

나는 길 교수가 번역한 《역사란 무엇인가》에서 '역자 후기'를 특히 흥미롭게 읽었다. 그리 길지 않은 글인데 내용의 거의 대부분을 E. H. 카라는 인물의 특성을 소개하는 데 할애했다. 역자는 카에 대해 "아무리 깊은 본질적인 문제를 다루어나갈 때에도, 이론을 위한 이론이라든가, 추상을 위한 추상이라든가 하는 일절의 고답적(高踏的)인 요소를 그에게서는 찾아볼 수 없다. 뿐만 아니라 이야기의 진전에 따라 독자들을 사로잡게 되는 그 따뜻한 밀착력과 즐거운 충족감은 그의 이야기가 항상 자신의 깊은 체험 속에서 우러나오고 있다는 점, 말하자면 말한마디 한마디에 저자의 귀중한 체취가 배어 있다는 점에 기인한다고 하겠다"라는 말로 매우 높이 평가했다. 이어서 카는 "마치 능숙한 길잡이와도 같은 솜씨를 가지고 우리들의 역사 사고를 인도하며, 도중에 직면하게 될 여러 문제점과 곤란성을 파헤쳐 나간다"라고 하면서 "격동하는 시간의 흐름에 몸을 맡기면서도 흔들리지 않는 냉철한 사안(史

125

眼)과 달관(達觀)을 몸소 구현하고 있는 선각자를 목도할 때에 학문에 대한 우리들의 신뢰와 용기는 다시 한 번 새로워짐을 느끼게 된다"라고 덧붙였다. 카에 대한 평을 다소 길게 인용한 이유가 있다. 길현모에게 카가 커다란 거울 같은 모범이었듯이 구본형에게는 길현모가 학문뿐만 아니라 인생에서도 전적으로 신뢰하고 용기를 주는 존재였다. 앞서 길 교수가 카를 소개한 내용과, 훗날 구본형이 스승에게 배운 점을 짧게 정리한 다음 글을 비교해보기 바란다.

"선생님께서는 내게 여러 가지 멋진 인생의 장면들을 선사해주셨습니다. 사람을 안아 품는 장면, 아주 매혹적인 웃음, 번잡하지 않고 명쾌한 사고, 원칙의 꿋꿋함이 모두 그분의 표정과 걸음걸이와 몸에서 우러난 아름다움이었습니다. 선생님께서는 원칙이 삶을 인도했지만 편협한 적이 없으셨습니다. 어떻게 넉넉하게 생각하고, 어떻게 당당하게 행동하고, 어떻게 깊이 살아야 하는지에 대한 생생한 장면을 삶으로 보여주셨습니다."[17]

어떤가? 다른 듯하면서도 일맥상통하지 않는가? 이 점은 지금부터 구본형에게 길현모가 어떤 영향을 미쳤는지 알아보다 보면 더욱 뚜렷해질 것이다. 두 사람은 대학 입시 면접장에서 처음 만났다. 사실 구본형이 많은 대학 중에서 서강대에 지원하게 된 데는 사연이 있다. 그는 고등학교 시절 이과 학생으로 서울의 한 대학 생물학과에 지원했다가 낙방하고 재수를 하던 중에 국내 사학계의 1세대로 불리는 이기백 교수가 쓴《한국사신론(韓國史新論)》을 읽으며 역사학의 묘미를 처음 맛보았다. 한 권의 책을 통해 역사에 관심을 가진 그는 진로를 바꿔 책의 저자가 몸담은 대학의 역사학과에 진학하기로 마음먹었다. 그런데 대학 면접장에서 마주한 사람은 만나고 싶어 한 이가 아닌 낯선 인물이었다.

면접관은 고단한 재수 생활에서 얼른 벗어나 젊음을 표출하고픈 마음으로 들뜬 수험생에게 앞으로 무엇을 하고 싶은지 물었다. 청년이 대학 교수가 되고 싶다고 답하자 "교수가 무엇이라고 생각하나?"라는 질문이 돌아왔다. "선생이며 학자입니다. 그러나 선생이기 이전에 학자여야 한다고 생각합니다." 스스로는 제법 그럴듯한 답변이라고 생각했지만 정작 면접관은 그다지 만족스러워 보이지 않았다. 그는 아직 젊으니 너무 빨리 결정하지 말고 앞으로 어떻게 살고 싶은지 여러 가능성을 알아보라고 조언했다. 길게 이야기 나눈 건 아니었지만 청년은 왠지 '이분'에게 끌렸다. 사실 이기백 교수와 길현모 교수 둘 다 역사학자였지만 세부 전공은 한국사와 서양사로 달랐다. 그런데 무슨 인연의 조화인지 그는 생전 처음 본 길현모에게 배우고 싶다는 느낌이 강하게 들었다.

구본형의 예감은 틀리지 않았다. 대학에 들어오고 나서 그는 방대한 학식과 넉넉한 품을 가진 길현모에게서 이제껏 경험하지 못한 심오한 정신을 느꼈다. 대학 캠퍼스에서 하루하루 스승의 일상을 가까이 접하면서 스승의 매력에 점점 빠져들었다. 스승이 당대 최고의 역사학자들과 함께 성실하게 연구하는 모습이 특히나 인상적이었다. 당시 길현모 교수는 한국사의 이기백 교수와 동양사의 전해종 교수, 서양사의 차하순 교수와 함께 이른바 서강사학(西江史學)의 전성기를 열어 다른 대학의 역사학도들이 부러워하며 청강하러 올 정도였다. 구본형을 비롯한 역사학과 학생들은 대한민국 최고의 역사학자들에게 수학하고 있다는 자부심으로 가득했다. 이는 어떤 학생들보다 더 열심히 공부하는 스승들에게 배우고 있다는 데서 우러나온 힘이었다.

길현모는 사람들과 어울려 돌아다니는 것을 좋아하지 않음에도 젊은 제자들에게는 흔쾌히 시간을 내주고 서슴없이 함께 어울렸다. 어느 날인가는 학교 근처에서 친구들과 술을 마시다가 술기운을 빌려 스승의 집으로 무작정 쳐들어간 적도 있다. 스승은 술이 올라 얼굴이 벌게진 제자들의 작당을 선선히 받아주며 손수 안주와 술을 내놓았다. 그것도 모자라 함께 술잔을 기울이다가 서른 살 넘게 어린 제자들에게 자신은 하지도 않는 담배를 편하게 태우라며 재떨이를 가져다주었다. 그러자 모두가 술이 다 깰 정도로 깜짝 놀랐다. 대부분이 이미 골초였지만 아무도 담배를 입에 대지 못했다. 술과 달리 어른 앞에서 담배를 피우는 건 지금도 그렇지만 그때는 더더욱 용납되지 않았다. 그런데 정작 스승은 담배 태우고 싶은 걸 억지로 참으면 지금 이 시간을 즐길 수 없고, 또 담배 때문에 방을 오가다 보면 대화가 자꾸 끊기니 편히 담배를 피우며 이야기를 나누는 게 더 좋지 않겠냐고 했다.

스승의 말에 제자들은 머뭇머뭇하다가 하나둘 담배에 불을 붙이기 시작했고, 술이 들어갈수록 더 많이 태워댔다. 다음 날 제자들은 다른 친구들에게 스승 앞에서 '담배질' 한 일을 엄청난 사건인 것처럼 떠벌렸다. 마음씀씀이가 깊은 스승은 그렇게 제자들의 일상 속 무용담에 친근하게 존재하며 그들의 마음에 스며들었다. 언젠가 내게 구본형은 유쾌하게 웃으며 자신의 20대를 떠올리면 너무나 좋은 스승과 함께한 크고 작은 일화들이 싱그럽게 반짝인다고 말했다.

무엇보다 스승의 역사학 강의는 젊은 제자에게 경이롭게 다가왔다. 스승은 이제껏 제자가 한 번도 접해보지 못한 통찰로 제자의 정신을 활짝 열어주었다. 구본형의 입을 빌리면 당시 그는 물을 그리워하는 새싹이었고 스승의 수업은 오래 기다린 비처럼 그 위로 쏟아져 내렸다. 그의 말을 좀 더 자세히 들어보자.

"선생님의 강의는 내게 늘 놀라움이었다. 대학에 들어와 '서양사 개설'과 '역사학 입문'을 들으며 나는 수업의 진미를 알게 되었다. 선생님은 강의 도중 지그시 눈을 감고 좋은 단어를 찾아내기 위해 애쓰셨다. 이윽고 폭포처럼 가장 적합한 표현이 쏟아지고, 역사 속의 한 인물, 한 장면은 갑자기 두꺼운 먼지 속에서 벌떡 일어나 앉곤 했다. 그 사람들, 그 장면들이 시간의 먼지를 털고 일어나는 장면은 경이로움 그 자체였다. 새내기 젊은이의 풋지식은 선생님의 강의를 통해 조금씩 뿌리를 내려 깊어지고, 달달 외워야 했던 연대기 속의 역사적 사실과 가설들은 처음으로 지적 즐거움의 대상이 되었다."[18]

강의 중에 길현모 교수가 한 말들 가운데 몇몇은 제자의 정신에 각인되었다. 한 번은 그가 역사학의 여러 이론을 소개하며 말했다. "이론이 그 자체로 모두 옳은 것 같아 진위를 구별하기 어려우면 직접 겪어 체험해보아야 한다." 이 짧은 말이 번개처럼 구본형의 가슴을 때렸다. 그때 이후로 이론과 실천의 상호보완적 통합은 그의 삶과 변화경영에 있어서 중요한 관점으로 자리 잡았다. 같은 맥락에서 구본형은 자기계발 전문가로서 관련 이론을 가장 먼저 자신에게 적용하는 태도를 일관되게 고수했다. 좀 더 풀어서 말하면 자신을 대상으로 먼저 실험하고 그 가운데 효과적인 방법을 상이한 조건에서 다른 사람에게 활용할 수 있는지 검증하여 보편성을 확보하는 방식을 엄격한 원칙으로 삼았다. 그는 이 원칙을 준수한 방법론을 책에 담고 프로그램으로 만들었다. 훗날 구본형을 대표하는 프로그램과 방법론으로 자리매김한 '나를 찾아 떠나는 여행, 자기혁명의 지도, Me-Story Project, 직장인을 위한 필살기 창조 모델, 변화경영연구소의 연구원 제도'도 같은 원칙에 기반을 두고 있다.

구본형은 일찍부터 스승처럼 역사학자가 되어 대학에서 학생들에게 빛을 주는 삶을 꿈꿨다. 그가 대학원에 진학한 가장 큰 이유도 스승 가까이에서 배우고 싶다는 바람 때문이었다. 길 교수는 대학원에 지원한 제자에게 첫 만남에서처럼 앞으로 무엇을 하고 싶은지 물었고, 제자는 역사학 교수가 되고 싶다고 전과 똑같이 답했다. 그런데 이번에도 스승은 제자의 꿈에 선뜻 힘을 실어주지 않고 오히려 "이 세상을 살아가는 다른 길도 있다는 걸 잊지 말라"는 이야기를 했다. 처음에 구본형은 혹시 스승이 자신은 역사학자로서 적합하지 않다고 여기는 건 아닌지, 그게 아니면 다른 의미가 있는 건지 알 수 없었다. 그런데 1년 후 전혀 예기치 못한 사건을 통해 스승의 뜻을 새로운 맥락에서 이해하게 된다.

길현모 교수는 1980년 광주 민주화운동 당시 지식인 성명을 주도했다는 이유로 전두환 군부에 의해 강제 해직되었다. 희망으로 가득 찼을 그해 봄은 모두에게 가혹하고 잔인한 기억으로 남았다. 어리석고 부패한 권력자들의 횡포로 나라를 지켜야 할 군인들은 민주주의를 열망하는 제 국민을 죽이기 위해 투입되었고, 이를 두고만 볼 수 없어 저항한 스승은 교수직에서 물러나게 되었다. 그리고 제자는 하나뿐인 스승을 잃었다. 구본형이 대학원에 입학하고 6개월도 안 되는 시점이었다. 존경하는 스승에게 배울 수 없는 학교는 그에게 의미가 없었다. 이렇게 스승과 제자는 헤어져 각자 새로운 길로 들어섰다. 구본형은 대학원을 그만두며 예전에 스승이 준 가르침을 떠올렸다. 어쩌면 스승에게 받은 가장 결정적인 가르침이었다.

"인생에는 여러 가지 길이 있다. 스스로 모색하거라. 헌신하고 모든 것을 걸어라. 그러나 그 길이 아니라 하더라도 실망하지 말거라. 앞에 다른 길이 나오면 슬퍼하지 말고 새 길로 가거라. 어느 길로 가든 훌륭함으로 가는 길은 있는 것이다."[19]

결국 역사학자가 되어 모교에서 학생들을 가르치겠다는 꿈은 가지 못한 길로 남게 되었다. 뛰어난 영적 스승으로 존경받는 틱낫한(Thich Nhat Hanh)은 말했다. "북쪽으로 가려고 할 때 북극성을 길잡이로 이용할 수 있지만 북극성에 도달하려는 것은 아니다. 북극성에 도달하는 것은 불가능하다. 우리의 노력은 그 방향으로 계속 나아가 자신의 장소에 도달하는 일이다." 구본형은 스승과 물리적으로는 멀어졌지만 스승의 가르침은 곁에 남아 새로운 인생을 개척하는 데 나침반이 되어주었다.

대학을 떠나고 몇 달 후 그는 IT 분야의 다국적기업에 들어갔다. 더 이상 스승과 함께하지 못한다는 아쉬움이 컸지만 "어디로 가든 훌륭함으로 가는 길이 있다"라는 스승의 가르침을 되새기며 직장인이라는 새로운 인생을 시작했다. 그리고 오래지 않아 스승이 마치 예언이라도 한 것처럼 자신에게 잘 맞는 분야를 발견했다. 혁명사(革命史)를 전공하고 싶어 한 역사학도답게 조직의 개선과 변화에 관한 일에서 직업적 소명을 찾은 것이다. 이때부터 총 20년의 직장생활 가운데 16년을 경영혁신을 담당하는 부서에서 일하며 변화경영 전문가로 성장해갔다.

2000년 구본형은 회사를 그만두며 책 한 권을 출간했다. 당시 그는 구본형 변화경영연구소를 설립하고 1인 기업가로 또 한 번 새로운 삶의 출발점에 서 있었다. 그때 펴낸 책의 제목은 《월드 클래스를 향하여》로 기업 경영에 관한 것이었다. 그는 책의 처음에 가족에게 고마움을 전하고, 그다음으로 스승에 대해 이야기했다.

"연초에 은사를 찾아뵙고 세배를 드렸다. 올해로 일흔여덟이시다. 삶과 사회에 대해 통렬하지만 온화하셨다. 여전히 그러셨다. 어떻게 그럴 수 있을까? 나도 그렇게 살고 싶다. 존경이란 마음속에서 스스로 일어나는 것이다."[20]

조금은 느닷없는 글이었다. 게다가 그의 스승은 역사학자로서 기업이나 경영과는 거리가 멀었다. 그렇다면 이처럼 상이한 주제를 다룬 책에 스승이 등장한 이유는 뭘까? 답은 이 책을 낸 시점과 관련 있다. 당시 구본형은 인생의 갈림길에 서 있었다. 20년 다닌 회사에 마침표를 찍는 일은 쉬운 결정이 아니었다. 더욱이 본인 이름을 걸고 1인 기업을 창업하는 일은 크나큰 도전이어서 그 길을 가기로 결심하기까지 고민이 적지 않았다. 어느 때보다 결단과 용기가 필요한 상황에서 그는 스스로에게 물었다.

'스승이라면 어떻게 했을까?'

이 질문은 어려운 시절을 겪을 때마다 그를 지켜준 '오래된 물음'이었다. 살면서 힘들 때나 중요한 결정을 해야 할 때면 마음속으로 '길현모 선생님이라면 어떻게 하셨을까?'라고 묻곤 했다. 이 질문을 통해 구본형은 어떤 문제나 상황을 스승과 같은 차원에서 대처하고자 했다. 그는 《깊은 인생》에서 다음과 같이 썼다.

"내 인생의 갈림길마다 나는 그분에게 갈 길을 물어보곤 했다. 물론 직접 찾아가 물어본 것은 아니다. 갈림길과 모퉁이를 돌아설 때마다 스스로에게 물어보았다. '그분이라면 어떻게 했을까?' 삶의 중요한 순간마다 나는 이 질문을 꼭 했고, 그래서 이나마 내 길을 즐기며 걷고 있는 것임을 안다. 지금도 이 질문은 계속된다."[21]

구본형은 대학원을 떠난 후로 길현모 교수에게 직접 가르침을 받지 못했다. 직장을 다니는 동안 가끔씩 찾아뵙긴 했으나 수년간 한 번도 만나지 못한 적도 있다. 그는 스승이 몹시 보고 싶어지면 편지를 쓰곤 했다. 마흔 살 무렵에 쓴 편지에서는 "선생님처럼 살고 싶었다"고 고백하면서 지난 세월 스승과 함께한 장면들을 하나둘 떠올렸다. 그리고 "편지를 쓰고 나니 그리움이 조금 덜어진 듯도 하고 더 깊어지는 것도 같다"고 마무리했다. 그는 이렇게 쓴 편지를 실제로 보내지는 않았다.

구본형은 길현모 교수가 자신을 처음 만났을 때의 나이가 되었을 무렵 일종의 무료 대학원인 '연구원 제도'를 시작했다. 이때부터 매년 열 명 내외의 연구원을 뽑아 그들 각자 내면을 탐구하고 자기답게 살 수 있도록 도왔다. 그는 스승이 세상을 떠나기 6개월 전 이런 글을 썼다.

"나도 선생님처럼 누군가의 좋은 스승이 되고 싶다. 선생님은 내게 이 열망을 품게 해주셨다. 나이가 들어 연구원들을 모으고 그들과 함께 책을 읽고 책을 쓰는 일을 하고 있는 것도 바로 그런 이유에서다. 나는 너무도 분명히 훌륭한 선생의 구체적인 모습을 보고 만질 수 있는 행운을 가졌던 것이다."[22]

길현모 교수는 2007년 1월 세상을 떠났다. 구본형은 스승이 숨을 거둔 당일 저녁에 장례식장을 찾았다. 그리고 다음 날 새벽 조용히 스승을 만나고 싶은 마음에 홀로 장례식장을 다시 방문했다. 이제 귀밑머리 희끗해진 쉰 살 넘은 제자는 스승의 영정에 향을 피우고 그 앞에 무릎 꿇었다. 스승에게 자주 찾아뵙지 못해 죄송하다고 마음속으로 말씀드리고, 스승과 함께한 추억을 하나하나 음미했다. 그리고 약속했다.

'선생님, 잘 살겠습니다. 부끄럽지 않게 열심히 잘 살겠습니다, 선생님.'

천둥 치듯 정신을 깨우는 사람이 있다. 구본형에게는 길현모 교수가 그런 천둥이었다. 우연과 필연이 섞인 스승과의 만남이 제자의 마음에 꽃씨 같은 영감을 선사하고, 제자는 힘껏 자기다운 꽃을 피웠다. 참 스승을 모신 제자들이 입을 모아 "스승이 없었다면 오늘의 나도 없다"고 고백하는 이유다.

제자에게 필요한 태도, 몰두와 초심

> 좋은 선생님이란 황금보다도 더 값어치가 있다.
> 좋은 선생님을 발견했으면 아주 강력하게 달라붙어야 한다.
>
> – 템플 그랜딘(Temple Grandin)[23]

미국 마운틴 컨트리 고등학교에서 과학을 가르치는 윌리엄 칼록은 자폐증으로 정상적인 교육을 받기 어려웠던 템플 그랜딘에게 자연과학이라는 새로운 세계의 문을 열어주었다. 칼록은 자폐인 특유의 '병적인 고착성'을 문제로 보지 않고 오히려 과학 실험 프로젝트에 집중할 수 있도록 이끌었고, 그랜딘은 그런 스승의 과학 수업에 빠져들었다. 훗날 자폐증을 극복하고 남다른 인생 스토리로 유명 인사가 된 그랜딘은 첫 책《어느 자폐인 이야기》를 출간하면서, 저명한 자폐증 전문가들을 뒤로하고 무명의 과학 교사에게 추천사를 부탁했다. 왜일까? 그랜딘은 칼록이 전해준 가르침을 늘 소중히 간직했고, 자신이 스승에게 몰두했던 그 시간도 결코 잊지 않았다. 이런 그랜딘의 자세는 훌륭한 제자의 전형적인 모습을 보여준다.

먼저 스승에게 흠뻑 빠져야 한다

다산 정약용을 15년 넘게 연구해온 한양대학교의 정민 교수가 쓴 책 중에 《삶을 바꾼 만남》이 있다. 사제관계라는 관점에서 스승 다산과 제자 황상의 인생 여정을 추적해 세밀하게 조명한 책이다. 한번은 정민 교수가 강의에서 다산이 황상에게 써 준 '삼근계'를 학생들과 함께 읽고 감상문을 과제로 냈다.

얼마 후 정민 교수는 학생들이 제출한 과제를 읽다가 '뜻밖의 발견'을 하게 된다. 그의 예상과 달리 중고등학교 시절 자신에게 중요한 영향을 미친 스승을 만났다는 학생들이 상당히 많았다. 존경과 애정이 흐르는 사제관계는 이젠 흐릿해졌다가 여겼는데 그게 아니었다. 그런데 학생들이 소중히 간직하고 있는 스승의 모습은 또 한 번 예상을 벗어났다. 학생들은 잘 가르치거나 성적을 잘 주거나 크게 칭찬해준 선생이 아닌 자신을 기다려주고 믿어준 선생을 최고의 스승으로 꼽았다. 가령 슬럼프에 빠지거나 방향을 잃고 헤맬 때, 어디서부터 어떻게 공부해야 할지 몰라 막막해할 때, 스승이 전한 말과 실제로 보여준 태도를 학생들은 마음 깊이 기억했다. 그러고 보면 다산이 황상에게 처음 준 가르침인 삼근계도 크게 다르지 않았다.

또 많은 학생들이 "처음에는 다산 같은 스승을 만난 황상이 무척 부러웠는데, 나중에는 자신이 황상 같은 제자가 될 수 없을 것 같아 부끄러웠다"고 고백했다. 정민 교수는 "그 말을 읽다가 나는 또 어떤 제자였고 또 어떤 스승이었나를 아프게 되돌아보았다"고 말했다. 그렇다. 좋은 스승을 만나는 건 중요하다. 그런데 더욱 중요한 건 스승에게 배울 준비가 되어 있느냐다.

한 청년이 검술을 배우기 위해 깊은 산속 암자에 사는 고수를 찾아 갔다. 청년은 고수에게 제자로 받아주기를 청하며 물었다. "스승님을 따라 제가 열심히 배운다면 스승님처럼 되는 데 얼마나 걸릴까요?"

스승이 대답했다. "한 5년은 걸리겠구나."

"저는 늙은 부모님을 모셔야 하고 할 일도 많습니다. 가능한 빨리 배 웠으면 합니다. 제가 더욱 열심히 배운다면 얼마나 걸리겠는지요?"

"그렇다면 10년은 걸리겠다."

당황한 청년이 다시 물었다. "아니, 아까는 5년이라 하시고 이젠 10 년이라 하니 너무 혼란스럽습니다. 제가 정말로 죽기 아니면 까무러치 기로 배운다면 얼마나 걸리겠습니까?"

"그렇다면 20년을 배워도 안 될 것 같구나."

스승에게 잘 배우는 방법은 푹 빠지는 것이다. 스승을 택할 때는 신 중해야 하지만 좋은 스승을 만나서 일단 스승이라는 우물에 빠지면 거 기에 집중해야 한다. 결과에 집착하거나 이해관계를 따지거나 지름길 에 연연해서는 안 된다. 언젠가 그 깊이를 넘어 훌쩍 성장할 수 있음을 믿고, 스승을 가슴에 품고 배우는 데 매진해야 한다. 그렇다면 스승에 게 푹 빠진다는 건 구체적으로 어떤 모습일까?

먼저 한 사람을 사랑할수록 그 사람과 깊이 연결되듯이 어떤 사람 을 존경하면 그 사람의 마음 근저로 들어갈 수 있다. 다시 말해 존경할 수록 더 빠져들고, 빠져들수록 더 잘 배울 수 있다. 알버트 아인슈타인 (Albert Einstein)이 지적했듯이 특별한 지식을 획득할 때의 느낌이나 상 태는 사랑에 빠진 연인의 환희나 구도자의 삼매경과 비슷하다.

둘째, 스승에게 배우는 데 최우선순위를 두어야 한다. 훌륭한 스승은 쫓아다니면서 가르치지 않는다. 제자가 마음을 다해 스승을 따라야 한다. 그래야 스승을 놓치지 않고 지속적으로 지도를 받을 수 있다. 장담컨대 스승에게 배우는 데 최우선순위를 두지 않는 사람은 뛰어난 스승을 만나도 크게 나아질 수 없다.

셋째, 스승에게 푹 빠진 사람은 정성을 다해 배운다. '만세사표(萬世師表)', 즉 영원한 스승의 표상으로 일컬어지는 공자는 제자를 받아들이는 데 신분이나 부유함을 가리지 않았다. 대신에 배우는 걸 좋아하는지와 최선을 다하는 태도를 중시했다. 이런 공자의 교육 철학은 다음과 같은 말에 잘 드러나 있다. "스스로 분발하지 않는 제자는 계발해주지 않고, 애태워하지 않는 제자에게는 말해주지 않는다. 한 모서리를 들어서 보여주는데 세 모서리로 응답하지 않으면 다시 일러주지 않는다." 좋은 제자는 절실하게 가르침을 구하고, 성심을 다해 스승의 가르침을 따르며, 어제보다 나아지기 위해 분발한다.

넷째, 스승의 정수를 소화하기 위해 철저히 연구해야 한다. 스승의 골수(骨髓)는 제자의 정신적 심장에 보존된다. 스승은 제자에게 자신의 정수를 전하고, 제자는 그것을 자기 것으로 내면화한다. 어떻게 하면 이렇게 할 수 있을까? 길현모가 구본형을 비롯한 제자들에게 권한 공부 방식을 기억하는가? 스승에 대해 30페이지 분량의 논문을 쓰고 90분 강연을 할 수 있을 정도로 힘껏 공부해야 한다. 한 사람에 관해 한두 페이지의 글을 쓰는 일과 30페이지 분량의 체계를 갖춘 논문 작성은 차원이 완전히 다르다. 전자는 몇 시간이면 쓸 수 있지만 후자는 많은 자료를 수집하여 제대로 소화하지 않으면 불가능하다. 누군가에 관해 1~2분 이야기하는 것과 90분 강연의 차이도 마찬가지다. 스승의 삶과 핵심적 가르침을 온전히 소개하는 강연은 스승을 전체적으로 탐구해야 가능하다.

스승에게 몰입하는 것이 제자의 기본이다. 정신이 산만하거나 배우는 시늉 수준에서는 심층 학습이 일어나지 않는다. 요컨대 50퍼센트의 집중력으로 10시간 배우는 것보다 100퍼센트의 집중력으로 1시간 배우는 편이 더 효과적이다. 스승에게 세심하게 주의를 기울이고 배우는 과정 자체를 즐길 때 학습 효과는 배가된다. 그래서 공자는 아는 것은 좋아하는 것만 못하고 좋아하는 것은 즐기는 것만 못하다고 했다. 스승에게 순수하게 열중하는 태도야말로 배움의 요결이다.

스승에게 몰두하는 성실한 독종

영어로 학생을 뜻하는 스튜던트(student)의 어원은 '전심전력'이라는 뜻을 가진 라틴어 스튜디움(stúdium)이란 명사다. 라틴어 디스코(disco)는 '배우다'라는 뜻인데 여기서 '배움, 공부, 규율'을 의미하는 디쉬플리나(disciplina)라는 명사가 파생했다. 또 라틴어로 학생은 디쉬풀루스(discipulus)인데 여기서 '규율'과 '학과목'을 의미하는 영단어 디서플린(discipline)이 나왔다. 의미심장하게도 제자를 뜻하는 영단어 디사이플(disciple)도 여기서 유래했다. 그렇다면 학생과 제자는 무엇인가? 최선을 다해 배우는 사람이 학생이다. 스승에게 배우는 데 전심전력하는 사람이 제자다.

신영복은 감옥에서 정향 조병호에게 배우면서 서도에 새로 눈을 뜬다. 정향은 어느 모로 보나 반듯한 젊은이를 유배 온 선비로 여겨 각별히 대하면서 '과분한 애정과 엄한 지도'를 아끼지 않았다. 정향은 교도소에서 적극적으로 부르지 않을 때도 5년 넘게 거의 빠짐없이 매주 강의를 진행했다. 한 번은 신영복이 교도소 측에서 자신들을 지원하는 독지가에게 선물할 현판을 맡게 되었다. 그가 써야 할 글자는 네 글자에 불과했지만, 신영복은 최종 완성하기 전에 스승의 재가를 받고 싶었다. 처음 일주일 동안 열심히 써서 스승에게 보이자, 스승은 가타부타 말없이 그가 쓴 글씨 위에 가차 없이 교정했다. 그런 일이 일곱 번이나 반복됐다. 거의 두 달 동안 네 글자만 반복해서 쓰게 한 셈이니, 스승이 제자를 얼마나 철저히 가르치고자 했는지 여실히 보여준다. 동시에 스승의 엄격한 교육을 묵묵히 받아들이며 성실히 임하는 제자의 자세도 돋보인다. 이와 비슷한 이야기를 하나 더 살펴보자.

서울시 총괄 건축가를 역임한 승효상은 국내 건축계에서 독보적인 인물이다. 그런 그에게도 스승이 있었으니 바로 건축가 김수근이다. 김수근은 일본 유학을 마치고 1960년대 현대 건축의 불모지나 다름없던 우리나라에 혜성처럼 등장하여 다수의 명작을 남긴 거장이다. 그가 만든 건물은 선진국의 당대 최고의 건축에 비견해도 밀리지 않아서 공간 사옥과 경동교회 같은 몇몇 작품은 지금도 외국 건축가들이 일부러 찾아와 연구할 정도다.

승효상과 김수근의 인연은 다른 많은 관계처럼 우연히 시작되었다. 건축학도였던 승효상은 1974년 말 대학 졸업을 앞두고 지도 교수의 권유로 자신보다 스물한 살 많은 김수근이 운영하는 건축사무소에 들어갔다. 당시 승효상은 우리 사회를 지배하던 군사 독재의 강압에 절망감을 느끼고 있었고, 다른 한편으로 그의 건축적 소양은 백지에 가까웠다. 그런 그에게 독보적인 김수근의 건축은 '구원의 빛'으로 다가왔다. 건축가로 경력을 이제 막 시작하면서 스승을 만난 그는 흔쾌히 그 빛의 세례에 뛰어들었다. 스승을 처음 만나고 20년 가까이 지난 후 제자는 이 시절을 다음과 같이 회상한다.

"선생의 문하에 들어가 선생의 건축과 그 건축을 만드는 과정을 지켜보던 나는 놀라움과 새로움 그리고 간절함으로 건축을 다시 볼 수 있었으며 마치 영양실조에 걸렸던 아이 마냥 주체할 수 없을 정도로 건축 작업에 탐닉하게 된다."[24]

젊은 승효상은 김수근 밑에서 밤낮없이 일했다. 어떤 달은 한 번도 집에 들어가지 않고 사무실에서 숙식을 해결하며 제도판 앞에서 시간을 보냈다. 입사 첫해에 '가장 밤을 많이 새운 직원'으로 뽑힐 정도였다. 그에게 김수근은 '항상 옳다'고 믿을 수 있는 스승이자 가장 중요한 고객이었다. 그 고객이 도면을 한 장 그리라고 하면 그는 다섯 장, 열 장을 그렸다. 스승이 스케치를 보여주면 그 스케치에 담긴 것보다 '더 많은 내용을 담아 다시 보여드리곤' 했다. 악착같이 덤벼드는 패기가 대견했는지 김수근은 신입 사원의 도면과 스케치를 꼼꼼히 보고 무엇을 잘하고 부족한 점은 뭔지 자세히 일러주었다. 승효상은 스승의 피드백을 가이드 삼아 그리고 지우기를 반복하며 더 나은 결과물을 내놓기 위해 혼신을 다했다. 이런 나날이 거듭되며 젊은 제자의 실력은 일취월장했다.

승효상의 건축은 김수근을 만나기 전과 후로 나뉜다고 할 정도로 스

141

승은 그에게 큰 영향을 미쳤다. 승효상은 김수근 아래에서 20대 중반부터 30대 후반까지 10년이 넘는 시간을 보냈다. 스승 곁에서 오래 단련한 덕분에 건축의 기본을 탄탄히 다지고 '건축적 사고와 행동의 샘'을 깊게 만들 수 있었다. 그가 흔쾌히 인정했듯이 스승의 영향은 건축은 물론 그의 삶에도 뚜렷한 흔적을 남겼다. 승효상은 1992년에 쓴 글에서 김수근에게 배운 점을 다음과 같이 정리했다.

"나의 30대는 김수근 선생과의 시간이 가장 중요한 기억일 수밖에 없다. 그럼에도 불구하고 자신하건대, 내가 비교적 편향적 사고에서 벗어날 수 있었던 것은 아이러니하게도 선생의 영향 덕분이다. 정도를 벗어나지 않는 사고의 훈련, 기본적으로 습득해야 할 건축에 대한 안목과 기량 그리고 삶을 대하는 따뜻한 마음 등등이 선생에게서 배운 중요한 수업이었으며, 나는 모든 면에서 틀림없는 그의 문하생이다."[25]

조지프 캠벨은 한 사람의 젊은 시절에서 가장 중요한 일은 자신의 '가능성을 암시하는 본(本)을 만나는 일'이라고 강조한 바 있다. 승효상에게 김수근이 그 본보기였다. 다른 한 편으로 본보기가 아무리 훌륭해도 제자가 열심히 따르지 않으면 아무 소용이 없다. 승효상은 걸출한 스승을 만난 제자가 어떤 태도로 배워야 하는지 잘 보여준다. 승효상은 말 그대로 '성실한 독종'이었다. 좋은 스승은 제자가 전력을 다해 몰입할 수 있는 마당을 제공했고, 좋은 제자는 간절한 마음으로 스승에게 몰두했다.

초심과 발심

전문가는 본인이 활동하는 분야의 지식과 기술에 능숙하다. 능숙하기 위해서는 그 분야와 관련된 내용을 정교하게 구분하고 정확하게 판별할 줄 알아야 한다. 이는 전문가의 장점인 동시에 한계이기도 하다. 전문성은 양날의 칼과 같아서 익숙한 문제를 해결하거나 변수가 적은 상황에서는 유용하지만 낯설고 복잡한 문제나 새로운 혁신이 필요한 상황에서는 좀처럼 힘을 발휘하지 못하는 경우가 많다. 이걸 조금 다르게 설명하면 많은 지식과 기술로 중무장한 전문가는 가능성이 적은 마음을 가지고 있다. 오랫동안 익혀온 지식과 기술이 고정관념으로 작용할 수 있다는 말이다. 그래서 《선심초심》의 저자 스즈키 순류는 "시작하는 사람의 마음에는 많은 가능성이 있지만 숙련된 사람의 마음에는 가능성이 아주 조금밖에 없다"고 지적했다.

초심(初心)은 시작하는 사람의 마음(beginner's mind)이다. 지식과 기술로 가득한 마음이 아니라 열리고 비어 있는 마음이다. 그래서 어떤 도그마(dogma)나 선입견 없이 가능성을 맘껏 받아들일 수 있다. 학습 의지가 강하고 효과적인 학습 방법을 취한다면 뭔가를 배우기에 최상의 조건이다.

초심과 비슷한 마음가짐으로 발심(發心)이 있다. 발심은 초심을 거듭 되새기는 마음이자 처음 시작할 때의 마음을 잊지 않는 태도이다. 스승에게 배울 때 성패는 초심과 발심에 달려 있다. 초심은 몰두의 다른 이름이며 발심은 지속적으로 몰두할 수 있는 힘이다. 남다른 각오로 출발했음에도 배우는 중간에 흐지부지되는 경우가 생각보다 많다. 그래서 발심이 중요하다. 초심을 잃지 않는 사람, 즉 발심자(發心者)는 가능성에 주목하기 때문에 실패에 굴하지 않고 다시 시작할 수 있다. 또 그래서 늘 새롭게 넓어질 수 있다.

스티브 잡스는 초심자의 마음을 끊임없이 음악적 혁신을 추구한 밥 딜런과 선불교 스승 오토가와 고분 치노에게 배웠다. 젊은 시절 그는 《선심초심》을 탐독했으며 지인들에게 추천하기도 했다. 초심은 잡스가 평생 실천하려고 애쓴 마음가짐으로, 그는 자신의 강점으로 처음부터 다시 시작하기를 두려워하지 않는 태도를 꼽았다.

워런 버핏에 관한 방대하고 치밀한 평전 《스노볼》을 쓴 앨리스 슈뢰더(Alice Schroeder)는 버핏의 특성으로 '청년의 마음'을 꼽는다. 버핏은 세계 최고의 가치투자가가 된 후에도 그레이엄에게 배우던 학생 시절의 마음을 잃지 않았다. 그렇지 않았다면 그레이엄의 책을 반복해서 읽지 않았을 것이고, 다른 어떤 분야보다 부침이 심한 투자세계에서 50년 넘게 독보적인 투자가로 롱런할 수도 없었을 것이다.

황상은 또 어떤가? 그는 일흔다섯 살 때 쓴 글에서 다산을 처음 만나고 60년이 흐르는 동안 '마음을 확고히 다잡으라(秉心確)'는 세 글자를 받들어 따랐으며 "지금 이후로도 스승님께서 주신 가르침을 잃지 않을 것"이라고 다짐했다. 라이너 풍크는 에리히 프롬이 세상을 떠난 후에도 스승의 유고를 편집하고 스승에 관한 책을 쓰며 프롬의 가르침을 확장해나갔다. 이들은 모두 초심을 유지할 줄 아는 발심자였다.

현대 일본 유도(柔道)의 창시자 가노 지고로(嘉納 治五郎)는 임종을 얼마 앞두고 제자들에게 자신이 죽으면 '흰 띠'를 매어 묻어달라고 말했다. 최고의 고수가 죽는 순간 초심자의 상징인 흰 띠를 원한 것을 보면 그가 평생 '흰 띠의 정신'을 간직했음을 짐작할 수 있다. 가노 지고로와 마찬가지로 훌륭한 제자는 마음속에 늘 흰 띠를 맬 준비가 되어 있다. 진정으로 배울 자세를 갖춘 사람은 오늘 검은 띠를 따도 내일이면 매트 위에서 땀 흘려야 한다는 진실을 알고 있다. 지금 좋은 스승에게 배우고 있다면 솔직하게 스스로에게 물어보라. 아직 스승을 만나지 못했더라도 먼저 스스로에게 물어보자.

'나는 언제든 기꺼이 흰 띠를 맬 수 있는가?'

◆ 스승에게 배우는 태도 ◆

1. 사람이든 책이든 푹 빠지면 저절로 배운다.
- 스승에게 배우는 일에 최우선순위를 둔다.
- 절실하게 가르침을 구하고 스승의 가르침을 성실히 따른다.

2. 스승의 'A to Z'를 소화한다는 자세로 철저히 연구한다.
- 스승에 대해 30페이지 논문을 쓸 수 있어야 한다.
- 스승에 관해 90분 강의를 할 수 있어야 한다.

3. 초심자의 마음을 잊지 않는다.
- 스승을 처음 만났을 때의 마음을 기억한다.
- 초심을 거듭 되새겨 발심한다.

4. 스승은 모범으로 가르치고 제자는 모방하며 배운다.
- 직접 배우든 책으로 배우든 깊이 감정이입하고 공명한다.
- '스승이라면 어떻게 했을까?' 묻고 또 묻는다.

5. 모방을 넘어 스스로 자립해야 한다.
- 스승의 가르침에 자신의 개성과 방식을 결합한다.
- 제자 스스로 빛날 때 스승을 떠나서도 스승과 더 가까워진다.

헨리 데이비드 소로,
삶의 등불 같은 스승에게 배우다

스스로 자신의 천명을 발견하는 것은 쉬운 일이 아니다.
그러나 그곳에 인격과 행동에서 걸출한 위인의 감화가 있으면
어두운 밤을 밝히는 등불에 비치듯이
인생의 난제를 푸는 열쇠도 보이게 될 것이다.

— 랠프 왈도 에머슨(Ralph Waldo Emerson)[26]

19세기 미국 지성계에 활기를 불어넣은 랠프 왈도 에머슨(Ralph Waldo Emerson)은 30년 넘게 시를 쓴 시인이기도 하다. 에머슨은 〈성공이란 무엇인가〉란 시에서 '다른 사람에게서 최선을 발견하는 것'을 진정한 성공의 증거 가운데 하나로 꼽았는데, 실제로 그는 사람 보는 안목이 남달랐다. 우리가 만나볼 이야기는 에머슨이 새롭게 발견한 가장 놀라운 인물이 스승의 도움으로 인생을 새롭게 시작한 드라마이다.

먼저 에머슨의 안목을 보여주는 이야기를 하나 살펴보자. 널리 알려진 사실은 아니지만 에머슨은 미국을 대표하는 시인 월트 휘트먼(Walt Whitman)의 빛나는 재능을 가장 먼저 알아봤다. 1855년 휘트먼은 자비로 출간한 시집 초판을 에머슨에게 보내 의견을 구했는데, 에머슨은 시집을 읽자마자 "미국이 지금까지 이룩한 재기와 지혜 중 가장 탁월하다"라는 감탄에 가까운 찬사를 가득 담은 편지로 화답했다. 이 시집

이 바로 그 유명한《풀잎(*Leaves of Grass*)》이다.

당시만 해도《풀잎》은 보통의 시들과 달라도 너무 달랐다. 좋게 보면 혁신적이었지만, 전통적 운율이나 음조를 무시하고 내용도 매우 낯설어서 문학계에서 혹평이 쏟아졌다. 여러 출판사들이 출판을 거절한 것도 무리는 아니었다. 어떤 이는 돼지가 수학을 모르는 것처럼 휘트먼은 예술을 모른다고 비아냥거렸다. 하지만 콩코드의 현인(Concord Sage)으로 불리며 당대에 높은 위상을 가졌던 에머슨이 휘트먼의 시를 격찬하자 비판은 이내 수그러들었다. 에머슨의 호평은 바로 다음 해에 시집의 개정증보판이 나올 정도로 큰 반향을 일으켰는데, 개정증보판의 표지에는 콩코드의 현자가 휘트먼에게 보낸 편지에서 가져온 문구가 금박으로 새겨졌다.

"위대한 이력을 시작하는 당신을 환영한다(I Greet You at the Beginning of a Great Career)."

이처럼 에머슨은 많은 이들이 보지 못한 한 사람의 가능성을 단번에 알아보곤 했다. 그는 세상 사람들이 휘트먼이라는 위대한 시인의 진면목을 알아볼 수 있는 계기를 제공하기 18년 전, 그러니까 1837년 당시만 해도 개성 강한 청춘에 불과했던 한 사람이 불멸의 인물로 변모하는 데 중요한 역할을 한다. 그 주인공은 바로 헨리 데이비드 소로(Henry David Thoreau)다.

1837년 봄, 하버드대학에 다니던 소로는 에머슨이 쓴《자연》을 읽었다. 스무 살의 소로는 인간은 자연이라는 거울을 통해 자기 안의 신성을 발견한다는 저자의 주장에 강한 인상을 받았다. 훗날 소로는 이 책을 읽으며 갈팡질팡하던 내적 방황을 끝내고 인생에 '새로운 전기'를 마련했다고 밝힌 바 있다. 그는 《자연》을 읽고 오래지 않아 지인의 소개로 에머슨을 실제로 만난다. 미국을 대표하는 사상가로 진화하던 에머슨은 몇 년 전에 소로의 고향으로 매사추세츠 주에 속하는 한적한 마을 콩코드로 이사 온 터였다. 미국 정신사에서 두고두고 회자되는 두 사람의 인연은 이렇게 시작되었다.

헨리 소로와 랠프 에머슨은 열네 살이라는 나이 차에도 불구하고 첫 만남부터 서로에게 깊은 인상을 받았다. 소로에게 감동적으로 읽은 책의 저자와의 만남은 그 자체로 특별했다. 실제로 만난 저자는 책만큼이나 명불허전이어서 소로는 에머슨의 따뜻하고 당당한 인품과 뛰어난 지성에 매료되었다. 철학자다운 이성과 문학적 감수성을 겸비한 에머슨은 소로가 가져온 자작시를 읽고 다른 이들은 보지 못한 가능성을 감지했다. 뛰어난 시인이기도 했던 에머슨은 시 〈숲의 선율(Woodnotes)〉에서 숲속을 기쁘게 돌아다니며 "마주치는 모든 것에 경탄하는 사람, 무엇보다도 스스로에게 경탄하는 사람"에 대해 이렇게 노래했다. "누가 그에게 그의 진가를 말해주랴?" 그가 보기에 소로가 경탄할 줄 아는 사람이었고 그의 진가를 일러줄 이는 에머슨 자신이었다.

에머슨은 소로를 '재능 있고 강건한 젊은이'이자 앞으로 대성할 인물로 일찍이 점찍었다. 바꿔 말하면 소로에게 에머슨은 존경할 수 있는 스승으로 다가왔고, 에머슨은 소로를 가능성 넘치고 독특한 개성을 가진 재목으로 여겼다. 특히 소로는 첫 만남 후 《자연》을 반복해서 읽고 에머슨의 강연을 들으며 그 안으로 점점 깊이 들어갔다. 소로는 1842년에 쓴 일기에서 에머슨을 '평론가이자 시인이며 철학자'로 표현하며 다음과 같이 묘사했다.

"그의 감정과 지능은 잘 조화되어 있고, 계속해서 앞으로 전진하고 있다. 천국이 그에게 열리고 있다. 그는 사랑과 우정, 종교와 시, 성스러움 등에 친숙하다. 예술가로서 그의 삶은 다채롭고 주의 깊으며 예민한 인식을 지녔다. 완고하지 않고 탄력적이며 실용적이다. 그는 믿음직한 판관이기도 하다. 사람과 사물에 대해 에머슨만큼 충실하고 믿음직한 비평가는 찾아보기 힘들 것이다. 그 어느 누구보다 그를 통해 실현되는 일은 성스럽다고 생각한다. 신들을 위한 명시를 창고 가득 보관하고 있는 시적 비평가.

에머슨은 누구도 필적할 수 없을 특별한 재능을 지니고 있다. 에머슨만큼 인간 내면의 신성함을 분명하고 쉽게 표현한 사람은 없다. 그는 젊은이들에게 어느 누구 못지않은 영향을 발휘하고 있다. 그의 세계에서는 모든 이들이 시인이다. 그의 세계에서는 사랑이 통치자이며, 아름다움이 지천이다. 그의 세계에서는 인간과 자연이 조화를 이루며 살아갈 수 있다."[27]

에머슨에게 가장 큰 영향을 받은 '젊은이'는 물론 소로 자신이었다. 그런데 이런 극찬은 혹시 경험이 빈약한 청춘의 맹목적 숭배는 아니었을까? 그의 확신에는 나름대로 분명한 근거가 있었다. 이 일기를 쓸 무렵 스물다섯의 소로는 에머슨의 배려로 1년 넘게 에머슨의 집에서 숙식을 해결하며 생활하고 있었다. 스승의 내밀한 구석까지 훤히 볼 수 있는 자리에 있었던 셈인데, 책과 강연에서 빛을 발하는 에머슨의 인격과 지성은 무대 뒤에서도 변함이 없었다. 언젠가 소로는 "존재만큼 더 좋은 설명은 없다"고 말했는데, 밀착해서 함께 생활하면서 에머슨이 믿고 따를 만한 인물임을 확신할 수 있었다. 앞의 일기를 쓴 후에도 그는 스승의 집에서 1년 가까이 함께 지내며 집중 지도를 받았다.

한집에 살며 에머슨 곁에서 보낸 2년 동안 소로는 고전 중심으로 책을 읽고 글을 썼다. 스승의 영향 아래에서 그의 사유는 확장되고 문장력은 예리해졌다. 가장 흥미로운 점은 시간이 흐르며 소로의 말과 행동이 점점 에머슨을 닮아갔다는 사실이다. 두 사람을 잘 아는 지인들은 "소로가 에머슨의 목소리나 표정뿐 아니라 외모마저도 '무의식적'으로 따르려 한다"고 증언했다. 소로의 대학 동기생 중 한 명은 다음과 같은 기록을 남기기도 했다.

"나는 콩코드의 에머슨 씨의 서재에서 우연히 소로를 만나게 되었다. 학교를 떠난 후로는 처음 만나는 것이었다. 나는 그의 모습이 많이 달라져 있다는 것을 알고 깜짝 놀랐다. 그의 태도, 목소리의 어조, 표현 방식 따위가 두드러지게 달라져 있었다. 특히 천천히 말하며 더듬는 모습이 에머슨 씨를 아주 닮아 있었다. 대학 시절 소로의 목소리에는 에머슨 씨와 닮은 점이 전혀 없었다. 두 사람이 가까이 앉아 대화를 나눌 때 눈을 감고 귀를 기울여보았는데, 누가 말하고 있는지 확실히 분간할 수가 없었다."[28]

스승에게 배우는 과정에서 제자는 스승을 모방하기 마련이다. 제자가 스승에게서 아무런 감화도 받지 않는다면 오히려 그게 더 이상한 일이다. 특히 초기에 이뤄지는 모방은 필수적인 학습의 일환이다. 끝까지 모방 수준에 머무는 건 문제지만 모방의 과정이 없으면 스승의 가르침을 온전히 소화할 수 없고 자신만의 창조력을 키우기도 대단히 어렵다. 그런데 모방에 부정적인 사람들은 모방을 배움의 한 과정이 아닌 그저 흉내 내기나 아류(亞流)로 폄하한다. 비교적 이른 나이부터 에머슨을 따랐던 소로도 같은 비난에 시달리곤 했다.

일례로 시인 겸 비평가 제임스 러셀 로웰(James Russell Lowell)은 에머슨을 모방하는 소로를 풍자시로 조롱했다. 그는 시에서 소로를 '에머슨의 발자국을 짧은 다리로 고통스럽게 따라가는 희한한 친구'로 깎아내리고, 소로의 '손가락은 선지자의 호주머니를 뒤적거린다'고 빈정댔다. 젊은 소로가 에머슨에게 많은 영향을 받았다고 해도 로웰의 평가는 피상적이고 악의적이었다. 하지만 당대에 영향력이 있었던 로웰의 평가로 인해 적지 않은 사람들이 소로를 그저 에머슨의 추종자로 보게 되었고, 이 점은 두고두고 소로에게 부담으로 작용했다.

그렇다고 그가 스승에게 일방적으로 영향만 받은 건 아니다. 에머슨 역시 제자에게 적지 않은 자극을 받았다. 이에 대해《헨리 데이빗 소로》의 저자 헨리 솔트(Henry S. Salt)는 "소로는 에머슨을 감동시킨 몇 안 되는 사람 중의 하나였다. 에머슨은 소로의 영향으로 인해 전보다 더 근면해졌을 뿐만 아니라 생활 방식을 보다 단순하고 엄격하게 바꿀 수 있었다"고 말한다. 소로는 에머슨과 함께 공부하며 에머슨 가족의 크고 작은 일을 도와주었고, 하루의 대부분을 독서와 글쓰기 등 정신적 작업에 몰두하는 에머슨에게 심신의 긴장을 풀 수 있는 숨통을 틔어주었다. 이 점은 에머슨이 소로와 지내는 시기에 남긴 다음과 같은 글에 잘 드러나 있다.

"(집필 중인) 책은 완전히 접었고, 헨리와 온종일 옥수수밭에서 김을 매고 손수레를 끌고 다녔다. 헨리는 지칠 줄 모르는 숙달된 일꾼이며 내게 큰 도움을 주고 있다. 나는 그가 없으면 하지 못했을 일을 하고 있으며, 건강도 되찾을 것 같다."[29]

에머슨은 앞날을 알 수 없는 인생에서 가장 믿음직한 버팀목은 '사람과 사람과의 결합'이라고 확신했다. 사실 이런 확신은 에머슨 자신의 비극적인 체험에서 나왔다. 공교롭게도 소로와 에머슨은 거의 같은 시기에 크나큰 시련에 직면한다. 1842년 1월 12일 소로가 가장 든든한 친구로 여겼던 형 존이 갑작스럽게 죽고, 불과 2주 후 에머슨의 첫아들이 폐렴으로 세상을 떠난 것이다. 이 두 사건으로 소로와 에머슨은 식음을 전폐할 정도로 큰 충격을 받는다. 다행히 소로에게는 에머슨이, 에머슨에게는 소로가 기댈 벽이 되어주었다. 평생 지워지지 않을 듯한 상처를 서로 위로하고 함께 견뎌내면서 둘의 관계는 각별해졌다. 특히 강연과 여행 등으로 종종 집을 비웠던 에머슨에게 소로는 가족을 믿고 맡길 수 있는 든든한 존재였다. 에머슨의 동생이 갑작스럽게 사망했을 때도 소로는 번거로운 장례 절차를 도맡아 처리해주었다. 에머슨의 자녀들에게 그는 '최상의 맏형이자 큰오빠'였으며, '야외 소풍의 탁월한 안내자'가 되어주었다. 에머슨의 막내아들 에드워드 왈도 에머슨(Edward Waldo Emerson)은 소로를 "내 유년기와 이른 청년기의 친구이자 생사를 넘어 나를 도운 은인"으로 표현했다. 그는 소로를 향한 우정과 존경을 담아《소로와 함께한 나날들》이라는 책을 쓰기도 했다.

에머슨은 소로와 산책하는 걸 특히 좋아했다. 그럴 만도 한 게 소로는 매일 몇 시간씩 산책을 즐기며 본인 직업을 '산책가'라고 밝힐 정도로 산책의 달인이었다. 그는 눈금이 새겨진 지팡이를 들고 필기구와 휴대용 망원경과 확대경을 챙겨 산책을 나갔다. 온갖 동식물을 연구하듯이 관찰하고, 번뜩이는 생각은 대부분 걸으며 떠올랐으며, 일기에 쓸 글감도 대부분 산책 중에 주워 담았다.

총 39권의 노트를 가득 채운 일기는 산책의 소산이었고, 이 내용을 바탕으로 불멸의 고전 《월든》을 집필했다. 소로에게 산책은 일상을 풍요롭게 하는 방편이자 정신을 새롭게 고양하는 놀이였다.

에머슨은 소로와 같이 걷는 걸 즐기며 그의 산책 기술을 배우고 싶어 했다. 에머슨의 부인에 의하면 그는 누군가와 산책할 일이 생기면 소로의 방식을 따라 하려 했다. 에머슨의 막내아들도 "아버지는 거리낌 없이 비밀을 털어놓아도 되는, 맑고 투명한 눈과 신뢰와 엄격함을 지닌 소로의 인도를 받으며 숲의 신이 살고 있는 내밀한 사당으로 들어가는 일을 무척이나 좋아하셨다"고 회고한다. 소로는 산책뿐 아니라 능숙한 뱃사공이기도 해서 종종 에머슨이 배로 월든 호수와 콩코드 인근에 흐르는 강을 유랑할 수 있도록 도와주기도 했다. 에머슨은 그와 함께한 뱃놀이 경험을 일기에 이렇게 적었다.

"오늘 강의 화신이 내 용감한 헨리 소로의 모습으로 나타나, 그림자 지고 별빛 달빛 어린 강물의 풍요로움으로 나를 인도했다. 죽음과 삶, 또는 시와 산문이 함께하듯, 대로와 상점들의 진부한 평범함 속에서 알지 못했던, 그러나 바로 곁에 있었던 사랑스러운 신천지였다. 작은 벌판을 지나 배에 올라 모든 시간과 과학과 역사를 뒤로하고 노를 저어 자연 속으로 들어갔다."[30]

어떤 관계도 한 방향으로만 흐르지 않는다. 스승과 제자도 서로 영향을 주고받는다. 제자는 스승의 가르침을 통해 한계를 넓히며 성장하고, 제자의 열정은 스승의 정신에 신선한 공기를 불어넣는다. 이 두 가지, 즉 스승의 통찰과 제자의 활기는 양손처럼 함께 작용한다. 이것이 스승과 제자를 역동적이고 건설적인 상호작용으로 이끄는 원동력이다.

헨리 소로와 랠프 에머슨의 인연은 소로가 마흔다섯 살에 숨을 거둘 때까지 25년간 이어졌다. 긴 시간 동안 한 동네에서 빈번하게 교류한 두 사람의 관계는 복잡하고 특별했다. 일단 성격부터가 서로 많이 달랐다. 대체로 소로는 내향적인 성향에 사람들에게 쉽게 다가가지 않는 반면에 에머슨은 자연스레 대중을 사로잡는 매력을 가졌다. 둘은 삶을 보는 시선은 상당 부분 일치했지만 생활방식은 상이했다. 일례로 소로가 자연을 벗 삼아 독립적이고 간소한 생활을 지향한 데 비해 에머슨은 강연과 책을 통해 자신의 사상을 널리 알리고 싶어 했다.

자연을 보는 관점 역시 비슷한 듯 달랐다. 소로는 스스로를 자연의 연장선으로 여기고 자연 그 자체를 영감의 원천으로 삼았다. 에머슨은 자연과 하나 되기보다는 자연과 인간의 균형을 중시하면서 자연에 관한 지식을 추구했다. 그는 작가와 사상가로서 자연보다는 독서와 사회 활동에서 자극을 구했다. 소로가 자연을 형제자매로 여기며 함께 살아 숨 쉬는 생태적 삶을 추구했다면 에머슨은 이상주의와 실천을 포괄하는 철학적 인물이 되고자 했다. 이에 대해 둘 모두를 잘 아는 철학자 에이모스 브런슨 올콧(Amos Bronson Alcott)은 "소로는 내가 아는 누구보다 자연의 원시 상태에 심오한 열정을 갖고 있다. 반면에 에머슨에겐 자연과의 순수한 동반관계가 허용되지 않았다. 그가 상대한 것은 지성의 숲이었다"고 지적했다. 소로가 숲의 정신에 침잠했다면 에머슨은 정신의 숲을 형성하고자 했던 것이다.

여기에 더해 소로는 자신을 에머슨의 추종자로 간주하는 시선에 점점 예민해졌다. 언젠가부터는 심적 부담을 넘어 더 이상 무시하기 힘든 불만으로 커졌다. 에머슨 또한 소로의 민감한 기질과 때때로 보이는 반항적인 모습이 "인간관계를 얼어붙게 한다"고 못마땅해했다. 이처럼 크고 작은 고비가 있었음에도 두 사람은 상황을 탓하거나 서로를 무시하지 않고 치열하게 스스로를 성찰하고 때로는 서로를 배려하며 관계를 넓혀나갔다. 모든 친밀한 관계가 그렇듯이 둘 사이에는 기쁨과 슬픔, 즐거움과 갈등, 오해와 이해가 공존했다. 그리고 이 모든 바탕에는 각자의 삶에서 다른 누구와 경험하지 못한 깊은 교감이 자리했다.

무엇보다 에머슨은 여러 방식으로 소로의 지적 성장을 도왔다. 소로에게 당시에는 좀처럼 접하기 어려운 고전들로 가득한 자신의 서재를 자유롭게 이용할 수 있도록 열어주고, 미국 원주민을 비롯해 소로가 관심이 많았던 여러 주제를 공부하는 데 필요한 책을 구해 주었다. 소로의 하버드대학 선배이기도 한 에머슨은 1820년 1월, 대학 3학년 때부터 자신이 '드넓은 세상(Wide World)'이라 부른 일기를 처음 쓰기 시작했다. 이때부터 50년 넘게 지속한 일기는 사상을 가다듬고 책을 집필하는 바탕이었는데, 스무 살의 소로에게 일기를 쓰도록 권하고 일기를 통해 책을 집필하는 방법을 가르쳐준 사람도 그였다. 에머슨이 아니었다면 연구가들이 소로의 최대 유산으로 꼽는 방대한 일기는 존재하지 않았을지도 모른다.

그뿐만 아니라 스승은 제자를 위해 자연에 관한 글을 공식적으로 발표할 수 있는 기회를 제공하고, 강연 자리를 주선했다. 유망한 여러 잡지의 편집자들에게 추천하고 잡지에 글을 기고하도록 격려하기도 했다. 그래서 이 두 사람의 관계를 심도 있게 연구한《소로우와 에머슨의 대화》의 저자 하몬 스미스(Harmon Smith)는 "에머슨의 지원이 없었다면 소로가 오늘날같이 미국의 위대한 문학가의 반열에 올라설 수 있을지 회의적"이라고 지적했다.

에머슨은 무명의 소로를 자신이 주도하는 초월주의(超越主義) 모임에 초대하기도 했다. 덕분에 소로는 다른 젊은이들은 좀처럼 접할 수 없는 범속한 생활을 넘어서 자연과 영성의 관점으로 인간의 삶을 들여다보는 '초월주의 클럽(Transcendental Club)'의 주요 구성원으로 활동할 수 있었다. 에머슨을 중심으로 소설가 너새니얼 호손(Nathaniel Hawthorne)과 페미니즘 작가 마거릿 풀러(Margaret Fuller), 시인 윌리엄 앨러리 채닝(William Ellery Channing)이 주요 멤버였던 초월주의 클럽은 내향적인 소로의 삶에서 비중 있는 자리를 차지했다. 특히 이 모임은 그가 동양의 종교와 고전을 공부하고, 간소한 삶과 자연주의 사상을 형성하는 데 유용한 자극을 주었다. 이 클럽에서 발행한 계간지 〈다이얼(The Dial)〉은 소로가 시와 에세이와 여행기 등 다양한 형태의 글을 쓸 수 있는 통로가 되어주었다. 한동안 소로는 〈다이얼〉의 편집자로 활동하며 글을 다듬고 비평하는 능력을 키울 수 있었다.

또 하나 빼놓을 수 없는 점은, 에머슨이 소로의 '인생 실험'을 적극적으로 지원해주었다는 사실이다. 스물여덟 살의 소로가 오랫동안 꿈꿔온 이상적인 삶을 실천하기 위해 월든 호숫가 숲으로 이주할 때 에머슨은 자신의 땅을 무상으로 빌려 주었다. 그가 아니었다면 소로는 경제적 부담 없이 홀가분하게 월든에서의 삶을 시작하기 어려웠을 것이다. 어쩌면 오늘날 해마다 수십만 명의 순례객이 방문하는 소로의 오두막도 존재하지 않거나 《월든》을 쓰지 못했을 수도 있다. 스승은 자신의 유언장을 고쳐 제자의 오두막이 자리한 땅의 소유권을 제자에게 완전히 넘겨주기도 했다. 소로는 월든 호숫가에서 보낸 처음 8개월 동안 쓴 생활비가 13달러 34센트에 불과함을 자랑스럽게 여겼지만 그중 10달러는 에머슨이 빌려 준 돈이었다. 이 외에도 돈에 관심이 통 없던 소로가 경제적 어려움에 처할 때마다 에머슨은 여러 번 도와주었다. 그래서 소로와 에머슨 연구자 중에는 "에머슨은 20대의 소로에게 실질적인 삶의 터전과 더불어 생태주의적 삶의 이론적 배경을 제공했다"고 말하는 이도 있다.

정리하면 에머슨은 소로의 스승이자 후견인이었고, 소로는 에머슨의 제자이자 실질적인 가족이었다. 둘은 서로에게 그 무엇으로도 대체할 수 없는 존재였다. 제자는 스승에게 물들고, 제자 또한 스승에게 스며든다. 그래서 때때로 스승과 제자의 관계가 깊어질수록 존경에 사랑이 더해져 푸르러진다.

1862년 5월 6일, 헨리 소로는 "이제 좋은 항해가 시작되겠구나"라는 말을 끝으로 세상을 떠났다. 에머슨은 소로가 숨을 거둔 직후 소로에 관한 추도사를 겸하여 그의 인생을 간명하게 담은 〈소로 소전(小傳)〉을 썼다. 비교적 짧다고 하나 이 글의 우리말 번역본은 30쪽 가까운 분량으로, 소로의 전 생애에 걸쳐서 그를 잘 알지 않으면 쓸 수 없는 내용으로 채워져 있다. 소로가 죽고 며칠 만에 급하게 썼지만 지금도 소로에게 관심 있는 이들이라면 가장 먼저 찾아보는 '헨리 데이비드 소로론'으로 남아 있다.

에머슨은 콩코드의 교회에서 진행된 장례식에서 이른 나이에 세상을 떠난 제자를 기리며 이 글을 직접 낭독했다. 추도사 초반에 그는 한 걸음 떨어져서 다소 초연한 자세로 소로의 삶을 이야기했다. 추측컨대 사적인 감정을 줄이고 중립적 태도를 취하는 게 소로의 진면목을 드러내는 데 도움이 된다고 판단한 것 같다. 하지만 추도사가 막바지에 이를 무렵 에머슨은 힘겹게 유지해온 절제력이 무너지듯 조문객들 앞에서 "이 나라는 얼마나 위대한 아들을 잃었는지 아직도 알지 못한다"고 토로했다. 그리고 마음 깊숙이 우러나온 말로 조사를 마무리했다.

"(소로는) 가장 숭고한 사귐으로 자신의 영혼을 만들고, 짧은 생을 통해 이 세상에서 할 수 있는 일을 다 했습니다. 지식이 있는 그곳, 덕이 있는 그곳, 아름다움이 있는 그곳이 바로 그의 영혼의 집입니다."[31]

생전의 소로는 세속적인 기준으로 봤을 때 성공한 사람은 아니었다. 실제로 마을 사람들 중에 그를 변변한 직업 없이 매일 숲을 떠도는 현실 도피자로 치부하는 이들도 있었다. 그의 생전에 출간한 책은 두 권뿐이고, 그마저도 얼마 팔리지 않았다. 죽음과 함께 소로의 책과 이름도 묻히는 듯 했다. 하지만 스승은 잊지 않았다. 장례를 마치고 얼마 안되어 에머슨은 소로의 가족으로부터 제자의 일기를 받아 읽었다. 그리고 한 달 뒤 쓴 일기에서 "소로는 여전히 내 앞에 조용하고 자족적이며, 꼿꼿한 모습으로 남아 있다. 나는 그의 일기에서 그를 읽을 뿐만 아니라, 산책할 때나 오늘처럼 연못에서 노를 저을 때, 그가 내 마음으로부터 멀리 떨어져 있지 않다는 걸 깨닫는다"라고 적었다.

에머슨은 다른 사람들처럼 소로를 사회에 반항하는 괴짜나 재능을 만개하지 못한 작가로 여기지 않았다. 그는 소로가 숨을 거두고 1년이 지난 후에도 계속 소로의 일기를 읽었다. 에머슨은 소로의 글에서 자기 안에 있는 같은 생각과 정신을 발견할 때마다 놀라워하며 어느

새 제자가 자신과 같은 수준에 이르렀음을 확신했다. 에머슨은 소로를 '더 나은 삶의 기예(the art of living well)'를 획득한 사람, '믿음과 행동의 조화'를 이룬 사람으로 상찬했다. 그가 보기에 소로는 심원한 정신을 가지고 자연 관찰과 글쓰기와 일상을 사는 방식에서 눈부신 독창성을 발휘했다. 이런 스승의 평가는 틀리지 않았다. 오늘날 《월든》은 생태문학의 고전으로 손꼽히고, 헨리 데이비드 소로는 '19세기에 21세기적 환경 감각을 지닌 선각자'로 평가받고 있다.

스승과 제자는
어떻게 감응하는가?

본보기로 삼을 수 있는 훌륭한 인물들, 행동과 업적의 위대함으로
여전히 다른 사람들의 기억 속에 살아 있는 인물들이 했던 것을 그대로 따라 하라.
알렉산더 대왕이 아킬레스를, 카이사르가 알렉산더를 모방했던 것처럼 말이다.

– 니콜로 마키아벨리(Niccolo Machiavelli)[32]

삶의 길에서 참스승을 만난 사람은 삶을 긍정적으로 바꿀 수 있다. 물
론 이런 변화는 저절로 일어나지 않는다. 가장 먼저 스승과 제자의 내
밀하고 건설적인 어울림이 전제되어야 한다. 비근한 맥락에서 에머슨
은 젊은이가 대학에 가는 것보다 '그 분야의 뛰어난 대가(大家)와 함께
생활하는 것'이 훨씬 배울 게 많다고 주장했다. 실제로 그는 소로에게
그런 기회를 제공했다. 청년 소로는 스승을 면밀히 관찰하고 속속들이
모방할 수 있었다. 훗날 소로가 에머슨과의 인연을 돌아보며 "우연히
만났으나 영원히 잊을 수 없는 사이가 됐다"고 고백한 것도 무리는 아
니다.

모방으로 시작하는 훈련

흔히 모방과 창조를 정반대로 여기지만 꼭 그런 건 아니다. 모방이 곧 창조는 아니지만 가치 있는 뭔가를 창조하기 위해서는 모방의 과정이 필요하다. 《성경》에 나오는 구절처럼 태양 아래 새것은 없으며, 대부분의 창조는 무에서 유를 만들어내는 것이 아니라 기존에 있는 것들을 새롭게 결합하는 방식으로 탄생한다. 이 점은 독창성을 생명으로 여기는 예술에도 그대로 적용된다.

예술가에게 필수적인 창의성은 과거의 명작을 충실히 분석하고 정확히 이해하는 훈련을 통해 키울 수 있다. 전통적으로 도제(徒弟) 방식의 교육을 중시하는 예술 분야에서 먼저 제자는 스승의 작품을 연구하여 스승의 지식과 기술을 습득하는 데 중점을 둔다. 수습공(apperentice)으로 기본기를 충분히 다지고 나서 여기에 점차 본인의 강점과 개성을 결합하여 자신만의 스타일을 만드는 게 보편적 패턴이다.

이를테면 16세기 이탈리아 베네치아 화단(畵壇)을 선도했던 티치아노(Tiziano)는 젊은 시절 만난 스승 조르조네(Giorgione)의 작품을 모방하며 회화를 배웠다. 이탈리아 르네상스 시대의 화가이자 예술사가 조르조 바사리(Giorgio Vasari)에 따르면 티치아노는 조르조네의 양식과 기법을 너무 열심히 모방해서 "티치아노의 그림이 조르조네의 작품으로 오인될 정도"였다. 이처럼 모방은 예술가를 키우는 교육에서 핵심을 차지한다. 티치아노는 조르조네의 〈잠자는 비너스〉를 따라 〈우르비노의 비너스〉를 그렸고, 프랑스 인상주의의 문을 연 마네(Manet)는 조르조네를 모방한 티치아노의 작품을 다시 모방하여 〈올랭피아〉를 완성한 걸로 유명하다.

아무도 모방할 것 같지 않은 천재 화가 파블로 피카소는 "저급한 예술가들은 베끼지만 훌륭한 예술가는 훔친다"고 말했다. 나는 국내에서 열린 피카소 미술전에서 이 문장을 보고 과연 피카소답다고 생각했다. 그는 앞서 살다 간 훌륭한 화가들의 작품을 거침없이 모방하여 그들의 장점을 빨아들이고, 한 술 더 떠서 "화가란 결국 무엇이겠는가? 다른 사람의 소장품에서 본 그림을 그려서 자신의 소장품으로 만들고 싶은 수집가가 아니겠는가? 시작은 이렇게 하더라도 여기서 색다른 작품이 나오는 것이다"라고 말하며 당당히 모방의 필요성을 강조했다.

피카소는 현대 회화의 아버지로 불리는 폴 세잔(Paul Cezanne)을 집중적으로 사숙했다. 피카소의 대표작 〈아비뇽의 처녀들〉은 세잔의 〈목욕하는 여인들〉에서 영감을 받은 것으로 알려져 있다. 한 인터뷰에서 피카소는 세잔에 대해 "내가 세잔을 아느냐고요? 그는 나의 유일한 스승이었습니다"라고 밝혔다. 이처럼 천재도 스승이 필요하고 벤치마킹의 과정을 거쳐야 한다.

대가와 스승을 모방하는 훈련은 사사와 사숙 모두에 적용할 수 있다. 에미상과 토니상을 수상한 세계적인 안무가 트와일라 타프(Twyla Tharp)는 모방을 사사와 사숙에 어떻게 활용할 수 있는지 잘 보여준다. 그녀는 무용을 시작할 때 현대 무용계의 거장 몇 사람을 정해서 철저히 모방했다. 그녀는 2003년 펴낸 《창조적 습관》에서 직접 가르침을 받은 머스 커닝엄(Merce Cunningham)을 비롯해 당대에 활약한 위대한 무용수 몇 사람을 골라, 그들을 따라 하는 일에 열중했으며 "말 그대로 수업 시간에 그들 뒤에 그림자처럼 붙어 서서 동작을 흉내 내고, 그들의 발자국을 그대로 따라갔다"라고 썼다.

또한 현대무용의 개척자 마사 그레이엄(Martha Graham)과 도리스 험프리(Doris Humphrey)를 사숙하며 적극적으로 모방하는 '그림자놀이'에 몰두했다고 솔직히 밝혔다. 이를 통해 타프는 몇몇 대가의 대표 기술을 본인 근육에 단단하게 심어놓을 수 있었다. 그녀는 같은 책에서 자신이 만든 독창적인 무용작품만 보면 모방 훈련이 자신에게 얼마나 큰 영향을 미쳤는지 잘 드러나지 않지만, 이것이야말로 춤을 배우고 창의력의 토대를 쌓은 본질적 방법이라고 단언했다.

이처럼 모방은 가장 기본적인 훈련이다. 먼저 스승을 관찰하고 열심히 따라 하여 스승의 정수를 내 것으로 만들어야 한다. 물론 한두 번의 시도로는 스승의 가르침을 오롯이 소화할 수 없다. 그래서 반복 훈련이 필요하다. 모방을 거듭하는 과정을 통해 스승의 지식과 기술을 체화할 수 있다. 이걸 토대로 본인의 색깔을 더해가다 보면 마침내 독자적인 스타일과 작품을 창조할 수 있는 힘을 확보할 수 있다.

의식적 연습과 심적 표상

스웨덴 출신의 심리학자 안데르스 에릭슨(Anders Ericsson)은 30년 넘게 전문성과 전문가의 수행능력을 연구해온 전문성학(science of expertise)의 선구자다. 에릭슨은 한 분야에서 대가로 성장하기 위해서는 호모 엑세르켄스(Homo exercens), 즉 '훈련하는 인간'이 되어야 한다고 말한다. 실제로 어떤 분야에서 탁월한 성취를 보인 사람들은 한

결같이 연습의 중요성을 강조한다. 피아니스트 니콜라이 루빈스타인(Nikolai Rubinshtein)은 "하루 연습하지 않으면 자기가 알고, 이틀 연습하지 않으면 동료가 알고, 사흘 연습하지 않으면 청중이 안다"고 했고, 르네상스 예술의 거장 미켈란젤로 부오나로티(Michelangelo Buonarroti)는 "내가 거장의 경지에 이르기 위해 얼마나 열심히 노력했는지 안다면 사람들은 나를 별로 대단하게 여기지 않을 것"이라고 말했다.

여기서 한 가지 주의할 점이 있다. 연습이 중요한 건 맞지만 모든 연습이 효력이 있는 건 아니다. 훌륭한 연습을 해야 훌륭해진다. 안데르스 에릭슨이 오랫동안 집중적으로 연구해온 주제가 '훌륭한 연습법'이다. 그에 따르면 분야에 상관없이 탁월한 경지에 이르는 특별한 훈련법이 있다. 바로 '의식적 연습(deliberate practice)'. 최근 에릭슨을 비롯해 많은 연구자들이 의식적 연습을 탁월한 성과의 비밀을 푸는 열쇠로 지목한다.

이 연습은 심층 훈련(deep practice)이라고도 불리는데, 그 이유는 신체뿐만 아니라 눈에 보이지 않는 내적 활동, 이를테면 훈련생의 동기와 심적 표상이 중요하기 때문이다.

의식적 연습을 이루는 전형적인 패턴이 있다. '버겁고 명확한 목표 → 실행 →교정(피드백)' 그리고 이 과정의 '반복'이다. 간단히 정리하면 의식적 연습은 나의 현재 능력 또는 편안함을 느끼는 안전지대(comfort zone)를 벗어나는 목표를 설정하는 데서 시작한다. 대체로 지금 수준보다 20% 정도 높게 잡는다.

동시에 이 목표는 구체적이고 명확해야 한다. 분명한 목표는 동기를 자극하고 몰입하는 데 도움을 준다. 도전적이고 명료한 목표를 세우고 연습하면 자연스레 실수를 많이 하게 된다. 만약 훈련 중에 실수를 하지 않는다면 의식적 연습을 하고 있는 게 아니다. 여기서 포인트는 실수를 그냥 넘기지 않고 자기 점검과 코칭 등 피드백을 받으며 하나하나 철저히 교정해나가는 것이다. 이런 과정을 자주 되풀이하는 것이 심층 훈련의 골자다.

이쯤에서 이런 의문이 들 수도 있다. '뛰어난 전문가가 되려면 난이도 높은 훈련을 충실히 반복하라는 건 알겠다. 그런데 의식적 연습과 스승이 무슨 상관이 있는가?' 결론부터 말하면 아주 긴밀한 관계가 있다.

먼저 의식적 연습을 하는 최상의 방법은 스승 또는 코치와 함께 하는 것이다. 이 연습의 본질 중 하나는 피드백인데 뛰어난 스승일수록 제자가 다른 데서 얻을 수 없는 귀중한 피드백을 제공한다. 여기서 피드백은 훈련 중 일어난 실수를 개선하는 데 필요한 조언뿐 아니라 정체기를 돌파하기 위한 실마리, 단계별로 보다 적합한 훈련을 설계하는 방법을 포괄한다.

무작정 시행착오를 거듭한다고 실력이 향상되지는 않는다. 실수가 더 나은 실력의 밑거름이 되려면 무엇이 성공인지 정확하게 보여주는 모범이 있어야 한다. 의식적 연습은 최상의 모범이 분명하게 존재하는 상태에서의 시행착오와 학습의 결합다. 대표적인 모범은 당연히 스승이다. 심층 훈련에 스승이 필요한 두 번째 이유다.

의식적 연습에서 스승이 필요한 더 중요한 이유가 있다. 에릭슨은 의식적 연습의 핵심을 딱 하나만 제시하라면 '심적 표상(mental representation)'을 꼽겠다고 말한다. 심적 표상은 복잡 미묘한 개념인데 거칠게 요약하면 일종의 참고 모델이라 할 수 있다. 모든 건 두 번 창조된다. 내면에서 먼저 완성하고 밖에서 실제로 구현한다. 스포츠, 외국어, 바둑, 건축 등 그게 무엇이든 능숙하게 수행하기 위해서는 자기 안에 그에 알맞은 정신 모델 내지는 설계도를 갖추고 있어야 한다. 그러므로 훌륭한 심적 표상을 형성한다 함은 내 안에 실력이 출중한 역할 모델을 최대한 정교하게 그려두는 일과 같다. 달리 말하면 의식적 연습의 주요 목표는 나의 수행능력을 이끌어줄 효과적인 심적 표상을 확립하는 것이다.

한 가지 꼭 기억해둘 사항이 있다. 어떤 학습과 연습이 심층 훈련인지 가늠하는 기준은 심적 표상의 유무가 아니라 심적 표상의 양과 질이라는 점이다. 여기서 말하는 양이 훈련 시간을 의미한다면 질은 어떤 모범을 모방했는지와 관련이 깊다. 결국 심적 표상은 뛰어난 본보기를 집중적으로 관찰하고 모방하는 과정을 거치며 완성되고 누구를 모범으로 잡느냐가 가장 중요하다. 안데르스 에릭슨은 심적 표상을 개발하는 방법을 다음과 같이 설명한다.

"'심적 표상'이라는 용어는 '심적'이라는 단어에도 불구하고, 순수하게 '심적인' 분석만으로는 턱없이 부족하다. 효과적인 심적 표상을 만들어내는 유일한 방법은 전문가의 능력을 모방하려 노력하고, 실패하면 실패한 이유를 밝히고, 다시 시도하는 과정을 계속 반복하는 것이다. 그러므로 효과적인 심적 표상은 생각만이 아니라 '행동'과도 떼려야 뗄 수 없는 관계이며, 대가의 작품을 모방하는 것은 우리가 찾는 심적 표상을 만들어줄 연습의 연장선이다."[33]

즉 스승이 어떻게 비범한 능력을 습득했는지 파악하고 자신도 그렇게 될 수 있도록 훈련해야 한다. 티치아노가 조르조네의 작품을 따라 그리고 마네가 티치아노를 탐구한 과정, 피카소가 세잔을 스승으로 따른 것 모두 자기 안에 심적 표상을 축조한 것이다. 다산이 황상에게 많은 시인들 중에 4명의 시인을 딱 골라 사숙하라고 한 이유도, 이를 통해 훌륭한 시인의 심적 표상을 정립할 수 있기 때문이다.

소로가 에머슨처럼 말하고 행동한 것처럼 나는 처음 글을 쓰기 시작했을 때 구본형을 집중적으로 모방했다. 문체를 모사하고 내용을 가져오고 생각도 본떴다. 그의 지도를 받으며 연구원 생활을 하면서는 여러 고전과 훌륭한 작가들에게서 아이디어와 문장을 마구 가져왔다. 나름대로 스승과 대가의 작품을 연구하고 재현하는 과정을 거친 것이다. 무수히 모방하기를 5년 정도 하자 내 생각을 펼치고 표현을 할 수 있는 심적 표상을 갖추게 되었고, 비로소 고대하던 첫 책을 쓸 수 있었다.

제자가 심적 표상을 개발하도록 자극하는 최선은 믿고 모방할 만한 본보기를 제공하는 것이다. 일단 심적 표상을 튼튼하게 형성하고 나면 더 완전하고 효과적인 표상을 스스로 만들어나갈 수 있다. 제자의 능력이 향상되면 심적 표상의 완성도도 그만큼 높아지고, 거기에 맞춰 연습을 계속하면 제자의 실력이 한층 향상된다. 연습과 심적 표상 간에 선순환이 만들어지는 것이다. 그렇게 모범을 거듭 모방하는 과정 끝에 새로운 모범이 탄생한다.

의식적 연습을 지속하는 힘

말콤 글래드웰(Malcolm Gladwell)이 《아웃라이어》에서 강조한 '1만 시간의 법칙'이 한 분야에서 최고가 되는 데 필요한 연습량을 말해준다면 의식적 연습은 '1만 시간을 어떻게 채워야 하는가?'를 알려준다. 물론 글래드웰의 단언과 달리 연습하는 사람과 분야마다 탁월함에 이르는 연습 시간은 다르지만 오랜 시간이 필요한 건 자명하다.

그런데 의식적 연습을 1만 시간 정도 해보려는 사람이라면 누구도 피할 수 없는 문제가 있다. 의식적 연습은 상당히 힘들고 재미가 없다는 사실이다. 여기에는 좋은 소식과 나쁜 소식이 같이 있다. 나쁜 소식은 말 그대로 까다롭고 지루하기 때문에 계속하기 어렵다는 점이고, 좋은 소식은 바로 그래서 대부분의 사람이 의식적 연습을 하지 않는다는 사실이다. 따라서 의식적 연습을 하겠다고 결심하고 시작하면 자신을 차별화된 존재로 바꿀 수 있는 길로 들어서게 된다.

대략 1만 시간을 채울 만큼 의식적 연습을 지속하기 위해서는 남다른 열정과 단단한 동기가 필요하다. 여기서 또 하나 중요한 질문이 등장한다. '탁월함에 이르기까지 그 오랜 시간을 어떻게 견딜 것인가?' 동기는 크게 외재적 동기와 내재적 동기로 나눌 수 있다. 돈과 지위와 인기처럼 동기의 원천이 외부에 있으면 외재적 동기라고 부르고, 반대로 마음에서 우러나와서 또는 그 활동 자체가 목적인 경우는 내재적 동기라고 한다.

심층 연습을 지속하기 위해서는 외적 동기와 내적 동기 둘 다 필요하다. 여러 연구에 따르면 내재적 동기가 외재적 동기보다 강하고 오래간다고 하지만, 외적 동기 중에서도 내적 동기 이상의 강도와 지속력을 가진 요인이 있으니 바로 스승이다. 흥미롭게도 스승은 그 자체로 외적 동기 요인이면서 동시에 내적 동기에도 긍정적인 영향을 미친다. 왜일까?

먼저 좋은 스승은 제자의 마음에 '저 사람처럼 되고 싶다'는 열망을 점화한다. 그렇지 않다면 스스로 자처해서 제자가 되려고 하지 않을 것이다. 많은 경우 스승과 제자의 격차가 상당하기 때문에 스승은 강한 열망을 불태우는 재료를 오랫동안 제공한다. 한마디로 훌륭한 스승이란 존재 자체가 내적 동기를 강화하는 외적 요소인 것이다. 그저 그런 사람이 아닌 최고에게 배워야 하는 이유도 여기에 있다. 언젠가 나도 훌륭한 스승처럼 통달하겠다는 소망으로 지난한 훈련 과정을 견뎌나갈 수 있기 때문이다.

또 하나, 의식적 연습에 필요한 내적 동기 중에서 가장 주효한 요인은 비전이다. 이것은 '나는 진정 무엇을 원하는가?'라는 질문으로 바꿀 수 있다. 비전이 선명해야 장애물의 연속인 수련기를 중도에 포기하지 않고 헤쳐나갈 수 있다. 그런데 내가 이루고 싶은 게 뭔지 분명하게 알 수 있는 방법의 하나가 스승이다. 스승의 핵심 역할이 제자의 내면과 미래를 비춰주는 거울이자 등대다. 이에 대해서는 뒤에서 자세히 알아본다.

스승과 제자는 서로를 비춘다

모방의 학습 효과는 뇌 과학으로도 충분히 증명할 수 있다. 모든 사람의 뇌에는 거울뉴런(mirror neurons)이 있다. 거울뉴런은 1990년대 초반 원숭이의 행동과 뇌의 관계를 연구하던 이탈리아 파르마대학의 신경과학 연구팀이 처음 발견했다. 연구팀은 원숭이의 뇌에 다른 원숭이나 주위에 있는 사람의 행동을 보기만 해도 자신이 그 행동을 하는 듯 느끼게 만드는 신경세포가 있음을 알아냈다. 그리고 후속 연구를 통해 인간도 거울뉴런을 가지고 있음을 밝혀냈다.

우리는 거울뉴런 덕분에 타인의 행동을 관찰하거나 상상하는 등의 간접 경험만으로도 마치 내가 그 일을 직접하고 있는 것처럼 인식할 수 있다. 어찌 보면 당연한 얘기지만 인간의 거울뉴런은 원숭이의 그것보다 훨씬 더 정교하다. 원숭이의 거울뉴런은 주로 손과 입의 움직임과 목표 지향적 행동에 반응하지만, 인간은 모든 신체 부위와 동작에 반응하며 목표 없이 이뤄지는 행동에도 거울뉴런이 작용한다. 좀 더 풀어서 설명하면 원숭이와 달리 우리의 거울뉴런은 행동의 구체적인 과정뿐만 아니라 행위의 목표, 행동하는 사람의 의도까지도 파악할 수 있다. 그저 다른 사람의 감정과 행동을 이해만 하는 게 아니라 같은 감정과 행동을 하려는 경향 또한 촉진한다. 한 걸음 나아가 인간의 거울뉴런은 시각을 비롯한 감각적 단서나 타인의 행동이 보이지 않는 경우에도 그 사람의 마음속으로 들어가 상대의 생각과 감정을 유추할 수 있다. 또한 겉으로 드러난 행동을 따라 하는 건 물론이고 눈에 보이지 않는 행동, 이를테면 책으로 읽은 내용도 마음 안에서 재현할 수 있다.

컴퓨터는 이미 수십 년 전에 인간의 계산 능력을 압도적으로 추월했다. 그에 비해 사람의 감정을 파악하는 데는 걸음마 수준에 불과하다. 그에 비해 더하기 빼기에도 서툰 어린 아이가 슈퍼컴퓨터도 못 하는 부모나 친구의 감정을 아주 쉽게 파악한다. 그 이유는 거울뉴런에 있다. 신경의학자 빌라야누르 라마찬드란(Vilayanur S. Ramachandran)은 "생물학에서 DNA가 했던 역할을 심리학에서는 거울뉴런이 할 것이다"라고 말하면서 거울뉴런을 통해 인간을 이해하는 새로운 길이 열리고 있다고 강조했다. 왜 거울뉴런이 그토록 중요한 걸까?

답은 거울뉴런이 수행하는 역할에 있다. 쉽게 말해 거울뉴런은 모방 뉴런(imitation neurons)과 공감 뉴런(compassion neurons)으로 바꿔 부를 수 있다. 거울뉴런의 주요 기능이 공감과 모방이기 때문이다. 서로 다른 두 사람은 공감과 모방을 통해 연결된다. 거울뉴런은 한 사람이 다른 사람의 생각과 감정을 이해하고, 특정 행동을 모방할 수 있는 신경적 기반이다. 아울러 이 뉴런은 타인을 내 마음에 품을 수 있음을 알려준다.

이 모든 건 거울뉴런이 관계뿐 아니라 학습과도 밀접한 관련이 있음을 시사한다. 모방과 공감을 통해 인간은 지식과 기술의 축적을 가속화할 수 있으며, 다양한 방식으로 문제해결 과정을 익히고 개선하고 전수할 수 있다. 그래서 세계적인 뇌과학자 마이클 가자니가(Michael Gazzaniga)는 거울뉴런을 가진 인간은 가장 뛰어난 자발적 모방자이며, 모방과 공감은 '인간이 소통하는 훌륭한 방식'이자 '학습과 사회화의 강력한 도구'라고 강조한다.

스승과 제자의 관계에서도 거울뉴런은 중요하다. 이 신경세포는 제자가 스승을 모방할 수 있는 생물학적 토대이다. 제자는 거울뉴런 덕분에 스승이 보여주는 고난이도 기술을 습득하고 눈에 보이지 않는 스승의 마음가짐(철학, 태도 등)도 배울 수 있다. 이를 의식적 연습과 연결 지으면 거울뉴런이 있기에 심적 표상을 형성할 수 있다는 말이다. 또 하나, 거울뉴런은 모방 훈련이 스승에게 직접 배우는 사사뿐 아니라 책과 작품 등을 통해 간접적으로 배우는 사숙에도 효율적으로 작용할 수 있음을 보여준다. 가령 스승을 마음에 품고, 스승의 기술과 태도를 마음 안에서 상상하고 따라 해도 거울뉴런이 점화하고 관련 신경세포들 간의 연결이 촘촘해진다. 다시 말해 정신적 시연(Mental Rehearsal)은 실전 훈련과 같은 효과를 발휘할 수 있다.

스승과 제자 모두 거울뉴런을 가지고 있다. 스승을 보면 제자를 알 수 있고 제자를 보면 스승을 알 수 있다는 말은 그래서 신경학적으로도 타당하다. 제자는 스승이라는 밖에 있는 거울을 통해 잠재력을 발견하고, 스승의 기술과 정신을 자기 안의 거울을 통해 마치 제 모습처럼 재현할 수 있다. 스승 역시 거울뉴런 덕분에 제자의 마음에 공감하고 보다 효과적으로 가르침을 전할 수 있으며, 누가 성실한 제자인지 쉽게 알아볼 수 있다. 스승만 제자를 비추는 게 아니라 제자도 스승을 비춘다. 스승은 자신을 믿고 따르는 제자를 보며 스승이라는 자리가 가진 무게를 실감하고, 제자에게 전하는 가르침을 스스로 지키기 위해 더욱 노력하게 된다. 이것이 성실한 제자를 둔 스승이 성실한 현역으로 열심히 공부하는 이유다. 이런 스승은 내공이 더 깊어지고 더욱 훌륭한 모범으로 진화할 수 있다.

지금까지 살펴본 내용을 정리해보자. 모방은 그저 시늉 내기가 아니다. 제자의 스승 모방하기는 관찰과 대화, 추체험(追體驗), 행동 모두를 포괄한다. 스승의 다른 이름은 사범(師範), 즉 말이나 글이 아닌 모범(模範)을 보이는 선생(師)이다. 스승은 모범으로 가르치고 제자는 모방(模倣)하며 배운다. 스승은 나를 비추는 거울이므로 스승을 따라 하는 훈련은 그저 흉내 내기가 아니라 내 안의 비범성을 연마하는 길이다.

마지막 주의사항. 스승을 모방하다 보면 스승에게 지나치게 의존하거나 집착할 수 있다. 처음에는 스승에게 기대는 게 나쁘지 않다. 배우기 위해서는 순종하는 자세와 모방의 과정이 필요하다. 하지만 자칫 순종이 숭배가 되고 모방이 복사의 수준에 머물면 곤란하다. 순종과 모방은 처음에는 유용하지만 거기서 멈추면 독이 되어 스승의 복제품으로 전락하게 된다.

어느 시점에 이르면 제자는 모방을 넘어 스스로 하나의 모범이 되어야 한다. 스승의 가르침과 나의 본성이 만나는 지점에 새로운 미래가 있음을 믿고 자기 길을 가기 위해 스승을 떠나야 한다(여기에 대해서는 4장 '스승은 사라지고 제자는 떠난다'에서 자세히 다룬다).

훌륭한 스승은 제자가 자신의 길을 개척하기를 바라고 훌륭한 제자는 때가 되면 그렇게 한다. 제자가 자기를 닮은 세계 하나를 만들 때 스승 또한 빛나며 그때 스승과 더 가까워질 수 있다.

레너드 믈로디노프,
파인만에게 길을 묻다

가장 훌륭한 교육은 학생과 교사 사이의 개인적인 접촉,
즉 새로운 아이디어에 관하여 함께 생각하고 토론하는 분위기를 조성하는 것이다.
이것이 선행되지 않으면 어떤 방법도 성공을 거두기 어렵다.

– 리처드 파인만(Richard Feynman)[34]

스무 살 때 우연히 손에 들어온 한 권의 책을 읽고 진로를 바꾼 젊은이가 있다. 그의 이름은 레너드 믈로디노프(Leonard Mlodinow). 당시 대학에서 화학과 수학을 복수전공하던 믈로디노프는 노벨물리학상을 받은 물리학자 리처드 파인만(Richard Feynman)이 쓴 《물리법칙의 특성(*Character of Physical Law*)》이란 책을 읽고 물리학자가 되기로 결심한다. 이 책은 일반적인 물리학 서적과 달리 수학을 활용하지 않고 현대 물리학의 원리를 설명했다. 이제껏 물리학을 그저 딱딱한 학문으로 여겼던 믈로디노프는 이 책을 보면서 물리학, 특히 양자역학(quantum mechanics)에 깊은 인상을 받았다. 그는 책의 마지막 쪽에 나오는 문장에 밑줄을 그었다. "물리학의 발견은 아메리카 대륙을 발견하는 것과 같다. 오직 한 번만 발견할 뿐이다." 그도 이 책을 읽으며 자신의 '아메리카 대륙'을 발견했다.

한 권의 책과 함께 독자의 인생은 새로운 국면으로 접어들었다. 플로디노프는 《물리법칙의 특성》에 이어 파인만이 칼텍(CALTECH, 캘리포니아공과대학)의 학부생들을 대상으로 진행한 물리학 개론 강의를 책으로 엮은 《파인만의 물리학 강의(The Feynman Lectures on Physics)》도 읽었다. 파인만의 책은 지금까지 그가 읽어본 과학 교과서들과 전혀 달라서 마치 강의실에서 빼어난 실력과 입담을 가진 선생에게 직접 강의를 듣는 것 같았다. 책에 실려 있는 저자의 사진도 독특하기는 매한가지여서 사진 속 파인만은 봉고 드럼을 치며 활짝 웃고 있었다. 보수적인 과학계에서 저명한 물리학 교수가 봉고 연주라니, 그 자체로 충격이었다(당시는 1970년대 초반이었다).

플로디노프는 물리학을 추가로 전공하여 대학을 졸업했다. 이어서 1981년 버클리대학에서 이론물리학 박사학위를 받았다. 같은 무렵 동료와 함께 쓴 양자이론에 관한 논문이 히트를 친 덕분에 졸업 후 얼마 안 되어 과학 분야에서 최고의 대학 중 하나인 칼텍에 일자리도 구했다. 인생을 바꾼 책의 저자가 몸담고 있는 곳이었다. 더욱이 몇 년 동안 학생들을 가르칠 의무 없이 본인이 하고 싶은 연구를 자유롭게 선택할 수 있는 특별 연구원 자리였다. 이제 막 물리학계에 이름을 알리는 신참자에게는 정말이지 특별한 시작이었다.

그런데 기쁨도 잠시 칼텍으로 갈 날이 다가오면서 점점 마음이 불편해졌다. 엄청난 과학자들로 가득한 유명 대학의 전문가 그룹에 합류한다는 게 어떤 의미인지 뒤늦게 자각했기 때문이다. 이제 그는 더 이상 단순히 열심히 배우기만 하면 되는 전도유망한 학생이 아니었다. 당연히 자신을 앞에서 끌어주고 조언해줄 지도교수도 없었다. 남들은 특별

연구원이 된 그를 부러워했지만, 이 자리는 모든 걸 스스로 알아서 결정하고 오직 실력 하나로 자기 가치를 증명해 보여야 한다는 의미이기도 했다.

익숙한 환경을 떠나 새로운 일을 시작할 때는 얼마간이라도 탐색의 시간을 가질 필요가 있다. 탐색기에는 무엇을 해야 할지 흐릿하고 노력한 만큼 성과가 따르지 않는 경우가 태반이다. 문제는 그렇다는 걸 이미 알고 있어도 막상 그 상황에 처하면 적잖이 불안하고 조급해진다는 것이다. 믈로디노프가 그랬다. 칼텍에 출근한 첫날 학과장이 그를 특별히 초대해 '최고 중의 최고'라고 치켜세우며 "위대한 연구를 할 것이라 믿는다"라고 말하자 압박감은 더욱 커졌다.

대체로 커리어 면에서 과학자는 대학원 박사 과정과 학위 취득 직후가 가장 중요한 시기이다. 이 기간에 과학자로서 기본 토대를 다지고 앞으로 연구에 매진할 분야를 정하기 때문이다. 스물일곱 살의 믈로디노프가 서 있는 지점이 딱 그랬다. 당시만 해도 20대 중반부터 30대 중반까지가 물리학자의 전성기라는 인식이 지배적이었다. 그와 거의 같은 나이에 뉴턴은 미적분을 발명하고, 아인슈타인은 상대성 이론을 정립했으며, 불확정성 원리로 널리 알려진 베르너 하이젠베르크는 서른이 갓 넘은 나이에 노벨물리학상을 받았다. 믈로디노프가 영웅으로 여긴 리처드 파인만 역시 서른이 되기 전에 양자역학을 완전히 새롭게 이해하는 접근법으로 유명한 다이어그램(Feynman diagram)을 개발했다. 그런데 정작 믈로디노프는 길을 잃은 듯했다. 물리학이라는 세상에서 자기 자리를 마련해야 하는데, 어떻게 찾아야 할지 그저 막막할 뿐이었다. 겉으로는 평온한 척했지만 사실은 자신이 무엇을 연구해야 할

지조차 결정하지 못하고 있었다.

그는 독창적인 아이디어를 제시하지 못하는 물리학자는 이미 죽은 것이나 다름없다고 생각했다. 특히 칼텍에는 난다 긴다 하는 인재들이 즐비한데 이들과의 경쟁에서 밀리면 외톨이가 되거나 일자리를 잃을 게 뻔했다. 당시 칼텍이 미국 전체를 통틀어 자살률이 가장 높은 대학인 이유를 비로소 실감하게 되었다. 믈로디노프는 불길한 의문에 사로잡혔다.

'내가 이 자리에 맞는 사람일까? 과연 내가 사람들이 기대하는 과학적 성취를 이뤄낼 수 있을까?'

다행인지 불행인지 완전한 자유를 누릴 수 있는 자리 덕택에 시간은 넘쳐났다. 또한 확실히 다행인 점도 있었는데 그의 연구실 근처에 리처드 파인만의 연구실이 있다는 사실이었다. 혼자 고민을 해결할 수 없던 믈로디노프는 파인만의 연구실 문을 두드렸다. 혼란스럽고 불안한 상태에서 용기를 낸 것도 맞지만 사실 이것저것 잴 처지도 아니었다. 지푸라기라도 잡고 싶은 심정이었다. 이때 믈로디노프는 이제 막 경력을 시작하는 초짜 물리학자였고 그보다 두 배 넘게 나이가 많은 63세의 파인만은 두 번째 암 수술을 마치고 학교로 복귀한 지 얼마 안 된 참이었다. 놀랍게도 파인만은 일면식도 없는 그를 반갑게 맞아주었다. 그렇게 두 사람의 인연이 시작되었다.

리처드 파인만은 이미 오래전부터 눈부신 총명함에 괴짜로 불리곤 했던 특유의 개성으로 유명했다. 여기에 암과 싸우고 생사를 넘나들며 깨친 지혜가 더해져 이제는 뛰어난 물리학자를 넘어선 현자가 되어 있었다. 믈로디노프와 파인만은 첫인사를 나눈 후 2년 가까이 다양한 주제로 대화를 나눴다. 주제는 과학과 양자역학에서 시작해 진로와 인생을 살아가는 방법에 이르기까지 넓어졌다. 파인만을 존경한 젊은 물리학자는 스승의 허락을 구해 대화를 녹음하고 꼼꼼히 메모했다.

'우리는 어디에서 왔는가? 우리는 누구인가? 우리는 어디로 가는가?' 화가 폴 고갱(Paul Gauguin)을 대표하는 그림의 제목이다. 화가는 캔버스 한편에 그림 제목으론 꽤 긴 문장을 손수 적어두었다. 이 작품은 제목만큼이나 심오하고 상징적이어서 화가 본인 외에는 정확하게 해석하기가 거의 불가능해 보인다. 다만 전체적으로 인생의 의미에 대한 고갱의 깊은 고뇌가 담긴 건 분명하다. 고갱은 이 그림을 완성한 후 자살을 시도했다고 알려져 있다. 그래서 어떤 이들은 이 작품을 고갱의 예술적 유언으로 보기도 한다.

고갱은 질문에 대한 답을 찾았을까? 아마도 찾았다면 자살을 시도하지 않았을 것 같다. 세 질문은 인생의 본질을 겨냥하고, 그만큼 대답하기가 매우 어렵다. 믈로디노프도 스스로에게 고갱과 같은 질문을 던지고 있었다. 물론 그에게는 두 번째와 세 번째 질문이 화두였다. '나는 누구이며 무엇을 위해 살 것인가?' 모르긴 몰라도 자신의 영웅인 파인만에게도 같은 질문을 빨리 하고 싶었을 것이다. 하지만 그럴 수 없었다. 파인만은 심리나 철학이라면 질색했기 때문에 자칫하면 작은 기적처럼 열린 대화의 기회를 허무하게 날릴 수도 있었다.

파인만과 안면을 튼 믈로디노프는 자신의 화두를 과학과 연결하여 신중하게 질문을 골랐다. 그가 입 밖으로 처음 꺼낸 질문은 과학자의 조건에 관한 것이었다. 파인만에게 직접적으로 말하지는 않았지만 이 질문을 통해 자신이 과연 과학자가 되는 데 필요한 '특별한 자질'을 갖고 있는지 알고 싶었다. 그런데 파인만의 입에서 나온 말은 전혀 예상 밖이었다. 그는 여타 다른 직업과 과학자가 하는 일 사이에는 큰 차이가 없으니 과학자가 되는 걸 대단하게 생각하지 말라면서, 꼭 특출 난 재능이 있어야 과학자가 될 수 있는 게 아니라고 덧붙였다. 물론 다른 직업과 마찬가지로 과학자도 갖춰야 할 요건이 있는데, 파인만은 과학자를 어떤 사건을 해결하기 위해 관찰하고 자료를 분석하고 가설을 세우고 추론하는 탐정에 비유했다. 그러니까 물리학자는 자연의 특성과 우주의 본질을 궁리하는 탐정이란 뜻이었다. 물리학자도 수많은 직업 중 하나에 속하며 물리학을 연구하는 데 엄청난 능력은 필요치 않다는 말은 사실 누구나 할 수 있었음에도 믈로디노프는 이 말에 위로받았다. 아마 모두가 우러러보는 경지에 올랐음에도 여전히 소탈하고 개방적인 파인만의 입에서 나왔기 때문일 것이다.

당시 믈로디노프에게는 시급하게 해결해야 할 문제가 있었다. '가치 있는 연구 주제를 어떻게 찾을 수 있을까? 어떤 주제가 연구할 만한 가치가 있는지 어떻게 알 수 있을까?' 이에 대한 파인만의 생각은 정말이지 간단했다. "자네가 진심으로 관심이 가는 주제를 스스로 찾고 스스로 선택해야 해. 나를 포함해 다른 사람의 판단은 중요하지 않네." 이 역시 당연한 말 같지만 여기에는 속 깊은 의미가 들어 있다.

언제나 파인만은 학계에서 중시하는 주제보다 자기 열정을 자극하는 주제에 몰두했다. 동기 이론 관점에서 보자면 전적으로 내적 동기에 따라 움직였다. 그의 입을 빌리면 물리학의 연구 목적은 외적 성취나 야망이 아닌 '발견 그 자체에서 오는 즐거움'에 있었다. 믈로디노프가 파인만을 관찰하며 주목한 가장 파인만다운 모습은, 한 분야에서 기념비적인 업적을 세운 인물이 여전히 아이처럼 호기심 넘치고, 남들이 보기에 그다지 중요해 보이지 않는 문제라도 흥미를 느끼면 주저 없이 뛰어든다는 점이었다.

파인만에 따르면 본인에게 잘 맞는 주제를 찾으려면 다른 사람의 시선과 기대를 무시할 줄 알아야 한다. 그 자신도 연구할 주제를 찾지 못해 고생한, 이른바 '가뭄의 시기'를 여러 번 겪었지만 늘 너무 늦지 않게 재기하는 데 성공했다. 그만의 비결이 있는 걸까? 파인만이 노벨상을 받고 얼마 안 되었을 무렵, DNA의 구조를 최초로 규명한 제임스 왓슨(James Watson)이 자신이 쓴 원고를 건네며 추천사를 부탁했다. 이 원고는 훗날 《이중나선》이라는 책으로 나오게 되는데, 무명의 신출내기 과학도가 공동 연구자 프랜시스 크릭(Francis Crick)을 만나 DNA 구조를 밝히기까지의 이야기를 담았다.

하룻밤 만에 원고를 다 읽은 파인만은 원고 뭉치 맨 위에 단어 하나를 적어두었다. "무시하라(Disregard)". 이 단어를 쓰고 강조 표시까지 해두었다. 왓슨이 다른 사람의 시선이 아닌 본인 스타일을 고수했기에 심오한 발견을 했다고 파인만은 확신했다. 이 메시지는 비단 왓슨에게만 해당하는 게 아니었다. 프랜시스 크릭 역시 왓슨과 똑같이 생각했다. 크릭은 어떻게 해야 노벨상을 탈 수 있느냐는 질문에 이렇게 답했다. "아주 간단합니다. 제 비결은 어떤 얘기를 무시해야 하는지 알고 있었다는 겁니다." 왓슨과 크릭은 개성과 장단점 모두 달랐지만 이 점에서만큼은 일치했다. 어떤 문제든 본질을 꿰뚫는 파인만도 왓슨의 원고를 읽고 이 점을 간파했다. 그는 한 제자에게 말했다. "원고를 읽고

181

내가 배운 게 바로 그것이네. 예전에도 알았던 건데 한동안 잊고 있었지. 남을 무시해야 내 연구를 할 수 있네." 다시 연구실의 칠판으로 돌아가서 연구에 매진하기로 결심한 파인만은 그날 아침 아내에게 선언하듯 말했다. "다시 연구를 시작할 수 있을 것 같아!"

파인만은 독특했다. 사회에서 중시하는 기준에 순응하지 않았고, 전형적인 교수처럼 행동하지도 않았다. 이를테면 행정적인 일이나 공식적인 위원회는 어떻게든 피했다. 남들이라면 두 팔 벌려 환영할 높은 자리도 한사코 거절했다. 그는 자신의 책 제목처럼 '남이야 뭐라 하건 (What Do You Care What Other People Think?)' 자기 스타일을 고수했다. 그에게는 다른 사람의 기대를 무시할 수 있는 힘이 있었다. 그런데 플로디노프도 파인만과 대화하면서 자신에게 그런 반항아(?) 기질이 있음을 알게 된다. 중요한 깨달음은 자기 존재를 새로운 시각에서 볼 때 찾아오는 경우가 많다. 플로디노프는 파인만을 통해 스스로에게 너무나 익숙한 자신을 다른 관점에서 볼 수 있었다. 물론 그걸 확실히 자각하는 데는 더 많은 경험이 필요했지만 말이다.

'자기 믿음', 리처드 파인만이 궁극적으로 강조한 건 이 한마디로 정리할 수 있다. 그가 보기에 다른 사람의 기대를 무시할 수 있는 힘도 결국 자기 믿음에서 나온다. 파인만은 어려운 문제일수록 다양하고 새로운 시도, 다른 물리학자들이라면 하지 않을 방식으로 접근하기를 주저하지 않았다. 그럴 만도 한 게 그는 이미 학창 시절부터 이른바 '모르는 것을 적는 공책(Notebook of things I don't know about)'에 흥미로운 문제들을 적고 스스로 풀어나가는 걸 즐겼다. 이처럼 시행착오나 실패를 가장 잘 배우는 방법으로 삼을 수 있었던 것도 자신에 대한 믿음이 확고했기 때문이다.

파인만은 '자기 정직'을 자기 믿음과 같은 것으로 간주했다. 스스로를 믿는 사람은 가장 먼저 자신에게 정직해야 하고, 또 자기에게 정직한 사람만이 스스로를 진정으로 믿을 수 있다고 주장했다. 플로디노프에게도 무릇 과학자라면 다른 누가 아닌 스스로에게 가장 신랄한 비판자가 되어야 한다고 힘주어 말했다. 세상에서 제일 속이기 쉬운 사람이 자기 자신이다. 실제로 파인만은 사람을 대할 때 권위라곤 볼 수 없을 정도로 개방적이었지만 과학 연구에서만큼은 아주 작은 것까지 정확도를 따지고 어떤 연구든 실험을 통해 엄격하게 검증해야 한다는 원칙을 고수했다. 그는 이론 물리학자로 알려져 있지만 실험 물리학자로 봐도 좋을 만큼 실험에도 일가견이 있었다. 맨해튼 프로젝트에서도 원자탄 개발의 이론과 실험 양쪽 모두에 참여했다.

대화를 거듭하면서 플로리노프 안에 늪처럼 자리한 '나'에 대한 의심과 앞날에 대한 막막함이 파인만에게도 전해졌다. 돌려 말하는 법이 없는 파인만은 직설적으로 말했다. 제자에게 무엇을 연구하든 자신이 무엇을 하고 있는지 분명하게 파악하고 있어야 한다고 조언하면서, 자신을 돌아보지 않고 스스로에게 질문하지 않는 과학자가 너무 많다고 덧붙였다. 그런 사람일수록 이름난 과학자의 이론과 방식을 그저 답습할 뿐이며, 결국 자립적인 과학자가 아닌 추종자로 남는다는 게 그의 확고한 생각이었다.

플로디노프는 파인만과 대화를 계속하면서 자신이 칼텍에서 자유롭게 자기 길을 만들 기회를 얻고도 시작도 전에 타협부터 하려 하고 있음을 깨달았다. 무엇이 해볼 가치가 있는 일인지, 무엇을 삶의 중심에

둘지 스스로 찾아야 했다.

나를 믿기 위해서는 먼저 내가 어떤 사람인지 알아야 한다. 파인만은 자기 이해라는 면에서도 믈로디노프에게 믿을 수 있는 거울 역할을 해주었다. 파인만에 의하면 물리학자는 크게 두 가지 유형으로 나뉜다. 한쪽에는 논리와 증명과 질서를 중시하는 이들이 있고, 반대편에는 직관과 실험과 영감을 선호하는 유형이 있다. 물리학계에는 전자가 후자보다 훨씬 많았고, 파인만은 후자에 속했다. 더욱이 그는 기질과 개성을 숨기기는커녕 마음껏 발산했다. 출중한 실력을 갖춰 아무도 그를 무시하지 못했지만 많은 이들이 그를 괴짜로 여겼다. 사실 믈로디노프도 후자에 강하게 끌렸지만 자신은 파인만 같은 대가가 아니었다. 주류에서 벗어나 고립될까 봐 두려웠다. 더욱이 자신이 어떤 잠재력을 가지고 있는지도 알지 못했다. 그는 파인만을 통해 새로운 통찰을 얻었지만 온전히 소화하기 위해서는 좀 더 시간이 필요했다.

어느 날 칼텍 교정을 걷던 믈로디노프가 뭔가를 넋 놓고 보는 파인만을 발견했다. 그의 시선을 따라가 보니 하늘에 무지개가 펼쳐져 있었다. 파인만은 무지개를 처음 보는 듯 유심히 바라보고 있었다. 두 사람은 데카르트가 최초로 무지개의 기원을 설명했다는 점에 대해 몇 마디를 주고받았다. 파인만이 물었다. "데카르트의 수학적 분석에 영감을 준 무지개의 가장 큰 특징이 뭐였다고 생각하나?" 믈로디노프는 잠시 생각하다가 물방울을 통해 무지개를 분석할 수 있다는 아이디어와 분석에 필요한 기하학을 적용할 줄 알았다는 점을 꼽았다. 그러자 파인만은 무지개의 핵심적인 특성을 놓치고 있다고 지적하면서 말했다.

"그의 영감의 원천은 무지개가 아름답다는 생각일세."[35]

이어서 파인만은 그에게 진로 고민에 진전이 있는지 물었다. 제자의 표정이 어두워지자 질문을 하나 던졌다. "자네가 아이였을 때 과학을 사랑했나? 그게 자네가 열렬히 좋아하던 것인가?" 그리고 잠시 후 말했다. "잊지 말게. 재미있어야 하네." 이 말을 남기고 그는 떠났다. 사실 플로디노프는 무지개에 대한 스승의 말이 선뜻 이해되지 않았다. 더구나 재미라니? 재미가 정말 중요하다는 말도 별로 와닿지 않았다. '재미로 물리학을 할 수는 없잖아. 나는 그렇게 한가하지 않다고!' 이 일은 이내 기억에 묻힐 에피소드에 불과했다. 그런데 얼마 안 있어 스승의 말을 다시 생각하게 만드는 사건이 생겼다.

어느 날 플로디노프는 별생각 없이 찾아간 병원에서 고환암 진단을 받는다. 의사는 그의 고환 양쪽에서 만져지는 덩어리가 악성이라고 단언했다. 양쪽 모두가 이런 경우는 극히 드물며, 보통은 고환 전체를 제거해야 한다고 했다. 의사의 말에 그는 망치로 맞은 듯했다. 문득 외할머니가 마흔에 암으로 세상을 떠났다는 사실도 떠올랐다. 자신의 우상인 파인만은 두 번의 큰 수술을 거치며 암과 싸우면서도 언제 끝날지 모를 남은 생을 소풍처럼 즐기고 있었다. 하지만 이제 그는 서른도 안 되었다.

'나는 어떻게 해야 할까? 얼마나 더 살 수 있을까?'

이날 이후 모든 게 달라졌다. 더 이상 전처럼 생활할 수 없었다. 처음에는 분노와 원망이 들끓었다. 자신이 너무 불쌍해서 자주 울었다. 한 번도 진지하게 여기지 않던 죽음이 삶의 중심이 되었다. 시간이 흐를수록 모든 게 소중하게 여겨졌다. 시장에서 장을 보고, 버스를 타고, 커

피를 마시는 사소한 일들 하나하나가 각별해졌다. 거리를 바쁘게 지나가는 사람들과 길가의 나무들, 우연히 본 창밖 풍경처럼 전에는 눈길도 주지 않던 것들조차 의미가 있었다.

난생처음 보듯 무지개를 대하던 스승의 모습도 전과는 다르게 다가왔다. 진기한 걸 수없이 봤을 그가 왜 무지개에 감동했는지 이제 알 것 같았다. 어쩌면 마지막으로 보는 무지개일지 모른다고 여겼을 수도 있겠다 싶었다. 이제 플로디노프도 마지막이 될 수 있는 일상의 소소한 경험들을 새롭게 하나하나 음미하고 있었다. 그리고 그동안 스스로에게 정직하지 못했음을 깨달았다. 자신이 원하지도 않는 것들을 중요한 일 목록에 올리고 다른 사람들과 사회의 기준으로 포장해왔음을 통감했다. 더 이상 자신을 속일 수는 없었다.

여기서 플로디노프의 이야기는 극적인 반전을 맞는다. 천만다행으로 최종 검진 결과, 양쪽 고환의 문제는 암이 아닌 것으로 판명되었다. 이 또한 드문 경우인데 고환의 응어리는 후천적으로 생긴 게 아니라 태어날 때부터 있던, 즉 선천적 특성이었다. 의사의 진단은 명백한 오진이었다. 그럼에도 이 일이 그의 삶을 근본적으로 바꾸었다는 사실에는 변함이 없었다. 그는 인생이 더없이 소중함을 절감했다. 주어진 삶을 통째로 끌어안고 긍정하겠다는 마음이 솟구쳤다. 타인의 기대나 세상의 기준은 더 이상 중요하지 않았다. '남들이야 뭐라 하건' 정말 중요한 건 나의 생각과 선택이었다.

살면서 직면하는 큰 위기는 두 얼굴을 가졌다. 위기는 나락으로 떨어지는 절벽이 될 수도 있고, 새로운 차원으로 도약하는 발판이 될 수도 있다. 급격한 추락과 눈부신 도약. 위기(危機)라는 한자에 위험(危)과 기회(機)가 모두 담긴 이유다. 얼마 전까지만 해도 절망의 심연에 있던 플로디노프에게 후자의 길이 열렸다. 그러자 이제껏 자신을 괴롭히던 문제도 스트레스의 원천이 아닌 가치 있는 질문으로 변모했다. '삶에서 진정 중요한 것은 무엇인가? 이제 생명을 돌려받았는데, 그것으로 무엇을 해야 할까?' 학교에서는 다루지 않지만 정말로 중요한 질문이었다. 이에 대한 피상적인 답은 아무 쓸모가 없었다. 질문에 제대로 답하려면 나란 존재를 깊이 알아야 했다. 그러려면 자신에게 정직해야 하고 스스로를 존중하고 받아들여야 했다. 얼마 전만 해도 이 모두가 버거웠지만 이제는 아니었다.

그는 지금까지 파인만과 나눈 대화를 되새겨보았다. 아이 같은 호기심으로 가득한 스승은 '발견하는 즐거움'에 대해 열변을 토하곤 했다. 실제로도 파인만은 연구를 놀이하듯 즐겼고, 그 과정을 통해 나오는 결과보다 결론을 찾아가는 과정을 중시했다. 노벨상보다 "발견의 즐거움이야말로 진짜 상"이었다. 그는 언제나 자신을 발견하는 사람, '탐구자'로 여겼다. 이것이야말로 파인만 인생의 노른자였다.

플로디노프는 무지개를 함께 보던 날, 스승이 남긴 한마디를 떠올렸다. "잊지 말게. 재미있어야 하네." 직접 말하지는 않았지만 스승은 묻고 싶었는지도 모른다. '자네가 가장 좋아하는 것은 뭔가? 무엇을 할 때 가장 즐거운가?' 이것은 신화학자 조지프 캠벨이 말한 블리스(bliss)와 정확히 일치한다. 블리스는 진정한 나로 존재할 때 느끼는 희열감인데 흔히 절정체험(peak experience)이나 지복(至福)이라 불리기도 한다. 캠벨에 따르면 블리스는 일시적 충동이나 욕망이 아니라 진정 '자기답게 살아 있음의 체험'이다. 달리 말하면 블리스는 타고난 흥미와 결이 맞고 재능과 힘차게 연동되는 활동이다. 흥미와 재능이라는 두 날개에 연료를 제공해 나란 존재를 가장 나답게 날 수 있도록 해주는 뭔가가 블리스다.

사실 믈로디노프에게도 블리스의 세계로 가는 통로가 하나 있었다. 글쓰기. 특별한 이유가 있는 건 아니었다. 왠지 모르게 그냥 좋았다. 파인만이 어릴 적부터 놀이하듯 발견하기를 즐긴 것처럼 그 또한 아홉 살 무렵부터 글쓰기에 푹 빠졌다. 특히 시나리오 쓰는 걸 좋아해서 감명 깊게 본 영화나 드라마를 소재로 패러디를 쓰곤 했다. 지금도 글쓰기는 일종의 놀이 겸 탈출구여서 칼텍에서도 마음이 심란하면 펜을 들곤 했다. 하지만 이곳에서 만난 사람들에게는 이 사실을 숨겼다. 아무도 이해하지 못할뿐더러 괜한 오해나 살 게 분명했다. 게다가 아직 물리학자로서 안정 궤도에 오르지도 못한 상황 아닌가. 실제로 대학 시절 은사에게 시나리오 쓰기를 좋아한다고 밝혔다가 거의 범죄자 취급을 받은 적도 있었다.

파인만은 달랐다. 그는 믈로디노프가 암 오진 사건 후 용기를 내서 글쓰기를 좋아한다는 걸 고백하자 그의 뜻을 존중했다. 심지어 자신도 한때 소설가가 되려는 생각에 소설을 써보려 한 적이 있다고 했다. 깜짝 놀란 믈로디노프를 보고 파인만은 웃으며 소설이 자신과는 맞지 않아서 이야기꾼으로서의 열정을 물리학 강의에 쏟아부었다고 덧붙였다. 그 대표적인 사례가 칼텍에서 진행한 물리학 입문 수업, 믈로디노프가 스무 살에 읽은 책의 바탕이 된 바로 그 강좌였다.

글쓰기가 믈로디노프의 블리스인 건 분명했다. 하지만 그걸로 뭘 할 수 있을지, 먹고살 수나 있을지 확신이 없었다. "천복을 좇되 결코 두려워하지 말라. 당신이 어디로 가는지 모르고 있어도 문은 열릴 것이다."캠벨의 말이다. 물론 플로디노프는 이 말을 몰랐지만, 그의 곁에는 삶으로 이 메시지를 보여주는 스승이 있었다. 제자는 파인만을 통해 깨달았다. 중요한 선택은 정답이 정해져 있거나 공식에 넣어서 결정할 수 있는 경우가 거의 없다. 그래서 선택하기 전까지 충실한 탐색과 심사숙고가 필요하고, 결정하고 나서는 나를 믿고 그 결정에 헌신하는 게 중요하다. 무엇보다 이 모든 게 나의 몫이자 책임임을 받아들여야 한다. 죽음의 그림자에서 빛나는 삶으로 복귀한 플로디노프는 더 늦기 전에 파인만을 따르기로 마음먹었다. 그는 훌륭한 과학자로 우뚝 선 훗날에 파인만과 함께한 시절을 다음과 같이 회상했다.

"나는 파인만의 길을 택했다. 나는 다른 사람들이 어떻게 생각하느냐에 관계없이 나를 감동시킨 목표를 추구하며 내 인생의 한정된 시간을 살기로 결심했다."[36]

파인만은 동시대의 많은 물리학자들이 밟은 경로를 따르지 않았다. 탁월한 물리학자로 파인만과도 가까웠던 프리먼 다이슨(Freeman Dyson)은 파인만이 과학에 준 최대의 공헌으로 "나를 포함하여 많은 학생들과 동료들이 자신만의 발견을 이뤄내도록 새로운 사고방식을 창조한 것"을 꼽았다. 플로디노프도 파인만의 제자답게 자기 길을 개척하기로 결심했다. 그러려면 인생과 커리어 모두에서 모험을 피할 수 없었다. 그래도 상관없었다. 그에게는 모험의 모범을 선명하게 보여준 존재가 있었다. 그는 하나의 전문 분야를 갖는 대신에 자신을 끌어당기는 주제라면 그게 뭐든 연구하고, 물리학자라는 하나의 직업에 자신을 가두지 않기로 했다. 무엇보다 그게 본인 기질에 잘 맞았다.

물리학에서 여러 세부 분야를 넘나들 듯이 직업에서도 다양한 활동을 해보고 싶었다. 물론 지금 당장 그렇게 할 수 있는 건 아니었다. 먼저 물리학자로서 기반을 다져야 했다. 연구 주제를 정할 때도 주류 과학계의 기준과 다른 사람의 기대라는 색안경을 벗어버리자 가슴을 설레게 하는 주제가 한층 분명해졌다. 전부터 관심이 있었으나 유망하지 않다는 이유로 제쳐두었던 양자광학(quantum optics)이 다시 눈에 들어왔다. 진심으로 대하기만 한다면 하찮은 연구는 없다고 믿은 파인만은 양자광학에 본격적으로 뛰어드는 그를 격려했다. 믈로디노프는 글을 쓰고 있다는 사실도 주변 사람들에게 더 이상 숨기지 않았다.

믈로디노프가 예상한 것처럼 파인만을 제외하고는 아무도 양자광학에 대한 그의 연구에 관심을 보이지 않았다. 많은 이들이 논문 외에 자유롭게 글을 쓰는 모습을 탐탁지 않게 여겼다. 당시만 해도 과학자는 논문이나 과학 교재를 써야지 영화 시나리오나 대중적인 글을 쓰는 건 말이 안 됐다. 그런데도 전처럼 불안하거나 두렵지 않았다. 그에게 비로소 인생은 비로소 진정한 나를 찾아 나서는 탐험이 되었다. 그의 입을 빌리면 "나는 나의 물리학이나 글쓰기가 나를 어디로 데려갈지 알 수 없었다. 그러나 가는 길의 즐거움은 고대하고 있었다." 이거 어디서 들어본 말 아닌가? 맞다. 앞에서 언급한 캠벨의 말과 일맥상통한다.

실제로 캠벨의 말은 믈로디노프의 삶과 딱 맞아떨어진다. 레너드 믈로디노프는 물리학자로서의 전문성과 글쓰기 능력을 결합해 새로운 커리어를 열었다. 과학자로서 양자광학을 신호탄으로 다양한 주제를 연구하고 꾸준히 논문을 발표했다. 세계적인 물리학자 스티븐 호킹(Stephen Hawking)과 《위대한 설계》, 《짧고 쉽게 쓴 '시간의 역사'》를 공저할 정도로 뛰어난 물리학자로 성장했으며, 파인만처럼 칼텍에 교수로 돌아와 학생들을 가르치기도 했다. 텔레비전 시리즈 〈스타트렉〉을 비롯해 여러 드라마의 대본 작업에도 참여해 '시나리오 쓰는 물리학자'로 명성을 얻었다. 그는 지금도 물리학자이자 작가로서 왕성히 활동하고 있다.

믈로디노프는 젊은 시절 만난 파인만을 인생의 스승으로 평생 존경했다. 사실 파인만은 전설적인 물리학자였지만 깐깐하고 괴팍하기로도 유명했다. 믈로디노프는 그에게 암과 관련된 오진 이야기를 하면서, 자신이 어떤 사람인지 깨우쳐주고 세상을 보는 방법을 가르쳐줘서 감사하다고 말했다. 그러자 오히려 파인만은 자기는 형편없는 선생이어서 그런 걸 가르친 적이 없다면서, 특히 자기 자신이 어떤 사람인지는 스스로 발견해야지 다른 사람이 알려줄 수 없다고 말했다. 말은 이렇게 하면서도 파인만도 내심 그를 좋은 제자로 마음에 두고 있었던 것 같다. 그에게 '최종 시험'을 부여했기 때문이다.

시험 문제는 역시 파인만다웠다. 원자를 포착한 전자현미경 사진을 자세히 살펴볼 것, 그것이 의미하는 바를 스스로 생각할 것. 그리고 다음 질문에 대답할 것. "그것을 보면 가슴이 뛰나?" 마지막까지도 블리스를 강조한 것이다. 믈로디노프는 알겠다고, 답을 알려드리겠다고 대답했다. 파인만은 다시 한 번 정색하며 본인은 그 답을 알 필요가 없다고, 믈로디노프 자신만 알면 된다고 했다. 이 시험만큼은 스스로 점수를 매겨야 하니까 말이다.

겉으로 내색만 안 했지 파인만이 믈로디노프를 많이 좋아했음을 보여주는 다른 증거도 있다. 파인만은 심리학이라면 질색했는데 젊은 제

191

자가 던진 '심리학적인 질문'에는 정성껏 대답해주었다. "선생님은 한 인간으로서 자신을 어떻게 보십니까? 과학자가 된 것이 선생님 인격에 어떤 영향을 주었습니까?" 이 질문은 플로디노프가 스승에게 한 마지막 질문이기도 하다. 파인만은 질문에 답하면서 전과 마찬가지로 자연에 대한 호기심과 발견의 즐거움을 다시금 강조했다. 이어서 뜻밖에도 그의 첫 여자친구이자 아내로서 너무 일찍 세상을 떠난 한 여인과 더없이 행복했던 시절을 회상했다. "나는 이미 다 가졌다고 봐. 그녀가 죽은 뒤에는 내 삶이 그렇게 좋지 않다 해도 상관이 없었네. 나는 이미 누릴 것을 다 누렸으니까." 이것은 파인만에게서 좀처럼 볼 수 없는 모습이어서 아주 가까운 이가 아니라면 꺼내지 않을 이야기였다.

마지막으로 파인만은 본인이 만든 정말이지 그다운 규칙 하나를 소개했다. "불행할 때는 그것에 대해 생각하라. 하지만 행복할 때는 생각하지 마라." 불행은 진단하고 분석함으로써 대처하고 교훈을 얻을 수 있지만, 행복에 대해 그렇게 하면 만끽할 수 없다. 플로디노프는 파인만의 대답을 특별한 선물로 평생 간직했다.

대화는 마음과 마음의 창조적 맞울림

> 대화는 두 마음이 만나 불꽃을 일으키는 것과 같다.

> – 시어도어 젤딘(Theodore Zeldin)[37]

동양고전의 대표라 불러도 좋을 《논어(論語)》는 공자가 여러 제자와 대화를 나누는 일종의 대화록이다. 《맹자(孟子)》도 크게 다르지 않아서 제자가 알고 싶은 걸 묻고 맹자가 답하는 내용이 주를 이룬다. 인도의 아주 오래된 경전 《바가바드 기타(Bhagavad Gita)》 또한 인생길에서 방황하는 아르주나라는 인물이 스승 크리슈나와의 대화를 통해 성장하는 과정을 담고 있다. 서양철학의 정수로 칭송받는 플라톤이 남긴 책들도 소크라테스가 산파술(産婆術)이라 부른 문답 형태의 대화가 큰 비중을 차지한다. 이처럼 스승과의 대화는 예로부터 다른 무엇으로 대체할 수 없는 교육 방식이었다. 도대체 왜일까? 대화에 어떤 힘이 있는 걸까?

대화란 무엇인가?

한 사람과의 만남을 통해 마법 같은 변화가 일어날 때가 있다. 대화를 통해 내가 누구인지, 어떻게 살아야 하는지 깨달을 때다. 같은 맥락에서 리처드 파인만도 최고의 교육은 다른 무엇보다 학생과 스승 사이에 개인적인 관계를 통해 가능하다고 강조했다. 이런 관계에는 익숙한 것을 다시 보게 하고 전에는 보지 못했던 것을 볼 수 있게 만드는 힘이 흐른다. 플로디노프와 파인만의 담화가 이 점을 여실히 보여준다. 신참 물리학자는 존경하는 스승과 대화를 나누며 과학의 본질뿐 아니라 자기가 어떤 사람인지 이해하고, 제자리 뛰기만 반복하던 문제에서 해방될 수 있었다. 두 사람의 이야기는 누구에게나 흔하디흔한 '대화'를 다시 생각하게 만든다.

과학은 대화를 먹고 자란다. 이상하게 들릴지 모르지만 엄연한 사실이다. 양자역학의 선구자 베르너 하이젠베르크(Werner Karl Heisenberg)가 쓴 과학서적의 고전《부분과 전체》는 "과학은 결국 사람이 만든다"는 문장으로 시작한다. 이어서 그는 "과학은 대화 속에서 탄생한다"고 강조한다. 실제로 이 책은 20편의 대화록으로 풀어낸 물리학자 하이젠베르크의 자전적 이야기다. 대화가 책의 뼈대와 살을 이루는《부분과 전체》를 읽다 보면 당대의 내로라하는 과학자들이 새로운 자연법칙을 발견하고 난해한 과학 문제를 풀어가는 과정에서 대화가 큰 몫을 차지함을 알 수 있다.

예를 들면 대화는 과학자들 사이에서 이화수분(異花受粉)의 통로가 되어서 한 사람의 아이디어가 다른 사람의 연구에 새로운 문을 열어주는 일이 자주 일어난다. 하이젠베르크가 자신에게 불후의 명성을 안겨 준 불확정성 원리(Uncertainty principle)를 정립할 수 있었던 요인 중 하나는 아인슈타인과 대화하던 중에 들은 "관찰할 수 있는 것이 무엇인지를 결정하는 것은 이론"이라는 말이 돌파구를 제공했기 때문이다. 이처럼 대화는 생산적인 의견 교환뿐 아니라 새로운 사유를 촉진하는 효과를 가진다.

대화를 중시한 과학자는 비단 파인만과 하이젠베르크만이 아니다. 독창적인 물리학자 데이비드 봄(David Bohm)은 수십 년 넘게 과학 연구와 인생 모두에서 대화를 탐구했다. 봄의 연구는 《창조적 대화론》이란 책에 잘 담겨 있는데, 그는 '다이알로그(dialogue)'라는 단어로 대화의 본질을 설명한다. 어떤 개념을 가리키는 단어의 유래를 알면 그 개념의 본질을 이해하는 데 도움이 되는 경우가 종종 있다. 영단어 'dialogue'는 그리스어 'dialogos'에서 유래했다. 여기서 'logos'는 영어로 '말(word)의 의미'를 가리키고, 'dia'는 'through', 즉 '통과하여' 또는 '사이로'를 뜻한다. 따라서 다이알로그는 대화에 참여한 이들 상호 간에 의미가 흐르며 교감이 일어나는 과정이라 볼 수 있다. 봄에 따르면 대화의 핵심은 참가자들이 다 같이 공동의 의미를 찾고 공통의 이해에 도달하는 것이다.

대화는 크게 두 가지 유형으로 나눌 수 있다. 생성적 대화(generative dialogue)와 퇴행적 대화(degenerative dialogue). 퇴행적 대화에는 뚜렷한 패턴이 있다. 무감각하고 공허한 분위기와 자신을 보호하기 위해 서로 으르렁대는 모습. 먼저, 퇴행적 대화는 형식적이다. 건성으로 듣고 속마음을 터놓지 않는다. 동일한 사안에 대해 당사자 앞에서 한 말과 친한 친구에게 한 이야기가 전혀 딴판인 식이다. 퇴행적 대화의 다른 특징은 자기중심성이다. 대표적으로 '답정너(답은 정해져 있고 너는 대답만 하면 돼)', 즉 본인이 옳다고 답을 정해두고 하는 대화가 여기에 속한다. 다른 사람의 의견에는 관심을 끈 채 자기 생각을 쏟아내기 바쁘다. 겉으론 티 내지 않을지 몰라도 발언권을 독점한 채로 상대를 지배하려들고, 나와 다른 의견은 일단 공격으로 간주한다. 설사 다른 사람의 이야기를 듣는다고 해도 내게 유리한 내용 위주로 골라 듣는다. 그래서 대화는 단조로워지고 수시로 막히고 갈등으로 뒤덮이기 쉽다.

생성적 대화는 전혀 다르다. 생성적 대화의 특징은 개방성과 수용 그리고 창조이다. 이 대화에서 참가자들은 각자가 편견이나 가정을 지니고 있음을 전제한다. 그래서 본인 주장을 하기 전에 서로가 가진 관점과 정보를 꺼내서 공유한다. 상대에게 영향을 미치려는 의도 없이 상대의 말에 귀를 기울인다. 생성적 대화의 포인트는 정보나 지식 습득이 아니다. 포섭이나 설득은 더더욱 아니다. 가장 중요한 건 나나 너가 아닌 우리이고, 대화의 관건은 '의미의 흐름(flow of meaning)'에 있다. 여기서 의미는 동기와 의지, 가치와 아이디어를 포괄한다. 의미 있는 대화는 너와 내가 파편화되지 않고 온전한 우리가 되기를 지향하며, 각자가 부품에 머물지 않고 가치 있는 뭔가를 함께 창조하는 데 중점을 둔다. 누구의 생각이나 아이디어인지보다는 함께 가장 좋은 방안을 모색하고 최선의 결과를 도출해내는 걸 가장 중시한다.

생성적 대화의 특징

퇴행적 대화에서는 일방적 말하기와 선택적 듣기가 주를 이룬다. 위장과 주장, 공격과 방어가 흔하다. 본인의 가정과 의견을 최대한 강하게 내세우고 어떻게든 상대를 설득하려고 한다. 자기 의견을 고수해야 자신의 이익을 지킬 수 있다고 여긴다. 우리네 일상에서 흔히 접하는 대화에서도 많은 사람이 자기 의견을 자신과 동일시하는 경향을 보인다. 그래서 내 주장을 지키려고 하고, 의견이 도전받으면 공격받는 것으로 간주한다. 그런데 내가 지금 가지고 있는 의견이나 주장은 예전 사고의 결과라는 점에 주목할 필요가 있다. 생성적 대화에서는 주장이나 설득이 중요하지 않다. 그래서 경쟁이나 승부와도 거리가 멀다. 이 대화에서 참가자들은 자신의 선입관은 물론이고 근본 가정에도 스스로 의문을 제기할 만큼 열려 있다.

좀 더 구체적으로 어떤 대화를 생성적이라 말할 수 있을까? 첫째, 생성적 대화는 마음을 열어준다. 조금 다르게 말하면 공감하는 능력이 커진다. 처음 만나는 사람인데도 오랫동안 알았던 것 같은 친밀감이 흐르고 말을 많이 안 해도 마음이 통하는 것 같다. 또 상대방이 나를 이해하는 듯하다. 이와 반대로 적대감을 느끼거나 스스로를 꾸며야 하거나 가면을 써야 한다면 생성적 대화가 아니다.

둘째, 생성적 대화는 잠재력을 깨운다. 깊은 대화를 통해 한 사람의 내면에 잠자던 힘이 기지개를 켠다. 풍크, 버핏, 황상, 소로, 플로디노프 모두 스승과의 대화를 통해 자기 안에 숨어 있던 힘을 발견했다. 처음에는 당사자가 분명히 인식하지 못하는 경우가 많지만 나중에는 예외

없이 대화를 통해 생동감과 의욕이 강해지는 걸 자각한다. 그에 비해 지루하고 진부한 분위기, 에너지가 허비되는 것 같다면 생성적 대화가 아니다.

셋째, 생성적 대화 중에 중요한 통찰이 생긴다. 보통 이것은 관점과 관련이 있다. 특히 나란 존재와 삶 그리고 직업적 면에서 새로운 문을 열어주거나 시야를 확장해주는 경우가 많다. 다시 말해 절정에 이른 생성적 대화는 패러다임 전환(Paradigm shift)을 일으킨다. 여기서 통찰이나 관점은 일종의 영감 또는 깨달음의 성격을 띠는 경우가 많은데, 영감과 깨달음이라는 다소 모호한 표현을 사용한 이유는 생성적 대화가 지식과 기술을 넘어서는 차원의 변화를 수반하기 때문이다. 좋은 예로 파인만은 플로디노프에게 과학 지식이나 정보에 대해 거의 말하지 않았음에도, 제자에게 평생에 남을 영향을 미쳤다.

생성적 대화 중에 솟아오르는 깨달음과 영감의 종류는 다양하다. 풍크가 프롬을 만나 전공을 바꾼 것처럼 학문에 대한 것일 수 있고, 다산이 황상에게 시인의 길을 보여주고 버핏이 그레이엄을 통해 가치투자가라는 천직을 발견한 것처럼 직업적인 것일 수도 있다. 이 밖에 신영복에게 동양고전과 서도에서 새로운 차원을 보여준 노촌과 정향처럼 창조적 모범일 수도 있고, 플로디노프가 파인만을 통해 한 번도 생각해보지 못한 과학자의 길에 눈 뜬 것과 같이 새로운 인생에 대한 실마리일 수도 있다. 이 모두를 관통하는 건 통찰이 정신적 지평을 넓힌다는 점이다.

그렇다면 생성적 대화와 퇴행적 대화를 어떻게 구별할 수 있을까? 대화가 발전적이면 시간이 아깝지 않고 그 대화에서 힘을 얻는다. 반대로 퇴행적인 대화는 어떻게 포장하든 얼른 대화를 끝내고 싶고 기운도 떨어진다. 최근 일주일 사이에 나눈 대화 중에서 가장 생기 있고 긍정적이었던 대화를 떠올려보라. 그 대화는 필시 생성적 대화의 특징을 가졌을 것이다.

생성적 대화를 위한 질문

리처드 파인만은 탁월한 물리학자인 동시에 유창한 이야기꾼이었다. 그래서 그의 평전을 쓴 한 작가는 책 제목을 '위대한 설명가(The Great Explainer)'라고 지을 정도였다. 과학자로서 파인만은 다른 사람, 특히 젊은이들의 상상력을 번개처럼 깨우는 역할을 즐겼다. 이런 그의 모습은 무지개를 보며 플로디노프에게 던진 데카르트에 대한 질문이나, 그에게 내준 마지막 시험처럼 촌철살인 같은 방식을 취하는 경우도 있었지만, 보통은 그가 진행하는 강의에서 가장 잘 드러났다.

칼텍의 1, 2학년들을 대상으로 삼았던 파인만의 물리학 입문 강좌는 지금도 전설로 남아 있다. 노벨물리학상을 받은 더글러스 오셔로프(Douglas Osheroff)는 이 강의에 대해 "그 2년 동안의 강의는 내 교육 과정에서 이루 말할 수 없을 정도로 중요한 부분이었다. 사실 내가 그 강의를 모두 제대로 이해했다고 말할 자신은 없지만, 물리학적 직관을 얻는 데는 가장 큰 기여를 했다"라고 고백했다. 파인만의 강의가 유명해지면서 취재차 강의에 참석한 〈로스앤젤레스 타임스〉의 기자는 "파인만 박사의 강의는 정말로 명불허전이다. 유머와 이야기, 서스펜스와 몰입도 면에서 브로드웨이 무대 공연과 맞먹는다. 무엇보다 듣는 이의 귀에 쏙쏙 들어온다"라며 감탄에 가까운 기사를 남겼다.

파인만이 과학적 사고와 스토리텔링 역량을 겸비한 강의의 귀재였다면 레너드 믈로디노프는 대화 능력이 발군이었다. 적어도 그는 대화에서만큼은 스승보다 뛰어났던 것 같다. 그는 꿈에 그리던 우상 앞에서도 주눅 들지 않고 생성적 대화를 촉진할 줄 알았다. 나는 구본형을 처음 만났을 때 긴장해서 입이 얼어붙었던 경험이 있기에 믈로디노프의 태도가 말처럼 쉬운 게 아님을 잘 알고 있다.

그가 스승을 처음 만났을 때 파인만은 이미 물리학계에서 레전드였다. 물론 이 신화적인 인물은 격의 없이 사람을 대했지만 그렇다고 말걸기가 편한 사람은 아니었다. 그는 본인 연구실에 있을 때만큼은 시간을 쓰는 데 매우 엄격했다. 특히 논문을 읽거나 연구를 하는 중에 흐름이 끊기는 걸 아주 싫어했다. 파인만은 두 번째 부인과 결혼하고 불과 2년 만에 성격 차이로 갈라섰는데, 주된 이혼 사유가 아내가 연구 시간을 방해해서였다. 또한 인내심도 부족한 편이어서 말이 통하지 않는 상대다 싶으면 심하다 싶을 만큼 매몰차게 대했다. 그런데 믈로디노프와 파인만의 대화 대부분은 파인만의 연구실에서 이뤄졌다. 파인만이 자신보다 훨씬 어린 신출내기를 마다하지 않고 대화를 즐긴 이유는 무엇일까?

먼저 파인만은 자기 길을 찾기 위해 고군분투하는 젊은이의 모습에서 자신의 과거를 보았다. 그도 그런 시절을 겪었고, 새로운 길을 개척하는 데 존 아치볼드 휠러라는 온화하면서도 뛰어난 스승의 도움을 받았다. 그래서 믈로디노프의 처지에 깊이 공감할 수 있었다. 다만 여기서 잊지 말아야 할 점은 믈로디노프와 비슷한 고민을 가진 젊은이가 칼텍에 한둘이 아니었다는 사실이다. 더욱이 파인만과 믈로디노프는 각자의 외모만큼이나 서로 달랐다. 그런데도 믈로디노프가 파인만의 눈에 띈 이유는 무엇일까? 그를 만나고 싶어 하던 다른 많은 청춘들과 무엇이 달랐을까? 결론부터 말하면 믈로디노프는 파인만의 흥미를 자극할 만한 질문을 할 줄 알았다. 이 점은 그가 파인만에게 한 굵직한 질문 몇 개만 봐도 확인할 수 있다.

'비범한 과학자는 어떻게 생각할까? 가치 있는 주제를 어떻게 찾아낼 수 있을까? 어떤 주제가 연구할 만한 가치가 있는지 어떻게 판단할 수 있을까? 다른 사람들이 말도 안 된다고 생각하는 문제나 이론을 붙들고 있는 게 현명할까? 창조성의 본질은 무엇일까?'

더욱이 믈로디노프는 자신의 고민을 질문으로 바꿔서 대화를 전개할 줄 알았고, 상대의 입장에 감정이입할 수 있는 젊은이답지 않은 노련함도 가졌다. 그는 초조하고 불안한 마음에 얼른 대가의 조언을 듣고 싶었음에도 파인만의 입장에서 생각해보았다. 파인만은 워낙 유명해서 만나고 싶어 하는 이들이 줄을 섰다. 더구나 당시 그는 암을 치료하기 위해 10시간 넘는 대수술을 마치고 회복하는 중이었다. 이 점을 고려해서 믈로디노프는 처음부터 자신의 고민에 대한 조언을 구하는 대신, 파인만이 관심을 가질 만한 과학 관련 질문을 먼저 했다. 그리고 대화가 무르익을 즈음 개인적인 질문으로 화제를 바꿨다.

그는 야구로 치면 타자의 마음을 읽고 상황에 맞춰 변화구를 던지되 때로는 과감하게 직구를 찔러 넣을 줄도 알았다. 다행스럽게도 파인만 역시 답보다 질문을 중시했다. 그는 과학의 본질은 '질문 던지기'라고 생각하고 종종 강의에서 물리학 연구를 '질문 놀이'라고 표현했다. 실제로도 "내가 어떤 식으로든 특정 물리법칙을 바꿀 수 있다면 어떤 일이 벌어질까?" 같은 질문을 스스로에게 던지는 걸 좋아했다. 그에게 '재미있고 즐거운' 질문은 흥미로운 문제를 발견하고 상상력을 발산하는 최고의 방법이었다. 이처럼 두 사람은 많이 달랐지만 질문을 선호한다는 점에서는 일치했다. 둘 다 그게 뭐든 무언가에 대한 제대로 된 이해는 끝까지 계속 질문하는 사람에게 주어지는 선물이란 걸 알고 있었다.

프린스턴대학에서 파인만을 지도한 휠러는 "대학에 학생이 있는 까닭은 학생이 교수를 가르칠 수 있기 때문"이라고 하면서 그런 최고의 학생으로 파인만을 꼽았다. 파인만에게는 종종 믈로디노프가 그런 역할을 했던 것 같다. 믈로디노프가 질문을 디딤돌 삼아 대화를 펼쳐나가면 타고난 이야기꾼인 파인만은 그 질문을 마중물 삼아 생각을 정리하고 때로는 참신한 관점을 탐색해볼 수 있었다. 그가 유독 믈로디노프와의 대화에서 싱싱한 자극을 받곤 했던 것도 이 때문이다. 파인만은 젊은 제자가 진지하게 묻는 질문에 무심한 척하면서도 하나하나 정성껏 답했다. 제자의 질문과 스승의 대답이 합쳐지고, 때로는 스승의 질문과 제자의 생각이 결합하면서 믈로디노프 또한 유용한 아이디어를 얻고 자신을 괴롭히는 고민에 대한 힌트를 발견할 수 있었다.

라디오 방송 기자와 작가로 50년 가까이 활동하며 7,000명 이상을 인터뷰한 스터드 터켈(Studs Terkel)은 자신의 대화 비결을 한 문장으로 압축했다. "심판자가 되지 말고, 흥미를 가진 질문자가 돼라." 왜 질문이 이토록 중요할까? 질문에 어떤 힘이 있는 걸까? 내 생각은 이렇다.

질문은 그저 묻는 일이 아니고 관점을 내포하고 있다. 심리학자 엘렌 랭어(Ellen Langer)는 "우리는 대개 질문보다 답에 더 신경을 쓴다. 그러나 질문은 답만 정해주지 않을 뿐, 그 답으로 가는 정보 탐색 등 모든 것을 지휘한다"고 강조했다. 그래서 어떤 질문을 하느냐에 따라 생각을 확장하거나 새롭게 재구성(reframing)할 수 있고, 또 기존 질문을 어떻게 바꾸는지에 따라 답변의 범위와 해결책의 수준도 크게 달라진다.

아인슈타인은 16세에 전통적인 시간관에 의문을 품고 과학의 역사를 바꾸는 질문을 스스로에게 던졌다. '사람이 빛과 같은 속도로 움직이면 어떤 일이 벌어질까?' 그는 이 질문을 10년 가까이 연구하여 특수상대성이론에 관한 논문을 썼다. 아인슈타인은 말한다.

"만약 나에게 인생을 좌지우지할 만큼 중대한 문제가 있고 그 문제를 해결하는 데 딱 한 시간만 주어진다면, 나는 처음 55분을 적절한 질문을 찾는 데 쓸 것이다. 적절한 질문을 찾기만 한다면, 나머지 5분 내에 문제를 해결할 수 있기 때문이다."[38]

우리는 꾸준히 질문을 던지는 사람이 적합한 답을 찾는다는 걸 자주 잊는다. 물론 해답을 잘 찾는 능력과 질문을 잘하는 능력 중 어느 게 낫다고 단언할 수는 없다. 둘의 중요도는 상황과 목적에 따라 얼마든지 달라질 수 있다. 다만 답을 찾으려는 이보다 질문하는 사람이 드문 건 분명하다. 한 가지 이유는 우리가 어릴 적부터 주로 답을 찾는 훈련을 많이 받았다는 것이다.

생성적 대화를 위한 경청

사실 대화는 문명만큼이나 오랜 역사를 가졌다. 지금도 우리는 매일 수시로 대화를 나누지만 생성적 대화에 능숙한 사람은 많지 않다. 가장 주된 이유는 귀 기울일 줄 모르기 때문이다. 의외로 많은 이들이 자신이 대화를 독점하고 있음을 의식하지 못한다. 하고 싶은 말을 먼저 하기 위해 상대의 말을 중간에 끊는 경우가 빈번하다. 상대방이 말할 때 딴생각에 빠지거나 상대의 말을 다 듣기도 전에 판단 내리고 조언하려 들거나, 본인이 듣고 싶은 부분만 골라 듣는 일도 흔하다. 이처럼 불량한 듣기의 양상은 다양하지만 어떤 형태를 취하든 퇴행적 대화로 귀결된다. 대화를 통해 서로를 이해하고 가까워지기는커녕 더 분리되고 멀어진다.

플로디노프는 좋은 질문을 할 줄 아는 것 외에 또 하나의 장점을 가지고 있었다. 경청하는 자세다. 이 점은 그가 온몸이 마비된 저명한 물리학자 스티븐 호킹과 함께 두 권의 책을 썼다는 사실만 봐도 알 수 있다. 호킹은 흔히 루게릭병으로 알려진 근위축성 측삭경화증으로 겨우 움직일 수 있는 신체 일부에 첨단 장비를 연결해서 의사소통을 했다. 당연히 호킹에게 과학책 집필은 아주 많은 시간이 필요한 일이었는데, 플로디노프는 그와 대화를 나누며 함께 원고 작업을 훌륭하게 해냈다.

사실 말이 대화이지 이 과정은 차로 가득 찬 도로에서 찔끔찔끔 전진하는 상황과 유사했다. 플로디노프가 책을 쓰기 위해 호킹과 대화할 때 호킹이 문장을 만드는 평균 속도는 1분에 여섯 단어가 고작이었다. 이는 그에게 뭔가를 묻고 간단한 대답이라도 들으려면 적어도 몇 분을 기다려야 한다는 뜻이었다. 얼핏 상상만 해도 매우 지루한 작업이다. 그런데 믈로디노프는 여느 사람들과 다른 태도로 대화에 임했다. 그는 호킹이 일종의 '전자 통역기'를 활용해 생각을 문장으로 만드는 동안 그의 어깨 뒤에 위치한 모니터에 집중했다. 그곳에 호킹이 표현하고자 하는 생각이 한 글자 한 글자 더디게 표시되고 있었다. 믈로디노프는 그 화면을 보며 점점 완성되어가는 호킹의 사고를 몇 분 동안 차분히 음미했다. 이 작업에 대해 그는 자신의 책《유연한 사고의 힘》에서 다음과 같이 말했다.

"보통의 대화에서, 우리는 서로 몇 초 이내에 대답하기를 기대한다. 그 결과 우리가 주고받는 말들은 마음속 얕은 곳에서 거의 자동적으로 튀어나오게 된다. 스티븐과 대화를 나누면서 대답의 간격이 수 초에서 수 분으로 늘어났고, 길어진 대화의 간격은 엄청나게 유익한 효과를 나타냈다. 내가 그의 말을 훨씬 더 깊이 생각할 수 있도록 해주었고, 나 자신의 생각과 그를 대하는 나의 반응도 더 활발해졌다. 보통의 대화에서는 절대 그렇게 할 수 없을 것이다. 그렇게 느려진 대화는 나의 생각에 깊이를 더해주었는데, 일상적으로 급하게 오가는 대화에서는 불가능한 일이었다."[39]

딴생각에 빠지기 쉬운 지루한 상황에서 이렇게 반응하는 건 결코 쉬운 일이 아니다. 진정으로 경청할 줄 알고 대화의 가치를 믿는 사람이 아니라면 따라 하기조차 어렵다. 더욱이 믈로디노프는 엄청나게 고된 이 작업을 호킹과 책을 쓰는 내내, 더욱 놀랍게도 두 번이나 성공적으로 완수했다. 발군의 소통 능력이 없다면 어림도 없는 일이다. 그의 남다른 경청 능력은 파인만과 함께한 젊은 시절에도 살아 있었다. 그는 파인만의 말 한마디 한마디를 흘려듣는 법이 없었다. 하나라도 놓칠세라 녹음하고 바로바로 메모하는 수고를 아끼지 않았다. 귀는 활짝 열고 눈으로는 파인만의 표정과 행동에 집중했다. 대화가 앞으로 어떤 식으로 흘러갈지 예상하거나 미리 답을 정해놓고 듣지도 않았다. 자기 입맛에 맞는 부분만 골라 듣지 않았으며, 자신이 하고 싶은 이야기에 우선순위를 두지도 않았다.

대화의 달인 스터드 터켈은 말했다. "듣고, 듣고, 듣고, 또 들어라. 당신이 들어주면 사람들은 말을 할 것이다. 틀림없이 말을 한다. 왜? 그들은 지금까지 살아오면서 이렇게 자기 말을 잘 들어주는 사람을 만난 적이 없으니까." 그렇다. 경청은 상대로 하여금 우호적인 반응을 이끌어내는 힘이 있다. 파인만도 플로디노프의 말에 귀를 모았다. 파인만이 그와의 대화를 반겼던 또 다른 이유는 경청하는 태도에 있다.

청문사(聽問師)라는 말이 있다. 경청하고 질문하는 스승이라는 뜻이다. 다른 한편으로는 질문과 경청이 스승의 중요한 역할이라는 의미이기도 하다. 1장에서 살펴본 것처럼 경청과 질문에 능했던 구본형은 내가 알고 있는 가장 뛰어난 청문사였다. 라이너 풍크가 잘 묘사했듯이 에리히 프롬도 숙련된 질문가이자 경청자였다. 그런데 경청과 질문은 스승에게만 필요한 조건이 아니라 제자도 꼭 갖춰야 할 덕목이다. 다산이 평생 사숙한 성호 이익(星湖 李瀷)이 "좋은 스승을 만나려거든 묻기를 즐겨 하라"고 권하고, 휠러가 학생이 교수를 가르칠 수 있다고 강조한 이유도 같은 맥락이어서 제자도 경청하고 질문할 줄 알아야 한다. 참신한 질문을 하고 귀 기울일 줄 아는 사람이야말로 좋은 제자다. 그런 점에서 플로디노프는 파인만에게 특별한 제자였다.

질문을 놓지 않는 정신은 끊임없이 인식의 지평을 넓힌다. 경청할 줄 아는 사람의 마음결은 가지런하다. 질문과 경청은 닫힌 마음에서는 숨 쉴 수 없다. 그래서 내 마음이 얼마나 열려 있는지 질문과 경청을 통해 가늠할 수 있다. 아직 스승을 만나지 못했다면 스스로에게 물어보라. 나는 질문하고 경청하는 사람인가? 좋은 스승을 알아보고 받아들일 만큼 마음이 열려 있는가? 스승을 만나 배우고 있는 사람도 자문해보라. 나는 스승에게 어떤 질문을 하고 어떻게 듣고 있는가? 스승의 가르침을 온전히 받아들일 자세가 되어 있는가?

생성적 대화의 토대, 민감성

대화는 상이한 성격과 경험과 기억을 가진 정신들의 마주침이다. 때때로 대화의 공명이 커지다 보면 대화는 일종의 탐험으로 변모한다. 각자가 아는 것과 모르는 것의 경계에서 사실의 교환을 넘어 사실을 이전과 다르게 결합하고 재해석하면서 새로운 인식의 문이 열린다. 이런 대화의 힘은 다른 무엇보다 질문과 경청에서 나온다. 이렇듯 질문과 경청이 생성적 대화의 핵심이지만 현실은 전혀 그렇지 않다.

경청과 질문은 커뮤니케이션 분야에서 과소평가되고 있다. 흔히 이둘보다 협상이나 발표 능력을 키우기 위해 노력한다. 원하는 바를 수월하게 손에 넣고 타인을 설득하는 게 중요하다고 생각하기 때문이다. 수많은 커뮤니케이션 관련 교육을 잠깐만 살펴봐도 설득과 협상에 관한 수업은 셀 수 없이 많지만 질문과 경청에 초점을 맞춘 교육은 거의 없다.

질문과 경청의 관계는 두 발로 걷기와 같다. 좋은 질문을 할 줄 아는 사람이 경청도 잘하고, 귀 기울여 들을 줄 아는 사람이 질문도 잘한다. 그래서 구본형도 "가장 좋은 듣기는 잘 질문하는 것"이라고 말했다. 질문과 경청은 서로를 끌어주고 밀어주며 선순환을 일으킨다. 플로디노프가 질문과 경청 모두에 능숙했던 것도 이 때문이다. 그렇다면 경청과 질문을 잘하기 위해서는 무엇이 필요할까? 생성적 대화 능력을 어떻게 키울 수 있을까? 오랫동안 대화를 연구한 데이비드 봄은 민감성(sensitivity)을 강조한다.

우리는 매일 하는 일상적인 활동 중에서 절반 정도를 습관에 의존한다. 무의식적으로 익숙한 방식을 취하거나 자동적으로 처리한다는 말이다. 그 어느 때보다 분주한 세상을 살고 있으니 이해 못 할 일도 아니다. 하지만 생성적으로 대화하는 법을 익히려면 먼저 자동적으로 반응하는 습관에서 벗어나야 한다. 피상적 차원에서 관심사나 문제를 수박 겉핥기로 건드리는 대화 패턴을 깨야 한다.

대화는 관계의 온도계다. 생성적 대화는 따뜻하고 생기가 돈다. 적당한 온도에서 꽃이 피고 열매가 열리듯 서로가 성장하고 관계가 점점 조화로워진다. 한마디로 긍정적이고 성숙한 대화가 이뤄진다. 그에 비해 퇴행적 대화는 극단적이다. 대화할수록 무관심으로 얼어붙거나, 갈등으로 펄펄 끓어 서로 상처 입히기 일쑤다. 그 정도로 부정적이고 파괴적이다. 에리히 프롬에게 '직접적인 만남'에 관한 영감을 준 스승 라빈코프는 젊은 제자를 늘 있는 그대로 존중하고 자유롭게 대화를 나눴다. 스승을 닮은 프롬도 깊은 이해와 온화한 시선을 가진 깨어 있는 소통자였다. 구본형이 경청과 질문 모두에서 능숙했던 이유도 그가 상대를 있는 그대로 존중하고 그 마음을 섬세하게 헤아릴 줄 알았기 때문이다. 라빈코프와 프롬과 구본형 모두 봄이 말한 민감도가 뛰어났다.

우리가 생성적 대화를 하기 위해서는 세 사람처럼 섬세한 민감도가 필요하다. 대화 중에 자신과 상대가 어떻게 반응하는지 포착하고, 거기서 나타나는 미묘한 차이와 유사점을 감지할 수 있어야 한다. 여기에는 언어적 요소뿐만 아니라 행동과 표정, 눈빛과 분위기 등 비언어적 요인도 포함된다. 봄에 따르면 이때 꼭 필요한 것이 민감성이다. 봄이 강조하는 민감성은 감각만을 뜻하지 않는다. 오감을 활용하는 감각이 민감해야 함은 기본이고, 오감을 통해 수집한 정보를 종합할 수 있어야 하며, 그것이 무엇을 의미하는지도 파악할 줄 알아야 한다. 요컨대 대화에서 민감성은 감각적 인식과 직관적 인식을 결합한 정묘(精妙)한 의식이다.

퇴행적으로 대화하는 사람은 민감도가 떨어진다. 낮은 민감도는 마비 상태 같아서 무감각하고 폐쇄적이다. 그래서 퇴행적 대화에는 일방적 말하기와 선택적 듣기가 난무한다. 민감도가 부족할수록 본인의 가정과 의견을 고수하려들고, 상대의 이야기도 나에게 유리한 내용 위주로 골라 듣는다. 이런 대화에서는 멋진 말을 쏟아내도 마음에 가닿지 않는다. 이에 비해 민감성이 뛰어난 사람은 전송 모드가 아닌 수신 모드를 섬세하게 조율한다. 의식을 집중하여 수신할 수 있는 범위를 넓혀서 잡음에 묻히기 쉬운 미약한 신호를 능숙하게 포착한다.

플로디노프는 봄과 다르게 표현하기는 했지만 그 역시 대화에서 민감성이 얼마나 중요한지 잘 알았다. 이미 눈치챘는지 모르지만 파인만과 믈로디노프의 대화는 퇴행적 대화와 확연히 다른 리듬을 보였다. 믈로디노프는 철저히 깨어 있어서 졸거나 딴생각에 빠지거나 습관적으로 사고하지 않았다. 판단을 일단 유보하고 기존 생각을 언제든 수정할 준비가 되어 있었다. 덕분에 대화를 거듭할수록 질문과 경청이 상승효과를 일으키고 두 사람은 친밀해졌다. 호킹과 작업하는 동안에도 크게 다르지 않아서 믈로디노프는 "그의 눈빛만으로도 그가 만족스러운지, 지쳤는지, 흥분했는지, 언짢은지 알 수 있었다"고 하면서 "언어는 유용하지만 우리에게는 말을 초월하는 사회적, 정서적 관계성이 있다"고 덧붙였다. 즉 언어 이전에 상대의 마음을 읽고 헤아릴 줄 알아야 한다.

많은 말이 오가지 않아도 교감이 깊이 이뤄지는 대화가 있다. 믈로디노프와 파인만의 대화가 그렇다. 믈로디노프는 파인만에게 오롯이 집중하는 시간이 누적될수록 처음에는 스승을 점점 깊이 알게 되었고, 나중에는 자신에 대한 이해도 깊어졌다. 방황하는 한 사람에게 지혜로운 스승과의 대화는 그야말로 내면을 심층 탐사하는 더없이 좋은 통로를 제공했다. 덕분에 중요한 문제를 새로운 관점에서 보게 될 뿐 아니라 자신에 대한 새로운 면도 발견할 수 있었다. 믈로디노프는 '자기답게 사는 게 중요하다' '나 자신을 믿고 다른 누구보다 나에게 가장 정직해야 한다' '글쓰기를 더 이상 숨기지 말고 오히려 신나게 즐기자' 등 아주 오랫동안 기억에 남은 깨달음을 얻었다.

대화에서만큼은 믈로디노프가 파인만보다 민감도가 뛰어났다. 이것이 질문과 경청에 이어 파인만이 믈로디노프를 반긴 세 번째 이유다. 그렇다면 믈로디노프가 민감도가 뛰어났던 이유는 무엇일까?

먼저 상황적 요소를 들 수 있다. 불행한 상황에 처한 사람은 대체로 평상시보다 예민해서 변화의 임계점이 낮다. 그래서 큰 위기가 닥치면 철옹성 같던 관점도 순식간에 무너지곤 한다. 불행은 내가 얼마나 나약한 존재인지 절감하게 만든다. 그리고 그때서야 비로소 인생에 대한 중요한 질문이 드러나고 진지한 탐색이 시작되곤 한다. 이것이 불행이 끝없는 절망으로 추락하지 않고 때때로 희망적인 반전이 일어나는 이유다. 플로디노프는 불안과 혼란을 동시에 느끼고 있었다. 나중에 오진으로 밝혀지긴 했지만 암 진단을 받고 나서는 불행의 극단에 처하기도 했다. 이런 상황이 지난 삶을 돌아보고 파인만과의 대화를 깊이 들여다보는 데 적지 않은 영향을 미친 것으로 보인다. 아마도 그래서 다른 누군가에게는 특별할 것 없는 파인만과의 말 하나하나가 그에게는 한 줄기 빛으로 다가왔던 것 같다.

상황적 요인 외에 플로디노프는 감정이입에 상당히 능했다. 대화에서 민감도의 가장 확실한 증거는 공감이다. 상대의 입장에 서보는 걸 잘할수록 민감도가 뛰어난 건 자명하다. 철학자 카를 포퍼(Karl Popper)는 새로운 이해를 얻을 수 있는 가장 유용한 방법은 '공감적 직관'이라고 했다. 그가 말하는 공감적 직관이 바로 감정이입이다. 대상의 내부로 들어가 그의 눈으로 세상을 보는 것이다. 이것을 뭐라 부르든 이미 여러 번 살펴봤듯이 플로디노프는 섬세한 공감자였다.

《생각의 탄생》의 저자 로버트 루트번스타인은 감정이입을 키우는 유용한 방법으로 문학 작품 읽기를 권했다. 훌륭한 문학 작품은 다양한 캐릭터가 살아 숨 쉬고 여러 인물의 심리에 대한 치밀한 묘사를 담고 있다. 보통 과학자들은 주로 전문 분야에 관한 서적을 읽고 논문을 쓰는 데 비해 믈로디노프는 어릴 적부터 다방면에 관심이 많아서 다양한 책을 읽고 영화를 보고, 무엇보다 시나리오 쓰기를 좋아했다. 그렇다면 문학 작품을 읽는 데 머물지 않고 믈로디노프처럼 손수 써본다면 어떨까? 읽기가 간접 체험이라면 쓰기는 직접 체험에 가깝다. 작품의 완성도에 상관없이 창작은 독서보다 인간에 대한 감수성과 공감 능력을 크게 키울 수 있다.

인생의 참뜻은 인간(人間)이라는 단어에 고스란히 담겨 있다. 한 사람의 인생살이는 사람(人)과 사람의 관계(間)인데 사람과 사람을 연결하는 행위가 대화다. 어쩌면 인생이란 관계와 대화의 물감으로 그려 나가는 커다란 그림이다. 스승과 제자가 만나 대화로 공명하는 풍경이 인생의 그림 어딘가에 자리한다면 그 또한 축복이리라.

스승의 역할,
3+1

> 교육은 들통을 채우는 것이 아니다. 불을 붙이는 것이다.
>
> − 윌리엄 버틀러 예이츠(William Butler Yeats)[40]

사람은 자신과 잘 맞는 스승을 만났을 때 감전(感電)된다. 천둥치듯 깨달음을 얻지만, 다른 한편으로는 스승의 강한 에너지가 미숙한 제자를 압도하여 과부하를 일으킬 수도 있다. 완숙한 스승과 설익은 제자 사이에 불꽃이 일어나면 제자는 자신도 모르게 '스승'이라는 색안경을 쓰게 되고, 그러면 사물과 세상을 오로지 스승을 기준으로 판가름하려 든다. 이는 스승의 해독(害毒)이라고 할 수 있는데, 뛰어난 스승에게 배우는 역효과이자 제자가 넘어야 할 문턱이다. 스승의 해독은 무시할 수 없지만 그걸 풀어가는 과정은 제자가 스스로를 쇄신하는 기회이기도 한다. 스승에게 배우는 여정이 벤치마킹(bench-marking)이라면 스승의 해독을 타파하는 과정은 자기 길을 개척해나가는 패스브레이킹(path-breaking)이라 할 수 있다. 여기서 주목할 점은 '스승은 어째서 제자에게 귀중한 깨달음과 함께 제자를 자칫 망가뜨릴 수 있는 해독을 주는가?'이다. 스승이 제자에게 하는 세 가지 역할에서 그 답을 찾을 수 있다.

스승의 기본은 전문성

특정 분야에 입문하려면 필수적으로 관련 지식과 기술을 습득해야 한다. 지식과 기술이 있다고 대가가 되는 건 아니지만 지식과 기술이 없으면 대가는커녕 평범한 수준에도 이를 수 없다. 지식과 기술을 익히는 과정은 어떤 분야든 빼놓을 수 없으므로 우선 스승은 이 둘을 가르칠 수 있는 지적 체계를 보유하고 있어야 한다. 이는 가르칠 수 있는 콘텐츠를 가졌다는 뜻이다. 동시에 선생은 콘텐츠를 효과적으로 전수할 줄 알아야 한다. 같은 내용이라도 어떻게 가르치는지에 따라 교육 효과가 달라지므로, 스승은 가르치는 방법을 숙지하고 있어야 한다. 정리하면 스승의 첫 번째 역할은 '전문성을 가진 교사'다.

그런 점에서 워런 버핏이 벤저민 그레이엄을 만난 건 행운이었다. 그레이엄은 뛰어난 가치투자가인 동시에 탁월한 교사여서 이제 막 투자의 길목에 들어선 제자에게 꼭 필요한 이론과 기술을 효과적으로 전수했다. 훗날 버핏은 공개석상에서 본인의 투자 스타일 중에서 80% 이상을 그레이엄에게 영향 받았다고 흔쾌히 인정했다. 버핏과는 성격부터 활동한 분야, 살았던 시대 등 모든 게 상이한 황상의 경우도 다르지 않다. 다산은 유배지에서 만난 평범한 제자들을 어디 내놓아도 당당한 전문가 집단으로 키워냈다. 외떨어진 유배지의 열악한 환경에서 이룬 성취임을 고려하면 그가 가르치는 데도 발군이었음을 짐작할 수 있다. 다산은 황상에게도 가장 먼저 공부하는 태도와 학습법, 시를 짓는 데 필요한 지식을 알려주어 기초를 튼튼히 다지게 했다.

대체로 제자는 스승이 아는 것을 나도 알고 싶다는 호기심을 느낀다. 이런 마음은 자연스럽게 일어나는데, 노련한 스승은 제자에게 잘 맞는 학습 재료를 제공하여 호기심을 탐구심으로 키운다. 이렇게 시작하는 스승의 실력을 전수 받는 과정은 스승 곁에서 배울 때만 해당되는 건 아니다. 직접 만날 수 없는 스승을 책을 통해 사숙하는 경우도 본질은 다르지 않다. 이어지는 3장('사숙, 마음 안에서 스승을 만나는 길')에서 상세히 알아보겠지만 조지프 캠벨은 사숙한 스승의 모든 저서를 반복해 읽었다.

그는 왜 한두 권이 아닌 스승이 쓴 모든 책을 그것도 여러 번 숙독했을까? 지식과 기술을 비롯해 스승의 콘텐츠를 완전히 소화하고 싶었기 때문이다. 더불어 스승의 책이 그에게 잘 맞는 '먹이'였다.

철학자 알프레드 노스 화이트헤드(Alfred North Whitehead)는 "평범한 교사는 말(tell)하고, 좋은 선생은 설명(explain)하고, 훌륭한 선생은 모범(demonstrate)을 보이고, 위대한 스승은 영감(inspire)을 준다"고 했다. 그는 왜 좋은 선생과 훌륭한 선생과 위대한 스승을 가르는 기준으로 모범과 영감을 꼽았을까? 잠시 신영복과 정향 조병호의 이야기로 돌아가 보자.

노촌 이구영이 신영복에게 동양고전 이상의 것을 깨우쳐주었듯이 신영복은 정향에게서 서예 그 자체를 넘어서는 것을 배웠다. 그는 감옥에서 아버지에게 보낸 편지에서 정향의 글씨를 보며 깨달은 점에 대해 "그것은 한마디로 글씨로써 배워서 될 일이 아니라, 사물과 인생에 대한 견해 자체가 담담하고 원숙한 관조의 경지에 이르러야 가능한 것"이며 "결국, 글씨의 문제가 아니라 인간의 문제이며 도(道)의 가지에 열리는 수확이 아니라, 도의 뿌리에 스미는 거름 같은 것이라 해야 할 것"이라고 썼다. 말과 설명으로 가르치는 것이 앎(知)의 영역에 속하고, 모범이 앎을 포괄하는 실천(行)을 의미한다면, 영감은 스승의 존재에서 우러나오는 힘이다.

말과 글과 행동은 곧 한 사람이 살아가는 방식이다. 겉으로 드러난 방식보다 존재 그 자체가 더 본질적이다. 사제관계에서 가장 중요한 가르침의 원천은 스승의 존재에 있다. 그래서 가장 훌륭한 스승은 존재 자체가 메시지다. 배우는 시간이나 가르치는 공간이 아니라 스승의 존재가 제자의 성장을 촉진한다.

그래서 제자는 스승을 직접 만나지 못하는 경우에도 스승에게 배울 수 있다. 맹자가 공자를 직접 만나지 못했지만 스승이 남긴 기록과 책을 통해 배우고 그의 사상을 확장했음을 떠올려보라. 훌륭한 책이 발산하는 문자향 서권기(文字香 書卷氣), 즉 문자의 향기와 서책의 기운을 통해 제자는 스승의 핵심을 느끼고 익힐 수 있다. 문자향 서권기를 대표하는 텍스트가 고전(古典)이다. 그리고 고전은 훌륭한 스승이 될 만한 인물이 쓴 책이다. 동서고금을 막론하고 현명한 이들이 한입으로 고전을 읽으라고 권하는 까닭이다.

스승은 거울이고 등대다

헤르만 헤세의 소설 《싯다르타》는 진정한 나를 찾아나선 한 사람의 순례길을 상징적으로 그린 걸작이다. 소설 속 주인공 싯다르타는 좋은 가문에서 태어나 유복하게 자란다. 음식은 풍족하고 잠자리는 안락하며 온갖 지식을 알려주는 선생들도 곁에 있다. 부모는 물론이고 많은 이들의 사랑도 듬뿍 받는다. 그런데 정작 자신은 전혀 즐겁지 않다. 어느 날 불현듯 실존적 문제가 그를 덮쳤기 때문이다.

"딱 한 가지 중요한 것을 모른다면, 다른 모든 것을 다 알고 있다는 것이 도대체 무슨 가치가 있을까?"[41]

그가 말한 가장 중요한 한 가지는 바로 '나'란 존재다. 싯다르타의 고백과 거의 같은 구절이 《도마복음》에도 나온다. "모든 것을 다 아는 사람도 자기를 알지 못하면 아무것도 모르는 사람에 불과하다." 나를 아는 것이 모든 앎의 바탕이라는 뜻이다. 자기를 이해한다는 것은 종교적 주제나 추상적 개념이 아니다. 이것은 구체적인 질문이며 모든 사람이 스스로 그 답을 찾아야 하는 화두다. 《사피엔스》의 저자 유발 하라리는 시간이 흐를수록 "당신이 알고 있는 것들 중 하나만 빼고는 모두 쓸모없어진다는 것을 알게 될 것이다. 유일하게 쓸모가 있는 지식은 '당신 자신에 대한 앎'이다"라고 말했다.

"너 자신을 알라"는 소크라테스의 유명한 일갈은 사실 플로디노프가 직면한 문제의 본질이다. 즉 '나는 누구이며 무엇을 위해 살아야 하는가?' 자기다운 삶을 살고자 하는 사람이라면 이 질문에서 자유로울 수 없다. 좋은 소식은, 자신에 대한 이해가 심화될수록 내 뜻대로 삶을 재편하고 창조할 수 있는 힘도 커진다는 점이다. 그러므로 스스로에게 질문해보라.

'나는 무엇에 살아 있음을 느끼는가? 무엇을 잘할 수 있는가? 내 인생에서 어떤 가치를 실현하고자 하는가?'

어떤가? 그대는 만족할 만한 답을 가지고 있는가? 조금 다른 질문도 해보자. '나는 진정 어떤 삶을 살고 싶은가? 나의 천직(天職)은 무엇인가? 무엇을 위해 일하는가? 나는 어디로 나아가고 있는가?' 이 모든 질문은 삶의 골수를 건드리지만, 분명하게 답할 수 있는 사람은 많지 않다. 싯다르타도 별반 다르지 않아서 이렇게 토로한다. "싯다르타라고 하는 이 수수께끼만큼 나를 그토록 많은 생각에 몰두하게 한 것은 없었다. 그런데도 나는 이 세상의 어떤 것보다 나 자신에 대하여 가장 적게 알고 있지 않은가!" 싯다르타와 오늘을 사는 우리가 겹쳐지지 않는가? 우리 대부분도 진짜 나를 모른 채 살고 있지 않느냐는 말이다.

외모가 제각각인 것처럼 우리 안의 가능성도 고유하다. 앞의 질문들은 모두 우리 각자의 가능성을 향한다. 여기에 대한 모든 답도 우리 안에 있다. 그래서 나를 알아내는 힘이야말로 가장 센 힘이다. 이 힘은 그냥 자라지 않는다. 배움의 과정과 조력자가 필수적이다. 그 배움의 조력자가 바로 화이트헤드가 말한 모범을 보이고 영감을 주는 스승이다.

궁금하지 않은가? 과연 위대한 스승은 구체적으로 제자에게 어떤 영감을 줄까? 가장 중요한 것으로 두 가지를 꼽을 수 있다. 이 둘은 스승의 역할이기도 한데, 은유적으로 표현하면 스승은 제자에게 '거울'과 '등대' 역할을 한다.

우선 스승은 제자의 잠재력을 비춘다. 애벌레의 모습에는 훗날 나비가 된다는 증거가 보이지 않지만 스승은 그 보이지 않는 씨앗을 감지한다. 훌륭한 스승은 장차 다이아몬드가 될 수 있는 거친 원석이 저 밖이 아닌 제자 안에 있음을 안다. 그래서 제자가 스스로를 탐구하도록 독려한다. 사람은 자기와 비슷한 성질을 가진 사물을 유달리 잘 이해한다.

사람과 사람의 관계도 그와 같아서 어떤 사람을 깊이 이해할 수 있는 이유는 내 안에 그 사람이 있고 그 사람 안에서 나를 보기 때문이다. 스승은 제자에게 언젠가 만개할 잠재력이 있음을 일깨워주고, 제자는 스승을 거울삼아 그 씨앗을 발견한다.

물속의 물고기는 물을 모른다. 마찬가지로 나의 잠재력을 발견하기 위해서 거울이 필요하다. 에머슨이 휘트먼과 소로의 진수를 간파한 것처럼 훌륭한 스승은 사람을 알아보는 안목을 가졌다. 노촌과 정향은 신영복에게서 이제는 사라지다시피한 우리 인문 정신의 열매라 할 만한 선비의 자질을 보았다. 신영복이 두 스승을 통해 선비의 필수과목인 문사철(文史哲)에 새롭게 눈뜨고 시서화(詩書畵)에서도 적지 않은 영향을 받은 것은 우연이 아니다.

다산은 일찍부터 제자 황상의 마음에 속세를 떠나 자기다운 공간을 운영하며 사는 유인(幽人)의 씨앗이 묻혀 있음을 감지했다. 그래서 유인의 공간 운영법을 그림 그리듯 자세히 적어서 《제황상유인첩(題黃裳幽人帖)》이라는 작은 책자로 만들어 주었다. 마찬가지로 컬럼비아대학원에서 처음 만난 버핏이 뛰어난 투자가의 자질을 가졌음을 알아챈 벤저민 그레이엄은 이제껏 중고차 임대와 게임기 대여 등 돈 되는 일이라면 물불 안 가리던 버핏을 가치투자라는 새로운 세계로 인도했다.

그레이엄은 제자에게 믿을 만한 가치투자가의 모범을 보여주었고, 버핏은 스승을 맑은 거울삼아 투자가로서의 가능성을 자각했다.

둘째, 스승은 제자가 삶의 방향을 잡는 실마리를 제공한다. 조지프 캠벨의 표현을 빌리면 스승은 "이 너머에는 암초가 있으니까 키를 똑바로 잡아라, 저 너머에는 해협이 있다"고 알려주는 등대와 같다. 예로부터 많은 항해자들이 등대의 도움을 받아 나아갈 방향을 잡은 것처럼 스승은 불을 밝혀 제자가 자기 앞에 펼쳐진 길을 발견하도록 돕는다. 등대가 불빛을 비롯해 형상과 음향과 전파 등 다양한 방법으로 길을 안내하듯이, 스승도 화두를 제시하고 질문을 던지고 모범을 보이는 등 다채로운 방식으로 제자의 흐린 눈을 깨끗이 씻어준다.

버핏의 경우 본격적으로 전문투자가의 길을 시작할 때 그레이엄의 책과 수업이 등대 역할을 해주었다. 구본형 역시 스승과 떨어져 직장을 다닐 때도 "어느 길로 가든 훌륭함으로 가는 길은 있다"는 가르침과 '스승이라면 어떻게 했을까?'라는 질문을 잊지 않았다.

다산에게서 《제황상유인첩》을 받은 순간부터 유인의 삶은 황상의 꿈이 되었다. 당시 그는 열여덟 살에 불과했지만 저 밖 세상으로 나가기보다는 자신이 원하는 작은 세상 하나를 제 손으로 창조하리라 마음먹었다. 훗날 황상은 스승이 비춘 삶의 방향성을 '일속산방(一粟山房, 좁쌀 한 톨만 한 작은 집이라는 뜻)'이라는 아담한 자연 친화적 공간으로 실현했다.

중국의 문장가 한유(韓愈)는 '사설(師說)'에서 스승을 일러 도(道)를 가르치고 실천적 모범을 보여주는 사람이라고 했다. 한자 '道'를 글자 그대로 풀면 '길'이다. 그러므로 길을 가리키는 사람이 곧 스승이며 길을 가리키는 것이 스승이 해야 할 일이다. 신영복 또한 스승을 '길을 보여주는 인격적 모범'으로 정의했다. 실제로 그의 제자들은 스승을 등대 같은 존재로 생각했으며 그 자신도 제자들에게 등대가 되기를 마다하지 않았다. 한번은 제자가 그에게 "선생님을 제 마음속에 우상으로 모시고 있는데 그래도 괜찮을까요?" 하고 묻자, 그는 뭔가 대단해 보이는 우상보다는 "필요할 때 멀리서 바라볼 수 있는 등대처럼 생각해주면 좋겠다"고 답했다.

2016년 1월 신영복이 세상을 떠나고, 한 제자가 스승을 기리며 남긴 문장에서 그가 어떤 스승이었는지 짐작해볼 수 있다. "내 인생의 등대는 별이 되었다." 그 또한 제자들에게 영감을 주고 길을 찾을 수 있도록 도와주는 빛과 같은 존재였던 것이다.

라이너 풍크는 에리히 프롬과 만나 자신을 무의식적으로 사로잡던 문제를 깨닫고, 그동안 애타게 찾던 '나를 확실하게 이끌어줄 직업적 동기'를 발견했다. 그가 프롬을 만난 후 프롬처럼 정신분석학자가 되기로 결심했음을 기억하자. 랠프 에머슨은 헨리 소로에게 책을 쓰는 방법을 지도하고 초월주의라는 새로운 땅으로 안내했다. 구본형은 내게서 나 자신은 짐작조차 못 하고 있던 작가와 강사로서의 자질을 먼저 보고 내가 그 방향으로 성장할 수 있도록 도와주었다.

그런데 여기서 짚어볼 점이 있다. 프롬과 풍크, 소로와 에머슨 같은 사사가 아닌 사숙의 경우에도 스승은 제자에게 거울과 등대 역할을 할까? 그렇다. 이어지는 3장에서 자세히 소개하겠지만 다산 정약용은 성호 이익을 한 번도 만나지 못했음에도 그가 남긴 책을 통해 새로운 학문의 미래를 꿈꾸며 그를 공부의 준거로 삼았다. 다산이 세상을 떠나고 125년 후에 태어난 한양대학교 정민 교수는 다산을 삶의 스승으로 10년 훌쩍 넘게 집중적으로 사숙하고 있다. 법정 스님은 수필집《새들이 떠나간 숲은 적막하다》에서 자신은 몇 명의 큰 스승의 은혜 속에 살아왔다면서 효봉 선사처럼 '직접 가르쳐 보인 현실적인 스승'도 있고, 성 프란치스코(San Francesco)처럼 '역사적인 인물로서 기록을 통해' 사숙한 스승도 있다고 밝혔다.

이처럼 사사뿐만 아니라 사숙에서도 스승이 하는 역할은 다르지 않다. 스승은 제자 안에 묻혀 있는 보물과 그가 펼쳐나갈 길을 상징한다. 이것은 제자에게 스승이 살아가는 모습, 여러 사람들 속에서 행동하고 말하고 일하는 방식, 그의 책과 작품과 직업으로 구체화된다. 제자의 잠재력과 미래를 보여주는 스승은 제자 자신도 그와 같은 가능성을 가지고 있음을 깨우쳐준다. 제자는 그 가능성을 관찰과 모방, 대화 등 다양한 학습 방식과 사숙 방법을 통해 차근차근 완성할 수 있다.

거울과 등대는 둘 다 비추기와 보기와 밀접한 관련이 있다. 거울은 나를 비추고, 등대는 앞을 비춘다. 거울을 통해 나를 보고, 등대를 통해 미래를 볼 수 있다. '존경'을 의미하는 영어 'respect'는 '다시(re) 본다(spect)'는 뜻이다. 한 인물을 스승으로 삼는 것은 존경하기 때문이다. 존경은 스승을 보고 또다시 보는 것이다. 그리하여 스승을 통해 나를 재발견하고 내 삶을 조망할 수 있다.

스승이 해서는 안 되는 한 가지

그리스의 소설가 니코스 카잔차키스(Nikos Kazantzakis)는 인간의 영혼은 "함께 있는 사람에 따라 눈부시게 달라질 수 있다"고 했다. 카잔차키스에게 그런 사람이 실제로 있었으니 우연히 만나 잊을 수 없는 자취를 남긴 조르바(Zorba)다. 조르바는 카잔차키스가 관념적인 삶을 벗어나 정신과 육체 모두 싱싱한 삶으로 전환하는 데 이정표 역할을 하는데, 카잔차키스는 자서전에서 자기 인생에서 '삶의 길잡이'를 한 사람만 꼽으라면 주저 없이 그를 택하겠다고 썼다.

여기서 주목할 점은 조르바가 구조자가 아닌 조력자라는 점이다. 많은 사람들이 인생이라는 학교에서 가장 배우고 싶은 스승으로 존경한 엘리자베스 퀴블러로스(Elisabeth Kübler Ross)는 진정한 조력자는 구조자가 아니며, 누군가를 구원하려고 하면 안 된다고 강조했다. 누구에게나 각자만의 길이 있으며 그 길을 가는 건 오롯이 그의 몫이기 때문이다. 카잔차키스는 뼈아픈 체험을 통해 이 점을 깨달았다.

언젠가 그는 나비가 되려고 애쓰는 유충을 보고, 따뜻한 입김을 계속 불어 껍데기를 편하게 뚫고 나올 수 있게 도와주었다. 덕분에 유충은 껍데기에서 수월하게 빠져나왔지만, 너무 빨리 나온 탓에 날개를 펴지도 못한 채 죽었다. 예쁜 나비를 얼른 보고 싶은 욕심이 부른 예기치 못한 죽음이었다. 이 일을 통해 카잔차키스는 껍데기를 뚫는 과정과 날개를 펴는 일 모두 유충의 몫임을 통감했다.

서양 철학사의 위대한 정신 소크라테스는 스스로를 '영혼의 산파'로 간주했다. '너 자신을 알라'는 경구가 모든 사람이 낳아야 하는 지혜의 생명이었다. 스승은 한 사람이 자기 존재를 새롭게 발견하고 재탄생할 수 있도록 돕는 산파(産婆)에 비유할 수 있다. 산모의 출산을 돕는 산파가 아이를 직접 낳지 않듯이 스승도 제자에게 없는 걸 억지로 줄 수 없다. 산모 안에서 새로운 생명이 탄생하듯이 모든 가능성은 제자 스스로 깨우쳐야 한다. 그런데 그 과정이 녹록치 않다. 산모가 진통을 겪는 것처럼 제자도 한 층 더 성장하기 위해 혹독한 시간을 견디며 크고 작은 어려움을 극복해야 한다. 퀴블러로스와 소크라테스 같은 현인은 이 시간은 스승이 필요한 시간이 아닌 제자가 스스로를 단련하는 과정임을 알고 있었다. 스승은 제자를 격려하고 실마리를 주는 조력자가 되되 카잔차키스가 유충에게 했듯 구원하려 들면 안 된다.

이미 눈치챘겠지만 2장에서 살펴본 훌륭한 스승들, 에리히 프롬과 랠프 에머슨, 길현모와 이구영도 이 점을 잘 알았다. 나중에는 카잔차키스도 알게 되었다. 그는 《그리스인 조르바》에서 주인공의 입을 빌려 말했다. "위대한 스승이라면 자기를 능가하는 제자를 만드는 것보다 더 즐거운 일은 없다." 리처드 파인만은 어떤가? 파인만은 누구든 자기 자신으로 살아야 한다고 믿었다. 그 자신부터가 '누가 뭐라 하건' 늘 자기 자신으로 존재했다. 파인만은 믈로디노프가 자신을 닮기를 바라지 않았다. 그가 간절한 눈빛으로 조언을 구하는 제자에게 답을 주지 않고 일관되게 스스로 알아보고 결정하라고 누누이 강조한 것도 이 때문이다. 내가 발견하고 결정하고 만들 수 있는 것만이 진정으로 가치 있기 때문이다.

스승은 제자의 가능성을 제 맘대로 마름질하는 사람이 아니다. 나비가 되려는 건 유충의 본성이다. 나비가 되기 위한 노력 또한 유충의 책임이다. 나무도 뜨거운 태양에 그을리고 매서운 바람에 흔들리고 쏟아지는 폭우를 견뎌야 비로소 꽃 피고 열매 맺는다. 스승이 꼭 해야 하는 역할이 있듯이 결코 해서는 안 되는 일도 있다.

스승과 제자의 특별한 관계

지금까지 스승의 세 가지 역할을 이야기했다. 그런데 중요한 스승의 역할이 하나 더 있다. 이 역할을 통해 스승은 제자에게 중요한 존재를 넘어 소중한 관계가 된다. 이상하게 들릴지 모르지만 제자는 스승을 두려워할 정도로 존경하면서도 한편으로는 어떤 친구보다 더 가깝게 느낀다. 그래서 함께하는 자리를 어려워하면서도 늘 함께 있고 싶어 하는 모순된 감정을 품는다.

구본형은 길현모 교수를 다른 누구보다 좋아했음에도 그 앞에서 편히 앉지 못할 정도로 어려워했다. 나 또한 구본형을 존경하고 좋아하면서도 처음 만나고 2년 넘게 한 번도 먼저 전화하지 못했다. 그만큼 어려워하면서도 스승과 만날 약속이 잡히면 소풍을 앞둔 아이처럼 손꼽아 기다렸다. 스승은 큰 산과 같아서 제자가 오르기 힘든 산인 동시에 한결 즐겁게 거닐 수 있는 수많은 산책길을 품고 있기도 한다. 장대한 규모에 험준한 배움의 길과 함께 은은한 기쁨과 치유의 오솔길로 가득한 존재가 스승인 것 같다. 제아무리 뛰어난 인물이라도 같이 시간을 보내고 싶지 않다면 훌륭한 스승이 아니다. 그러므로 스승으로 섬길 만한 사람을 찾았다면 그와 함께 여행을 떠나고 싶은지 스스로에게 진지하게 물어보라. 답이 '그렇다'이면 아마 좋은 스승이리라.

사제관계는 친구나 우정과 거리가 먼 것처럼 보일 수 있지만 자세히 보면 그렇지도 않다. 온갖 사건이 일어나는 인생길에서 수많은 사람들 중에 두 사람이 만나 마음을 나누고 같이 공부하고 내밀한 관계를 맺는다는 점에서 스승과 제자는 친구 이상으로 각별할 수 있다. 스승과 제자는 함께 삶의 길(道)을 걸으며 깨달음을 나누는(伴) '인생의 도반(道伴)'이다.

중국 명대의 사상가 이탁오(李卓吾)는 말했다. "친구가 될 수 없다면 진정한 스승이라 할 수 없고, 스승이 될 수 없다면 진정한 친구가 아니다." 친구 같은 스승은 말 그대로 존경과 우정의 결합 내지는 그 이상의 관계를 말한다. 이 책에 등장하는 많은 제자가 자신과 스승을 그와 같은 관계로 소개하고 있다. 템플 그랜딘은 윌리엄 칼록을 "그분은 자기의 세계로 나를 끌어넣지 않고 나의 세계로 들어왔다. 칼록 선생님은 나의 스승이자 친구이며 신뢰자였다"고 말했고, 워런 버핏은 "나에게 벤저민 그레이엄은 스승이자 고용주이자 친구였으며, 각각의 관계에서 그만큼 좋은 상대가 없었다"고 했다. 라이너 풍크는 에리히 프롬과의 관계가 깊어질수록 "우리는 함께 인생길을 가는 동지가 되었다"고 했고, 김창남 성공회대학교 교수는 신영복이 작고하고 나서 "최고의 스승이자 최고의 친구를 잃은 빈자리는 아마 영원히 메워지지 않을 것"이라는 말로 스승을 추모했다.

사사뿐만 아니라 사숙할 때도 스승은 도반이 되어준다. 사숙은 한 개인이 이미 죽은 인물을 숭배하거나 자기 혼자 되는대로 따라 하는 게 아니다. 생각해보라. 살아 있는 한 사람이 이 세상을 떠난 사람과 친구이자 스승으로 맺는 관계만큼 신비로운 인연이 어디 있겠는가. 나는 가끔 이런 상상을 해본다. 모든 사물은 에너지이고, 에너지는 형태만 달라질 뿐 사라지지 않는다. 에너지는 고유의 주파수로 진동하며 같은 주파수는 서로 통한다. 이는 멀리 떨어져 있어도 마찬가지이다. 우리 각자도 에너지이고 고유한 주파수를 가지고 있다. 그렇다면 우리 영혼도 주파수나 기운을 가지고 있지 않을까? 그리하여 같은 주파수를 가진 영혼 간의 공명이 가능하지 않을까? 나는 사숙으로 만난 인연이 그 정도로 특별하다고 믿는다. 두 사람은 시공을 초월해 연결되어 있는 '영혼의 도반'인 것이다.

나는 느낀다. 조지프 캠벨의 책을 읽을 때 캠벨은 나와 함께 있다. 칼 융에 대해 글을 쓸 때 융은 내 곁에 있다. 마음속으로 '이 상황에서 구본형 사부라면 어떻게 했을까?' 하고 물을 때 나는 스승과 만난다. 법정 스님이 머문 불일암을 찾아가면 스님은 나와 같이 걷고 있다. 나는 여행을 갈 때마다 늘 구본형과 법정 스님과 인연이 있는 장소를 일정에 넣어두고, 두 스승의 책을 가져간다. 소중한 스승들과 함께 여행하고 싶기 때문이다. 그간의 경험으로 확신하건대 직접 마주하지 않아도 놀라운 배움이 일어난다.

책과 기록과 여행과 감정이입은 스승과 만나는 연결 통로다. 이를 통해 마음속 스승과 교감하고 마음의 대화를 할 수 있다. 그래서 사숙의 과정은 사사와 마찬가지로 외롭지 않다. 스승과 함께 정신적으로 공명하고 학습으로 관계를 짜나가는 여정이 사숙이기 때문이다. 3장에서 우리는 다양한 사숙의 사례와 방법을 볼 것이다.

· 3장 ·

사숙, 마음 안에서 스승을 만나는 길

자기 자신의 내면에서 반짝이는 섬광을 감지하고 보는 법을 배워야 한다.
그러나 인간은 자기 것이라는 이유로
자신의 생각을 어느새 무시해버린다.
언제나 우리는 천재의 작품에서 스스로 거부했던
우리 자신의 생각을 발견한다.
그 생각은 어떤 낯선 위엄을 지닌 채 우리에게 다시 다가온다.

— 랠프 왈도 에머슨(Ralph Waldo Emerson)[1]

헤세, 카잔차키스, 법정이
사랑한 사람

굶주림과, 추위와, 질병과, 비웃음과 불의와,
추악함 따위의 (날개가 없는 인간들이 현실이라 일컫는) 현실을 자신의 영혼으로 정복했고,
현실을 진리보다도 더욱 참된 현실적이고
기쁜 꿈으로 변형시키는 데 성공했기 때문에 그를 사랑한다.

— 니코스 카잔차키스(Nikos Kazantzakis)[2]

소설가 니코스 카잔차키스(Nikos Kazantzakis)와 헤르만 헤세(Hermann Hesse) 그리고 법정(法頂). 세 사람은 각자 몸담은 분야에서 독자적인 세계를 개척했다. 카잔차키스와 헤세는 20세기 문학에서 빼놓을 수 없는 작가이고, 법정 스님은 국내에서 가장 존경받는 수행자 가운데 한 명이다. 지금도 많은 사람들이 세 사람을 사랑한다. 그리고 이 세 사람이 사랑한 한 사람이 있다. 이탈리아 아시시의 성자(聖者) 프란치스코(San Francesco d'Assisi).[3]

먼저 성 프란치스코에 대해 간단히 알아보자. 가톨릭 역사에서 가장 사랑스런 성인(聖人)으로 불리는 프란치스코는 1181년 또는 1182년 이탈리아 움브리아 지역의 작은 마을 아시시에서 부유한 포목상인 집안의 만아들로 태어났다. 젊은 시절 그는 아버지의 많은 재산을 탕진하며 쾌락을 좇는 삶을 살아서 주변 사람들에게 '무절제한 선동가'로 불

리기도 했다. 그는 당시 크게 유행한 기사도(騎士道)에 낭만적으로 심취해서 전쟁을 승리로 이끌어 이름을 날리기를 꿈꿨다. 화려한 투구와 갑옷으로 치장하고 명마(名馬)에 몸을 싣고 전쟁터로 달려 나간 적도 있다.

세속적 욕망에 탐닉하고 출세를 바라던 젊은이의 삶에 놀라운 반전이 일어난다. 어느 날 돌연히 회심(回心)하여 그리스도의 참된 가르침을 깨달은 것이다. 그 후로 투구와 갑옷을 벗고 집안의 재산을 가난한 사람들과 나누고 과거와 정반대의 인생을 살기 시작했다. 프란치스코는 '부잣집 아들'에서 '가난한 자(poverello)'가 되어 "나는 청빈(淸貧)부인과 결혼했다"고 선언한다. 방종한 젊은이에서 그리스도의 말씀대로 살기 위해 노력하는 신앙인으로 거듭난 것이다.

프란치스코가 높게 평가받는 이유 중 하나는 새 시대를 여는 새로운 정신을 생생히 보여주었기 때문이다. 《르네상스를 만든 사람들》의 저자 시오노 나나미(鹽野七生)는 최초의 르네상스인으로 성 프란치스코를 꼽는다. 왜 그가 르네상스(Renaissance)의 문을 연 선구자일까? 몇 가지 이유가 있다.

프란치스코는 기존의 종교적 해석에 갇히지 않고 성서를 새롭게 바라봤다. 당시의 엄격한 계율과 복종을 강조하는 신앙이 아닌 그리스도가 전하는 가르침의 본질은 사랑이라고 그는 확신했다. 당시로서는 그야말로 혁신적인 해석이었다. 그래서 시오노 나나미는 "성 프란치스코가 기독교회에 일으킨 혁명은 예수의 가르침이 사랑과 온유로 충만해 있다는 사실을 사람들에게 깨우쳐준 것"이라고 지적한다. 또한 프란치스코는 일반 대중이 사용하는 토착어로 설교했다. 당시 거의 모든 성직자가 귀족을 비롯해 특정층만 알아듣는 라틴어를 사용했음을 감안하면 이 또한 파격이었다. 게다가 그는 할 수만 있다면 교회뿐만 아니라 시장과 길거리 등 어느 곳도 마다하지 않고 설교했다.

성 프란치스코는 많은 성직자들이 당연시한 권위와 특권을 버렸다. 그는 자발적 가난과 희생을 강조하고, 가장 낮은 곳에서 병들고 빈곤한 이들과 함께하며, "우리의 걸음걸이가 곧 우리의 설교가 되지 않고서는, 설교하러 멀리까지 돌아다녀도 소용없다"는 자기 믿음대로 살기 위해 온 힘을 다했다. 그러면서도 즐거운 마음으로 아무것도 소유하지 않고 희망을 전하고 사랑을 실천했다. 그리하여 마침내 그는 불세출의 기사가 되었다. 어린 시절 꿈꿨던 '전쟁을 승리로 이끄는 기사'가 아닌 중세를 거치며 붕괴되어가던 '가톨릭을 재건하는 기사'로 우뚝 섰다.

니코스 카잔차키스와 헤르만 헤세와 법정은 프란치스코 성인을 영감의 샘이자 삶의 본보기로 흠모했다. 세 사람이 성인을 사랑한 증거는 뚜렷하다. 젊은 시절 헤르만 헤세는 아시시를 두루 여행하고 성인을 10년 간 탐구하여 1904년 그에 관한 전기 소설《아시시의 성 프란치스코》를 썼다. 니코스 카잔차키스도 수십 년 동안 프란치스코를 흠앙했다. 덴마크 출신의 작가 요한네스 예르겐센(Johannes Jörgensen)이 쓴《아씨시의 성 프란치스코》를 그리스어로 번역하여 고국에 소개하고, 그 자신도 성인의 일생을 장편소설《성자 프란체스코》에 담았다. 법정 스님은 참된 종교인의 귀감으로 프란치스코를 꼽으며 주변 사람들에게 자주 성인의 정신을 강조했다.

법정은 첫 수필집《영혼의 모음》에서 "그것이 사람이든 책이든 혹은 사상이든 간에 인간은 만남에 의해서 거듭거듭 형성되어간다"고 썼다. 프란치스코와의 만남이 바로 그런 만남이었다. 법정은 종파적 종교가 달랐음에도 성인에게서 청빈과 간소한 삶의 모범을 배웠다고 공언했다. 가난은 사람을 떨어뜨리는 게 아닌 들어 올리는 길이며 부(富)를 소유하기보다는 불우한 이웃과 나누는 것이 스스로 한 차원 높이 도약하는 행위라는 성인의 신념에 적극 동의하면서 성인에게서 많은 영감을 얻었다고 여러 번 강조했다. 프란치스코 성인에 관한 법정의 글을 하나 옮기면 다음과 같다.

"프란치스코 성인은 죽음이 임박했을 때 가난과 겸손을 보다 온전하게 지키기 위해 형제들의 모든 집과 움막은 흙과 나무로 지어야 한다는 내용을 유언에 넣도록 당부했다. 나는 이 글을 읽으면서 많은 영감을 얻었다."4

뛰어난 소설가로 손꼽히는 카잔차키스와 헤세도 다르지 않다. 두 사람은 성 프란치스코를 이 세상 만물과 교감할 수 있는 감수성을 가진 '위대한 시인'으로 존경하며, 그의 삶 자체가 아름답고 고귀한 한 편의 시라고 찬탄했다. 흥미롭게도 헤세와 카잔차키스는 시오노 나나미와 마찬가지로 성인을 새로운 시대를 대표하는 '새로운 인간'의 모범으로 생각했다. 다시 말해 프란치스코를 중세의 어둠을 끝내고 정신과 예술이 새롭게 탄생한 르네상스시대를 열어젖힌 선각자로 본 것이다.

헤세가 말했듯이 성 프란치스코는 두 손 가득 좋은 씨앗을 움켜쥐고서 넓은 땅에 뿌렸고, 씨앗들은 곳곳에서 예술가와 현자의 영혼에서 움이 텄다. 카잔차키스와 헤세의 영혼에도 그 씨앗이 묻혀서 꽃 피고 열매가 맺었다. 두 사람이 성인에게 받은 영향은 각자의 작품에 잘 드러나 있는데, 그 가운데 하나씩만 옮겨 본다.

"진실보다 더 진실된 이 전설적 이야기를 써나가면서 나는 우리의 영웅이며 위대한 순교자인 프란치스코에 대한 사랑과 존경과 감탄으로 완전히 압도되었다. 굵은 눈물이 떨어져 원고지를 적신 적이 한두 번이 아니다." 카잔차키스.[5]

"이 위대한 사람으로부터, 예술은 새로운 활동 영역과 활력을 받아들였다. 헤아릴 수 없이 영원한 이 사람을 떠올리면 기적이 일어나고 생기가 일깨워지며, 업적을 이루는 영웅과 그림을 그리는 화가와 노래를 부르는 노래꾼에게 영감이 스며드는 것이다. 왜냐하면 그들 모두는 프란치스코를 통하여 애타는 그리움을 일깨우는 알레고리(Allegory)와 세상을 향하는 하느님의 말씀을 알아차렸기 때문이다." 헤세.[6]

아시시의 성자가 세 사람에게 미친 영향은 일시적이지 않았다. 카잔차키스는《영혼의 자서전》에서 프란치스코의 고향 아시시를 '이탈리아의 가장 거룩한 도시'로 묘사했다. 그는 마흔한 살에 떠난 이탈리아 여행 중에 이 오래된 마을을 방문했다. 그에 따르면 영혼이 높이 솟아오르려고 투쟁하는 어려운 시기에 마음이 열려 아시시를 찾았고, 이곳에서 석 달을 묵으며 성 프란치스코를 온몸으로 만났다.

카잔차키스는 프란치스코에게서 자신이 반평생 넘게 화두로 삼아온 '자아와 죽음을 초월하는 인간' '불가능한 소명을 위해 투쟁하는 인간'의 전형을 보았다. 카잔차키스가 지향한 존재의 본질은 그의 묘비명에 그대로 함축되어 있다. "나는 아무것도 바라지 않는다. 나는 아무것도 두렵지 않다. 나는 자유다." 성 프란치스코는 그리스도의 길을 따르는 것 외에 아무것도 바라지 않았고 죽음조차 두려워하지 않았다.

"내 형제 죽음이여, 어서 오라." 이 말은 성인이 육신을 떠나며 마지막으로 남긴 말로 알려져 있다. 더불어 성인은 카잔차키스에게 인간에게는 '선택한 길의 한계점까지 도달할 능력과 의무가 있음'을 알려주었다. 카잔차키스는 프란치스코를 통해 '작은 나'를 넘어서는 소명을 따를 때 결과에 집착하지 않고 과정 자체에 헌신할 수 있으며, 내 안의 가능성을 모두 끄집어낼 수 있음을 깨달았다. 소명을 완수하지는 못할지언정 잠재력만큼은 남김없이 계발할 수 있는 것이다. 중년의 카잔차키스가 '앞으로 어떻게 살아야 하나? 어느 방향으로 가야 하는가?' 고뇌할 때 성인은 '소중하고 믿음직한' 안내자가 되어주었다. 그는 프란치스코를 만나 삶을 바라보는 시선이 확장되었으며, 그 과정 과정은 소설로 스며들어 정제되었다.

카잔차키스는 만년에 집중적으로 성인을 다시 연구하여 일흔 살에 《성자 프란체스코》를 집필했다. 이 작품은 카잔차키스가 세상을 떠나기 4년 전에 쓴 마지막 소설 가운데 하나로 그가 오랜 시간 아시시의 성자를 마음에 품고 있었음을 보여준다.

헤세는 1904년 《아시시의 성 프란치스코》를 출간하고 이듬해 5월 성인에 관해 쓴 글에서 "지난 10년 동안 성 프란치스코의 성품과 참뜻에 몰두하고 점점 더 이해를 더해가려"고 했다고 밝혔다. 특히 평범한 젊은이 조반니 베르나르도네(Giovanni Bernardone, 프란치스코 성인의 본명)가 거룩한 성자로 거듭나는 과정이 가슴 깊이 와닿았다. 헤세는 성인을 과거의 나를 죽이고 새로운 존재로 '거듭나는 인간'의 원형(原型)으로 보고, 그의 변모 과정에서 지난 삶을 버리고 새롭게 인생을 시작하는 전형적 패턴을 발견했다. 그는 성인을 본받아 자신의 운명을 프란치스코라는 '영원한 별에 결합하려 자꾸만 되풀이해서 노력'하고 있다고 힘주어 말했다.

아시시의 성자는 헤세에게 내면의 목마름을 해갈하는 상쾌한 샘이었다. 헤세는 《아시시의 성 프란치스코》를 쓰고 15년 후인 1919년에 단편 〈꽃놀이: 아시시의 성 프란치스코의 유년 시절〉을 썼다. 헤세 역시 본인이 고백했듯이 20년 넘게 성인 곁에 머물렀다. 그는 성인의 삶에서 영감을 받아 안락한 집을 떠나 진짜 나를 찾아가는 여정을 소설의 중심 주제로 삼았다. 《아시시의 성 프란치스코》를 보고 나서 헤세의 여러 소설을 읽으면 프란치스코 성인이 때로는 '크눌프'의 모습으로, 때로는 '데미안'의 말과 행동으로, 《동방순례》에서는 '레오'라는 이름으로 등장함을 알 수 있다. 또한 《싯다르타》와 《나르치스와 골드문트》 등 헤세의 대표 작품에는 공통적으로 베르나르도네와 프란치스코처럼 서로 대극에 위치하는 인물이 등장하며, 탕자(蕩子)가 성자로 변모하고 신학교 중퇴생이 예술가로 변모하는 극적인 전환 과정이 담겨 있다. 이 또한 성인이 그에게 미친 영향이다.

성 프란치스코를 사숙한 또 한 사람, 법정 스님은 어떨까? 그는 카잔차키스와 헤세와는 조금 다른 관점에서 성인을 따랐다. 법정은 사후에 공개된 노년에 남긴 한 기록에서 "내가 존경하는 인물은 자기중심성으로부터 스스로를 해방시킨 사람들, 아니 스스로를 해방시켰다기보다 '사랑에 의해서 자기중심성으로부터 해방된' 인물"이라고 하면서 그 대표적 인물로 프란치스코 성인을 꼽았다. 그는 '종파를 따질 것 없이 본받지 않을 수 없는 아시시의 성 프란치스코'를 수행자의 사표(師表)로 여겨서 30년 넘게 여러 글에서 성인의 맑은 삶을 소개했다. 이를테면 1977년에 쓴 글에서 "우리보다 앞서 인생을 살다 간 사람들의 자취는, 지금 살고 있고 앞으로 살아갈 우리에게 적잖은 암시를 던져준다"고 하면서 프란치스코 성인에게서 철저한 청빈을 배웠음을 이야기했고, 1982년에 쓴 글에서는 프란치스코의 삶에서 "평생을 두고 본받아야 할 그런 교훈을 지금도 배우고 있다"고 강조했다. 이 외에도《오두막 편지》를 포함해 많은 수필집에서 성인의 정신과 어록을 언급했다.

법정도 헤세와 카잔차키스처럼 프란치스코 성인을 보다 깊이 만나기 위해 성인의 고향을 방문했다. 이탈리아를 여행하는 중에 지인에게 보낸 엽서에 "오늘은 아시시로 가서 프란치스코 성인의 자취를 음미할 계획"이라고 썼다. 그리고 아시시를 둘러보며 "크나큰 성스러움과 성인에 대한 존경심이 우러나왔다"고 고백하기도 했다. 법정은 2009년 2월 김수환 추기경의 선종(善終)을 추모하는 글 '사랑은 끝나지 않았다'에서 두 사람이 같이 존경한 프란치스코 성인의 말을 인용했다. 아래에 인용한 성인의 말은 스님의 말로 보아도 전혀 낯설지 않은데, 두 사람의 공통분모가 그만큼 크기 때문이라 나는 생각한다.

"사람은 결코 나면서부터 단순한 것은 아니다. 자기라는 미로 속에서 긴 여로를 지나온 후에야 비로소 단순한 빛 속으로 나올 수 있는 것이다. 인간은 복잡한 존재이고 하느님은 단순한 존재이다. 그렇기 때문에 사람은 하느님께 가까워지면 질수록 신앙과 희망과 사랑에 있어서 더욱더 단순하게 되어간다. 그래서 완전히 단순하게 될 때 사람은 하느님과 일치하게 되는 것이다."[7]

헤세와 카잔차키스는 동시대를 살았고, 법정은 두 사람보다 약 50년 후에 태어났다. 세 사람은 25년 동안 이 세상에서 함께 숨 쉬었지만 서로 직접적인 교유는 없었다. 법정은 헤세와 카잔차키스의 작품을 애독했지만 실제로 만난 적은 없고, 헤세와 카잔차키스는 두 번의 세계대전을 겪고 둘 다 오랫동안 유럽에서 활동했음에도 서로 친분을 쌓지는 않았다. 그런데 12세기 후반부터 13세기 초반을 살다간 프란치스코 성인을 중심으로 세 사람의 삶이 교차하고 얽힌다. 물론 세 사람은 프란치스코를 실제로 만날 수 없었기에 그가 남긴 기록을 읽고 그가 머문 장소를 여행하고, 또 때로는 마음으로 대화를 나누고 글을 쓰며 교감했다. 이렇게 사숙했기에 성인의 정신을 보다 자유롭게 받아들이고 창의적으로 해석할 수 있었다. 또 직접 대면할 수 없었기에 더 큰 그리움으로 프란치스코에게 다가가고 주도적인 태도로 탐구할 수 있었다.

인연은 직접적 원인(因)과 특별한 연결(緣)의 작용이다. 세 사람은 한 사람을 사랑했고, 그 한 사람은 세 사람의 마음에 가닿아 각자가 비범한 개성을 형성하는 데 일조했다. 헤세, 카잔차키스, 법정은 프란치스코 성인을 흠모하는 데 그치지 않고 각자의 방식으로 소화했다. 집중한 부분은 서로 다르지만 성인의 정신을 영혼의 자양분으로 삼은 점은 공통적이다. 내가 세 사람에게 감탄하는 이유다.

시간(時間)과 공간(空間), 그리고 인간(人間)이라는 단어에는 공통적으로 '사이 간(間)' 자가 들어간다. 이 사이에서 때때로 묘한 일이 벌어지고 신기한 만남이 맺어지곤 한다. 사람과 사람의 인연에는 신비한 면이 있어서 어떤 만남은 마치 영혼의 주파수가 통한 것처럼 시공을 넘어 펼쳐지기도 한다. 헤세와 카잔차키스와 법정, 이 세 사람과 프란치스코 성인의 관계처럼.

감정이입:
스승이라면 어떻게 했을까?

작가는 묘사하고 있는 인물 속으로 들어가야 한다.
그의 몸속으로 들어가서 그의 눈으로 세상을 보고 그의 감각으로 세상을 느껴야 한다.

– 알퐁스 도데(Alphonse Daudet)[8]

2장에서 우리는 스승의 조건과 제자의 태도, 스승에게 배우는 보편적 방법인 대화와 모방 훈련 등을 살펴봤다. 대화와 모방 외에 스승에게 배우는 방법으로 공감과 감정이입, 독서와 기록, 여행 등이 있다. 이 방법들은 사사와 사숙 모두에 활용할 수 있는데, 스승을 실제로 대면하지 못하는 사숙에서 더욱 요긴하다.

지금부터 공감과 감정이입에 대해 알아보자. 먼저 사사에서 공감이 왜 중요하고 어떤 영향을 미치는지 살펴보고 이어서 사숙의 경우도 자세히 소개한다.

공감의 깊이가 관계의 깊이다

공감은 사사와 사숙 모두에 필요하지만 작용하는 방식은 조금 다르다. 공감에 관해 가장 흔히 접할 수 있는 표현으로 뭐가 있을까? 가장 먼저 동병상련(同病相憐)이 떠오른다. 2장에서 소개한 레너드 믈로디노프와 리처드 파인만의 관계가 이 점을 잘 보여준다. 믈로디노프는 어릴 적부터 공감 능력이 남달랐다. 여기에 더해 나중에 오진으로 밝혀진 암 진단을 처음 받고 나서는 암과 싸우고 있는 스승을 이전과 완전히 다르게 바라보게 되었다. 그전까지 표피적으로 알았다면 이제는 스승을 뼛속 깊이 공감할 수 있었다.

1978년 파인만은 암 진단을 받고 수술로 약 2.7kg의 종양을 제거했다. 이 암의 당시 5년 생존율은 10퍼센트가 안 되었고 10년 이상 생존한 사람은 한 명도 없었다. 믈로디노프를 처음 만났을 때 그는 3년 만에 암이 재발해 열 시간이 넘는 두 번째 수술을 마치고 힘겨운 회복 과정에 있었다. 죽음이 언제 찾아올지 모르는 상황에서도 파인만은 담담한 모습으로 예전과 다름없이 강의하고 물리학 연구를 즐겼다.

믈로디노프는 처음에 이런 스승의 삶에 대해 잘 모르다가 자신도 갑작스레 암 선고를 받으면서 유명세에 가려진 이런 모습이야말로 파인만의 진실임을 깨달았다. 이후부터 스승과 나누는 대화는 더 소중한 경험이 되었다. 깊이 공감하다 보니 스승을 통해 직간접적으로 깨우친 것들이 평생을 두고 되새겨도 좋을 교훈으로 자리 잡았다. 아마 그리 길지 않은 시간을 함께했음에도 파인만에게 큰 영향을 받은 데는 이런 깊은 공감대가 작용했을 것이다.

나는 파인만에 대해 조사하는 중에 흥미롭게도 파인만 본인도 과학자로서의 미래를 고심하던 플로디노프와 비슷한 고민에 시달렸던 적이 있음을 알게 되었다. 바꿔 얘기하면 당시의 플로디노프는 짐작도 못했겠지만 스승은 제자가 얼마나 힘겨운 상황에 처해 있는지 충분히 이해하고 있었다. 여기에는 많이 알려지지 않은 파인만의 아픈 사연이 숨어 있다.

파인만은 당대의 내로라하는 물리학자들이 한데 모여 원자폭탄을 개발한 맨해튼 프로젝트에 참여했었다. 1945년 제2차 세계대전이 연합군의 승리로 끝나며 프로젝트가 마무리되자 파인만은 앞으로 어떤 일을 할지 결정해야 했다. 몇 년 전 박사학위를 취득했지만 전쟁통에 참여한 맨해튼 프로젝트가 첫 직장이나 다름없었다. 그는 이미 물리학계에서 제법 이름이 알려져 있었기에 여러 기관에서 좋은 조건을 제시했다. 그런데 정작 파인만은 전혀 다른 문제로 괴로워하고 있었다.

처음에 파인만은 일본에 떨어진 원자탄과 함께 악몽 같은 전쟁이 끝난 걸 기뻐했다. 그러나 얼마 안 되어 알게 된 이 폭탄이 초래한 끔찍한 실상은 그의 내면에 짙은 어둠을 드리웠다. 게다가 거의 비슷한 시기에 첫사랑이자 아내인 알린이 세상을 떠나면서 그는 폭탄을 맞은 듯 망가졌다. 엎친 데 덮친 격이었다. 알린은 그가 고백한 것처럼 이 세상에서 가장 소중한 존재였으며 행복과 영감의 원천이었다. 파인만은 자신의 뮤즈에게 부치지도 못할 편지를 쓰고는, 종이가 닳고 닳을 정도로 읽고 또 읽었다. 아내가 떠나고 불과 1년 후 과학 탐구의 맛을 처음 알려준 아버지마저 숨을 거뒀다. 결국 파인만은 핵폭탄을 탄생시킨 인간의 잔혹함을 목도하며 세상에 대한 희망이 사라졌고, 여기에 알린과 아버지의 죽음이 겹치면서 상실감은 늪이 되어 그를 집어삼켰다. 이 시기는 그에게 밤이 가장 긴 삶의 동지(冬至)였다.

파인만은 고심 끝에 여러 제안 중에서 맨해튼 프로젝트에서 같이 일한 선배 물리학자 한스 베테(Hans Bethe)로부터 코넬대학으로 오라는 제안을 받아들였다. 수락한 주된 이유는 물리학 연구와 함께 학생들을 가르칠 수 있었기 때문이다. 파인만은 물리학 연구를 다시 시작하려고 했지만, 물리학에 집중할수록 이젠 가치 있는 주제를 발견할 수 없으며 뭔가를 창조할 실력도 없다는 자기 회의에 시달렸다. 자신감이 바닥난 탓에 여러 유명 대학에서 좋은 평가를 받은 건 터무니없는 일이며, 심지어 코넬대학이 자길 채용한 건 큰 실수라고 생각했다.

그나마 불행 중 다행인 건 자신이 강의를 즐기고 학생들을 가르치는 일만큼은 자신 있다는 점이었다. 실제로 강의에 몰두하다 보면 완전히는 아니더라도 고문 같은 상실감에서 벗어날 수 있었다. 연구에 진척이 없더라도 강의로 적어도 밥값은 할 수 있을 것 같았다. 또 하나, 프린스턴에서 만난 스승 존 휠러에게서 배운 점도 떠올렸다. 휠러가 수업을 준비하고 강의를 진행하면서 관련 지식을 탄탄하게 다져나가고, 때때로 전에는 전혀 생각하지 못한 연구 주제를 포착하는 걸 두 눈으로 여러 번 목격하지 않았던가. 스승에게 일어난 일이 자신에게 일어나지 말란 법도 없지 않겠냐는 희망도 없지 않았다.

코넬대학에는 한스 베테를 포함해 맨해튼 프로젝트에서 알고 지낸 사람들이 적지 않았다. 이 대학을 선택한 또 다른 이유였다. 그들은 파인만의 성격을 잘 알았고, 봉고 연주를 즐기고 자칫 괴짜로 보일 수 있는 모습에도 익숙했다. 젊은 나이에 사랑하는 배우자를 잃었다는 사실도 알고 있어서 적어도 그들 앞에서는 괜찮은 척 연기할 필요가 없었다. 힘겨운 과정을 거치긴 했지만 강의를 통해 학생들과 나눈 지적 교감과 동료들의 지원 덕분에 파인만은 마침내 우울증에서 빠져나올 수 있었다.

이런 경험이 있었기에 플로디노프에 대한 파인만의 공감은 전혀 피상적이지 않았다. 파인만은 그에게서 과거의 자신을 떠올리고, 플로디노프가 자신처럼 언제 끝날지 모를 깜깜한 터널을 지나고 있음을 알고 있었다. 당시 파인만은 두 번째 암 수술로 거의 죽다 살아났고 시간을 더 가치 있게 사용하고자 했다. 그런 그가 예기치 않게 만난 젊은이의 인생 상담을 하면서 물리학 연구에 몰두해도 모자랄 시간을 쏟고, 그답지 않게 조언과 격려를 아끼지 않고 아무런 보상을 바라지 않은 것도 플로디노프의 처지에 충분히 공감했기 때문이다. 공감의 장이 꽃망울 터지듯 열리자 플로디노프에게 '아하!' 체험이 이어졌다. 그렇게 두려움과 혼란의 바다에서 잃었던 좌표를 찾아 삶의 방향을 재설정할 수 있었다.

다소 자세히 두 사람의 이야기를 소개한 이유가 있다. 과학자는 객관성과 정확성과 논리를 중시하기에 공감이나 감정이입과 거리가 멀다고 생각하기 쉬운데, 실상은 전혀 그렇지 않다는 걸 보여주고 싶었다. 과학에서 공감이 이렇게 중요하다면 다른 분야는 말할 것도 없지 않을까. 멀리서 찾을 것도 없이 우리가 2장에서 살펴본 사사의 사제관계가 특별한 이유도 서로에 대한 깊은 공감에 있다.

스승과 제자 사이에 일어나는 깊은 배움은 어떤 모습을 취하든 공감에 기반을 두고 있다. 누구에게 무엇을 배우든 상호작용이 필요한데 공감 없이는 어떤 교감도 일어나지 않는다. 다만 사숙에서의 공감은 사사와 그 결이 다르다. 사사에서 공감이 제자와 스승을 오간다면 사숙에서는 스승을 향한 제자의 감정이입이 주를 이룬다. 지금부터 사숙 차원에서 감정이입을 어떻게 활용하고 그 효과는 무엇인지 알아보도록 하자.

스승과 하나 되는 길

헤세와 카잔차키스가 성 프란치스코에 관한 소설을 쓴 이유는 존경하는 한 사람을 제대로 이해하기 위해서였다. 그리하여 두 사람은 알퐁스 도데가 말한 것처럼 성인과 하나가 되고자 했다. 최고의 꽃 그림은 화가와 꽃의 경계가 사라질 때, 즉 화가가 꽃이 될 때 그릴 수 있다.

스승에게 가장 잘 배우는 방법도 스승과 하나 되는 것이다. 물론 사람은 실제 꽃이 될 수 없고 제자도 스승과 물리적으로는 하나가 될 수 없다. 하지만 마음 안에서는 얼마든지 가능하다. 그래서 정신적으로 프란치스코 성인을 만난 헤세와 카잔차키스처럼 직접 만나지 않고 사숙할 때 오히려 스승과의 합일이 더 강하게 이뤄지곤 한다.

무언가와 하나가 되는 체험은 고차원적 사유의 전형적 특징이다. 작가가 등장인물이 되고, 화가가 그림의 대상과 하나 될 때 명작이 탄생하는 건 예술에만 한정된 이야기가 아니다. 아인슈타인은 사고실험(thought experiment)을 통해 자신을 빛의 속도로 이동하는 광자(光子)로 상상하고 그 관점에서 우주를 보았다. 리처드 파인만은 종종 스스로에게 '만일 내가 전자(電子)라면 어떻게 행동할까?'라는 질문을 던지곤 했다. 가장 완전한 이해는 내가 이해하고 싶은 것과 하나가 될 때 가능한 법이다. 아인슈타인과 파인만, 두 사람이 20세기를 대표하는 과학자로 불리는 건 우연이 아니다.

사람에게 배우는 일도 다르지 않다. 시오노 나나미는 레오나르도 다빈치와 미켈란젤로 부오나로티 같은 르네상스시대의 비범한 인물들이 남긴 유산을 오롯이 체화하기 위해서는 "당신 자신이 '젊은 천재'가 된 셈치고 '거침없이' 그들과 마주해야 한다. 자기도 천재라고 생각하지 않으면, 천재한테 가까이 다가갈 수 없다"고 주장한다. 르네상스시대에 활약한 《군주론》의 저자 니콜로 마키아벨리(Niccolo Machiavelli)는 이미 16세기에 이 주장을 나름의 방법으로 실천했다. 이 점을 보면 시오노 나나미가 마키아벨리를 둘도 없는 '나의 친구'로 여기며 그에 관한 두 권의 책을 집필한 것도 우연은 아닌 것 같다. 살아생전 마키아벨리는 서재에서 정기적으로 인류 역사의 가장 빛나는 인물들을 사숙하며 자문을 구하고 그들의 대답을 기록했다. 그는 세상 사람들에게 이 과정을 다음과 같이 설명했다.

"먼지와 흙으로 더러워진 평상복을 벗고 궁정의복을 입는다. 정중히 차려있고 나를 따뜻하게 맞이해주는 고대인들의 궁정에 들어선다. 내 삶의 유일한 양식은 그들과의 대화이다. 다시 말해 나는 그들과의 대화를 먹고 산다. 나는 그들과 이야기하는 것이 부끄럽지 않다. 물론 그들과 비교해보았을 때 내가 한없이 부족한 건 사실이지만 나는 그런 것은 개의치 않는다.

나는 그들에게 각각의 경우에 그들이 취했던 특정한 행동의 이유를 물어본다. 그러면 그들은 인간을 사랑하는 마음으로 나의 물음에 대답한다. 이 과정에 꽤 많은 시간이 흐르기도 한다. 하지만 나는 피곤함을 전혀 느끼지 못한다. 나는 모든 시름을 잊는다. 나는 가난도 죽음도 두렵지 않다. 나 자신을 전적으로 그들에게 맡긴다. 그들과의 대화에서 배운 중요한 가르침을 잊지 않기 위해 그것을 반드시 기록으로 남긴다."[9]

이 글을 읽다 보면 찬란한 보석 같은 인물들을 만나 가슴 벅차하는 마키아벨리의 모습이 생생하게 그려진다. 마키아벨리가 사숙한 스승들은 이미 세상을 떠난 지 오래되었지만 마키아벨리는 마치 살아 있는 스승을 만나는 듯 예의를 갖춰 마음의 대화를 나눈다.

이것은 그리 이상한 일이 아니다. 마키아벨리는 그들의 저서와 작품을 통해 정신적으로 관계를 맺고 있으며, 정성을 다해 가르침을 구하기 때문이다.

어떤 방법을 사용하든 본받고 싶은 인물과 하나 될수록 그에 대한 이해를 심화할 수 있다. 그의 마음을 내 마음 보듯 볼 수 있기 때문이다. 스승과 가까워지는 만큼 스승의 정수를 더 깊이 습득할 수 있으며, 스승의 의식 수준과 능력으로 문제를 바라볼 수 있다. 스승과 합일할 수 있음은 수제자의 확실한 증거이기도 하다. 뛰어난 사냥꾼은 사냥감이 되어 생각할 줄 알고 뛰어난 형사는 범인처럼 생각할 줄 아는 것처럼 좋은 제자는 스승처럼 생각할 수 있다.

내 안의 스승을 부르는 질문

어떻게 하면 스승과 하나 될 수 있을까? 마키아벨리처럼 독서와 정신적 대화, 기록을 활용하는 것도 물론 좋지만 좀 더 단순하고 강력한 방법이 있다. 아인슈타인과 파인만처럼 내가 이해하고 싶은 그것이 되어 스스로에게 질문을 던지는 것이다. 물론 제자는 스승을 마음에 품고 질문해야 한다. 혹시 구본형이 삶의 갈림길에 직면할 때마다 자기 자신에게 했던 '오래된 물음'을 기억하는가?

'스승, 그분이라면 어떻게 했을까?'

놀랍게도 다양한 분야에서 활동하는 독창적인 인물들이 구본형과 같은 질문을 활용히고 있다. 지금은 작고한 빌 캠벨(Bill Campbell)은 구글과 페이스북, 애플과 아마존 등 실리콘밸리를 대표하는 기업의 최고경영자들을 상담한 전설적인 코치다. 셰릴 샌드버그와 제프 베조스 등 이름만 들어도 알 만한 이들이 캠벨의 '제자'임을 자처했으며, 캠벨은 그가 지도한 많은 기업이 시가총액 1조 달러를 돌파해 '1조 달러 코치(Trillion Dollar Coach)'로 불리기도 했다. 이처럼 세계 기업계를 이끄는 리더들에게도 스승이 필요하다. 구글 최고경영자를 역임하고 15년 동안 매주 캠벨의 코칭을 받은 에릭 슈미트는 공개적으로 "그가 없었다면 애플도 구글도 지금의 모습이 되지 못했을 것"이라고 밝혔다. 슈미트처럼 그에게 큰 영향을 받은 이들은 그가 세상을 떠난 지금 중요한 문제에 맞닥뜨릴 때마다 스스로에게 묻는다. "빌이라면 뭘 했을까?"

기업 경영과 거리가 아주 멀어 보이는 종교 쪽은 어떨까? 영적 수행자로서 훌륭한 모범을 보인 아나가리카 무닌드라의 제자들은 어려운

248

문제에 부딪쳤을 때 스승을 떠올렸다. 스승을 마음에 품는 순간 문제를 직시할 수 있는 힘이 차오르기 때문이다. 또 다른 예로 영화 〈아마데우스〉와 〈백야〉의 안무를 담당한 안무가 트와일라 타프는 자신의 방법을 다음과 같이 소개한다.

"만약 어느 날 갑자기 힘든 일이 생기면 '마사 그레이엄(Martha Graham)이라면 어떻게 대처했을까, 아니면 무용계의 선구자이자 안무가인 도리스 험프리(Doris Humphrey)라면 어떤 생각을 할까?'라고 나에게 물을 것이다. 그들의 기억이 마치 내 것인 양 이용할 것이고, 내 앞의 난관을 타개하기 위해 그들이 한 대로 따라 할 것이다."[10]

소설가 겸 신화 전문가 이윤기는 산문집 《시간의 눈금》에서 질풍노도의 시기로 접어든 1991년부터 5년 동안 자신뿐 아니라 가족이 '그분 그늘에서' 살았다며 한 사람을 여러 번 언급했다. 주인공은 미시건 주립대학교의 국제대학 학장을 역임한 평사(平士) 임길진 박사로, 범용한 선비라는 뜻의 평사는 그의 호(號)다. 이윤기는 마흔을 훌쩍 넘긴 나이에 떠난 낯선 미국 땅에서 평사라는 스승을 만나 귀한 가르침을 얻었다면서 자신이 평사를 잊으면 사람이 아니라고 각별한 마음을 표했다. 안타깝게도 이 '큰 별'은 2005년 갑작스러운 사고로 세상을 떠났다. 슬픔을 누르며 직접 비명(碑銘)을 쓴 이윤기는 평사를 추모하는 자리에서 스승을 떠나보내는 심경을 "저는 앞으로 어떤 문제와 맞닥뜨릴 때마다 물을 것입니다. '평사라면 어떻게 했을 것인가?' 제가 이렇게 물을 때마다 그는 제가 어떻게 해야 할지 일러줄 터"라는 말로 대신했다.

나 또한 골치 아픈 문제와 마주하거나 중요한 결정을 해야 할 때면 비슷한 질문을 던지고 있다. 구본형 사부라면 어떻게 했을까? 캠벨과 융이라면 어떻게 했을까? 법정 스님이라면 이 문제를 어떻게 보고 대처했을까? 이렇게 자문하다 보면 내가 가진 정보나 선입견에서 벗어나 문제를 살필 수 있다. 그리고 내가 사숙한 만큼 마음속 스승의 관점에서 답을 찾을 수 있다.

깨달음은 깨어남을 전제로 한다. 깨어남은 새로운 눈을 뜨는 것이다. 스승이 되어보는 일은 내 안에 감겨 있던 눈을 뜨는 것이다. 아인슈타인이 지적했듯이 어떤 문제를 일으킨 의식 수준으로는 그 문제를 해결할 수 없다. 훌륭한 스승이 보유한 강한 힘은 제자에게 분명하게 영향을 미친다. 스승의 감화력은 제자가 까다로운 문제를 풀어야 할 때 스승과 같은 차원에서 사유하고 대응할 수 있게 한다. 그래서 스승을 '역할모델'이라 부른다. '스승이라면 어떻게 했을까?'는 제자가 스승의 힘에 접속할 수 있는 마법의 질문이다.

오해하지 않았으면 한다. 물론 스승이 내놓는 답이 모두 옳은 건 아니다. 그렇다고 해도 스승의 관점에서 떠오른 답은, 적어도 신뢰하고 참고할 수 있는 모델 또는 문제 해결의 실마리가 된다. 학문에서 선학(先學)의 연구를 참고할 수 있는 것이 후학(後學)의 이점이듯 제자는 스승의 답을 가능한 해답의 하나로 탐색할 수 있다.

유능한 등반가는 안내인을 데려가는 걸 부끄러워하지 않는다. 오히려 히말라야처럼 험준한 산을 등반하려면 유능한 셰르파가 필수이다. 동시에 뛰어난 등반가는 등산의 주체가 본인임을 잊지 않는다. 아무리 뛰어난 조력자도 나 대신 산을 오를 수는 없다. 그의 조언을 받되 최종 결정은 내가 해야 하고 그에 따른 책임 또한 내가 져야 한다. '스승이라면 어떻게 했을까?'라는 질문도 마찬가지다. 스승은 안내인이고 스승의 답은 조력자의 도움과 같다. 최종 결정과 실천 그리고 책임은 오롯이 제자의 몫이다.

또 하나 기억할 점이 있다. 현재에 미래가 어떤 식으로든 내포되어 있듯이 스승 속에 미래의 내가 배태되어 있다. 그러므로 이렇게 말할 수 있다. 내가 관찰하고 모방하고 존경하는 저 스승은 '또 하나의 나'라고. '스승이라면 어떻게 했을까?'라는 질문은 결국 '최고의 나'에게 묻는 일이기도 하다. 스승이 직접 답을 해주든, 책에서 읽든, 감정이입을 통해 떠오르든 결국 내 안에 있던 답을 재발견한 것이다. 흐릿하던 내 생각이 스승을 통해 분명한 표현을 얻은 것이다.

작은 나에서 큰 나로

연극 연출가 콘스탄틴 스타니슬라브스키(Konstantin Stanislavsky)는 "배우는 스스로 극중 인물이 되어야 한다. 그래야 그 인물이 행동하는 것처럼 연기하게 된다"고 강조했다. 이 말의 생생한 증거로 영화배우 다니엘 데이 루이스(Daniel Day Lewis)를 들 수 있다. 그는 본인이 맡은 역에 몰입하기 위해 그 인물의 인생을 말 그대로 '살아본다'.

영화 〈나의 왼발〉에서 뇌성마비에 걸린 화가 크리스티 브라운 역을 맡은 그는 뇌성마비 장애인의 일상을 직접 체험하기 위해서 촬영 기간 내내 휠체어에서 지냈다. 왼발로 그림 그리는 법을 배우고, 촬영장의 동료들에게 자신을 크리스티라고 불러달라고 부탁했으며, 식사 자리에서도 음식을 먹여달라고 요청했다. 영화 〈라스트 모히칸〉에서도 주인공 호크아이가 되기 위해 실제 모히칸 족처럼 오지에서 야영 생활을 하며 모히칸 방식으로 사냥하고 조리한 음식을 먹었다. 이런 식으로 루이스는 본인이 맡은 배역에 완전히 빠져든다.

영화감독 스티븐 스필버그(Steven Spielberg)는 영화 〈링컨〉을 준비하며 루이스에게 링컨 역을 제안했다. 루이스가 고사했지만 스필버그는 그가 아니라면 영화를 찍지 않겠다며 8년을 기다린 끝에 승낙을 받았다. 루이스는 스필버그에게 배역을 맡는 조건으로 1년의 시간을 달라고 했다. '링컨을 흉내 내기 위한 시간이 아닌 진짜 링컨이 되기 위한 시간'이 필요했기 때문이다. 루이스는 링컨에 대해 공부하고 그의 생각과 말과 행동을 모방했다. 이번에도 촬영 기간 내내 자신을 대통령이라 불러달라고 했다. 그렇게 링컨의 인생을 살아보기 위해 애쓰며 그와 점점 하나가 되어갔다. 루이스의 노력은 그에 걸맞은 보상을 받았다. 링컨 역으로 최초로 아카데미 남우주연상을 3회 수상한 배우가 된 것이다. 그는 말한다.

"시간을 두고 천천히 캐릭터에 빠져들다 보면 정말 그 인물이 돼가는 듯한 느낌을 받습니다. 그럴 때면 문득 그 인물의 목소리가 제 귀에 들려오죠. 환청과는 다른 얘깁니다. 그 인물이 저에게 말을 건네는 거죠. 이번에도 마찬가지였습니다. 그 목소리를 제 내면의 귀로 듣고 조금씩 따라 해보는 과정 속에서 링컨의 연기도 탄생했습니다."[11]

다니엘 데이 루이스가 사용한 방법이 바로 감정이입이다. 타자 안으로 들어가서 그 사람이 되어보는 것이다. 동시에 감정이입은 내 안에서 그 사람을 찾아 살려내는 과정이기도 해서 타인뿐 아니라 자기 스스로를 새롭게 발견하는 방편이 될 수 있다. "나는 거의 모든 경우에

나 자신의 삶과는 거리가 아주 먼 듯한 삶에 흥미를 느껴왔다. 그런 삶에 담긴 수수께끼가 나를 그쪽으로 끌어당기는 것이다. 숨은 뜻을 말하자면, 나는 다른 삶을 통해 나 자신을 탐구하는 방법을 선택한다." 루이스의 말이다.

제자가 스스로에게 '스승, 그분이라면 어떻게 했을까?'라고 질문하는 것도 감정이입이다.《생각의 탄생》의 저자 루트번스타인(Root-Bernstein) 부부는 강력한 사유 도구로 감정이입을 꼽으며 "다른 수단으로는 불가능한 이해가 감정이입을 통해서 가능해진다"고 강조했다. 감정이입할 때 우리는 제한된 자아나 타자성(otherness)이 아닌 일체성(oneness)에 이를 수 있다. 바로 그때 한 사람을 오롯이 이해할 수 있는 최상의 조건이 형성된다.

그런데 타인과 하나 되기 위해서는 '나'를 버려야 한다. 말이 쉽지 실제로 자신을 놓기는 매우 어렵다. 그런데 존경하는 스승처럼 되기 위해서라면 기꺼이 자기 자신을 내려놓을 수 있다. 거의 대부분 제자는 스승처럼 되기를 열망하지 않는가. 스승을 향한 감정이입은 자기 존재를 의미 없이 지워버리는 게 아니라 닮고 싶은 스승과 하나 되는 과정이다. '스승이라면 어떻게 했을까?' 이 질문을 통해 '작은 나(ego)'에서 스승이라는 '큰 나(self)'로 확장할 수 있다. 스승이 곧 나이고 내가 곧 스승이 되는 것이다.

이렇게 말하니 너무 거창하게 들릴지도 모르겠다. 그렇다면 조금 달리 생각해보자. 이 글을 쓰기 시작한 2020년 한 해 내내 '부캐 시대'라고 불러도 좋을 만큼 부캐 열풍이 불었다. 속칭 '부캐'는 게임에서 참가자가 새롭게 만든 부캐릭터를 줄여서 부르는 말인데, 이제는 일상생활에서 기존의 내가 아닌 새롭게 만든 캐릭터까지 포괄하는 의미로 사용된다. 작가로 치면 필명으로 활동하는 것과 비슷하다. 살다 보면 지혜가 절실해지는 순간이 있다. 역경에 부딪쳐 위축되고 자존감이 떨어질때, 중요한 결정을 해야 할 때, 버거운 문제를 풀어야 할 때처럼 현명한조언이 간절할 때가 있다. 그때 스승에게 감정이입하고 마법의 질문을활용해 스승을 부캐로 삼아보자. 존재가 달라지는 만큼 아주 새롭고놀라운 경험을 할 수 있을 것이다.

정약용, 성호 이익을 따르며
새로운 미래를 꿈꾸다

이익의 학문은 사상계의 혁명이었다.
그 혁명적인 사상을 접한 정약용의 가슴은 뛰었다.
비록 살아생전 만나지는 못했지만 성호는 다산의 진정한 스승이었다.

– 이덕일[12]

우리는 실학(實學) 하면 다산 정약용을 떠올린다. 다산이 이룬 성과는 '다산학(茶山學)'이라는 큰 산으로 우리 역사에 우뚝하다. 위당 정인보(爲堂 鄭寅普)는 1934년 〈동아일보〉에 기고한 글에서 "다산 선생 한 사람에 대한 고구(考究)는 곧 조선 역사의 연구요, 조선 근세 사상의 연구요, 조선 심혼(心魂)의 밝아짐과 어두워짐, 전 조선 성쇠(盛衰) 존멸(存滅)에 대한 연구"라는 말로 다산을 극찬했다. 그런 다산에게도 스승이 있었으니, 바로 성호 이익(星湖 李瀷)이다. 다산을 알기 위해서는 먼저 성호를 알아야 한다고 할 만큼 스승은 큰 영향을 미쳤다.

성호는 다산이 아주 어릴 때 세상을 떠나서 두 사람은 한 번도 직접 만난 적이 없다. 그런데도 다산은 "우리가 능히 천지가 크고 일월(日月)이 밝은 것을 알게 된 것은 모두 이 선생의 힘"이라며 평생 존경했다. 다산은 열여섯 살이 되던 해에 매형 이승훈(李承薰)과 선배 이가환(李家

煥)을 통해 성호의 사상을 처음 접했다. 이승훈은 당시 천재로 불린 이가환을 다산에게 소개해주었고, 다산보다 스무 살 위였던 이가환은 성호의 종손(從孫)으로 이익의 사상을 누구보다 잘 알고 있었다. 훗날 다산은 예순 살을 맞이하며 쓴 '자찬묘지명(自撰墓誌銘)'에서 성호를 사숙한 계기를 다음과 같이 밝혔다.

"15세에 결혼을 하자 마침 아버지께서 다시 벼슬을 하여 호조좌랑(戶曹佐郞)이 되셨으므로 서울에서 셋집을 내어 살게 되었다. 이때 서울에는 이가환 공(公)이 문학으로 일세에 이름을 떨치고 있었고 자형(姉兄)인 이승훈도 몸을 가다듬고 학문에 힘쓰고 있었는데, 모두가 성호 이익 선생의 학문을 이어받아 펼쳐나가고 있었다. 약용도 성호 선생이 남기신 글들을 얻어 읽고 흔연히 학문을 해야겠다고 마음을 먹었다."¹³

성호의 책을 읽고 다산은 전율했다. 이제껏 배운 것과 확연히 다른 사상이었기 때문이다. 성호 이익은 실사구시(實事求是)를 주창한 반계 유형원(磻溪 柳馨遠)의 철학을 이어받아 조선 실학의 기틀을 마련했다. 그의 학문은 추상적 이론과 경전의 문자 해석을 중시하는 주자학(朱子學)과 많이 달랐다. 성호는 개혁적 관점과 실증적 태도를 견지하되 이론보다 실천을 지향했다. 유용한 학문을 표방한 성호의 실학은 '이론을 위한 논리'가 아닌 '실천을 위한 논리'를 제시하고, 백성의 삶에 보탬이 되는 공부를 해야 한다고 역설했다. 또한 신분과 지역 차별을 개혁하고 서로 무리 지어 싸우는 당쟁(黨爭)을 타파해야 한다고 주장했다.

본격적으로 학문의 길에 들어선 다산은 성호의 실학에서 새로운 빛을 보았다. 총명한 다산에게 성호와의 만남은 더없이 좋은 자극이었고 새로운 세계를 찾아 나서고 싶다는 열망이 가슴을 채웠다. 그는 성호의 뒤를 따르기로 마음먹고 성호의 학문을 본보기로 삼았다. 두 아들에게 자주 말하기를 "나의 미래에 대한 큰 꿈은 대부분 성호 선생을 사숙했던 데서 기인한다"고 했다. 다산이 스승을 얼마나 존경했는지 보여주는 여러 글 중의 하나가 '성옹화상찬(星翁畫像贊)'이다. 여기서 성옹(星翁)은 성호 이익을 말하고, 찬(贊)은 한 사람의 아름다운 행실을 기리는 문체의 하나로 시의 형식을 취한다. 따라서 '성옹화상찬'은 다산이 성호의 초상화를 보고 흠모하며 쓴 운문 형태의 글이다. 이 글의 일부를 옮겨 본다.

저 담대하고 덕성스러운 얼굴을 바라보노라면
윤기 흐르고 함치르르함이여
도가 그 몸속에 가득 쌓여 있고
뛰어난 정수(精髓)가 깊이 스며 있네.

누가 이분을
저 깊이 묻힌 땅속에서 일으켜 세울 수 있어
끝내 억센 물결을 밀쳐버리고
수사(洙泗)의 물줄기로 돌려보낼 것인가, 슬픈지고! [14]

이 글에서 다산은 누가 성호의 빛나는 학문과 담대한 정신을 이어받을 수 있겠냐고 탄식하고 있다. 수사(洙泗)는 공자나 유학(儒學)을 가리키는 별칭인데, 수수(洙水)는 공자의 집 근처에 있던 강이고 사수(泗水)도 강인데 공자가 그 주변에서 제자들을 가르쳤다고 한다. 누가 성호를 '수사의 물줄기로 돌려보낼 것인가'라는 표현에는 성호야말로 조선 유학의 빼어난 인물임에도 그만한 평가를 받지 못하고 있다는 안타까움이 배어 있다. 글의 행간에서 자신이 스승의 사상을 일으켜 세우겠다는 의지도 엿볼 수 있다. 실제로 다산은 성호를 학문의 준칙으로 존경하며 그의 사상을 흡수하기 위해 오랫동안 노력했다.

성호 이익의 학풍은 한마디로 백과사전형이었다. 유학의 대표 주자라 할 수 있는 주자와 퇴계 이황의 학문은 물론이고, 조선 실학을 최초로 체계화한 반계 유형원의 사상을 계승하여 사회 제도의 개혁을 주장했으며, 동시에 서양과학을 과감히 수용했다.《다산 평전》의 저자 금장태 서울대 명예 교수는 다산이 성호의 저술에서 가장 큰 영향을 받은 것으로 두 가지를 꼽는다. 하나는 국가와 민중의 성장을 막는 사회 문제를 치열하게 탐색하는 예리한 현실 인식과 제도 개혁을 추구하는 실학 방법이고, 다른 하나는 동양과는 다른 논리와 사유로 무장한 서양 과학기술을 적극 활용하는 태도다.

그 스승에 그 제자라고 다산은 스승을 능가하는 조선 최고의 르네상스인이 되었다. 정말이지 모르는 게 없고 못하는 게 없었다. 스스로 "책이라 이름이 붙은 것에 기가 꺾여 포기한 적이 없다"고 자부할 정도로 뛰어난 지성에 과학기술에도 능통했다. 무엇보다 남들이 불가능하다고 여기는 문제나 최악이라 할 만한 상황에서도 최선의 성과를 만들 줄 알았다. 몇 개만 예를 들면 정조의 거대한 프로젝트였던 수원 화성을 건설할 때 큰 돌을 들어올리기 위해 독자적으로 기중가(起重架)를 개발하고, 돌을 실어 나르는 유형거(游衡車)를 새롭게 만들어서 경비를 크게 절감했다. 한강에 다리를 놓으라는 임금의 지시에 배를 활용한다리를 설계한 이도 다산이었다.

다른 한편으로 다산은 스승에게 주체적 사유의 중요성을 배웠다. 성호가 조선 실학의 선구자라 불리는 데는 그만한 이유가 있다. 당시로는 드물게 성호는 조선이 중국의 그늘에 자리한 나라가 아닌 고유한 전통과 문화를 가진 민족국가라는 의식을 가지고 있었다. 이런 생각은 공부할 때도 그대로 이어져 유학을 조선의 관점에서 해석하고 실천과 실용의 관점에서 연구하는 자세를 견지했다. 다산은 스승을 통해 다수가 따르는 해석이 아닌 독자적인 관점에서 독창적인 생각이 나온다는 걸 배웠다.

다산은 스승에게 평생 남을 공부법도 배웠다. 문답과 메모. 성호는 주도적으로 공부하고 깨닫는 자득(自得)을 공부의 요결로 보았다. 자득하기 위해서는 무엇보다 질문이 중요했다. 스스로 질문하는 사람만이 답을 찾을 수 있기 때문이다. 제자 중에서도 좋은 질문을 할 줄 아는 사람을 높게 평가했다. 성호는 메모광이기도 했다. 그는 머리가 아닌 손을 믿었다. 생각이란 게 한 번 흘러가면 쉬이 기억나지 않는다. 그래서 좋은 생각이 떠오르면 붓부터 들었다. 때로는 소나기처럼 쏟아지는 생각을 적고, 또 때로는 책에서 필요한 내용을 옮겨 적고 자기 생각을 덧붙이는 경우도 많았다. 이렇게 한 메모들이 어느 정도 쌓이면 그 내용을 기반으로 책을 썼다. 성호는 본인의 많은 저작에 '질서(疾書)'라는 이름을 붙였다. 빠르게 달리는 걸 질주(疾走)라고 하듯이, 생각이 사라지기 전에 빨리 하는 기록이 질서다. 그 스승에 그 제자라고 다산도 스승 못지않은 속필(速筆)을 자랑하는 메모의 달인이 되었다. 그 또한 틈나는 대로 적고 반짝이는 생각은 여지없이 기록했다. 메모 끝에는 기록한 날짜와 장소도 적어두었다.

　다산은 스승에게 배운 공부 방법을 제자 교육에도 고스란히 적용했다. 먼저 제자들에게 질문을 공부의 시작으로 강조하며 질문할 것을 독려했다. 특히 제자가 좋은 질문을 하면 먼저 말로 설명하고, 그 내용을 모두 제자가 기록하거나 본인이 한 편의 글로 완성했다. 성호의 저작에 '질서'가 많다면 다산은 그에 못지않은 증언첩(證言牒)을 남겼다. 현재 전해지는 다산의 친필첩 가운데 절반 이상이 제자들에게 준 가르침을 담은 증언첩이다. 그렇다고 아무에게나 써 주지 않고 주로 아끼는 제자에게만 주었다. 다산의 증언은 제자들 각자의 개성과 처한 환경에 알맞게 제시한 맞춤형 교육이어서 성찰의 거울로 삼을 만한 내용이 많다. 많은 제자들이 저마다 스승의 증언첩을 소중히 보관한 것도 이 때문이다. 1장에서 소개한 수제자 황상이 평생 간직한《제황상유인첩》도 그중 하나다.

　다산이 오랫동안 성호를 사숙했음을 알려주는 증거는 많다. 다산은 22세에 과거에 급제하고 나서 직접 뵐 수 없는 스승을 조금이라도 가깝게 느끼기 위해서 성호가 살았던 경기도 안산에 위치한 옛집을 방문하고 묘소를 참배했다. 그는 이때의 소감을 〈성호 선생의 옛집을 지나며〉라는 시로 남겼다. 이 시에서 젊은 제자는 성호라는 큰 존재는 자신에게 밝은 빛과 같다고 하면서 '성옹화상찬'에서와 마찬가지로 성호의 학문을 열심히 따르겠다는 의지를 보였다. 다산은 20대 초반에《성호사설(星湖僿說)》을 보면서 상위수리(象緯數理), 즉 요즘으로 치면 과학과 수학을 공부했으며 성호가 쓴《심경질서(心經疾書)》의 발문(跋文)

을 쓰기도 했다. 발문은 책의 끝에 본문의 줄거리나 저작에 대한 평가, 간행 경위 등 책의 출간에 관한 사항을 적은 글이다. 이 글에서 다산은 "오래전부터 흠모하던 마음을 공경스럽게 기록하여 아이들에게 보여 주려고 한다"고 적었다.

다산의 성호 사숙의 백미는 그가 중심이 되어 개최한 '성호 이익 추모 학술대회'다. 1795년 서른네 살의 다산은 당시 사학(邪學)으로 매도 되던 천주교를 접했다는 이유로 우부승지(右副承旨)에서 금정찰방(金井察方)으로 좌천되었다. 우부승지는 조선시대 승정원의 정삼품(正三品) 당상관(堂上官)으로, 요즘으로 치면 대통령 비서관에 해당하는 요직이 다. 금정은 지금의 충청남도 홍성군에 있던 역원(驛院)이고, 찰방은 역 참(驛站)을 관리하는 책임자를 말한다. 쉽게 말해 공무원들의 출장과 공 무를 위해 말을 관리하는 것이 다산의 일이었다. 벼슬 품계상 찰방은 종육품(從六品)에 해당하니 탄탄대로를 달리다 굴러 떨어진 격이었다.

속이 쓰리긴 했지만 다산은 크게 낙담하지 않았다. 오히려 그동안 나 랏일로 바쁘게 지내던 차에 모처럼 여유를 찾았다고 여겼다. 이때 그 는 '역사적인 만남'을 이루기로 결심한다. 20년 가까이 존경해온 성호 를 보다 깊숙이 만나기로 한 것이다. 물론 스승은 이미 세상을 떠났으 므로 실제로 마주할 수는 없었다. 대신에 성호의 책과 제자를 통해서 스승을 집중적으로 탐구하는 기회를 갖고자 했다. 마침 멀지 않은 곳 에 성호의 종손자(從孫子)로 그에게 직접 배운 목재 이삼환(木齋 李森 煥)이 살고 있었다. 다산은 목재와 함께 성호의 사상을 공부하고 스승 이 남긴 방대한 글을 정리하면 좋겠다고 생각했다.

그는 목재에게 편지를 보내 스승의 문집을 간행하자고 청했다. "성호 선생이 남긴 글들이 지금에 소실되고 후대에 전하지 못함은 후학들의 허물입니다. 시작이 없으면 언제 이루어지겠습니까?" 구체적으로 성호의 뜻을 품은 인재들이 가까운 절에 모여서 스승의 문집을 정리하는 강학회(講學會)를 열자고 제안하면서 모임에 소요되는 경비는 자신이 마련하겠다고 덧붙였다. 이렇게 해서 충남 온양에 위치한 봉곡사(鳳谷寺)에서 성호 이익 추모 학술대회가 열렸다.

다산과 목재 이삼환을 중심으로 뜻을 같이하는 성호의 후학들이 모여 열흘 동안 스승이 남긴 글을 읽으며 사숙했다. 강학 기간은 10월 26일부터 11월 5일까지였고 참석 인원은 총 13명이었다. 다산은 이때의 일을 〈서암강학기(西巖講學記)〉에 자세히 적어두었다. 이 기록에 의하면 참가자들은 이른 아침 개울로 나가서 씻은 후에 성호의 유고를 읽고 정리했으며 늦은 오후에는 주변을 산책하며 휴식을 취했다. 밤에는 이삼환이 좌장을 맡아 성리학, 토지 제도, 옛날의 예(禮) 등 다양한 주제로 토론을 벌였다. 주로 목재가 질문하면 참가자들이 답하고, 그들이 궁금한 점을 물으면 이삼환이 설명하는 형태로 진행했다. 이 과정도 기록으로 남겼다.

강학회의 가장 중요한 목표는 성호의 유고를 연구하고 다듬는 일이었다. 특히 스승이 남긴 많은 저작 가운데 주희(朱熹)의 《가례(家禮)》를 우리 현실에 맞도록 재해석한 《가례질서(家禮疾書)》를 정서하고 교정하는 일에 힘을 쏟았다. 《가례질서》는 초고 형태로 남아서 미처 탈고가 안 된 상태였다. 다산을 비롯한 참가자들은 이 책을 꼼꼼히 읽고 협업을 통해 목차를 세우고 오자를 수정했으며, 범례를 만들어서 온전한 한 권의 책으로 완성했다. 모두가 애쓴 덕분에 학술대회는 소기의 성과를 거두며 성대하게 마무리되었다. 다산은 학술대회를 마친 후에도 궁금한 점들을 따로 모아 목재에게 두 번에 걸쳐 편지를 보냈고, 목재 역시 상세한 답변으로 화답했다. 다산은 이 내용 또한 〈서암강학기〉에 빠짐없이 기록했다. 이삼환은 〈봉곡사교서기(鳳谷寺校書記)〉에서 훗날 성호의 학문이 세상에 밝게 전해진다면 '오늘의 이 일이 발단'이 된 거라고 감격하면서 강학회의 의미를 다음과 같이 정리했다.

"성호가 80년 동안 도학을 강론하신 저서가 집에 가득하다. (……) 그러나 그 편질(篇帙)이 너무 많고 아직 탈고를 못 했는데 그 당시 선생의 문하에서 수학한 분들은 이미 모두 세상을 떠났고, 후학들은 학문이 얕아서 끝내 그 책임을 감당할 수 있는 자가 없었다. 그런데 나의 친구 다산이 마침 은대(銀臺, 승정원의 별칭)로부터 금정의 역승(驛丞) 직임을 맡아 개연히 이 서적의 수정을 자신의 임무로 삼고, 나에게 편지를 보내왔다. (……) 이 모임은 금정에 있었던 다산의 발상으로 이루어졌고, 봉곡사로 모이게 된 것도 다산의 뜻이었다. 유교 집회가 불교 사원에서 이루어진 것도 다산이 아니고서는 이루어질 수 없는 일이다."[15]

천주교 문제는 그림자처럼 다산을 계속 따라다녔다. 결국 1801년 든든한 후원자였던 정조가 세상을 떠나고 이 문제가 다시 불거지면서 그는 모든 걸 잃고 경상도 장기로 귀양을 간다. 나중에 서울로 끌려가 한 차례 더 심문을 받고 전라도 강진으로 다시 유배되기 전까지 7개월가량 머문 장기 시절은 다산이 자신을 '활 맞은 새' '그물에 걸린 고기'로 여기며 작은 시련은 동정하는 벗이 있지만 큰 역경은 도와주는 사람이 없다고 한탄할 만큼 삶에서 가장 불행했다.

모두 합쳐 18년에 이르는 유배 생활은 시작부터 혹독했다. 집안은 풍비박산이 나고 많은 친인척이 죽임을 당하거나 유배를 떠났다. 가문은 폐족(廢族)이 되어 자식들은 공직으로 나갈 길이 끊어졌다. 다산은 가혹한 심문을 받아 몸은 상할 대로 상했고, 낯선 타향 땅의 음식이 맞지 않아 건강을 회복하기가 쉽지 않았다. 목숨만 겨우 부지해 유배지로 왔지만 이 정도로 상황이 일단락될지도 불확실했다. 다산을 특별히 총애한 정조가 세상을 떠난 시국에 앞으로 그의 운명이 어떻게 될지 도무지 알 수가 없었다. 다산의 지인들은 숨을 죽였고 정적들은 그의 목숨을 빼앗기 위해 안달이었다. 큰 죄를 지은 유배인으로 마을 사람들의 냉대를 받으며 숙식을 해결하기조차 마땅치 않은 처지에 공부는 언감생심이었다.

사람은 역경에 처하면 자신이 가장 믿는 사람을 가장 먼저 찾기 마련이다. 이 엄혹한 시기에 다산은 스승을 떠올렸다. 겨우 손에 넣은 스승의 책 한 권을 붙들고 마음을 다잡았다. 장기에 머물며 예전에 성호가 우리나라 속담 100개를 엮은 《백언해(百諺解)》를 운자를 기준으로 다시 정리하고 빠진 속담을 보강해서 새롭게 수정했다. 일종의 개정증보판을 만든 것이다. 성호는 민중의 속마음이 속담에 농축되어 있다고 생각했고, 정점에서 바닥으로 추락한 다산은 공무를 보던 때보다 오히려 민중의 처지를 깊이 이해했다. 그는 성호의 뜻을 이어 스승이 모은 속담을 시로 한 단계 높이 승화했다. 이처럼 다산은 무자비한 유배 생활을 스승의 책을 읽고 또 시로 표출하며 견뎠다. 그래서 누군가는 "성호가 다산을 살렸다"고 말하기도 하는데, 적어도 제자가 인생의 큰 고

비를 넘기는 데 스승이 적지 않은 도움을 준 것은 분명하다.

다산은 유배 생활 중에 만난 제자들에게 죽은 스승이 다시 살아오더라도 부끄럽지 않게 공부해야 한다고 강조하곤 했다. 다른 누구보다 그 자신이 그와 같은 자세로 성호를 사숙했다. 또한 황상에게 네 명의 시인을 사숙할 것을 권한 것처럼 두 아들에게도 중요한 공부의 일환으로 사숙 방법을 알려주었다. 사실 다산은 귀양살이로 인해 두 아들을 곁에 두고 가르칠 수 없음을 크게 아쉬워했다. 자신 때문에 과거시험조차 볼 수 없게 된 자식들이 학문을 포기하고 삶의 목표를 잃지 않을까 특히 염려했다. 장기를 거쳐 강진으로 유배 온 후 집으로 보낸 첫 편지(1802년 2월 7일)를 보면 아버지의 안타까운 마음이 절절히 드러난다.

"부디 자포자기하지 말고 마음을 단단히 먹고 부지런히 책을 읽는 데 힘 쓰거라. 초서나 저서하는 일도 혹시라도 소홀히 하지 말도록 해라. 폐족이면서 글도 못하고 예절도 갖추지 못한다면 어찌 되겠느냐. 보통 집안 사람들보다 백배 열심히 노력해야만 사람 축에 낄 수 있지 않겠느냐." [16]

다산은 두 아들에게 자주 편지를 보냈다. 그들이 가끔이라도 유배지를 찾아오면 많은 시간을 공부를 가르치는 데 썼다. 그것도 모자라 아들이 집으로 돌아갈 때면 무엇을 어떻게 배워야 하는지 글로 써주곤 했는데, 특별히 역사적 인물 가운데 모범을 정해서 치밀하게 배우기를 권했다. 자신이 오랫동안 성호를 사숙한 것처럼 자식들에게도 공부법의 하나로 사숙을 추천한 것이다. 다음 글은 다산이 둘째아들 정학유(丁學游)에게 써 준 글이다.

"뛰어난 문장가가 되고 싶으면, '유향(劉向)과 한유(韓愈)는 어떤 사람인가?'라고 하고, 그와 꼭 같이 한다. 서법의 명가가 되려면 '왕희지(王羲之)와 왕헌지(王獻之)는 어떤 사람인가?'라고 하고, 부자가 되고 싶거든 '도주공(陶朱公)과 의돈(猗頓)은 어떤 사람인가?'라고 한다. 무릇 한 가지 바람이 있거든 문득 한 사람을 목표로 삼아 반드시 똑같아진 뒤에야 그만두기를 다짐해야 한다."[17]

이 글에서 다산은 사숙의 방법으로 세 가지를 강조한다. 첫째, 어떤 목표가 있으면 그 목표를 이룬 한두 사람을 본보기로 정하라. 사람은 사람에게 가장 잘 배울 수 있으며 사람만 한 교본이 없다. 둘째, 이왕 이면 최고를 모범으로 삼아라. 아무 사람이나 따르지 말고 한 분야에서 독보적이라 할 만한 인물에게 배우라는 뜻이다. 실제로 다산이 예로 든 사람들은 모두 각자의 분야에서 최고의 경지에 올랐다. 가령 유향은 중국 전한(前漢)시대의 뛰어난 학자이고, 한유는 중국 당(唐)나라의 유가 사상가로 당대 최고의 문장가로 꼽히며, 왕희지는 중국 동진(東晉)시대의 서예가로 서예를 예술의 경지로 끌어올려 서성(書聖)으로 불리는 인물이다.

마지막으로 다산은 사숙하는 태도도 짚어주었다. 스승이 훌륭해도 제자가 배울 마음이 없으면 학습은 이뤄지지 않는다. 같은 스승에게 배워도 제자의 성취가 제각각인 까닭이 여기에 있다. 그래서 다산은 한 사람을 목표로 삼아 똑같아질 정도로 치열하게 사숙하라고 역설한다. 기분 내키는 대로 하지 말고 성심을 다해 배우라는 말이다. 정리하면 다산이 아들에게 권한 공부법은 한 문장으로 요약할 수 있다.

'최고의 인물을 힘껏 사숙하라.'

다산은 노년에도 변함없이 성호를 존경했다. 18년간의 유배 생활을 끝내고 고향으로 돌아오고 4년 후(1822년)에 쓴 글에서 "성호 선생은 독실하게 배우고 힘써 행동하여 성학(聖學)의 깊게 닫힌 오묘한 뜻을 개발해내 후배들에게 가르쳐주셨다"고 했으며, 같은 해에 쓴 다른 글에서도 "우리 성호 선생은 하늘에서 솟아나고 사람 중에 빼어나며 도덕과 학문이 고금에 초월했던 분"이라며 찬사를 보냈다. 다산은 스승을 언급할 때 '성호자(星湖子)'와 같이 스승의 호(號)에 '자(子)' 자를 자주 붙였다. 성이나 호 뒤에 '子'를 붙이는 건 공자나 맹자 같은 호칭에서 알 수 있듯이 높은 학문과 덕을 존숭한다는 뜻을 담고 있다. 그가 스승을 얼마나 존경했는지 다시금 확인할 수 있는 대목이다.

다산은 '무불통지(無不通知)'로 불렸다. 즉 무엇이든 환히 통하여 모르는 게 없다고 할 만큼 다재다능했다. 젊을 때는 훗날 스스로 오만했다고 반성할 정도로 자존심이 강하고 치열한 논쟁도 피하지 않았다. 그냥 넘겨도 될 만한 문제도 즉시 바로잡으려 들고, 좀 참고 넘겨도 좋을 상황에서도 본인 생각을 밝히는 데 주저함이 없었다. 봉곡사에서 열흘 동안 함께 생활하며 다산의 실력을 가까이서 지켜본 목재 이삼환은 그의 실력을 높이 사면서도 "매번 송곳 끝이 튀어나오는 듯한 기운이 많고, 끝내 함축하는 뜻은 적어서 이것이 백옥의 조그만 흠이 되지 않을 수 없다"라고 지적하기도 했다. 다산은 유배 생활 중에도 최고의 지기(知己)로 존중했던 둘째 형 정약전(丁若銓)과 편지를 주고받으며 학문을 논하곤 했는데, 그와 벌인 논쟁을 보면 날카롭기가 칼날 같다. 그런 다산이 성호 이익에게는 기꺼이 고개를 숙였다. 깊이 존경했기 때문이다.

그렇다고 다산이 스승을 추종하기만 한 건 아니다. 그에게 성호는 학문의 출발점이지 목적지는 아니었다. 요컨대 성호를 평생 존경하되 맹신하지 않았다. 성호 자신도 종종 제자들에게 스승의 학문을 그대로 받아들이려고만 하지 말고 항상 의문을 제기하고 비판할 줄 알아야 한다고 강조했다. 스승에게 배울 건 본질이지 껍데기가 아니다. 지식을 넘어 지혜가 되기 위해서는 스스로 체화하는 과정이 필수다. 다산은 성호가 남긴 책보다 오히려 그만의 주체적 사유와 공부에 임하는 태도를 본받고자 했다.

처음에 성호는 큰 호수(湖)가 되어 젊은 제자를 압도했다. 제자의 정신이 성장하고 학문이 영글어지면서 다산은 성호라는 호수를 산(山)처럼 둘러쌌다. 그리고 호수로 그물을 던져 그 안에 잠긴 보물을 건져내 적재적소에 활용했다. 스승을 본받되 자신의 길을 개척해나갔다. 그리하여 다산은 성호학파의 일원으로 출발해서 그만의 고유한 세계, '다산학(茶山學)'을 이뤘다.

독서:
스승의 책을 모두 읽는 전작독서

> 제대로 된 사람이 쓴 제대로 된 책을 읽어야 합니다.
> 읽는 행위를 통해서 일정한 수준에 이르면,
> 천천히 확실하게 마음이 즐거워지기 시작합니다.
> 우리 인생에서 삶에 대한 이러한 깨달음은 항상 다른 깨달음을 유발합니다.
>
> – 조지프 캠벨[18]

다산 정약용은 성호 이익의 책을 보고 실학이라는 새로운 학문 세계를 발견했다. 스승이 남긴 책을 대면할 수 없는 스승으로 여기며 읽고 또 읽었다. 젊은 시절에는 성호와 같은 실학자를 꿈꾸며 읽었고, 벼슬에서 좌천되고는 그동안 못 다한 공부를 하기 위해 스승의 저작을 손에 들었으며, 힘겨운 귀양살이도 스승의 책을 읽으며 견뎠다. 여러 자료로 살펴보건대 다산은 성호가 쓴 모든 저작을 숙독했던 것 같다.

단적인 예로 그는 자기 손으로 스승이 남긴 저술을 완전한 모습으로 정리하고 싶은 생각을 갖고 있었다. 봉곡사 모임을 마무리하면서 동료들과 다음 해에 스승의 다른 저작도 다듬어서 '성호전서(星湖全書)'를 묶자고 다짐했으며, 강진 유배 시절인 1811년에 정약전에게 보낸 편지에서도 스승이 "남긴 글을 잘 다듬어서 책으로 만드는 것의 책임이 내게 있다"고 밝혔다. 이 목표는 여러 사정으로 끝내 실현하지 못했으나 스승의 책만은 꾸준히 읽었다. 그 가운데 여러 번 읽은 책도 적지 않았다. 다산은 왜 스승의 책을 이토록 열심히 읽었을까? 스승이 공들여 쓴 책에는 스승의 정신과 사상과 삶이 농축되어 있기 때문이다.

조지프 캠벨의 독서법

20세기 최고의 신화 해설가로 불리는 조지프 캠벨은 젊은 시절 꽤 오랫동안 백수로 지낸 적이 있다. 그는 컬럼비아대학에서 영문학 석사를 취득하고, 24살이 되던 해에 장학금을 받고 유럽으로 건너가 2년간 프랑스 파리대학과 독일 뮌헨대학에서 공부한다. 유학 중에 인도 철학과 힌두교에 관심을 갖게 되고, 오랫동안 그에게 영향을 미치는 제임스 조이스(James Joyce)와 칼 융의 책도 이때 처음 접한다.

1929년 유학을 마치고 미국으로 돌아온 캠벨은 원래 전공인 영문학 대신 인도철학과 예술 쪽으로 박사 공부를 계속하려 했지만 대학 측은 전공이 다르다는 이유로 허락하지 않았다. 이전부터 대학의 융통성 없는 커리큘럼과 권위적인 교육 방식에 의문을 품던 그는 박사학위에 필요한 과목을 모두 이수한 상태였음에도 중도에 그만두었다.

캠벨은 교직을 구하기 위해 여러 학교에 지원서를 보냈지만 당시 미국이 대공황으로 빠져들고 있었던 탓에 좀처럼 일자리를 찾을 수 없었다. 앞날 창창한 젊은이에서 하루아침에 고학력 백수로 전락한 그는 뉴욕 근처 우드스톡 숲에 자리한 임대료가 아주 싼 허름한 오두막집을 빌렸다. 그리고 평소에 꿈꿔왔던 생활을 시작했다. 5년 동안 보고 싶은 책들을 마음껏 판 것이다. 모아둔 돈을 아껴 쓰며 아무 직업 없이 집중적으로 책을 읽고, 돈이 필요할 때는 재즈 밴드에서 연주하며 근근이 생계를 유지했다.

이 시기에 그는 독특한 방식으로 독서를 했다. 먼저 마음에 드는 한 저자를 정해서 그가 쓴 모든 책을 읽었다. 그러고 나서는 그 저자가 가장 많이 인용한 작가, 또는 그 저자에게 가장 중요한 영향을 미친 인물의 책을 찾아서 모조리 읽었다. 그리고 이런 독서 패턴을 반복했다.

예를 들어 캠벨은 독일의 문화철학자 오스발트 슈펭글러(Oswald Spengler)의 책을 좋아해서 대표작 《서구의 몰락》을 포함해 슈펭글러의 책을 모두 읽었다. 슈펭글러는 책에서 니체(Nietzsche)를 자주 언급했다. 그래서 캠벨은 니체를 읽기 시작했는데, 니체를 온전히 알려면 쇼펜하우어(Schopenhauer)를 먼저 이해해야 한다는 걸 알고는 쇼펜하우어의 저작도 찾아 읽었다. 그런데 쇼펜하우어를 제대로 파려면 칸트(Kant)를 봐야 했다. 그래서 칸트도 읽었다. 난해한 칸트에서 한계에 봉착하자 이번에는 괴테(Goethe)의 책에서 돌파구를 찾았다.

이런 식으로 캠벨은 한 저자의 전작(全作)을 모두 읽고 그 저자에게 결정적 영향을 미친 인물의 저서를 읽는 과정을 거듭하며 지적 세계를 확장해나갔다.

나는 캠벨의 독서 방식을 전작독서(全作讀書)라고 부른다. 한 작가의 모든 저작을 시작으로 거미줄을 형성하듯 관심 인물들을 서로 연결하여 읽어나가며 정신을 단련하는 독서법이다. 캠벨은 학위나 취업, 책 집필 따위를 위해 읽지 않았다. 오로지 자신이 붙잡은 인물에 열중했다. 그렇게 읽고 싶던 책을 거의 다 읽었을 무렵 우연처럼 사라로렌스

대학의 문학 담당 교수가 될 수 있는 기회가 찾아왔다. 5년간의 전작독서로 나름의 지적 체계를 정립한 그는 교수가 될 준비가 되어 있었다. 훗날 캠벨은 미국의 저명한 저널리스트 빌 모이어스(Bill Moyers)와의 대담을 엮은《신화의 힘》에서 이때의 경험을 바탕으로 삶에 새로운 지평을 여는 '아주 멋진 방법'으로 자신의 독서법을 소개한다.

조지프 캠벨의 독서법은 한 저자에 집중한다는 점에서 편협한 독서처럼 보이지만 실상은 반대다. 캠벨과 다산처럼 깊고 넓은 한 인물을 심도 있게 연구하면, 깊이 내려갈수록 범위가 넓어지는 나무의 뿌리처럼 한 사람 안에 내재한 커다란 사상의 맥락을 잡을 수 있어 정신의 폭이 확연히 넓어진다. 여기서 멈추지 않고 그 저자에게 큰 영향을 미친 또 다른 사람의 책을 모조리 읽는 과정을 거듭하다 보면, 서로 다른 분야에서 활동하는 인물들이 모든 강물이 바다에서 만나듯 본질적 차원에서 연결되는 지점을 파악할 수 있다. 이를 통해 익숙한 것을 참신한 관점에서 볼 수 있고, 기존에 알던 것들을 새롭게 결합하여 더 높은 차원으로 들어가는 문을 열 수 있다.

캠벨의 이야기를 자세히 소개한 이유가 있다. 한 저자에 천착하는 캠벨의 독서법이 스승에게 배우는 방법으로 제격이기 때문이다. 스승이 쓴 책을 모두 읽는 독서법은 사사와 사숙 모두에 활용할 수 있다. 나는 책을 통해 구본형을 처음 만났고 그에게 직접 가르침을 받으며 그의 책을 모두 읽었다. 마음속 스승들을 사숙할 때도 책을 기본 수단으로 삼았다. 버핏 또한 그레이엄 밑에서 직접 배우는 동안 반복해서 스승의 책을 읽었고, 다산을 사사한 황상도 스승의 책을 수십 년 넘게 읽었다. 물론 꼭 책이 아니어도 좋다. 미술, 음악, 건축 등 스승의 작품이 있으면 그것을 모두 치밀하게 공부하면 된다.

무엇을 읽을 것인가?

한 사람의 삶을 보는 시선에는 크게 두 가지가 있다. 일인칭 시점과 삼인칭 시점. 전자는 본인의 시선으로 '나'를 들여다보는 것이고, 후자는 타자의 시각으로 한 걸음 떨어져 관찰하는 것이다. 소설가 이윤기는 《이윤기가 건너는 강》에서 한 사람에 관한 타전(他傳)과 자전(自傳)을 견주며 읽기를 소개하면서 다음과 같이 말했다.

"한 위인에 대한 타전과 위인 자신의 자전을 나란히 놓고 읽을 수 있으면 그 재미는 절정에 이른다. 이것은 타전이 밖에서 이루어진 한 인간의 '바깥 모습'의 기록인 데 견주어 자전은 안에서 기록한 그 인간의 '안 모습'의 기록이라는 것과 밀접한 관계가 있다. 나는 타전과 자전을 나란히 놓고 읽는 독서 체험을 통하여 한 인간의 표리와 만나고는 한다."[19]

여기서 '자전'은 본인이 자신의 일생을 기록한 것으로 흔히 자서전 (自敍傳)을 말하고, '타전'은 타인이 한 사람의 삶에 대해 쓴 글로 평전 (評傳)이 여기에 속한다. 자서전은 저자가 주인공이기에 일인칭 시점을 취하고, 평전은 저자가 관찰자 입장에서 기술하니 삼인칭 시점을 사용하는 게 일반적이다. 삼인칭의 경우 '겉으로 드러나는 풍경', 즉 외경(外景)에서 출발해서 안으로 접근하는 수가 많다. 객관적 서술에 속하는 방식으로 한 인물이 산 시대와 외부에서 일어난 사건들, 주변인들의 증언 등을 버무려 주인공의 삶을 묘사해나간다. 일인칭의 경우는 '자기 안의 풍경과 체험', 즉 내경(內景)을 중심에 둔 주관적이고 개인적 서술이 주를 이룬다.

모든 사람은 각자 고유성을 가지고 있다. 따라서 한 사람을 제대로 이해하려면 그 사람 특유의 개성과 언행, 그리고 개인사(個人史)를 존중해야 한다. 이를 위해 가능하면 자서전과 서간집, 인터뷰 등을 읽어야 한다. 동시에 장기판 밖에서 보는 사람이 전체 판세를 잘 보고 묘수를 간파하는 것처럼 타인이 보는 시선도 중요하다. 요컨대 한 사람을 온전히 살펴보기 위해서는 자서전과 평전을 함께 보는 게 이상적이다.

나는 칼 융을 사숙하기 위해 가장 먼저 자서전과 평전을 읽었다. 융이 쓴《기억, 꿈, 사상》을 먼저 보고, 이어서 디어드리 베어(Deirdre Bair)의 두툼한 평전《융》과 앤터니 스토(Anthony Storr)가 집필한《융》, 풍부한 사진과 그림 등 시각적 자료가 돋보이는 클레어 던(Claire Dunne)의《카를 융 영혼의 치유자》를 읽었다. 이 밖에도 여러 작가가 쓴 융 관련 서적을 봤다.

내가 자서전에 더해 꽤 많은 평전을 숙독한 이유는 융을 심층적으로 이해하기 위해서다. 사람은 다층적인 존재이며 삶 또한 그렇다. 한 사람을 스승 삼아 배우기 위해서는 넓고 깊게 파는 공부가 필요하다. 사사든 사숙이든 이 점은 똑같다.

나는 공부방의 서가, 가장 좋은 자리에 네 명의 마음속 스승(구본형, 칼 융, 조지프 캠벨, 법정) 각자를 위한 공간을 따로 마련해두었다. 나의 스승들은 마음속에만 있는 게 아니라 책장에도 자리하고 있는 것이다. 칼 융의 이름이 새겨진 서가에는 융의 저서와 그에 관한 책들, 그리고 분석심리학 관련 서적이 모여 있다. 다른 세 스승을 위한 공간도 다르지 않다. 틈틈이 스승들의 책을 구해 서가를 채우고 매일 정독하고 있다.

스승을 책으로 만나는 일이 내 독서 생활의 중요한 축을 차지한다. 스승의 책을 읽을 때마다 가슴이 뛴다. 영감이 반짝이고 감탄한다. 책을 읽으며 때때로 부족한 나를 반성하지만 우울하지는 않다. 오히려 스승의 책은 내면으로 흘러들어 정신을 탄력 있게 가꿔준다. 책을 읽다 보면 마음이 열리고 투명해지곤 한다. 지금의 나를 훌쩍 넘어 정신의 차원이 높아질 때도 있다. 서가에 스승들이 쓴 책을 모아두고 한 권씩 아껴가며 읽고 또 읽는 이유다. 그렇다면 스승에게 배울 때 구체적으로 어떤 책을 읽어야 할까? 나는 캠벨과 이윤기의 독서법을 결합하여 두 종류의 책을 읽는다.

하나는 스승이 직접 쓴 책이다. 자서전과 일기, 인터뷰집, 대표작이 여기에 속한다. 전집(全集)이 있다면 다 보는 걸 목표로 세운다. 한 사람이 살아간 인생의 본질은 그의 내면의 역사에 간직되어 있다. 이 부분을 이해하기 위해서는 대표작을 읽어야 하고 자서전이 있다면 가장 먼저 읽는 게 좋다. 다른 하나는 스승에 관한 책이다. 스승의 제자나 그를 연구한 사람이 쓴 책으로 평전과 각종 연구서를 비롯해 사숙록(私淑錄) 형태의 서적이 여기에 속한다. 내 경험으로는, 저자의 유명세보다 한 인물을 오랫동안 연구하여 그에 관해 한 권 이상의 책을 쓴 사람이나 자발적으로 스승을 열심히 탐구한 제자가 쓴 책을 고르는 게 좋다. 대체로 그들이 집필한 책이 가장 충실하다.

스승을 중심에 두고 자서전과 평전을 포함해 여러 책을 함께 읽으면 좋은 이유가 있다. 그 책들이 서로를 상쇄하거나 대립하기보다 확충해주기 때문이다. 이 과정은 일종의 퍼즐 맞추기이며 때로는 숨은그림찾기 같다. 여기에 내 생각과 해석이 가미되면 자연스레 자신만의 인물 지도가 만들어진다. 특히 한 사람을 사숙하며 꾸준히 독서하다 보면 글자 읽기 수준을 넘어 스승이라는 텍스트를 읽는 차원으로 접어들게 된다. 그러면 스승이란 존재 깊숙이 침투해 그 이면에 자리한 마음의 무늬가 눈에 들어오고 다른 이들은 보아도 인식 못 하는 스승 인생의 문맥이 보이기 시작한다. 이 모든 게 배움의 과정으로 나의 정신 면면에 자양분을 제공한다.

어떻게 읽을 것인가?

어떤 책을 읽느냐 만큼 어떻게 읽느냐도 중요하다. 내가 '스승 독서'에서 가장 중요하게 여기는 방법은 정독(精讀)과 재독(再讀)이다. 정독은 그저 천천히 읽는 게 아니라 깨닫기 위해 꼼꼼히 읽는 것이고, 재독은 책의 내용을 철저히 소화하기 위해 같은 책을 여러 번 읽는 것이다.

사실 정독과 재독은 크게 다른 독서법이 아니다. 양자택일의 문제도 아니어서 오히려 정독과 재독은 상호보완적이다. 치밀하게 읽어야 온전히 소화할 수 있고, 여러 번 읽어야 깊이 깨달을 수 있다. 좋은 책일수록 더욱 그렇다. 재독은 정독의 창조적 반복이다.

책을 즐겨 읽던 벤저민 프랭클린은 "많이 읽어라. 그러나 많은 책을 읽지는 마라"고 주장했다. 많은 종류의 책을 읽는 다독(多讀)보다, 좋은 책을 곱씹어 읽고 다시 읽는 정독과 재독이 중요함을 역설한 것이다. 실제로 프랭클린은 플루타르코스(Plutarchos)가 쓴 《영웅전》 같은 소수의 책을 수십 번 읽었다. 스티브 잡스는 20대 초반에 인도의 수행자 파라마한사 요가난다의 《어느 요기의 자서전(Autobiography of a Yogi)》을 처음 읽고 매년 다시 읽었다. 이 책은 잡스가 아이패드에 유일하게 저장해둔 책이자, 2011년 10월 그가 세상을 떠나고 스탠퍼드대학에서 진행된 추도식에 참석한 모든 사람들에게 생전 고인의 뜻에 따라 한 권씩 나눠 준 선물이기도 하다.

매일 6시간 넘게 독서를 즐기는 워런 버핏은 벤저민 그레이엄의 책 《증권분석》의 '추천사'에서 자기 서재에서 '유난히 아끼는 책' 네 권을 소개했다. 그중 한 권은 애덤 스미스의 《국부론》 초판이고 나머지 세 권은 모두 그레이엄이 쓴 책이다. 버핏은 스승의 책을 외우다시피 할 정도로 반복해서 읽었다.

정독과 재독을 결합한 독서의 위력은 실로 막강하다. 한 권의 책을 처음 읽고 두 번째로 읽을 때는 방향성을 갖고 탐사를 할 수 있다. 호기심에 부풀어 보물을 찾아나서는 탐험가가 되는 것이다. 같은 책도 어떤 키워드와 관점을 취하는가에 따라 눈에 들어오는 내용이 사뭇 달라진다. 무엇보다 좋은 책일수록 읽을 때마다 새로운 통찰을 선사한다. 프랭클린과 잡스, 버핏이 같은 책을 여러 번 본 것도 이 때문이다. 누군가는 다시 읽기를 '전신운동'에 비유한다. 그 정도로 정신을 위한 총체적 단련이 될 수 있다는 말이다. 독서는 글자가 담고 있는 정보만 받아들이는 게 아니라 저자의 정신이 작동하는 현장에 접속하고 저자라는 거울에 독자 자신을 비추어보는 것이다. 우리가 어떤 작품에서 길어

올릴 정수는 결국 한 인간의 삶이며, 그것은 다른 누가 아닌 나의 가능성이기도 하다. 같은 맥락에서 신영복은 '서삼독(書三讀)'을 강조했다.

"책은 반드시 세 번 읽어야 합니다. 먼저 텍스트를 읽고 다음으로 그 필자를 읽고 그리고 최종적으로는 그것을 읽고 있는 독자 자신을 읽어야 합니다."[20]

다시 읽기에 가장 좋은 책이 바로 고전이다. 고전은 그저 오래된 책이 아니다. 책은 사람과 같고 사람 또한 책과 같다. 훌륭한 책일수록 어느 페이지를 펼치든 매력이 있듯이 훌륭한 인물도 그렇다. 제자에게는 스승이야말로 딱 맞는 고전이다. 그러므로 사사는 살아 있는 스승을 교본 삼아 배우는 것이고, 사숙은 직접 만날 수 없는 스승을 책으로 만나는 것이다.

내가 생각하는 정독의 또 다른 정의가 있다. 질문하는 독서. 질문을 가지고, 질문을 하면서 책과 대화하는 게 정독이다. 질문하며 책을 읽는 사람이 좋은 독자이고, 독자에게 참신한 질문을 선물하는 책 또한 양서가 아닐까. 혼자 답을 내기 어려울 때 의외로 자기계발서나 실용서보다 인문서와 고전이 도움이 되는 경우가 많다. 그 이유는 고전과 인문서가 좋은 질문으로 정신을 넓혀주고 이전과 다른 시선으로 문제를 바라보게 해주기 때문이다. 곰곰이 짚어 보면 정해진 답이 없거나 기존의 답으로 해결할 수 없기에 고민하는 것임을, 그리고 이런 문제일수록 방법론보다 본질적 원리와 새로운 관점에서 실마리를 발견하는 수가 많다는 걸 감안하면 그리 이상한 일도 아니다. 어쩌면 이 점이 실용서와 자기계발서처럼 답과 방법론 중심의 책이 고전 목록에서 찾아보기 드문 이유가 아닐까 싶다.

질문은 '사숙 독서'에서도 중요하다. 누군가를 사숙할 때 독서를 통해 배우는 아주 유용한 방법은 질문을 가지고 책에 빠지는 것이다. 마치 직접 꼭 풀어야 하는 문제에 대해 스승에게 조언을 구하는 것처럼 말이다. 그런데 이와 반대로 스승의 책을 읽다 보면, 그러니까 꼭 어떤 고민을 해결하기 위해 읽지 않아도 자연스레 실마리가 떠오르고 때로는 햇빛에 닿은 얼음처럼 저절로 문제가 풀릴 때도 있다. 말로 설명하기는 어렵지만 이런 체험을 할 때마다 나는 스승이란 존재의 힘이 저작에 응축되어 있기 때문이라고 생각한다. 내가 자주 스승의 책을 펼치는 또 하나의 이유다.

나는 요즘도 마음속 스승들의 책을 재독하고 있다. 캠벨의 책 가운데 《천의 얼굴을 가진 영웅》을 비롯해 절반 정도는 세 번 이상 읽었다. 구본형이 쓴 책들도 거의 다 두 번 이상 읽었으며 네 번 읽은 책도 적지 않다. 물론 칼 융과 법정 스님의 책도 수시로 꺼내 본다.

스승의 책을 다시 읽는 일은 스승에게 배우는 과정인 동시에, 그 책을 처음 읽던 과거의 나와의 만남이기도 하다. 이때 지금의 나와 과거의 나 사이에 달라진 점을 불현듯 자각하곤 한다. 칼 융과 법정 스님의 책을 처음 읽었을 때의 감동을 여전히 생생히 기억한다. 마음속 스승들은 직접 만날 수 없지만 내게는 살아 있는 존재다. 스승의 책을 보는 건, 글자 너머 위대한 정신과의 조우이자 속 깊은 곳에서 나누는 대화다. 그의 마음과 내 마음의 교감, 나의 질문과 그의 삶의 공명이다. 한 번의 만남으로 친해지기 어렵기에 반복해서 읽는다. 다시 읽는 만큼 인연은 두터워진다. 앞으로도 계속 스승들과 만남을 가질 것이다. 스승들이야말로 마음을 터놓을 수 있는 '사람 고전'이다.

정민, 다산 정약용을
학문과 삶의 나침반으로 삼다

누구든 일생에 잊을 수 없는 몇 번의 맛난 만남을 갖는다.
이 몇 번의 만남이 인생을 바꾸고 사람을 변화시킨다.
그 만남 이후로 나는 더 이상 예전의 나일 수가 없는 것이다.

— 정민[21]

다산 정약용은 우리 사상사에 힘차게 솟은 봉우리다. 험난한 우리네 인생길에서 배움을 구할 만한 인물이다. 그는 옛사람이어서 실제로 얼굴을 마주할 수 없지만 다산의 정신은 그의 책 속에서 여전히 살아 흐른다. 다산에게 배우려면 그가 쓴 방대한 저작을 읽어야 하는데 높은 산은 쉬이 오를 수 없다. 그렇다고 멀리서 바라만 보기에는 너무 아쉽다. 이럴 때 좋은 안내자의 도움이 필요하다. 내게는 한양 대학교 정민 교수가 훌륭한 안내자가 되어주고 있다. 그가 다산으로 가는 길의 빼어난 안내자가 된 데는 아주 특별한 '맛난' 인연이 자리하고 있다.

언젠가 정민 교수는 자신의 연구실에 조선 후기의 문인 이용휴(李用休)의 시에서 가져온 한 구절을 붙여두었다. "뭇사람 속에서 그 사람을 천번 백번 찾았네(衆裏尋他千白度)." 종종 이 문장에 눈길을 보내면서 어딘가에 있을 그 누군가를 찾고 또 찾으며 기다리는 마음을 느꼈다고 한다. 그는 '숨어 있을 그 한 사람'이라는 글에서 이용휴와 그의 제자 이단전(李亶佃)의 만남을 소개하며 자문한다. '살다가 그런 만남을 몇 번이나 가질 수 있을까? 스승과 제자의 아름다운 만남을 이제 어디서 찾을까?' 놀랍게도 이 글을 쓰고 얼마 후 그는 스승을 만나 아름다운 동행을 시작한다.

정민 교수는 '학문의 스승'이자 '인생의 지남(指南)'으로 정약용을 꼽는다. 그는 오랫동안 다산을 연구해온 전문가이기도 해서 지금까지 (2020년 12월 현재) 다산에 관해 일곱 권의 책을 펴냈다. 책 제목을 출간 순서대로 나열하면 아래와 같다. 괄호 안은 출간년도와 책의 분량이다.

《다산선생 지식경영법》(2006년, 612쪽)

《다산어록청상》(2007년, 274쪽)

《다산의 재발견》(2011년, 756쪽)

《삶을 바꾼 만남》(2011년, 592쪽)

《한밤중에 잠깨어》(2012년, 296쪽)

《다산의 제자 교육법》(2017년, 316쪽)[22]

《파란》(2019년, 총 2권 748쪽)

나는 다산을 만나는 데 이 책들에 크게 의지했다. 사실 총 분량 3,000쪽을 훌쩍 넘는 7권의 책을 읽기는 만만치 않았다. 처음에는 다산을 공부하기 위해 정민 교수의 책을 펼쳤는데 점점 다산뿐 아니라 책의 저자에게 관심을 가지게 되었다. 정민 교수는 좋은 책은 향기로워서 세심하게 음미해야 하는 차와 같다고 했다. 그에게 다산의 삶이 그토록 향기로웠다면 내게는 그의 책이 꼭 그랬다. 무엇보다 정민 교수의 다산 연구는 사숙의 본보기로 손색이 없었다. 그가 얼마나 많은 시간을 들여 책을 썼을지 짐작조차 하기 어려웠다. 모르긴 몰라도 책에 인쇄된 글보다 수십 배는 더 많은 자료를 소화했을 것이다. 호기심이 동한 나는 그의 책들을 다시 읽으며 그가 어떻게 다산을 마음에 품고 어떤 과정을 거치며 연구했는지 살펴보았다.

정민 교수는 2005년 미국에서 안식년을 보내며 본격적으로 다산을 만났다. 정약용은 학자로 치면 국보급에, 최고의 지식 편집자라는 점이 매력으로 다가왔다. 이를테면 다산이 책을 쓰는 과정을 짚어보니 책의 주제 선정부터 자료 수집과 정리, 가설 수립과 논증, 목차 짜기, 초고 작성과 퇴고에 이르기까지 전체 집필 과정이 명쾌하기 그지없었다. 책과 논문을 쓰려는 이들에게 다산만 한 코치가 없었다. 마침 정민 교수는 논문 때문에 고생하는 제자를 보고 다산 공부에 논문 작성 매뉴얼을 겸해 매주 글 한 편을 써서 자신의 한국한문학 홈페이지에 올렸다. 오랜만에 한 사람에게 푹 빠져 보는 시간은 가슴을 설레게 했다. 다산의 글을 읽을수록 '한 세상이 열리는 느낌'이 들었다. 다산에 관해 쓴 첫 번째 책《다산선생 지식경영법》의 '머리말'에서 그는 이 '맛난 만남'을 이렇게 소개했다.

"안식년의 절반 이상을 오롯이 다산을 위해 바쳤다. 작업을 시작한 뒤로는 다른 일은 아무것도 흥미가 없었다. 매일 하던 운동도 붓글씨 연습도 시들해졌다. 길을 가면서도 다산만 생각하고, 밥 먹으면서도 다산만 떠올렸다. 생각들이 걷잡을 수 없이 쏟아져 나와 정보들끼리 부딪치며 정리되었다. 생각이 고갈되면 저 원두(原頭)로부터 신선한 물줄기가 다시 차올라오는 것을 느꼈다. 꽉 막혀 더 나갈 수 없을 때는 책속의 다산이 길을 일러주었다."[23]

귀한 자료일수록 좋은 연구자를 만나야 제빛을 발하는 법이다. 그는 다산에 관한 자료를 수소문하며 구하는 과정에서 한 자료가 다른 자료를 부르고, 작은 정보가 하나둘 더해져 큰 그림을 보여주는 경험을 하곤 했다. 이런 체험을 자주 하다 보니 나중에는 다산이 자신에게 무언가 신호를 보내고 있다는 느낌마저 들 정도였다. 이와 관련된 예를 그의 목소리로 들어보자.

"다산의 자료를 찾아다니다 보니, 불타고 남은 단간(短簡, 짧게 쓴 편지)이나, 편지의 앞부분만 남은 조각들도 많이 보았다. 낙원표구사 이효우 선생이 다산에 관한 자료를 많이 알고 있다는 얘기를 듣고 표구사로 선생을 찾아갔다. 앞뒤 말씀을 드리자, 잠깐 기다리라고 하시더니 잠시 후 족자로 꾸민 다산 친필의 단간 몇 개를 가져와 보여주셨다. 예전에 당신이 구해둔 것이라고 했다. 앞뒤 맥락도 끊긴 조각 편지였지만, 다산의 체취는 여전했다. 사진을 찍고 족자를 말려고 하는데, 그중하나를 불쑥 내밀더니 날더러 가져가라고 하시지 않는가? 그럴 수 없다고 극구 사양해도 내 이야기를 들어 알고 있노라시며 막무가내로 가져가라는 말씀이셨다. 뜻밖의 선물에 놀라 집에 가져와 편지를 살펴보니, 남은 편지의 첫 대목이 '사양하지 말고 받아가는 것이 어떻겠소(勿辭而受去, 何如)'였다. 나는 기분 좋게 웃고서 귀하게 모셔두었다."[24]

이런 경험이 그저 우연일까? 누군가를 깊이 사숙해본 사람이라면 우연이 아님을 알 것이다. 우연이라고 하기에는 절묘한 시점에 발맞춰 일어나기 때문이다. 설사 우연이라 해도 몇 번 거듭되면 더 이상 우연이 아닌 인연이다. 그렇게 시간과 공간을 초월한 묘한 인연, 스승과 제자의 기연(奇緣)이 펼쳐진다. 이런 과정을 거치며 제자는 스승과 감응하는 체험을 하며 그의 정수를 흡수한다. 정민 교수도 예외는 아니어서 다산에 빠져들면서 "어느 순간부터는 그가 내 속으로 걸어 들어와 내 사고를 지배하고 자기 생각을 나를 시켜 말하는 느낌마저 들었다"고 밝힌 바 있다. 이처럼 전적으로 스승에게 몰두하는 태도가, 내가 발견한 정민 교수의 다산 사숙의 첫 번째 특징이다.

다산 사숙의 두 번째 특징은 '현장 밀착형 공부'다. 실학의 최고봉 다산의 제자답게 그는 '현장 공부'를 강조한다. 여기서 그에게 현장이란 다산의 삶을 느낄 수 있는 공간(다산초당, 다산 생가 등)과 다산의 정신이 담겨 있는 자료가 있는 곳이다. 그런 공간을 여러 번 방문하고, 다산에 관한 자료를 찾아 무수히 길을 나섰다. 오랜 추적 끝에 100통이 넘는 다산의 편지를 모으고, 기존 다산의 문집에서 빠져 있던 서적도 수십 권 발굴했다. 아마 그가 자료를 찾아다닌 길을 지도에서 선으로 연결하면 촘촘한 그물망이 될 것이다. 이 여정의 생생한 모습이 《다산의 재발견》의 '서설'에 자세히 담겨 있다. 그중 일부를 옮겨 본다.

"다산 친필이 있다는 말만 들으면 어디든 찾아갔다. 새 자료를 수소문해서 만나고, 정리해서 번역하고, 논문으로 썼다. 손에 못 넣으면 안절부절 몸이 달았다. 곁에서 보다 못한 아내가 혀를 찼다. 도도하던 사람이 자료 앞에선 왜 그렇게 속도 없이 비굴해지느냐고, 보기 민망하다고 나무랐다. 그런 소리를 들은 다음 날도 친필 편지 한 장이 나왔다는 소식에 하던 일 비켜두고 카메라를 들고 달려갔다. 그렇게 모은 자료로 쓴 논문이 20편을 퍽 넘겼다. 지금도 나는 새 자료 소식만 들리면 어디고 달려갈 준비가 되어 있다."[25]

나는 이 책의 서설이 본문 이상으로 인상적이어서 다섯 번 읽었다. 4년간 다산의 친필 자료를 찾아 나선 여정과 자료 발굴 이야기가 어느 추리 소설보다 흥미진진했다. 정민 교수는 끊임없이 자료를 수소문하고 소장자를 끈질기게 접촉하여 사용 허락을 구하는 과정에서 상처도 받고 여러 난관에 부딪쳤지만 동시에 많은 공부가 되었다고 한다. 아마 논문과 책을 쓰는 데 현장 공부의 알맹이들이 자양분이 되었을 것이다. 그 덕분에 온기 없이 바짝 마른 다산 관련 자료들이 새로운 생명을 얻고, 나무가 하나둘 자라 숲을 이루듯 저마다 다른 사연을 가진 자료들이 모여 그동안 감춰져 있던 다산의 진면목을 세상에 소개할 수 있었다. 자료 공개와 공유에 적극적인 그는 서설의 마지막에서 독자에게 다산의 친필 자료에 관한 새로운 정보를 알려주길 바란다는 당부의 말을 잊지 않는다.

정민 교수의 책을 읽을 때마다 가슴이 시원해지고 유용한 아이디어를 얻는다. 그가 쓴 책은 남다른 문제의식과 마음을 환하게 하는 인문적 통찰을 보여준다. 목차는 질서정연하고 보통의 인문서에서 맛보기 어려운 실용적 내용도 담고 있다. 나는 작가로서 그 비결이 궁금했는데, 그의 책을 읽으며 자연스레 알게 되었다. 그건 바로 그가 다산의 작업 방식을 체득했기 때문이다. 즉 정민 교수는 '다산의 공부법과 지식 경영 방식'을 다산을 사숙하는 데 활용했다. 말 그대로 다산의 방법을 다산에게 배워 다시 다산을 연구한 것이다. 이는 정민 교수의 다산 사숙법의 세 번째 특징이자 그가 다산의 훌륭한 제자임을 확인할 수 있는 증거이기도 하다.

많은 다산 연구가들은 다산이 워낙 다재다능해서 어느 관점에서 봐도 다산은 위대하다는 결론에 이른다고 말한다. 그런데 이상하게도 다산이 구체적으로 어떻게 탁월한 성과를 이뤘는지에 대한 연구는 거의 없었다. 정민 교수는 바로 여기에 돋보기를 들이댔다. '다산의 위대성은 그의 작업량이 아니라 작업 방식에 있는 게 아닐까?' 새로운 문제 제기였다. 다산이 비범함에 이른 길, 즉 '방법적 원리'에 초점을 맞춰 연구한 결실이《다산선생 지식경영법》이다.

책 쓰기를 예로 들어 다산의 작업 방식을 살펴보자. 다산은 책을 쓸 때 가장 먼저 책의 본질과 집필 목적을 파악했다. '왜 이걸 하는가? 핵심 목표는 무엇인가? 어디에 활용할 것인가?'라는 질문의 답부터 마련했다. 이어서 여기에 맞춰 많은 정보를 체계적으로 분류하고, 부족한 내용을 보강하면서 일목요연하게 정리했다. 정민 교수는 책을 쓸 때 다산의 방식을 적극 활용했다. 그래서 그의 책을 읽다 보면 다산의 작업 방법도 맛볼 수 있다. 이는 다산의 놀라운 작업 비결을 10개의 원칙과 50개의 방법론 그리고 200개의 지침으로 총정리한《다산선생 지식경영법》의 집필 과정에도 잘 드러나 있다.

먼저 책의 중심 주제와 책이 지향하는 핵심가치를 분명히 한다. 다음으로 전체 목차를 세우고 세부 항목을 구성한다. 목차에 맞춰 자료를 모으고, 기준에 따라 분류하고, 요점을 정리한다. 이때 아이디어와 시사점을 메모하는 일도 병행하는데, 정민 교수는 자료 정리와 메모를

'카드작업'이라고 부른다. 이렇게 책의 뼈대를 완성하고 살을 붙여 나간다. 관련 자료를 거듭 살피고 카드작업을 계속하며 큰 그림과 세부 목차, 본문에서 거친 부분을 다듬고 부족한 내용을 보완하기를 반복한다. 이 과정은 다산의 작업 방식과 정확히 일치한다. 그래서 《다산선생 지식경영법》을 읽으면 다산의 노하우와 함께 정민 교수가 스승의 방식으로 한 권의 책을 완성해 나가는 과정도 확인할 수 있다.

정민 교수의 네 번째 다산 사숙은 '입체적 접근'이다. 그는 왜 다산에 관해 한 권이 아닌 여러 권의 책을 썼을까? 지금은 많이 달라졌지만 오랫동안 다산에 관한 연구는 대부분 연구하는 각자의 전문 분야에 맞춰 다산의 일부분을 집중적으로 살펴보는 방식이었다. 이런 접근도 분명 장점이 있지만 다산이라는 한 인물의 전체상이 잡히지 않는다는 한계가 있었다. 또 하나 앞서 언급했듯이 다산에 관한 연구 대부분은 '다산은 위대하다'로 귀결됐다. 그런데 훌륭한 인물로 여겨 감탄만 하다 보면 다산 또한 다른 역사 속 위인들처럼 올라가지 못할 나무로 남을 뿐이다. 이 점이 답답했던 정민 교수는 스스로 문제를 제기했다.

'오늘을 사는 우리는 다산에게 무엇을 배워 어떻게 활용할 수 있을까?'

가령 다산은 수원 화성 축조처럼 본인이 잘 모르는 과제를 어떻게 효과적으로 완수할 수 있었는지 궁금했다. 어떻게 길고 긴 귀양살이에 무너지지 않고 수백 권의 책을 집필할 수 있었는지도 궁금했다. 또 어떻게 나 하나 건사하기도 버거운 유배지에서 수십 명의 제자를 키우고 이들을 '조선 최고의 학술집단'으로 바꿔놓았는지 알고 싶었다. 정민 교수는 이런 화두를 가지고 다산의 정신과 작업 노하우를 오늘날 다양한 분야에서 실제로 활용할 수 있도록 책에 담아 소개했다.

이런 이유로 그가 펴낸 다산 관련 저작은 주제가 다 다르다.《다산선생 지식경영법》은 다산의 공부법과 작업 방식을 일목요연하게 정리한 것이고,《다산어록청상》은 다산의 글 가운데 인생을 살아가는 자세 전반에 관한 조언을 모아 감상을 곁들인 책이다.《다산의 재발견》은《다산선생 지식경영법》후 약 4년 동안 쓴 다산 관련 논문들을 결집한 것이고,《삶을 바꾼 만남》은 스승 다산과 제자 황상의 관계를 자세히 소개한 저술이며,《한밤중에 잠깨어》는 다산이 유배지에서 쓴 한시(漢詩) 가운데 독백에 가까운 것들을 모아 다산의 시점에서 일기 쓰듯 정리한 시선집이다. 2017년에 펴낸《다산의 제자 교육법》에서는 다산이 제자들에게 남긴 맞춤형 교육 지침이라 할 수 있는 증언들을 바탕으로 그가 어떻게 제자를 양성했는지에 초점을 맞췄다. 2년 후 집필한《파란》은 '박제화된 성인 다산'이 아닌 '살아 있는 인간 다산'의 생애를 연대순으로 세밀하게 추적하여 쓴 평전이다. 이 책은 40세 이전까지의 다산, 즉 강진으로 유배되는 시점까지를 담고 있는데, 이후 다산의 삶을 다룬 후속작도 집필할 예정이라고 한다.

사람은 다층적이어서 어떤 관점에서 보느냐에 따라 달리 보인다. 그래서 어떤 하나의 시선만으로는 한 사람을 온전히 이해할 수 없다. 사물을 제대로 이해하기 위해서 앞뒤좌우 사방에서 관찰해야 하는 것처럼 한 사람의 삶도 종합적으로 이해하기 위해서는 입체적으로 살펴봐야 한다. 다산처럼 넓고 깊은 인물, 곡절 많은 인생을 산 사람이라면 더욱 그렇다.

나는 처음에는 정민 교수를 뛰어난 다산 연구자로 생각했다. 그런데 다산에 관한 그의 책을 볼수록 학자 정민에 다산을 사숙하는 제자의 모습이 겹쳐졌다. 그가 다산을 중심에 두고 다양한 주제로 많은 글을 쓴 이유도, 조선의 새로운 지식인 다산을 총체적으로 연구하기 위함인 동시에 스승을 오롯이 사숙하기 위해서라고 생각한다. 그는 다산을 '통합적 인문학자'이자 '전방위적 지식경영가'라고 부른다. 그렇다면 나는 정민 교수를 '통합적 다산 전문가'이자 '전방위적 다산 연구가'라고 말하고 싶다. 그는 다산을 학문의 본보기이자 삶의 길잡이로 사숙했다. 다산에게서 독서와 공부법부터 책 집필, 삶의 철학에 이르기까지 많은 걸 배웠다. "다산을 만나 내 학문이 풍요로워지고, 공부의 안목이 넓어지고, 삶의 눈길이 깊어진 것이 참 기쁘다." 이 한 문장에 다산에게 배운 점이 함축되어 있다.

정민 교수는 다산이 '하나의 경이(驚異)'로 다가왔다고 고백한 적이 있다. 다산의 다재다능함과 학문적 성취 때문만은 아니었다. 훌륭한 스승은 삶이 곧 메시지이다. 다산은 평생에 걸친 노력으로 스스로를 갈고 닦았다. 그런 이의 삶만큼 설득력 강한 것도 없다. 최상의 학습은 마음으로 감명받았을 때 이루어지는데, 존경하는 사람을 본받기 위해 노력할 때가 딱 그렇다. 정민 교수가 다산을 사숙하며 스승의 본질을 체득할 수 있었던 이유가 여기에 있다고 나는 생각한다.

다른 한편, 그는 다산의 놀라운 성취가 18년 귀양살이라는 절망을 뚫고 나왔다는 사실에 경탄했다. 한 사람의 진가를 알고 싶으면 곤경에 처했을 때의 처신을 보라는 말이 있다. 다산은 버티기조차 버거운 위기를 수련의 장으로 바꿔놓았다. 역경을 역전시킨 것이다. 여기서 제자가 스승에게 배운 하나는 '환난에 처한 인간이 지녀야 할 바른 자세'다. 정민 교수는 다산 탄생 250주년이 되는 해에 출간한 《한밤중에 잠 깨어》의 집필 목적을, 누구든 직면할 수 있는 절망적 상황과 언제든 올 수 있는 좌절의 시간에 앞서 "그때의 내 자세를 생각해보자는 것"이라고 밝히며 《주역(周易)》에 나오는 '감지(坎止)'를 이야기했다.

감지는 평탄하게 흘러가던 물이 구덩이를 만나 멈춘 상황, 즉 어려운 국면을 가리킨다. 이때 물이 구덩이를 꽉 채워 넘쳐흘러야 벗어날 수 있듯이 사람도 같은 태도로 임해야 고난을 극복할 수 있다. 정민 교수의 표현을 빌리면 구덩이를 "벗어나려고 발버둥치면 나올 수도 없을 뿐 아니라 상처만 남는다. 묵묵히 감내하면서 구덩이에 빠진 원인을 분석하고 반성하며, 구덩이를 다 채워 흘러넘칠 때까지 수양하며 기다"려야 한다. 이와 같은 자세를 선명하게 보여주는 인물이 다산이다. 특히 다산이 유배 중에 지은 시는 한 사람이 시련을 이겨내는 '정신적 깊이'를 함축하고 있어서 역경에 임하는 태도를 배울 수 있다.

정민 교수는 다산과 황상의 관계를 연구하는 중에 황상의 글을 읽다가 한번은 이런 생각이 들었다. "그의 글을 읽을 때마다 감동하는 한편, 이런 제자 하나 걸리면 스승 노릇하기도 꽤 성가시겠다는 생각도 해본다. 무슨 말을 하기만 하면 평생 그 말대로 따랐기 때문이다." 나는 정민 교수의 책을 읽으며 같은 생각을 했다. 그의 책을 펼칠 때마다 다산을 향한 변함없는 애정과 존경심에 감동했다. 그는 다산을 본격적으로 연구하고 7년이 지나 쓴 글에서 "나는 그간 다산의 자취를 찾아 여러 해를 길 위에서 헤맸다. 이제는 무심한 시구 속에서도 그의 내면을 훑고 지나가던 이런저런 풍경들이 조금씩 보인다"고 했는데, 정말 그렇겠구나 싶다.

정민 교수의 책을 읽으며 그가 어떤 과정을 통과하며 책을 썼을지 머릿속에 그려보곤 한다. 그러면 이내 자료를 찾아 선뜻 먼 길을 달려가고, 자료 공유를 주저하는 소장자의 마음을 열기 위해 정성을 쏟고 몇 달이고 기다리는 모습이 펼쳐진다. 잠들어 있던 자료를 찾고 흩어져 있던 자료를 하나하나 맞추어 논문과 책으로 펴내는 과정을 보며 나의 공부와 글쓰기를 반성한다.

나는 정민 교수와 일면식도 없다. 다산을 공부하는 중에 책으로 인연을 맺었을 따름이다. 그는 다산에게 배운 방법으로 다산을 연구하고, 나는 다산을 만나는 중에 그의 책을 읽고 사숙의 모범으로 그를 탐구했다는 점이 흥미롭다. 한 번도 만나지 못했음에도 친근하고 감사한 마음이 든다. 그에게서 한 사람을 향한 지극한 관심과 현장 공부의 중요성, 자료 수집에 쏟는 정성, 자료를 체계적으로 정리하고 철저히 소화하는 능력, 독자적인 문제의식의 중요성 그리고 여러 관점을 두루 살피는 입체적 사고를 배우고 있다.

다산은 유배가 풀리고 3년 후 쓴 글에서 공들여 집필한 책들을 가지고 돌아왔지만 함께 읽어줄 사람이 없다고 탄식했다. 또 다른 글에서는 자기 책의 가치를 알아보는 사람은 적고 비판하는 이들이 많다면 천명(天命)이 허락하지 않는 것으로 여겨 불태워버려도 좋다고 썼다. 다른 한편으로는 이 책들을 "잘 거두어 간직해둔다면 앞으로 높이높이, 멀리까지 드날리리라"고 자부했다.

그는 지금이 아니더라도 언젠가 자신의 진면목을 알아보는 밝은 눈이 있을 것이고, 책의 가치를 인정받는 날이 올 거라 믿었다. 그는 아직 유배 중이던 1810년 다산초당에서 두 아들에게 쓴 글에서 다음과 같이 말했다.

"지식인이 책을 펴내 세상에 전하려고 하는 것은 단 한 사람만이라도 그 책의 진가를 알아주기를 바라서이다. 나머지 욕하는 사람들이야 관계할 바 없다. 만약 내 책을 정말 알아주는 사람이 있다면, 너희들은 그 사람이 나이 많으면 그를 아버지처럼 섬기고 동년배라면 그와 결의형제라도 맺는 것이 좋으리라."[26]

정민 교수야말로 다산이 기다린 안목을 가진 사람이 아닐까. 많은 자료를 새로 발굴하고 끊임없이 다산의 삶을 재발견하고 다산의 학문을 새롭게 조명하고 있으니 말이다. 더욱이 그 과정에서 얻은 결실을 전문 학자가 아닌 나와 같은 보통 사람도 이해할 수 있는 맛난 책으로 펴낸 덕분에 많은 이들이 오늘도 다산을 만나고 있다. 정민 교수는 다산 관련 논문 20여 편을 모아 《다산의 재발견》을 출간하면서 "이제 다산 선생 앞에 조금 덜 부끄럽다. 내 자신에 대해서도 다시 도도해져야겠다"고 말했다. 오랜 시간 최선을 다해 스승을 사숙한 제자의 자긍심이 느껴진다. 다산도 그가 쓴 논문과 책을 읽는다면 분명 제자를 자랑스러워할 것이다.

정민 교수의 다산 사숙은 아직 끝나지 않았다. 다산은 여전히 그에게 영감을 주는 스승이다. 2019년에 출간한 《파란》을 보면 이런 구절이 보인다. "지난 시간 동안 나는 다산에 대해 꽤 많이 알고 있다고 생각했는데, 이번 책을 쓰면서 전혀 그렇지 않다는 것을 알았다. 익숙하게 알던 사람이 낯설게 되었다가 다시 가깝게 다가온 느낌이었다." 같은 해에 펴낸 《다산 증언첩》에서도 "아직도 다산의 자료는 도처에서 계속 나온다. 내 앞에는 해결해야 할 그와 관련된 주제들이 산더미처럼 쌓여 있다"라고 밝혔다. 그의 다산 사숙은 현재 진행형이다. 그리고 나의 정민 사숙도 그렇다.

기록:
새롭게 더 깊이 체험하기

모든 묘사는 어떤 대상을 깊이 이해하려는 시도다. 스승에게 배우는 방법으로서의 글쓰기도 스승의 가르침을 체득하기 위한 모색이다. 정민 교수가 다산에 관해 다양한 관점에서 많은 논문과 책을 쓴 것도 같은 맥락이다. 스승의 가르침을 보고 듣고 읽는 데서 멈추지 않고 글로 다시 표현하는 이유는, 기록이란 그저 쓰는 게 아니라 새롭게 경험하고 깊이 체험하는 과정이기 때문이다.

독서는 들숨, 쓰기는 날숨

스승에게 충실히 배운 사람들 가운데 스승의 저작에서 스승의 사상적 요점을 가려 뽑고 나름의 감상을 적어둔 경우가 아주 많다. 여기서 이런 의문이 들 수도 있다. 책만 열심히 읽으면 되지 굳이 따로 정리하고 내 생각까지 덧붙일 필요가 있을까? 우리는 또 한 번 성호와 다산의 이야기에서 그 이유를 찾을 수 있다.

성호 이익은 자신보다 백여 년 전에 활동한 대학자 퇴계 이황(退溪李滉)을 성인(聖人)이라 높여 부르며 사숙했다. 그는 퇴계가 노년에 공부하며 제자를 길렀던 도산서원(陶山書院)을 찾아가 예를 표하고, 나중에는 퇴계에 관한 책을 편찬하기도 했다. 다산도 성호를 따라 퇴계를 학문의 큰 선배로 흠모했지만 성호처럼 퇴계에게 직접 배울 수 없었으므로 퇴계의 저서를 읽고 마음에 와닿는 내용을 발췌하고 소감을 기록했다. 그는 말한다.

"을묘년(1795년) 겨울에 나는 금정에 있었다. 마침 이웃사람을 통해 《퇴계집(退溪集)》 반부(半部)를 얻었다. 매일 새벽에 일어나 세수를 마친 뒤 '어떤 사람에게 보낸 편지' 한 편을 읽고 나서야 아전들의 참알(參謁)을 받았다. 낮에 이르러 그 의미를 부연해서 설명한 뜻을 한 조목씩 수록해 스스로 깨우치고 살폈다. 그리고 (금정에서 서울로) 돌아와서 〈도산사숙록(陶山私淑錄)〉이라고 이름 지었다." [28]

서른네 살의 다산은 지방의 한직으로 좌천되어 갔을 때 우연히 퇴계의 저서가 손에 들어오자 사숙의 기회로 삼았다. 매일 새벽 옷차림을 바로하고 책에 실린 퇴계의 편지를 한 통씩 정독하고 오전 동안 찬찬히 곱씹고 나서 배운 점을 적어두었다. 이를테면 퇴계가 공부 방법으로 이치 탐구와 공경함을 강조한 편지를 읽고, 다산은 "이 편지는 어느 한 글자 한 구절도 지나쳐 버려서는 안 된다"고 썼다. 또 독서는 글자를 읽는 게 아닌 몸과 마음으로 받아들이고 실천을 통해 체험해야 한다는 구절을 보고 "마땅히 항상 눈에 두고 마음에 간직하여 성찰해야 할 것"이라고 스스로를 다잡았다. 나중에 다산은 이렇게 읽은 총 30통의 퇴계의 편지를 33조목으로 정리하여 〈도산사숙록〉이라는 작은 책자로 묶었다.

독서와 기록은 상호보완적이다. 호흡으로 치면 읽기는 밖에서 안을 향하는 들숨이고, 쓰기는 안에서 밖으로 표출하는 날숨이다. 들숨이 얕으면 날숨도 얕고 반대의 경우도 마찬가지다. 들숨과 날숨 어느 하나에 문제가 생기면 호흡이 거칠어진다. 읽기와 쓰기의 관계는 조화로운 들숨과 날숨이 건강한 호흡인 것과 같다. 독서는 사유와 학습의 재료를 제공하고, 기록은 읽은 내용을 소화하고 다른 관점에서 볼 수 있게 해준다. 그래서 일본 에도시대의 학자 모토오리 노리나가(本居宣長)는 제자들에게 "진정으로 공부하고자 한다면 한 권의 책에 주석을 붙이는 일부터 시작하라"고 권했다. 독서와 기록은 서로를 자극하고 촉진한다. 많이 읽다 보면 쓰게 되고, 쓰다 보면 더 깊이 읽게 된다. 이 과정을 반복할수록 학습효과가 막강해진다. 독서가 가장 보편적인 정보 수집의 수단이라면 쓰기는 정보를 내 것으로 탄탄하게 만드는 방편이다.

기록은 사숙과 더불어 사사에도 활용할 수 있다. 사숙록(私淑錄)뿐만 아니라 사사록(師事錄)도 쓸 수 있다는 말이다. 나는 구본형을 처음 만나고 십여 년을 함께하는 동안 틈틈이 그와 함께한 시간과 그에게 배운 점을 '사부 구본형'이라는 제목으로 20여 편 정리해두었다. 그와 별도로 스승의 신간이 나올 때마다 내용을 요약하고 감상도 적어두었다. 일종의 구본형 사사록에 속한다. 이렇게 기록해두지 않았다면 이 책의 1장에서 우리 두 사람의 이야기를 풀어내지 못했을 것이다.

스승과 제자를 연결하는 한 가지

2장에서 생성적 대화의 핵심으로 질문을 꼽았다. 스승과 제자의 대화에서 질문이 부족하면 그 관계가 무미건조해진다. 그런데 질문은 대화뿐 아니라 한 권의 책을 온전히 흡수하는 좋은 방법이기도 하다. 질문은 활력 있는 정신의 증거다. 질문의 질과 강도가 곧 정신의 활력이다. 그래서 질문하며 책을 읽으면 주체적으로 읽을 수밖에 없다.

몇 년 전에 신영복의 《담론》을 읽다가 이런 문장을 만났다. "햇볕이 '죽지 않은' 이유였다면, 깨달음과 공부는 '살아가는' 이유였습니다." 그는 5년 가까이 독방에 갇혀 있는 동안 하루 2시간 정도 신문을 펼친 만큼 들어온 햇빛 위에 앉아 있는 시간이 자신을 구했다고, 또 매일 하고 싶은 공부가 있어서 살아갈 수 있었다고 고백했다. 무기수로 20년을 감옥에서 보낸 한 사람이 스스로에게 한 질문이 시공을 초월해 내 가슴에 명중했다.

'나는 무엇을 위해 살아가고 있는가?'

일주일 넘게 이 질문에 답하려고 애썼다. 질문이 좀 무거운 듯해서 내 식대로 바꿔보기도 했다. '무엇이 아침에 나를 일어나게 하는가? 무엇이 밤에 잠드는 걸 아깝게 만드는가?' 곰곰이 생각한 끝에 찾은 답은 두 가지였다. 성찰하고 탐구하는 마음. 나는 늘 성찰하는 사람으로 존재하고 싶고, 내 삶이 탐구생활이기 바란다. 그렇게 살고 싶다. 좋은 질문 덕분에 탐구심과 성찰이 내 삶을 이끄는 두 날개임을 깨닫게 되었다. 정말이지 뜻깊은 시간이었다. 지금도 삶이 황무지처럼 가물어지면 나에게 같은 질문을 한다. 답은 늘 같다. 그래도 같은 질문을 되풀이하는 이유는, 이 단순한 행위가 정신을 깨우는 마음의 주문이기 때문이다. 수도자들이 밥 먹을 때마다 같은 기도를 하는 것과 다르지 않다.

질문은 스승을 사숙하며 책을 읽을 때 특히 유용하다. 2013년 세상을 떠난 변화경영 전문가 구본형이 마지막까지 쓰고 싶어 한 책이 있다. 주제는 '내 영혼을 키운 불멸의 명언들'. 구본형은 10년 넘게 변화경영연구소의 온라인 회원들에게 매주 '마음편지'를 발송했다. 그는 타계하기 9개월 전에 보낸 '마음편지'에 아래처럼 적었다.

"앞으로 매주 보내는 금요일 편지는 '내 영혼을 키운 불멸의 명언들'이라는 타이틀 아래 여러분과 내가 함께 쓰는 책으로 가닥을 잡아보면 어떨까 합니다. 내 글과 여러분의 대답이 사례를 이루어 한 꼭지를 구성하고 1년쯤 지나 50꼭지가 모이면 책으로 출간해보고 싶습니다."

이 편지를 시작으로 구본형은 꽤 많은 양의 글을 썼다. 갑작스럽게 병에 걸려 작업을 마무리하지 못했지만 투병 중에도 끝까지 이 주제를 놓지 않았다. 그는 '내 영혼을 키운 불멸의 명언들'을 주제로 쓴 마음편지 대부분을 자신에게 울림을 준 잠언 하나를 제시하고, 그에 관한 자기 생각을 짧게 풀고, 신중하게 가려 뽑은 질문을 독자에게 전하는 형태로 마무리했다. 그러니까 좋은 책에서 가져온 문장과 그에 대한 본인의 해석, 그리고 독자를 성찰로 인도하는 질문으로 한 편을 구성한 것이다.

구본형이 떠나고 몇 년 지났을 무렵, 스승이 몹시 그리워진 나는 스승이 남긴 11개의 질문에 답하기로 마음먹었다. 나는 매주 질문 하나를 마음에 심고 생활했다. 슬픔으로 뭉친 그리움을 녹이기 위해 시작한 작업이었는데, 생각했던 것보다 훨씬 흥미진진한 시간이 되었다. 모든 질문이 각기 다른 면에서 나를 들여다보는 렌즈 역할을 해주었다. 스승의 질문을 궁리하는 일은 '나'를 구성하는 11개의 퍼즐 맞추기와 같았다. 질문에 하나하나 답해나가다 보면 나의 내적 그림이 조금씩 그려졌다. 스승이 남긴 질문 중에서 몇 개를 나열하면 다음과 같다.

운명이 될 것 같은 당신의 소명은 무엇인가?

지금은 오히려 지혜로 남은 '퍼펙트 실패'를 해보았는가?

그대 삶을 이끄는 열정은 무엇인가?

내가 만일 나무라면 어떤 나무일까?

마음속에 인생 2막의 그림을 어떻게 그려두고 있는가?

구본형의 질문을 나 자신과 대화를 나누는 화제(話題)로 삼았다. 질문을 따라 내 안을 걷다 보니 그간의 체험이 재정렬되고 사유도 윤택해졌다. 이 내적 대화를 3개월 동안 성실히 즐겼다. 매주 하나의 질문을 방향 삼아 지난 삶을 관조하고 지금의 나를 점검했으며 때로는 미래로 사색을 확장했다. 여기에 더해 질문이라는 돋보기로 스승의 책 여러 권을 다시 통독했다. 질문에 견주어 읽으니 이전에 읽었던 내용도 새롭게 다가왔다. 책을 보다 보면 질문에 대한 실마리가 눈에 들어오곤 했다. 이 과정을 매주 2, 3쪽 분량의 글로 기록했다.

이 모든 게 스승에게 다시 한 번 배우는 길이었다. 나중에는 스승이 미완으로 남긴 원고에 내 글을 더해 한 권의 책으로 완성할 수 있겠다는 생각도 들었다. 스승의 생전 바람대로 이 원고가 실제 책으로 나올 수 있을지는 확신할 수 없다. 설사 출판되지 않는다고 해도 좋다. 세상을 떠난 스승을 최대한 깊이 만나는 것이 이 작업의 본래 목적이었기 때문이다.

스승과 제자의 관계에서 질문은 윤활유 역할을 한다. 사숙의 경우도 크게 다르지 않아서 좋은 질문 없는 사숙은 생기가 없다. 질문은 자칫 단조로워질 수 있는 사숙의 과정을 탄력 있게 자극하는 촉진제다. 질문에 독서와 기록이 더해지면 효과는 배가 된다. 내 경우에도 이 과정에서 망각의 베일에 가려져 있던 중요한 장면이 떠오르고, 지척에 있음에도 미처 보지 못했던 해답을 발견하곤 했다. 꼭 한 번 스승의 책을 읽으며 질문과 공명하는 문장들을 옮겨 적고 자기 사유의 알맹이도 글로 써보라고 권하고 싶다.

그렇다면 사숙할 때 어떤 질문이 효과적일까? 나처럼 스승이 남긴 질문을 찾아봐도 좋고, 스승의 책에서 질문을 발견하거나 스승이 살면서 고민했던 문제를 살펴보는 방법도 있다. 스승은 뭐라 답했는지, 그 답을 어떻게 찾았는지, 그리고 같은 질문에 나는 뭐라 답할 것인지 정리해보라. 그렇다고 질문을 꼭 스승에게 구할 필요는 없다. 지금 내게 가장 소중한 질문, 꼭 해결해야 하는 문제도 유용하게 활용할 수 있다. 스승의 책을 바탕으로 내 질문에 스승이라면 뭐라 답할지 생각해보고 꼭 기록으로 남긴다. 기억보다 기록이 힘이 세다는 걸 잊지 말자.

직접 만날 수 없는 스승에게 질문하는 게 너무 낯설다면 열쇠말로 대신해도 좋다. 이 또한 내가 즐겨 사용하는 방식이다. 가령 내 뜻과 달리 일이 꼬여 잔뜩 위축되었다면 자존감이라는 키워드로 스승의 책을 읽어나간다. 마음 가는 대로 스승의 책을 집어서 내키는 대로 펼쳐보라. 신기하게도 내게 꼭 맞는 내용을 발견할 때가 정말 많다. 나도 한

번은 관계에서 공허함이 찾아와 외로움을 키워드로 법정 스님의 책을 손에 잡히는 대로 훑어본 적이 있다. 이때 외로움(loneliness)과 고독(solitude)의 차이를 알게 되었다. 간단히 말하면 외로움은 고립이고 고독은 자립이다. 외로움은 뭔가에 의존하다가 그것과 관계가 끊어졌을 때 느끼는 감정이고, 고독은 의존하지 않는 마음가짐, 즉 주체적으로 생각하고 행동할 줄 아는 태도이다. 그래서 외로움의 다른 말은 의존감이고 고독의 동의어는 자존감이다.

다산이 퇴계가 남긴 책을 공부해 〈도산사숙록〉을 쓴 것처럼 우리는 질문과 독서와 기록을 결합해 스승을 탐구할 수 있다. 명심하자. 중요한 질문을 하나 품고 궁리하는 과정은 스승에게 잘 배우는 방법이자 주체적인 공부이다.

스승의 일대기를 쓴 법정

세계사는 세계의 역사이고 국사는 한 나라의 역사이다. 한 개인에게도 역사가 있으니 이를 개인사(個人史)라고 부른다. 인류가 살아온 여정과 한 나라를 이해하려면 세계사와 국사를 알아야 하듯이 한 사람을 온전히 이해하기 위해서는 그가 살아온 경로를 들여다봐야 한다.

스승도 한 개인으로서 그만의 내력을 가지고 있다. 스승이 제자에게 보여줄 수 있는 최고의 작품은 자신의 삶이므로 제자가 스승의 핵심을 바르게 흡수하는 방법의 하나는 스승의 개인사를 충실히 조사하는 것이다. 이는 스승이 걸어온 존재의 이력과 그의 삶을 만든 사건의 줄

거리를 간추리는 일이며, 제자가 스승의 인생이라는 거울을 통해 자기 삶을 점검할 수 있는 기회이기도 하다.

법정 스님의 스승은 20세기 한국 불교의 큰 스님으로 손꼽히는 효봉(曉峰) 선사이다. 법정은 효봉을 은사로 출가했고, 스승이 입적할 때까지 12년 동안 처음에는 바로 곁에서 모시고 나중에는 때때로 만나기는 했으나 대체로 멀리 떨어져서 마음으로 따랐다. 때로는 사사하고 때로는 사숙한 것이다. 법정이 여러 차례 밝혔듯이 스승과 함께한 경험은 그의 수행 여정에 지대한 영향을 미쳤으며, 나중에 상좌(上佐, 제자)를 키울 때 하나의 준거가 되었다. 훗날 법정은 사람은 배우고 익힌 대로 풀린다면서 스승과 보낸 나날을 회상하며 "나는 이 시절을 두고두고 감사한다. 무슨 일에나 처음 먹은 마음과 시작이 중요하다는 사실을 몸소 겪어 터득할 수 있었다"고 말했다.

효봉 선사는 1966년 10월 입적했다. 그로부터 두 달 후 법정은 월간지 〈신동아〉에 스승의 삶을 간명하게 소개하는 '효봉 선사 일대기(曉峰禪師 一代記)'를 기고했다. 이 글의 도입부에서 그는 스승의 빈자리를 채우기 위해 지난 기억을 더듬어보고 기록으로 남긴다고 하면서 세상을 떠난 스승을 향한 그리움과 함께 글을 쓰는 이유를 밝혔다.

이 글을 쓰고 9년 후에는 효봉의 다른 제자들과 힘을 모아 스승의 법문과 말씀을 모아 《효봉어록(曉峯語錄)》을 펴냈다. 출간일은 10월 15일인데 이날은 양력으로 스승이 입적한 날이다. 이 책에서 법정은 스승을 산에 비유하며 "산은 저 들에서 바라볼 때가 분명하다"고 썼는데, 스승이 떠난 후에도 가르침은 계속되고 있으며 오히려 지금 스승의 참모습이 더 잘 보인다는 의미일 것이다. 그는 기존에 써둔 스승의 일대기를 보강하고 어록을 엮기 위해 스승이 남긴 글을 다시 읽고 주변 지인들에게서 자료를 모았다. 이 과정은 또 다른 방식으로 스승의 가르침을 되새기는 뜻깊은 시간이었다.

같은 해 법정은 전라도 순천 송광사(松廣寺) 뒷산에 그의 수행길에서 중심처가 되는 불일암(佛日庵)을 짓는다. 그는 손수 설계하고 건축에도 참여한 불일암의 낙성식(落成式)을 스승의 기일에 열었다. 그전까지 몸담았던 서울 봉은사(奉恩寺) 생활을 정리하고 스승과 자신 모두에게 인연 깊은 송광사 근처에서 새롭게 시작하면서, 스승을 처음 만나 '시작할 때 그 마음으로' 스승을 본받겠다는 의미를 담았던 것 같다. 이게 끝이 아니다. 법정은 《효봉어록》을 편찬하고 9년이 흐른 1984년에 스승에 관한 책을 또 한 권 출간했다.《달이 일천강에 비치리》로 18년 전에 쓴 스승의 일대기와 《효봉어록》을 바탕으로 스승의 인생을 보다 풍성하게 기록했다. 법정은 '책머리에'에 다음과 같이 썼다.

"사람들은 어째서 지나간 인물들을 다시 기억해내려고 하는가. 단순한 연대기적인 사실이 필요해서거나 그의 행적을 추적하려는 호기심에서만은 아닐 것이다. 그 자취의 거울에 오늘의 우리를 비춰 볼 수 있다면, 그의 생애는 우리들 자신과 결코 무연하지 않다. 은사(恩師)인 효봉 선사에 대한 자취를 20년이 지난 이제 와서 다시 더듬게 된 것도, 이런 뜻에서임을 미리 밝혀두고 싶다."[29]

법정은 스승이 떠난 지 20년 가까이 되어서도 스승이 자신을 비추는 거울임을 고백한다. 더불어 책을 쓰며 스승이 남긴 어록을 다시 살펴보니 "10년 전에 내가 손수 엮은 것인데도 새롭게 느껴진다. 전에 이런 구절들이 있었던가 싶게 빛을 발하는 말씀이 많다"고도 썼다. 그러하다. 스승의 육신은 떠났지만 스승의 가르침은 끝나지 않았다. 제자는 여전히 스승에게 배우는 과정에 있는 것이다.

스승의 말과 글로 스스로를 닦는 방법

기록을 활용해 스승에게 배우는 아주 단순한 방법이 있다. 초서(抄書)와 필사(筆寫). 사실 이 두 가지는 거의 같다. 초서는 어떤 '책의 내용 가운데 중요하거나 필요한 부분을 발췌해 기록하거나 그렇게 쓴 책'을 가리키고, 필사는 책이나 글의 전부 혹은 일부분을 옮겨 적는 걸 말한다.

서점에 가보면 필사를 다양한 형태로 할 수 있는 책들이 많이 나와 있다. 주변에서 공들여 필사하는 이들도 쉬이 찾아볼 수 있다. 출판사는 왜 따로 필사 관련 서적을 펴내고, 많은 사람들이 필사에 시간을 들일까? 사람들이 필사를 하는 이유는 자료를 수집하거나 그저 베끼기 위해서가 아니다. 모름지기 필사란 좋은 글을 숙독하고 손수 옮겨 적으며 글과 마음을 서로 비추어 보는 활동이다.

마음을 모아 손으로 하나하나 써 내려가며 스스로를 다듬는 일이 곧 필사다. 필사를 꾸준히 한 사람들은 필사의 효과로 감정을 다스려주고, 생각을 열어주고, 감각을 깨워준다고 말한다. 이런 이유로 필사는 마음의 중심을 잡아주는 훈련이 될 수 있다. 동시에 법정이 효봉 선사의 어록을 신중히 음미하고 다시 기록한 것처럼 스승의 진수를 찬찬히 체득하는 방법으로 활용할 수 있다.

다산은 제자들에게 초서를 공부의 기본으로 누누이 강조했다. 다산의 많은 제자 가운데서도 최고로 꼽히는 황상은 젊을 때는 물론이고 세상을 떠날 때까지 초서를 멈추지 않았다. 예를 들면 그는 수십 년 동안 사숙한 중국 송나라 시인 육유(陸游)의 1천 수가 넘는 시를 작은 글씨로 한 편 한 편 베껴 썼다. 다 옮겨 적고는 그 소감을 시 〈육유 시의 초서를 마치고 감회를 읊다〉로 남기기도 했다. 76세 때인 1863년 2월에는 한 달 동안 다산의 시를 집중적으로 필사했다. 그는 평생 그렇게 옮겨 쓴 글을 《치원총서(巵園叢書)》로 묶었다.

일본에서 두 번째로 노벨 문학상을 수상한 오에 겐자부로(大江健三郎)는 대학생 시절에 만난 스승 와타나베 가즈오(渡辺一夫) 교수가 집필하거나 번역한 책을 노트에 한 글자 한 글자 옮겨 적었다. 또한 묘한 인연으로 만나 사숙한 몇몇 스승, 이를테면 시인 윌리엄 블레이크(William Blake)와 단테의 작품도 필사했다. 그는 초서를 통해 스승에게 감정이입하고 소설가에게 필수적인 문장력을 다듬어나갔다(겐자부로에 대해서는 조금 뒤에 살펴본다).

스승의 가르침은 죽비다. 제자를 깨우고 반성하게 한다. 스승의 말과 글에는 삶의 지혜가 녹아 있어서 마음을 밝히고 색다른 관점을 열어준다. 스승의 저작과 어록에 흐르는 명문장은 성찰과 치유의 샘이 되어 제자의 내면을 적신다. 그 맑은 샘을 통해 인생을 어제보다 아름답게 만드는 힘을 키울 수 있다.

필사는 일상에서 매일 실천할 수 있다. 노트 한 권과 연필 한 자루만 있으면 바로 시작할 수 있다. 필사할 때 권하고 싶은 방법이 있다. 매일 아침 하루를 시작하는 의식(ritual)으로 삼는 것이다. 스승의 글과 함께 오늘 아침을 열어보라. 새로운 기운이 솟을 것이다. 매일 밤 하루를 마무리하는 의례로 활용해도 좋다. 스승의 잠언과 함께 자신을 돌아보며 하루에 마침표를 찍어보라. 은은한 여운과 함께 잠들 수 있을 것이다. 어떤 방법을 취하든 필사는 스승의 목소리에 귀 기울이고, 자기 자신과 대화를 나누는 것이다.

정리해보자. 기록은 스승에게 배우는 데 있어 다양한 형태로 활용할 수 있다. 스승의 가르침을 기록해도 좋고, 질문과 열쇠말을 중심으로 스승과 나의 생각을 적어도 좋으며, 스승과 함께한 과정을 글로 풀어도 좋다. 이 모두를 결합하여 보다 완성도 높은 사숙록을 쓸 수도 있다. 스승의 한평생을 요약한 행장(行狀)이나 연보를 작성할 수도 있고, 스승의 어록에서 핵심을 뽑아 나만의 잠언록이나 앤솔러지(anthology), 필사 노트를 만들 수도 있다. 시각화에 능하다면 사진과 이미지, 도식화(圖式化)를 기반으로 프레젠테이션 형태로 만들어도 좋다. 글과 그림을 결합해 스토리 그래픽(story graphics)과 인포그래픽(Infographic)으로 표현할 수도 있다. 문학에 재능이 있다면 시와 소설로 스승을 재조명할 수도 있다. 어떤 형식을 택하든 스승에게 배운 점과 나의 생각을 기록하면 심층적으로 탐구할 수 있다. 실제로 해보면 '아는 걸 쓴다'와는 다른 글쓰기의 묘미, 즉 쓰다 보면 더 깊이 알게 됨을 체험할 수 있을 것이다.

이노우에 다케히코,
인간 가우디를 여행하다

'이 사람이 궁금하다'고 생각할 때 나로서는
그 사람이 살던 곳을 더듬어가는 것이 지름길이다.

— 이노우에 다케히코(井上雄彦)[30]

헨리 소로는 "가장 심오하고 독창적인 사상가는 가장 멀리 여행한 사람"이라고 말했다. 그렇다면 스승을 찾아 멀리 여행한 사람도 좋은 제자로 볼 수 있지 않을까? 정말 그런지 건축가 안토니 가우디(Antoni Gaudi)를 찾아 일본에서 스페인 바르셀로나로 떠난 만화가 이노우에 다케히코의 이야기를 통해 알아보자.

농구 만화 《슬램덩크》로 유명한 이노우에 다케히코는 '만화가에게 가장 필요한 것은 무엇인가?'라는 질문에 늘 세 가지를 강조했다. 먼저 그림 실력보다 '전달하고 싶은 마음'이 가장 중요하다. 이 마음이 없다면 그림의 가치와 의미도 없기 때문이다. 다음으로 튼튼한 '체력'이 필수적이다. 밤샘 작업이 잦은 직업 특성상 체력이 받쳐주지 않으면 그림에 집중하지 못하고 만화에 악영향을 미친다. 마지막으로 독자의 욕구와 반응을 민감하게 감지할 줄 알아야 한다. 독자들의 평가를 통해 작품이 옳은 방향으로 가고 있는지 가늠할 수 있기 때문이다. 그가 메일과 설문 등 독자의 피드백을 빠짐없이 읽는 이유다.

2010년 봄 이노우에는 일본 최고의 검객 미야모토 무사시(宮本武藏)의 인생을 다뤄서 큰 인기를 모은 장편만화《배가본드》의 연재를 중단했다. 이 만화를 애독하는 수많은 독자가 충격에 휩싸였다. 돌연 연재를 중단한 이유는 10년 넘게《배가본드》를 그려온 그에게 이제껏 겪어본 적 없는 위기가 닥쳤기 때문이다. 앞서 그가 꼽은 만화가에게 필요한 세 가지 조건이 모두 무너졌다. 위기의 시작은 이 작품을 언제 어떻게 마무리해야 하는지에 대한 것이었다. 만화계에서 잔뼈가 굵은 이노우에는 너무나 잘 알고 있었다. 만화가로서 가장 끔찍한 실패는 마침표를 찍을 때를 지나쳐 더는 보여줄 게 없어서 항복하듯 끝내는 경우였다. 그렇게 독자들의 관심을 잃고 소리 소문 없이 사라지는 만화가 적지 않았다.

그의 전작《슬램덩크》는 완결된 지 20여 년이 지난 지금도 많은 이들에게 회자될 정도로 이야기의 절정에서 매우 인상적으로 결말을 맺었다.《배가본드》도 딱 그렇게 끝내고 싶었다. 그는 2008년의 인터뷰에서《배가본드》를 오래지 않아 매듭지을 거라고 말하면서《슬램덩크》처럼 멋진 종결, 적어도 "질질 끌 생각은 전혀 없다"고 단언했다. 그런데 어느 순간부터 의문이 들었다. '《배가본드》를 끝내야 할 때를 놓친 게 아닐까? 진작 끝냈어야 했던 걸까? 그렇다면 최대한 빨리 마무리 지어야 하지 않을까?' 점점 생각이 많아지고 시간이 지날수록 초조해졌다. "정말 난감해요. 어떻게 하면 좋을지." 인터뷰에서 그는 고백했다.

안 그래도 주간연재여서 제대로 쉬지도 못하고 있는 상황이었다. 조바심에 스스로를 더 몰아붙이면서 상황은 악화됐다. 늘 긴장 상태에 어깨에 힘이 잔뜩 들어가서 매주 겨우겨우 버틸 따름이었다. 상황이 이렇다 보니 많은 이들을 위해 끊임없이 새로운 이야기를 만들어서 감동을 전한다는 의미도 퇴색되었다. 이제는 독자가 어떻게 생각하는지도 자신을 옥죄는 사슬로 작용했다. 스트레스가 커지면서 건강도 급격히 안 좋아졌지만 병원에서는 몸에는 이상이 없다고 했다.

만화가로서 이노우에는 "자기 자신밖에는 다른 무기가 없다"고 말하곤 한다. 그에 따르면 결국 나란 존재밖에 보여줄 게 없으므로 스스로를 속이지 않아야 하고, 자기 안을 들여다보고 계속 안으로 안으로 더 깊이 들어가야 한다. 그런데 이젠 그 내면에서 길을 잃은 듯했다. 누적된 피로와 눌릴 대로 눌린 긴장은 결국 폭발했다. 그는 붓을 내려놓을 수밖에 없었다. "나는 지금까지 줄곧 앞으로 나아가려는 자세로만 살아왔고, 그러다 결국 막다른 곳에 부딪혔다는 생각이 든다." 투혼이나 의지로 해결될 문제가 아니었다. 그게 뭐든 새로운 전환이 필요했다.

2011년 초여름 이노우에 다케히코는 우연한 기회에 스페인 바르셀로나로 가는 비행기에 몸을 실었다. 그는 여행을 떠나며 두 가지를 마음에 품었다. 첫째는 좀처럼 벗어나지 못하고 있는 슬럼프를 극복하고 싶었다. "만화를 그리는 일은 자신이 정한 규칙대로 계속해서 그리는 일이다. 그 규칙을 화풍이라 부르며, 계속 같은 그림을 그리다 보면 그리는 즐거움이 줄어"드는 데, 1년쯤 전부터 즐거움이 사라지고 어렵게 쌓아온 화풍은 그 자신을 가두는 감옥처럼 느껴졌다. 이것이 《배가본드》의 연재를 중단한 이유 중 하나였다.

바르셀로나로 떠난 또 다른 목적은 안토니 가우디였다. 스페인을 대표하는 건축가이자 혼을 담아 '아름다움을 건축하는 수도자(修道者)'로 불리는 가우디. 사실 이번 여행은 가우디라는 한 사람을 알기 위해 떠나는 길이었다. 그는 궁금했다. 바르셀로나라는 도시의 이미지를 결정지은 유례를 찾기 어려운 예술가 '가우디는 어떤 이상을 꿈꾸고 무엇에 의지하며 그 험한 길을 걸어갔을까?' 가우디의 눈부신 창조성의 본체를 알고 싶었다. 이를 위해 그의 자취가 짙게 남은 장소와 대표작을 찾아 나섰다.

그는 가우디의 여러 작품과 그와 관련된 공간들을 두루 답사하는 과정을 글과 그림과 사진으로 남겼다. 그리고 출판사의 도움을 받아 《페피타》란 한 권의 책으로 완성했다. '페피타(pepita)'는 스페인어로 '씨앗'이라는 뜻이다. 그는 가우디 창조의 씨앗을 찾는다는 의미로 책 제목을 정했다. 동시에 페피타는 젊은 시절 가우디가 사랑한 조세피나 모레우(Josephina Moreu)의 애칭이기도 하다. 이노우에는 '예술가 가우디'뿐 아니라 '인간 가우디'도 알고 싶었다. 《페피타》는 약 100점의 사진과 75점의 일러스트와 스케치, 그리고 가우디를 찾아 거닐며 느낀 감상을 담고 있다. 여기에 더해 여행 과정을 촬영하여 75분 분량의 동영상으로 편집한 DVD도 들어 있는데 동영상은 다음과 같은 이노우에의 내레이션으로 시작한다.

"어떠한 끌림이었을까. 안토니 가우디가 남긴 건축과 가우디를 만나기 위해 바르셀로나 여행을 가게 되었다. 이 여행으로 무엇을 얻을지 전혀 알 수 없었으나 그 사람의 진수를 언젠간 깨닫기를 바랄 뿐이었다. 염치없는 기대는 하지 않지만 어쩌면 내 발밑에 있을지도 모를 해답을 놓치지 않도록, 약간은 힘을 빼고 있는 자리를 살펴봐야지."

가우디의 진수를 깨닫기 위한 열쇠가 있으니 바로 '자연'이다. 자연은 가우디 건축의 뿌리와 같다. 자연을 스승으로 삼은 그에게 무의미한 존재는 없었다. 모두가 장점이 있고 쓸모가 있다는 게 자연에서 터득한 깨달음이었다. 이것은 가우디가 건축가로서 평생 지킨 원칙이었다. 언젠가 건축을 가르쳐 준 스승이 누구인지를 묻는 질문에 가우디는 가만히 손을 들어 창밖을 가리킨 적이 있다. 손가락을 따라가자 큰 나무 한 그루가 서 있었다. 그는 말했다. "독창적이라는 말은 자연의 근원으로 돌아가는 것을 뜻한다." 그래서였을 것이다. 이노우에는 바르셀로나에 도착하고 가장 먼저 가우디에게 창조의 영감을 준 자연공간으로 알려진 몬세라트(Montserrat)를 찾았다.

몬세라트에는 타이어 제조사인 미쉐린의 마스코트 미쉐린맨처럼 생긴 산봉우리들이 거대한 병풍처럼 늘어서 있다. 마치 살아 있는 듯한 엄청난 규모의 기암괴석들이 서 있는 모습은, 가우디가 죽는 날까지 전력을 다한 성가족 성당(Sagrada Familia)과 묘하게 닮아 있다. 이노우에도 몬세라트의 매력에 빠져 무아지경으로 펜을 놀렸다. "바위가 선생이고 나는 학생이 되었다." 이어서 가우디가 유년기를 보낸 도시 레우스를 방문하고, 레우스 외곽 리우돔스 마을에 자리한 가우디의 아버지가 운영하던 공방도 둘러봤다. 그는 가우디가 밥을 먹고 잠을 자던 공간을 살펴보며 '인간 가우디'를 손으로 직접 그리고 싶다는 열망이 차올랐다.

이노우에는 세상 사람들에게 많이 알려지진 않았지만 가우디가 힘든 시기를 보낸 곳도 일부러 찾아갔다. 가우디는 성가족 성당을 짓는

데 매진하던 1911년 브루셀라병에 걸려서 푸이그세르다 마을에서 투병 생활을 한 적이 있었다. 당시 유언장을 작성했을 정도로 건강이 좋지 않았다고 한다. 그로부터 100년이 흐른 후 저 멀리 바다 너머에서 찾아온 만화가가 위중한 가우디가 요양했던 작은 마을을 거닐며 그를 느끼고 있었다. 이노우에는 가우디가 실제로 묵었던 호텔 근처 골목을 걸으면서 그가 어떤 마음으로 이 길을 걸었을지 상상했다.

"꼭 좋다고는 볼 수 없는 경험도 그 사람의 내면이랄까, 깊이를 만들지도 모릅니다. 그런 경험을 한 곳에 가면 '이 경치를 보고 있었겠지' 그런 생각을 합니다."[31]

언젠가 이노우에는 《슬램덩크》의 주요 인물들, 특히 북산고등학교 농구부 6인방에게는 전부 자신의 일부가 들어가 있다고 말했다. 즉 "대개 자기 안의 어떤 한 부분을 과장해서 그 인물로 그려내고" 있다는 것이다. 특히 중요한 "인물을 그릴 때는 자기 안의 뭔가가 그 사람과 완전히 이어져 있다"고 느낀다. 그만큼 감정이입에 능하다. 바르셀로나에는 가우디의 손을 거친 건축물이 즐비하지만 그의 얼굴이 뚜렷한 사진은 몇 장 찾기도 어렵다. 이노우에는 가우디가 머문 공간에서 가우디를 그렸다. 더 감정이입해서 어린 시절과 중년, 노년의 그를 자신만의 빛깔로 표현하려고 애썼다. 무사시를 중심에 두고 많은 검객의 삶을 담은 《배가본드》에는 죽음이 넘쳐난다. 한 인터뷰에서 그는 "죽음을 많이 그리다 보면 삶에 대해서도 새롭게 그리게 된다"면서 그렇게 죽음이 삶으로, 삶이 죽음으로 연결된다고 말했다. 이와 비슷하게 어떤 사람을 계속 그리다 보면 어느 지점부터는 그에게 자기를 겹쳐서 보게 된다. 그렇게 그에 대해 알수록 자신에 대한 이해도 깊어진다.

프로 만화가답게 이노우에는 가우디의 인생에서 한 자리를 차지하는 공간들을 연필로 그렸다. 눈앞에 마주한 가우디의 건축물도 하나씩 스케치했다. 가우디의 작품 속에 숨어 있는 예술가의 뿌리와 자기 안의 뿌리를 연결해야만 가우디의 창조성을 이해할 수 있을 것 같았다. 그에게 가우디의 공간과 작품을 손으로 재현하는 과정은 가우디의 본질을 살피고 자기 내면에 연결하는 가장 확실한 방법이었다.

"사진을 찍어두는 방법도 있지만 시간이 지나면 자신의 필터를 덧입히게 되니까. 눈으로 보고 있는 이 순간을 표현하여 형태로 남기고 싶었습니다. 몸과 눈으로 기억하면서, 그림으로 그리면 전혀 다른 곳이 보입니다."[32]

그렇다고 그림만 그린 건 아니다. 사진기로도 가우디의 공간과 작품을 부지런히 찍었다. 정확하게 말하면 그는 그림과 사진을 같이 활용했다.《페피타》를 보면 사진에 스케치를 더한 독특한 이미지들이 꽤 많다. 사진이 저 밖의 피사체를 객관적으로 포착한다면 손으로 사용한 그림에는 한 사물을 접한 사람의 감각과 해석이 감정과 함께 녹아들어 있다. 학습과 도구 차원에서 사진이 그만의 장점이 있듯이 그림도 유용한 학습 수단이 될 수 있다. 이노우에처럼 이 둘을 같이 활용하는 것 또한 좋은 공부법이다.

사실 이노우에가 바르셀로나를 방문한 건 이번이 처음은 아니었다. 그는 한창《슬램덩크》를 그리던 1992년 올림픽을 구경하기 위해 바르셀로나에 온 적이 있었다. 당시에는 가우디에 관심이 전혀 없어서 그의 작품을 그림엽서 보듯 바라봤다. 성가족 성당도 별반 다를 바 없어서 100년 넘게 계속 짓고 있는 거대한 건축물 앞에서 '터무니없음'과

위화감을 느꼈을 따름이다. 하지만 지금은 그때와 완전히 달랐다. 단순히 관광하거나 쉬기 위해 온 게 아니었다. 이노우에는 가우디가 걸었던 길을 따라 걸으며 공간과 마음 안에서 자신만의 가우디를 만나고 있었다. 영감으로 충만한 예술가는 성가족 성당과 같은 불멸의 작품을 창조했고, 알 수 없는 끌림을 따라온 만화가는 그 작품을 오감으로 매만지며 거장의 창조력의 씨앗을 조금씩 파헤쳐 나갔다. 이노우에는 가우디를 사숙하며 배운 점을 다음과 같이 말한다.

"가우디의 관점과 그의 작품 세계를 통해 내가 변한 게 있다면 풀과 나무의 아름다움뿐 아니라 구조와 이론까지 생각하게 되었다는 점이다. 식물이 어떤 식으로 생장하는지, 예를 들어 잎은 나선형으로 난다거나, 그래서 아름답고 부드러우면서도 강하다는 점을 깨닫게 되었다."[33]

가우디는 어린 시절 몸이 약한 데다 류머티즘까지 앓아서 지팡이 없이는 걷지 못한 적도 있었다. 그런데 빨리 움직일 수 없었던 탓에 주변의 다채로운 사물을 유심히 관찰하는 습관을 키웠다. 식물과 동물을 겉모습에서 시작해 점점 자세히 살피면서 나중에는 그 구조와 이면에서 작동하는 이치까지 파고들었다. 그래서일까. 건축 전문가들은 가우디 건축의 중요한 특징으로 자연과의 조화를 꼽는다. 가우디의 거의 모든 작품에 온갖 동물이 등장하고 식물의 외양과 구조에서 영향을 받은 아이디어가 들어 있는 이유도 여기에 있다.

가우디 건축의 결정체로 볼 수 있는 성가족 성당은 1882년에 공사를 시작해 2021년 현재도 진행 중이다. 모든 걸 빨리빨리 처리하고 효율성을 지향하는 요즘 시대에는 유례가 없는 초장기 프로젝트다. 《배가본드》를 언제 어떻게 끝낼지 고민인 이노우에에게 백 년 넘게 계속 건설 중인 성가족 성당은 특별하게 다가올 수밖에 없었다. 생전에 성당이 완성되는 걸 볼 수 없었던 가우디라는 인물에게 그가 끌린 것도 우연은 아닌 듯하다. 그런데 이 성당의 모형실을 방문한 이노우에는 여기서 일하는 장인들에게서 또 한 번 감동을 받는다. 한 모형 제작 장인은 열다섯 살 때부터 성가족 성당에서 모형 직공으로 일하고 있는데, 지금도 '가우디였다면 어떻게 만들었을까?' 생각하며 작업하고 있다고 한다. 또 다른 장인은 몇 십 년 동안 성가족 성당을 지켜보았는데 여전히 매일 새로운 발견을 하고 있다고 고백한다. 이노우에와 마찬가지로 장인들 역시 가우디에 감정이입하며 열심히 사숙하고 있는 것이다. 그는 가우디의 뜻을 이어 성당을 위해 일하는 장인들을 보고 깨달은 점을 이렇게 요약한다.

"몰두한다. 즐긴다. 단순히 좋아하는 일에 열중하는 것만으로 충분하다. 눈앞의 일에 자신을 바친다. 주어진 곳에서 전력을 다한다. 그것으로 충분하지 아니한가. 그다음은 흐름에 맡긴다." [34]

모형 장인들의 태도는 가우디의 모습이기도 하다. 가우디는 살아있는 동안 성당 공사를 마칠 수 없다는 걸 알았음에도 죽는 날까지 최선을 다했다. 만년에 그는 하루하루를 먹고 자고 일하는 식으로 단순하게 생활하면서 정신을 고요하게 유지하기 위해 노력했다. 일부러 단식하고 작업에 악영향을 미치는 요소를 철저히 피했다. 자신의 모든 것이 어떤 식으로든 건축물에 반영된다고 여겼기 때문이다. 가우디는 자신의 작품과 스스로를 동일시했던 것 같다. 이런 그의 태도는 한 마디로 초심이라 부를 수 있다. 초심은 늘 깨어 있는 정신으로 결과가 아닌 지금 여기에 몰두하는 마음가짐이다.

이노우에의 작가론에서도 '처음'은 중요한 자리를 차지한다. 그는 '처음의 재미, 처음의 감동, 처음의 놀라움'을 추구하는 작가였다. 그 렇다. 과거형이다. 일본 만화 잡지 〈점프〉에 《슬램덩크》를 처음 연재할 때만 해도 그는 신출내기였다. 하자만 《배가본드》를 시작할 때는 더 이 상 풋내기나 유망주가 아니어서 이름만 들어도 누구나 알 정도로 유명 했다. 《슬램덩크》의 판매량은 이미 오래전에 1억 부를 넘어서고 《배가 본드》도 초반부터 인기몰이에 성공했다. 만화가로서 경험과 테크닉도 처음과는 비교할 수 없었다. 그런데 이와 반대로 초심은 점차 사그라 들었다. 그런 그에게 가우디란 인물은 메마른 땅에 쏟아진 장대비처럼 '처음 보는 세계', '처음 보는 놀라움', '처음 접하는 기쁨'을 선사했다. 가우디에게 급속도로 빠져든 결정적인 이유다. 그는 가우디에게서 대 가의 초심을 보았고, 자신도 '처음처럼'의 마음을 되찾고 싶어 함을 자 각했다.

그런데 사실 이 답은 그의 만화에 이미 선명하게 그려져 있었다. 휴 재 전 마지막 《배가본드》 단행본에 '자기 안의 음악'이라는 에피소드 가 들어 있다. 여기서 무사시는 숲속에서 귀마개로 귀를 막고 정신을 집중해서 '검의 무게를 없애'고 나무에서 떨어지는 마른 나뭇잎을 칼 로 벤다. 그리고 속으로 말한다. "됐다. 마른 잎의 무게뿐." 이어지는 혼 잣말. "지쳐 쓰러질 때까지 계속해야지. 아니, 좀 더 잘하려고 반복하 는 것이 아니다. 백 번이든, 천 번이든, 처음 휘두르는 것처럼. 아무것 도 갖지 않은 어린아이처럼." 통달이란 처음의 마음으로 늘 새로 시작할 수 있는 힘의 누적임을 그는 이미 알고 있었다.

초심과 함께 그가 강조하는 또 하나의 원칙이 있다. "먼저 내가 즐거워야 한다." 그래서 어떤 작업이든 보수가 얼마가 됐든 즐길 수 없는 일은 받지 않는다. 《슬램덩크》 첫 권에서 주인공 강백호는 우연히 만나 한눈에 반한 소녀가 농구를 좋아하는지 묻자 답한다. "아주 좋아합니다." 《슬램덩크》의 대미를 장식하는 산왕고교와의 경기 중 선수 생명이 끝날지도 모르는 부상을 입고도 같은 소녀에게 똑같이 말한다. "정말 좋아합니다." 아마 이 두 대사가 《슬램덩크》에서 가장 중요한 장면이 아닐까 싶다. 이노우에 자신도 《슬램덩크》를 아주 좋아해서 그의 말마따나 "《슬램덩크》를 그릴 때 진심으로 즐겼다." 이 만화를 작업하면서 그는 비로소 좋아하는 일에 진심을 담아 최선을 다하는 것이야말로 진정 자기답게 빛나는 삶임을 깨닫는다. 그는 2004년 8월 《슬램덩크》 1억 부 판매를 기념해 조간신문 여섯 곳에 동시 게재한 전면 광고에서 강백호의 얼굴과 함께 단 한 줄의 소감을 적었다. "제일 즐거웠던 건 나였는지도 몰라."

하지만 언젠가부터 《배가본드》는 빛이 바래기 시작했다. 지친 몸과 불안한 마음은 그림에 고스란히 스며들었다. 《배가본드》 휴재 직전의 그림을 보면 그답지 않게 지나치게 말이 많고, 디테일이 무뎌지고 머리로만 작업한 흔적이 역력하다. 이것도 나중에야 안 것이고 당시에는 이걸 알아차릴 여력도 없었다. 당시 그는 몹시 지쳐 있었지만, 그보다 더 큰 문제는 더 이상 가슴이 뛰지 않는다는 점이었다.

이노우에가 바르셀로나를 여행하며 자주 떠올린 두 단어가 있다. '서두르기'와 '기다리기'. 창작의 희열을 잃고 《배가본드》 연재를 중단한 상황 때문이었을 것이다. 계속 자신에게 물었다. '작품 재개를 서둘러야 할까? 아니면 좀 더 기다려야 할까?' 그리고 이 둘 사이의 '공백'을 이어줄 디딤돌을 전혀 예상하지 못한 곳에서, 즉 모형 장인들의 초심과 몰입 그리고 즐기는 태도에서 발견했다. 어느새 잃어버린 처음의 재미, 처음의 감동, 처음의 놀라움, 초심. 요컨대 그에게 필요한 건 순수하게 즐기는 마음과 '처음처럼'의 감각을 되찾는 일이었다. 그걸 재발견할 때가 작품을 다시 시작할 적기였다.

《배가본드》를 중단한 전후로 이노우에가 자주 입에 올린 말이 있다. "틀을 없애고 싶다." 부연하면 만화는 기본적으로 윤곽이 뚜렷하다. 그는 이 윤곽을 '만화의 부자유'라 부르며 답답해했다. "거기서 자유로워지고 싶다"는 게 솔직한 심정이었다. 만화뿐 아니라 그의 정신도 정체되어 있었다. 자기도 모르는 사이에 오랜 세월을 거치며 굳어진 인식의 장벽에 안주했다. 좀 더 내면을 넓히고 싶은 마음이 간절했다. 이를 위해 무엇보다 신선한 자극과 영감이 필요했다. 그런 그가 운명처럼 가우디와 조우한 것이다.

이노우에가 가우디에게서 찾은 실마리는 한마디로 '확장'이다. 여기서 확장은 고착화된 틀을 부수고 자기 세계를 넓혀나가기, 그리하여 자유로워지는 것이다. 가우디는 기존의 건축 이론과 방법론을 공부하되 거기에 얽매이지 않았다. '창조는 신이 하고 인간은 발견한다'는 믿음을 견지한 그는 나무와 돌산 같은 자연에서 영감을 받아 여느 건축가와는 다른 독창적인 건축을 추구했다. 크고 작은 건축물의 형태나 장식에서 자연을 모티브로 삼았고, 새로운 건축 재료와 건축 기법을 부지런히 실험했다. 그의 작품에 직선보다 곡선이 압도적으로 많은 것도 그가 정해진 틀보다 자연스러움을 추구했음을 보여준다. 가우디에 대한 이해가 깊어질수록 이노우에는 자신에게도 그와 같은 다채로운 실험이 필요하다는 걸 알게 되었다.

이노우에에게 가우디와의 만남은 자기를 되돌아보는 계기가 되었다. 가우디의 행적을 답사하면서 예술가 가우디의 뿌리라 할 만한 '창조하는 기쁨의 원천'을 여러 번 느꼈다. 물론 그건 말 그대로 느낌이어서 실체가 뚜렷하지 않았다. 하지만 포기하지 않으면 그리 멀지 않아 깨닫게 되리라 예감했다. 그런데 이 모든 여정은 가우디라는 스승을 통해 자기 안에 존재하는 진실에 다가서는 과정이기도 하다. '가우디 여행'의 마지막 날 그는 이번 여행을 통해 느낀 점을 다음과 같이 말한다.

"지금 확실한 것은 나 자신의 내면을 만났다는 것이다. (……) 바르셀로나에서 느낀 모든 것은 지금의 나를 흔들어놓기에 충분했다. 그 충격은 원래 손에 들고 있던 답을 다시 발견하게 했고, 어쩌다 보이지 않게 되었던 눈꺼풀을 열어주었다."[35]

그는 가우디 여행을 다녀오고 몇 달 후 진행한 인터뷰에서 학창 시절에는 공부가 싫었고 대학도 중간에 그만두었는데 마흔을 훌쩍 넘긴 지금 공부가 하고 싶다고 밝혔다. 특히 자신이 진심으로 배우고 싶은 것을 성실하게 궁리하고 싶다고 했는데, 가우디 사숙이 여기에 속한다. 실제로 그는 진지하게 가우디를 탐구했다. 처음부터 가우디와 관련된 활동, 즉 가우디를 찾아가는 여행과 《페피타》 집필 작업을 기분 전환의 취미나 부업으로 여기지 않았다. 오히려 가우디라는 인물과 그의 작품 속으로 주저 없이 뛰어들었다. 글과 사진과 그림이 합쳐진 가우디 여행기로 볼 수 있는《페피타》출간은 베테랑 만화가인 그에게도 낯설기 그지없는 시도였다.

그에 따르면 "이번 가우디는 처음부터 내 안에 완성 이미지가 없었고, 어떻게 최종 형태를 만들어낼 것인지 전혀 보이지도 않은 채 그렸다." 전처럼 상세한 설계도나 어느 정도라도 완성된 이미지를 갖추고 진행하는 일이 아닌, 가우디를 느끼고 그에게 배우며 미지의 세계를 발굴해나가는 과정이었던 것이다. 그만큼 힘들 법도 하건만, 오히려 바로 그래서 오랜만에 초심자로 돌아가 정해진 틀 없이 자유롭게 작업할 수 있었다. 그는 2011년 11월 인터뷰에서 가우디 여행과《페피타》작업을 다음과 같이 돌아봤다.

"한 사람의 그림쟁이로서, 손을 움직이는 사람으로서 즐겼다고 할 수 있어요. 잘된 일이죠. 나에게는 무척 신선한 발견도 있었고, 다만 가우디에 대한 공부는 아직 진행 중이라 이 책 (《페피타》)으로 끝나지는 않을 테니까, 아직은 뭐라 결론을 지을 수 없네요. 앞으로도 가우디에 대해 많이 알아갈 생각입니다."[36]

모든 여행은 돌아옴을 전제로 한 떠남이다. 낯선 곳으로의 여행은 떠나온 낯익은 자리와 연결되어야 한다. 스승과 만나는 여행도 예외는 아니어서 제자는 스승과 심층적으로 결합되어야 한다. 여행 중에 얻은 깨달음은 여행에서 돌아온 일상에서 실천으로 검증해야 하며, 스승에게 배운 점도 그렇다. 이노우에는 가우디 여행을 마치며 '여행을 다시 하고, 그 씨앗(pepita)이 싹을 틔운다면 그곳이 출발점'이 될 거라고 생각했다. 그의 말처럼 그에게는 또 한 번의 여행이 필요했다. 그것은 밖을 향한 여행이 아닌 내면으로의 떠남이자 가우디 여행에서 얻은 열쇠로 본인의 문제를 푸는 일이었다.

바르셀로나에서 돌아오고 6개월이 지난 후, 활기를 되찾은 만화가는 가우디의 작품에서 가우디 창조력의 요체를 발견할 수 있듯이 자신에게 필요한 답도 자기 작품에서 발견해야 한다는 걸 깨달았다. 이 무렵부터 《배가본드》 재개를 위한 모색을 시작하면서 틀을 정하지 않으면 그릴 수 없다는 기존의 한계를 타파하기 위해 애썼다. 이와 함께 가우디와 모형 장인들에게 배운 것처럼 순수하게 몰입하고 만화 작업을 즐기는 창작의 자세를 다시금 회복해나갔다. 그리고 2012년 3월 마침내 《배가본드》 연재를 다시 시작했다. 그는 바르셀로나 여행을 마치고 1년이 흐른 후 출간한 책 《공백》에서 《배가본드》의 작업 재개를 도운 요인의 하나로 가우디와의 만남을 들었다.

이노우에가 말한 대로 가우디 공부는 일시적으로 끝나지 않았다. 그는 여행에서 돌아온 후에도 계속 가우디를 사숙했다. 그 첫 번째 결과물은 물론 2011년에 출간한 《페피타》이다. 그리고 3년 후인 2014년 4월 이노우에는 다시 가우디를 만나기 위해 한 달간 바르셀로나를 찾는다. 일부러 성가족 성당이 눈앞에 보이는 아파트에 머물렀는데, 방 창문으로 성당에서 가장 핵심이라 할 수 있는 '탄생의 문'이 바로 보였다. 그곳은 가우디가 살아 있는 동안 완성한 문이기도 하다. 또한 가우디가 건축한 마지막 주택인 카사 밀라(Casa Milà)에 아틀리에를 마련하고, 거기서 가우디 관련 작업을 진행했다. 이 점만 봐도 가우디가 이제 그의 진정한 스승이 되었음을 알 수 있다.

그는 두 번째 가우디 사숙 여행을 첫 여행과 마찬가지로 그림과 사진과 글로 정리해 《이노우에, 다시 찾다》라는 또 한 권의 책에 담았다. 첫 여행과 달리 그는 두 번째 여행에서 매일 일기를 썼다. 《페피타》와 《이노우에, 다시 찾다》를 이어서 읽으면 이노우에와 가우디의 내적 대화가 한층 깊어졌음을 엿볼 수 있는 부분이 많이 보인다. 그는 바르셀로나에 도착한 지 며칠 안 되어 쓴 일기에 이렇게 적었다. "내면을 해방시키고 싶다." 며칠 후 일기에서는 "매일 밤 '가우디 선생님, 한 말씀……' 하고 기도하며 잠들"었다는 기록도 눈에 띈다. 20여 일 지난 일기에는 이런 대목도 있다. "마음 안을 고요히 만들고 싶다. 수많은 은혜를 끊임없이 깨달을 수 있도록 내면은 고요하고 평탄하게 유지하고 싶다. 조용히 스케치를 했다." 이렇게 그는 가우디 건축물을 관찰하고 또 그 안에 머물면서, 수시로 그림을 그리면서, 때로는 홀로 생각하면서 스승과 계속 대화를 나눴다.

한번은 카사 밀라의 내부 천장과 장식을 보는데 지중해의 바람과 파도가 떠올랐다. 혹시 가우디가 지중해의 바람과 파도를 이곳으로 가져오고 싶어 한 건 아닐지 궁금했다. 그래서 가까운 바닷가를 찾아가 유심히 살펴본다. "가우디는 역시 이 지중해의 포근한 바람과 파도 소리, 눈부시지만 부드러운 빛의 색을 그곳에 사는 사람들이 느낄 수 있도록 카사 밀라를 설계했던 것이 아닐까." 이노우에는 바르셀로나 인근 지중해의 어느 바닷가에서 카사 밀라 천장의 유래를 찾았다고 확신한다. "어쩌면 건물 외관도 파도에 풍화돼 구멍투성이가 된 돌에서 힌트를 얻은 것이 아닐까. 이곳에 있다 보니 카사 밀라에서 본 모든 것이 여기 있다는 생각이 든다." 그리고 스스로 답을 찾아낸다. "사람의 행복을 위한 건축이 바로 카사 밀라다."

여행 중에 그는 마음속 스승에게, 또 한편으론 자기 자신에게 계속 묻는다. '가우디의 작품이 세계 곳곳의 사람들을 불러 모으는 힘은 어디에 있을까?' '그는 무엇을 생각하며 이 공간을 만들었을까?' '가우디가 진정 표현하려고 했던 건 무엇일까?' '후세에 무엇을 전하고 싶었을까?' 때로는 가우디가 되어 답해보고, 그의 작품을 통해 스승의 목소리에 귀 기울인다. 때로는 과감하게 자신의 생각을 펼쳐나가기도 한다. 이렇게 첫 여행에서처럼 질문을 품고 가우디의 흔적을 두루 살피고 그가 만든 공간으로 여러 번 발걸음을 옮긴다. 3년 만에 가우디의 생가를 다시 방문해 친족을 만나고, 가우디가 다닌 학교를 찾아가 소년 가우디를 느낀다. 첫 여행에서 자신을 사로잡았던 몬세라트에서 하룻밤을 보내고, 이곳과 함께 가우디의 정신을 심화시킨 곳으로 알려진 포블레트 수도원도 방문한다.

여행 마지막 날에는 아파트에서 하루 종일 성당의 '탄생의 문'을 바라보며 스케치에 몰두한다. "손을 움직이고 종이에 옮기면서 다시 보이는 것을 보자." 이 모두가 '가우디라는 사람이 내 안을 지나가게 하는 작업'이다. 그리고 모든 여정의 끝자락에 이 놀라운 인물이 무엇을 건축의 중심에 두었는지 마침내 깨닫는다. "자연과 인간의 공동 작품 같은 멋", "주위 자연과의 조화, 장인의 손길과 솜씨, 사랑하는 조국에 대한 마음, 그리고 사는 사람이 느낄 편안함." 어쩌면 소박하게 보일지도 모르지만 그에게는 온몸으로 체화한 깨달음이다.

두 번의 여행과 책 두 권이 끝이 아니다. 2014년 7월부터 9월에 걸쳐 일본 도쿄의 모리아츠센터 갤러리에서 이노우에가 주도적으로 참여한 가우디 특별전이 열렸다. 전시회 제목이 의미심장하다. '가우디 ×

이노우에 타케히코—하나가 되는 창조의 원천(シンクロする創造の源泉)'. 제목만 봐도 제자와 스승이 비로소 깊이 통했다는 뜻이 담겨 있는 듯하다. 이 전시회는 가우디의 스케치와 건축 모형 등 100여 점과 함께 이노우에가 스승의 생애를 모티브로 그린 40여 점의 작품이 두 축을 이뤘다. 전시관의 초입에는 이노우에의 그림으로 구성한 애니메이션을 상영했다. 전시회가 열린 같은 해 8월 아사히 TV는 그가 바르셀로나에서 가우디를 사숙하고, 전시회를 준비하는 과정을 동행 취재한 특별 프로그램을 방영했다. 전시회는 2020년 12월 현재도 일본 내에서 수시로 열리고 있다. 이것이 가우디 사숙의 세 번째 결실이다.

만화가로서 이노우에의 강점은 스토리가 아닌 캐릭터에 있다. 그는 이야기의 완급을 능숙하게 조절하는 능력이 부족해서 스토리 전개가 지지부진하다는 평을 듣기도 한다. 대신에 작가 자신이 캐릭터에 집요하게 파고들어 동화되는 능력은 발군이다. 그래서 그가 만든 주요 캐릭터는 하나같이 개성적이고 디테일이 살아 있다. 아마 《슬램덩크》나 《배가본드》 등 그의 작품을 접해본 사람이라면 동의할 것이다. 이야기 자체도 캐릭터에 집중하여 그와 대화 나누는 중에 자연스레 태어난다. 만화라는 작업에도 인연과 흐름이란 게 있어서 캐릭터가 싱싱할수록 이야기도 생생하게 펼쳐진다. 그의 입을 빌리면 "캐릭터를 살아 있는 인간으로 만드는 것이 가장 중요하며, 그게 만화의 출발점이자 골인 지점"이다.

가우디 전시회를 준비하며 그는 여행을 통해 만난 스승을 하나의 캐릭터로, 그만의 감성으로 재해석했다. 작게는 A4 용지에 그린 작은 그림부터 크게는 2미터가 넘는 대형 작품까지 다양한 형태로 표현하고, 작업에 사용할 종이도 손수 마련했다. 언제인가 그는 그림 그리는 일은 손으로 물을 떠올리는 행위와 같아서 떠올린 물에 조금이나마 진실이 담겨 있기를 바라며 그린다고 말한 바 있는데, 가우디를 그리면서도 같은 마음이었을 것이다. 가우디라는 존재와 그의 건축을 손으로 하나하나 완성해나가는 과정은 스승 가우디를 만나고 공부하는 또 하나의 과정이었으리라. 전시회장 곳곳에 그가 가우디를 그리며 느낀 점을 자필로 짧게 적은 글이 걸려 있는데 그중 가우디의 영향을 잘 보여주는 구절 몇 개를 옮겨본다.

"독창성은 기원으로 돌아가는 것이다."

"신은 서두르지 않는다."

"위대한 책, 항상 열려 있는, 노력해서 읽을 만한, 그것은, 대자연의 책이다."

이노우에 다케히코는 만화를 그릴 때 한 컷 한 컷을 회화 작품처럼 공들이는 것으로 유명하다. 그래서 만화 강국 일본에서도 '작가주의'를 대표하는 실력파로 인정받고 있다. 가령 《배가본드》의 도드라진 특징은 만화에 동양화 방식을 적용했다는 점이다. 미국 유수의 언론사 CNN에서 다큐멘터리로 촬영했을 만큼 그의 그림은 높은 평가를 받고 있다. 가우디를 사숙한 즈음부터 이노우에는 만화가를 넘어 예술가로 변모하고 있는 것으로 보인다. 스승이 미친 영향이 얼마나 되는지는 몰라도 가우디를 통해 예술에 대해 더 진지하게 다가가고 있는 건 분명하다.

가우디 연구가들에 따르면 가우디는 사람들이 당연하다 여기는 상식이나 사고방식을 믿지 않았다. 세상의 평판에도 신경 쓰지 않았다. 대신에 자연을 창조의 바탕삼아 자신의 이상과 아이디어를 건축으로 실현하는 데 매진했다. 가우디처럼 이노우에 역시 보통의 만화가와 아주 다른 길을 가고 있다. 어쩌면 가우디가 누구와도 다른 건축 세계를 창조한 것처럼 그도 여느 만화가와 다른 독창적인 세계를 개척하리라 나는 기대한다. 실제로 그는 만화보다 오히려 작품집을 만들고, 전시회에 공을 더 들이고 있다. 이런 그의 행보를 만화가의 본분에서 벗어난 일탈 내지는 예술가 시늉으로 치부하는 시선도 없지 않지만 과연 그럴까? 이런 비판으로는 독창적인 작업에 거듭 도전하는 그의 모습을 설명할 수 없다.

이노우에는 앞서 언급한 가우디 전시회뿐 아니라 《배가본드》의 주인공 미야모토 무사시의 마지막 장면을 주제로 한 '최후의 만화전'에서 만화라고 보기 어려운 대형 그림을 일본의 전통 종이에 수묵화 스타일로 선보였다.

또 한 번은 교토에 위치한 사찰 히가시혼간지(東本願寺)의 의뢰로 많은 일본인들이 추앙해 마지않는 신란(親鸞)의 750주기를 기념하는 병풍 그림을 그렸다. 신란은 일본 정토진종(淨土眞宗)의 창시자로 평범한 사람도 수행을 통해 부처가 될 수 있음을 설파하여 새로운 불교를 일으킨 장본인이다. 그림의 주제는 '격동의 생애를 보낸 신란 성인의 삶'이고, 가로 10미터가 넘고 높이도 2미터 이상인 초대형 작품이다. 신란의 그림은 당대 최고의 예술가에게 의뢰하는 전통이 있어서 신란 700주기 기념 작품은 일본을 대표하는 판화가 무나가타 시코(棟方志功)가 맡은 바 있다. 이는 이노우에가 일개 만화가가 아닌 당대 최고의 경지에 올라섰다는 증거로 볼 수 있다.

정리해보자. 2011년 5월에 떠난 바르셀로나 여행부터 같은 해 12월에 펴낸 첫 책, 3년 후 두 번째 사숙 여행과 이어서 출간한 두 번째 책, 그리고 2014년 여름에 연 전시회에 이르기까지 이노우에는 3년 넘게 가우디를 성실하게 사숙했다.

두 권의 책과 전시회는 여행과 그림을 통해 만난 가우디 이야기를 담고 있다. 이것은 건축학적 논리와 구조에 바탕을 둔 엄격한 분석이 아닌 만화가의 시선과 손길로 인간 가우디의 행적을 짚어보고 스승의 내면을 상상하며 재조명한 예술가 가우디를 보여주기도 하다. 또한 이노우에의 가우디 사숙은 여행이 휴식이나 관광의 차원을 넘어 학습과 사숙의 방편으로서 매우 유용함을 보여준다.

이어지는 글에서 '사숙 여행'을 구체적으로 어떻게 할 수 있는지 다른 사례들과 함께 알아보도록 하자.

여행:
스승을 찾아 떠나는 탐험

여러 종류의 여행이 있다. 문화재와 유적을 살펴보는 문화 여행부터 숲과 강 등 아름다운 산하를 유랑하는 자연 여행과 수백 킬로미터를 걷는 장거리 도보 여행, 산티아고 데 콤포스텔라(Santiago de Compostela) 같은 성지(聖地)를 찾아가는 순례도 있다. 다양한 여행 중에는 스승을 찾아 떠나는 여행도 있다.

사실 여행은 아주 오래전부터 스승에게 배움을 구하는 방법이었다. 흔히 스포츠에서 여러 팀을 옮겨 다니는 선수를 지칭하는 '저니맨(journeyman)'의 유래는 서양의 중세 수공업에서 장인(master)과 도제(apprentice) 사이에 위치한 숙련공이다. 이들은 뛰어난 장인을 찾아 여행(journey)을 다니며 실력을 연마하는 경우가 많아서 저니맨이라 불렸다.

이런 '사사 여행' 외에 가우디를 찾아 떠난 이노우에 다케히코처럼 마음속 스승을 찾아가는 '사숙 여행'도 있다. 한 사람을 깊이 만나기 위해 그의 인생 궤적을 답사하는 여정이다.

성 프란치스코를 찾아서, 헤세를 찾아서

많은 사람들이 가우디를 불세출의 건축가, 천재, 심지어 성인으로 칭송한다. 그런데 한 사람을 이렇게 보면 딴 세상 존재가 되어 다가갈 엄두조차 안 난다. 하물며 그로부터 배우는 건 언감생심이다. 이노우에는 달랐다. 가우디를 자신과 같은 인간으로 보고 스승을 거울삼아 자기 안에 묻혀 있던 창조의 씨앗을 찾는 데 성공한다. 어떻게 그럴 수 있었을까? 가우디를 충실히 만나기 위해 스승의 인생살이를 탐구하는 모험을 감행했기 때문이다. 스승이 머물렀던 공간을 여행하다 보면 스승과 제자가 하나 될 때가 있다. 이때 진정한 교감과 함께 심오한 배움이 이뤄진다. 여기에 그런 사숙 여행을 떠난 또 한 사람이 있다. 바로 헤르만 헤세다.

앞서 언급했듯이 헤세는 젊은 시절 영적 구도자의 본보기로 성 프란치스코에 주목했다. 헤세는 프란치스코 성인을 사숙하는 과정 중에 자신의 첫 소설《페터 카멘친트》를 썼다. 저자의 자전적 이야기에 기반을 둔 이 소설 곳곳에 프란치스코가 등장하는 건 우연이 아니다. 주인공 페터 카멘친트는 헤세 자신이고, 성 프란치스코는 그가 닮고자 노력하는 이상형이다.

소설에서 카멘친트는 프란치스코 성인에게 보다 가까이 다가가기 위해 성인의 고향 아시시를 수차례 방문하고 한 번은 꽤 오랫동안 머문다. 실제로 헤세도 1901년 3월부터 5월까지 처음으로 이탈리아를 여행했다. 당시 스물네 살의 헤세는 피렌체와 제노바, 베네치아를 둘러봤다. 그리고 1903년 다시 이탈리아로 떠나 피렌체와 베네치아를 여행했다. 그는 이 두 번의 여행 중에 아시시에 머물며 프란치스코를 탐구했다.

헤세는 1901년 《페터 카멘친트》를 쓰기 시작하여 1903년 완성했고, 《아시시의 성 프란치스코》는 1903년에서 1904년 사이에 집필했다. 두 책은 같은 해(1904년)에 세상에 나왔다.

《페터 카멘친트》에 따르면 헤세는 아시시와 근방의 '성 프란치스코의 길'을 걸으며 수시로 성인이 곁에 있음을 느꼈다. 성인에게 푹 빠져 자신이 프란치스코가 된 것처럼 헤아릴 수 없는 사랑의 감정으로 가득 차 새들과 샘물과 들장미 덤불에 감사와 기쁨의 인사를 보냈다. 여행에서 돌아온 헤세는 초기 프란치스코 수도사들의 생활을 묘사하는 작품을 쓸 준비를 하기도 했고, 언젠가는 아시시에서 연구를 목적으로 오랫동안 지낼 계획을 세우기도 했다.

헤세가 교통이 불편하고 인적도 드문 아시시를 찾아온 것은 현명한 선택이었다. 공간과 사람은 서로를 비추고 공명한다. 그래서 어떤 공간은 그 주인의 내면을 놀라우리만큼 잘 보여주어서 그의 정신적 정경이 어떠하고 또 어떤 삶을 사는지 꽤 정확히 드러낸다. 아시시 곳곳에 흩어져 있는 성 프린치스코 관련 유적이 그런 공간이다. 한적한 이 마을은 아름다운 자연과 고졸한 중세시대 모습을 그대로 간직하고 있다. 오늘날 아시시를 방문했을 때 눈에 들어오는 풍경과 프란치스코 성인이 살았던 시절의 풍광은 크게 다르지 않다. 투명한 햇빛과 부드러운 바람, 오래 세월을 입고 있는 집들과 기분 좋게 단단한 포석으로 핏줄처럼 연결된 낡은 골목길, 언덕에 위치한 마을 앞으로 펼쳐진 너른 들판, 낮과는 확연히 다른 해질 녘 분홍빛 햇살은 아시시 특유의 밝고 부드러운 분위기를 자아낸다.

내가 자세히 아시시를 묘사할 수 있는 이유는, 나 또한 이곳을 두 차례 여행한 적이 있기 때문이다. 처음에는 지인들과 함께 이탈리아를 유랑하는 중에 별생각 없이 방문했다. 나는 기독교인이 아니고 성 프란치스코에 대해 아무것도 몰랐다. 그런데도 아시시는 단번에 나를 사로잡았다. 이곳은 정말이지 공간으로 현현한 사랑과 평화였다. 조금 과장해서 말하면 천국이 있다면 이곳일 것 같았다. 아시시는 내게 처음으로 공간의 충격을 선물한 곳이어서 몇 년 후에 아내와 다시 와서 첫 여행 때보다 오래 머무르며 성 프란치스코의 흔적을 찾아다녔다. 헤세가 왜 이곳을 그토록 소중히 여겼는지 온몸으로 이해할 수 있었다.

성 프란치스코는 어릴 적부터 아시시에서 태어난 것을 행운으로 여겼다. 그는 숨을 거두기 직전 "거룩한 도시여, 하느님께서 그대를 축복하시리라. 그대로 인하여 많은 영혼이 구원될 것"이라며 마음을 다해 이 마을을 축복했다. 고향을 사랑한 만큼 이 작은 마을은 그에게 적지 않은 영향을 미쳤다. 아마도 그래서일 것이다. 헤세를 비롯한 여러 예술가들이 아시시를 채운 독특한 분위기와 성 프란치스코의 인격적 특징을 연결 지었다.

또한 성인을 연구하는 사람이라면 누구나 아시시에 직접 와서 머무르는 것이 불문율처럼 되어 있다. 아시시에는 지금도 성인의 자취가

331

남아 있는 많은 장소가 잘 보존되어 있다. 그중 한 곳만 예를 들면 젊은 프란치스코가 '허물어져가는 나의 집을 수리하라'는 그리스도의 부름을 받은 장소이자 손수 재건한 성 다미아노(San Damiano) 성당을 들 수 있다. 이곳은 가장 프란치스코다운 공간이어서 많은 연구자들이 성인을 사랑하는 이들이라면 꼭 방문하라고 권한다. 물론 헤세 역시 성 다미아노 성당을 찾았으며 이 성당은 그의 작품에도 등장한다.

헤세가 프란치스코를 사숙했다면 문학평론가 정여울은 헤세를 사숙했다. 그녀는 삶이 힘겨울 때마다 운명처럼 헤세의 책이 손에 들려 있었다고 고백한다. 그녀와 헤세 사이에는 시공간적으로 상당한 간극이 존재한다. 그럼에도 진정한 스승은 제자의 손을 잡고 자기 내면으로 이끌기 마련이어서 헤세는 그녀에게 '마음의 거울'이 되어주었다. 특히 그녀는 헤세의 소설을 읽을 때는 거리감을 전혀 느낄 수 없어서 "헤세에게서 바로 몇 년 전에 내가 잘 아는 사람이 글을 쓴 것만 같은 기이한 친밀감을 느낀다"고 말했다.

헤세가 프란치스코를 만나기 위해 아시시를 여행했듯이 그녀도 스승이자 치유자인 헤세를 만나기 위해 길을 떠났다. "나는 내 마음속 오랜 그리움의 뿌리, 헤세를 만나러 간다." 그녀는 헤세와 인연이 짙은 장소, 가령 그의 고향 독일 칼프와 그가 사랑한 아시시, 그리고 헤세가 제2의 고향으로 여기며 반평생 넘게 머문 스위스의 몬타뇰라 등을 빠짐없이 여행했다. 여기에 헤세의 초기작 《수레바퀴 아래서》부터 《싯다르타》에 이르기까지 그의 대표작을 읽은 소감을 더해 한 권의 책으로 완성했다. 책의 제목은 《헤세로 가는 길》이다.

"나는 헤세 루트를 마치고 나서야 깨달았다. 힘겨운 여행일수록 더 오래 마음에 남는다는 것을. 아름다운 여행의 이미지는 여행이 끝난 후에도, 영화필름처럼 마음속에서 언제든 돌려 볼 수 있다는 것을. 헤세를 읽을수록 헤세의 작품 속 공간들은 더욱 해맑은 설렘의 빛깔로 나를 유혹한다. 지극히 사적인 나만의 헤세 루트가 언제 끝날지는 알 수 없다. 내 마음의 방랑이 끝나지 않는 한, 나는 별별 핑계를 갖다 붙이며 또 다른 헤세 루트를 창안해낼 것이다."[38]

프란치스코 성인과 헤르만 헤세는 생존해 있는 사람이 아니다. 그럼에도 우리는 그들을 만날 수 있다. 그들이 쓴 책을 읽고, 마음의 대화를 나누고, 그들에 관해 글을 쓸 수 있다. 이 모든 걸 함께 할 수 있는 방법도 있다. 스승의 책과 노트를 들고 그들의 숨결이 스며들어 있는 공간, 오래 머물렀던 장소를 여행하는 것이다.

이순신을 찾아 떠난 여행

방송작가 이진이는 '삶에서 가장 힘겨운 순간에 운명처럼' 충무공을 만났다. 우리 역사에서 위대한 인물로 손꼽히는 바로 그 이순신 장군이다. 그녀는 2005년 여름 지인들과 충남 아산의 현충사를 방문했을 때 장군의 장검(長劍)과 《난중일기》를 보고 온몸이 전율하는 체험을 한다. 이 일을 계기로 이순신과 인연 깊은 한산도를 홀로 찾았고, 그렇게 자신만의 이순신 유적 답사가 시작되었다. 첫 답사 후 주말과 휴일을 이용해 3년 동안 이순신과 관련된 장소라면 그곳이 어디든 전국 곳곳을 누비며 그 과정을 자세히 기록했다. 그 결실이 2008년에 출간한 《이순신을 찾아 떠난 여행》이다. 저자는 말한다.

"가장 어려운 순간에 이순신을 만났다. 그는 내게 인생의 순간순간을 뛰어넘는 힘을 준다. 어려울 때마다 그를 생각하면 극복할 수 있을 것 같다. 아주 잘할 수는 없을지 몰라도 적어도 좌절은 하지 않을 것 같다."[39]

이진이 작가는 길 위에서 이순신을 만났다. 이순신의 내력이 남은 공간에 머물며 《난중일기》를 펼치자 '인간 이순신의 내면의 기록'이 넘치도록 다가왔다. 《난중일기》는 이순신을 찾아 나선 여정을 위한 안내서였으며, 수백 년 전에 태어난 스승과 대화를 나눌 수 있게 해준 매개체였다. 여행길에서 《난중일기》를 읽으며 이순신의 기쁨과 슬픔을 공유할 수 있었다. 어려움을 꿋꿋이 극복해나가는 그의 모습에 스스로를 비춰보기도 했다. 이순신의 고통과 인간적인 면을 점점 깊게 알게 되면서 신화화된 인물을 덮고 있던 꺼풀이 벗겨지고, 오히려 그녀의 마음속에 이순신은 '진정한 영웅'으로 자리 잡았다.

그녀에게 이순신의 흔적이 남은 곳을 하나하나 찾아가는 여행은 '나의 삶을 다시 돌아보고 재정비하는 과정'이자 '다시 일상으로 돌아갈 힘'을 충전하는 일이기도 했다. 그녀는 답사를 다닐 때마다 길 위에서 자기 자신을 발견하곤 했다면서 다음과 같이 말한다.

"이순신을 만나러 떠났지만 결국 집으로 돌아올 때는 항상 나를 만나고 돌아오는 여행이 된다. 여행지에서 끊임없이 이순신과 대화를 나눴던 것처럼 나는 나 자신과도 대화를 계속 이어갔다. 나의 상처와 대면하고 나의 단점과 마주했다. 하기 싫었지만 어쩔 수 없이 그렇게 돼버렸다. 그러는 사이 놀랍도록 강해지고 전보다 훨씬 더 너그러워진 나를 발견하기도 했다."[40]

　그녀는 이순신을 따라 우리나라를 두루 살피면서 가장 좋았던 점으로 '우리 땅의 발견'과 '나의 발견'을 꼽는다. 산과 바다를 겸비한 자연 풍광이 아름다운 남도는 6년여 간의 임진왜란 기간을 포함해 이순신 장군이 약 10년간 복무했던 지역이기에 그의 손길이 곳곳에 닿아 있다. 풍경이 빛나는 곳으로 존경하는 사람을 찾아 떠났으니 '우리 땅'과 '나'를 재발견할 수 있었을 것이다.

　《이순신을 찾아 떠난 여행》의 부제는 '여행하는 방송작가 이진이의 인물유적 답사기'다. 부제처럼 이 책은 이순신을 만나는 여행에 딱 맞는다. 책을 보면 저자가 이순신과 관련된 거의 모든 곳을 꼼꼼히 찾아 다녔음을 알 수 있다. 유적에 대한 정보가 지루하게 나열되어 있지 않고 저자의 여정과 사유와 함께 책에 자연스레 녹아 있다. 무엇보다 이순신을 향한 저자의 애정과 존경은, 꼭 이순신이 아니라도 누군가를 사숙하기 위해 여행을 하고 싶은 이에게 모범이 된다.

　"남쪽 바다를 여행하는 동안에도 나는 외롭지 않았다. 이순신이 늘 함께 있다고 생각했기 때문이다. 인생이라는 쉽지 않은 여행길에도 그가 함께할 것이라고 생각한다. 어려운 일이 생기면 남쪽 바다로 달려가면 된다. 그는 내 삶을 함께해줄 스승이며 동반자이니까."[41]

　어떤 사람에게 관심을 가지는 것과 그 사람에게 배우는 건 아주 다르다. 의식 수준부터 태도와 관점, 인식의 범위도 다르다. 배우겠다는 자세로 임할 때 내가 모르던 부분, 내 안에 숨겨진 면을 발견할 수 있다. '사숙 여행'도 그와 같아서 스승을 찾아 떠나는 여행은 보통 수준의 관심으로는 어림없다. 충만한 떨림과 존경으로 길을 나설 때 스승과 공명하며 새로운 나 또한 만날 수 있다.

독서와 글쓰기는 여행의 좋은 동반자

독서와 글쓰기는 여행과 아주 잘 어울린다. 여행기와 여행 문학이 하나의 장르로 자리 잡은 건 우연이 아니다. 꼭 전문 여행가나 여행 작가가 아니더라도 여러 사례를 통해 독서와 글쓰기와 여행이 서로 잘 통한다는 사실을 확인할 수 있다.

뛰어난 리더십 연구가이자 아메리칸 리더십포럼(American Leadership Forum)의 창설자 조셉 자보르스키(Joseph Jaworski)는 여행을 떠날 때마다 책 몇 권을 꼭 챙겨 간다. 흥미로운 건 읽지 않은 책이 아닌 예전에 인상 깊게 읽은 책을 가져가서 다시 본다는 점이다. 같은 책도 언제 어디서 읽느냐에 따라 다르게 다가오고, 좋은 책은 읽을수록 더 깊은 맛을 낸다. 그는 여행 중에 독서와 함께 일기를 쓴다. 여행 중에 보고 겪은 일을 적고, 책을 읽으며 배운 점을 상세히 기록한다. 이 과정이 없었다면 자보르스키는 소명과 리더십에 관한 독창적인 통찰로 가득한 책 《리더란 무엇인가(Synchronicity)》를 쓰지 못했을 것이다.

구본형도 관심 인물을 찾아가는 여행을 즐기고 여행 중에 책을 읽고 글을 썼다. 그가 20년간의 직장생활을 끝내고 가장 먼저 한 일은 혼자 떠난 남도 여행이다. 배낭에 여러 권의 책을 넣어두었다가 다 읽은 책은 배낭 무게를 줄이기 위해 집으로 보냈다. 해남 대흥사(大興寺)에 가서는 서산대사(西山大師)에 관한 책을 읽고, 강진 다산초당에서는 다산 정약용을 생각하며 글을 썼다. 이렇게 45일 동안 하루하루 여행 과정을 자세히 기록해서 《떠남과 만남》을 펴냈다. 이 책은 그가 회사를 나오고 처음으로 출간한 책이다.

나도 여행 갈 때 늘 책을 챙긴다. 2015년 봄 8일 동안 홀로 여행을 떠날 때도 두 권의 책을 배낭에 넣었다. 그 여행은 구본형과 법정 스님의 자취를 짚어보는 길이었기에 두 사람의 책을 한 권씩 가져갔다. 스승이 15년 전 남도를 여행하며 머문 곳에 도착할 때마다 《떠남과 만남》에서 그 공간에 관한 부분을 찾아 읽었다. 섬진강변에서 읽고, 다산초당과 대흥사에서도 스승을 떠올리며 읽었다.

송광사 불일암과 쌍계사 탑전(雙磎寺 塔殿) 등 법정 스님의 자취가 배어있는 장소에서는 《무소유》를 펼쳐 몇 꼭지씩 읽었다. 스님이 오래 머문 자리에서 책을 펼치니 글자가 살아 숨 쉬었다. 책과 나 사이에 아무런 벽 없이 책의 내용이 온몸으로 다가왔다. 스승을 찾아 떠나는 여행의 묘미 가운데 하나는 스승의 숨결이 스민 장소에서 그의 책을 읽는 것이다. 내가 이 장면을 지금도 선명하게 기억하는 이유는 여행 중에 일기를 썼기 때문이다. 글쓰기는 여행의 순간순간을 오래 간직하고 언제든 꺼내 볼 수 있게 도와준다.

독서와 글쓰기와 여행은 마치 한 몸인 듯 잘 어울린다. 독서가 '앉아서 하는 여행'이고 여행이 '걸으며 하는 독서'라면 글쓰기는 '손으로 하는 여행'이다. 이 셋이 결합 될 때 놀라운 상승효과가 일어난다. 다른 한편으로 여행은 밖으로 떠나는 길인 동시에 안으로 떠나는 여정이기도 하다. 스승을 찾아 떠나는 여행이라고 다를까. 스승의 인생길을 따라 그가 살던 곳에 가서 나를 비춰보고 내 안에서 그를 만난다. 이런 여행은 스스로를 관찰하고 자신과 대화를 나누는 성찰의 장을 제공한다.

스승을 찾아 떠나는 여행을 위한 지침

꼭 권하고 싶다. 존경하는 인물을 찾아가는 여행을 해보라고. 떠나기 전 스승에 대해 공부하고 지도를 펼쳐 '마음의 스승 루트(route)'를 짜보라. 여행을 떠나서는 길 위에서 온몸으로 스승을 만나고, 돌아온 후에는 그 체험을 일상에 접목해보자. 그러면 여행을 떠나기 전의 나와 돌아온 내가 더 이상 같지 않음을 알게 될 것이다.

사숙 여행을 하는 데 도움이 될 만한 내용을 정리해보았다. 물론 정답은 아니며 모두 따를 필요도 없다. 다만 그간의 내 경험과 여러 사례를 살피며 알게 된 것이므로 참고하면 된다.

● ── **여행을 떠나기 전 스승에 관한 정보를 살펴본다.**

여행이 주는 즐거움의 3분의 1은 유람을 준비하는 과정에 있다. 지도를 펼쳐 스승에게로 가는 길을 손길로 더듬어보자. 누구를 찾아 어디를 어떻게 여행할지 가슴속에 그려보자. 아는 만큼 보이고 느낀 만큼 알 수 있다. 품은 만큼 받아들일 수 있고 흡수한 만큼만 내 것으로 남는다.

● ── **짐은 최소한으로 간소하게 꾸린다.**

배낭의 무게는 여행에 대한 두려움과 정비례한다. 배낭의 무게는 신체의 활력과 정신적 자유 모두 압박한다. 배낭에 넣을까 말까 고민되는 건 일단 뺀다. 유용한 물건보다 꼭 필요한 것들만 추린다. 달팽이가 자기 몸보다 더 큰 집을 평생 지고 다닐 수 있는 이유는, 집 안이 비어 있어서임을 기억하자.

● ── **여행은 혼자 하는 게 가장 좋다.**

왜? 대화할 상대가 둘 뿐이니까. 나와 스승. 홀로 있을 때 스승을 깊숙이 대면할 수 있다. 온전히 스승을 느끼며 마음의 대화를 나눌 수 있다. 떠나봐야 떠나온 곳이 더 잘 보이듯 혼자일 때 나를 더 잘 볼 수 있다. '실존적 고독'에 직면할 때 고독과 외로움의 차이를 체험할 수 있다. 한 걸음 떨어진 자리에서 스스로를 볼 수 있는 기회를 나에게 선물해보자.

● ── **혼자 여행할 수 없다면 둘이 가는 것도 괜찮다.**

단 여행 동반자는 신중하게 택해야 한다. 여행 인원은 둘을 초과하지 않는다. 여행에서는 서로의 욕구와 습관이 얽히기 때문에 자칫 다투거나 관계가 멀어질 수 있다. 그러면 여행은 여행대로 망치고 관계도 잃는다. 마음이 통하고 상호보완적인 장점을 가진 사람이 최적의 동행자다.

● ── **여정이 곧 보상이다.**

죽음이 삶의 목적이 아니듯이 최종 도착지도 여행의 이유가 아니다. 여행의 목적은 여행 그 자체다. 얼마나 많은 곳을 돌아다니느냐보다 얼마나 깨어 있는가가 관건이다. 여행의 여정이 목적지보다 중요함을 노래한 콘스탄틴 카바피(Constantine Cavafy)의 시 〈이타카(Ithaca)〉를 기억하라. 여행은 늘 '지금 여기'라는 현재 진행형을 체험하는 장임을 잊지 말자.

● —— **온몸으로 스승을 느끼고 체험한다.**

여행 중에는 안내 책자가 아닌 내 머리로 생각하고 가슴으로 느끼고 눈과 발로 봐야 한다. 길 위에서 스승을 느끼려면 마음을 열어야 한다. 정신적 교감 없이 스승과 제자는 절대로 하나 될 수 없다.

● —— **많은 곳을 다니기보다는 한 공간에 충분히 머문다.**

그래야 오래 자세히 볼 수 있고, 충분히 음미할 수 있다. 유명한 곳을 도장 찍듯이 거쳐 가면 방문지 목록은 길어지겠지만 안목은 키울 수 없다. 사진은 남을지 모르지만 스승과의 여운은 남지 않는다. 어디든 예쁜 사진은 인터넷에 널렸다. 사진보다 체험이 핵심이다.

● —— **여행 중에 이뤄지는 스승과의 만남은 자기탐구의 일환이다.**

여행은 밖에서 시작해 안으로 들어간다. 지난날을 돌아보고 미처 모르고 있던 나를 발견하는 탐험이다. 여행을 하다 보면 마치 명상하듯 마음이 텅 빌 때가 있다. 이때 불현듯 그토록 보고 싶었던 내면의 길 하나가 선명해지곤 한다.

● ── 차를 타기보다는 가급적 걷는다.

같은 공간도 걸어서 가는지, 차량을 이용하는지에 따라 전혀 다르게 다가온다. 걷기와 자동차는 속도만 다른 게 아니라 그곳에 이르는 길과 시간관념과 체험 모두에서 차이가 난다. 도보는 가장 느리지만 가장 온전하게 관찰할 수 있는 조건을 형성한다. 걷기가 곧 성찰이고 학습에 이르는 길이다.

● ── 질문을 품고 여행한다.

이노우에 다케히코처럼 화두를 가지고 여행하는 것도 좋다. 여행은 신선한 자극의 연속이어서 예기치 않은 순간에 절묘한 실마리가 찾아오곤 한다. 같은 이유로 여행 중에 가슴을 울리는 질문이 떠오르는 경우도 많다. 질문을 마음의 돋보기로 삼아보라. 스승이라면 뭐라 답할지 상상해보라. 여행이 흥미진진한 탐구로 변모할 것이다.

● ── 여행과 책과 기록은 서로를 심화한다.

한 사람의 호흡이 남아 있는 공간에서 그의 책을 읽어보자. 황홀한 독서를 맛볼 것이다. 이런 '현장 독서' 경험을 비롯해 여행의 크고 작은 일들을 일기로 기록하면 여행에 활력을 주고, 여행을 보다 생생하게 오랫동안 간직할 수 있다. 무엇보다 세 가지를 함께 할 때 스승과 나를 입체적으로 만날 수 있다.

● ── 여행과 스승과 일상을 연결해야 한다.

집에 돌아와 여행 과정을 정리하는 시간을 충분히 가진다. 여행이 주는 희열의 3분의 1은 집으로 돌아와 그 여정을 반추할 때 피어오른다. 또한 숙성의 시간이 곧 변화의 시간이다. 정신이 무르익지 않으면 말과 행동이 달라지지 않고 일상 역시 바뀌지 않는다.

책 쓰기:
스승을 종합적으로 탐구하는 방법

대가들을 통째로 삼켜야 한다. 그리고 다시 토해내야 한다.
개인적 체험과 깨달음을 자신의 체액 속에 담을 수 있어야 한다.
그리하여 스스로의 언어로 재구성하고 표현할 수 있어야 한다.

– 구본형[42]

특정 주제에 관해 책을 쓰면 그 주제를 폭넓게 공부하며 체계적으로
궁리할 수 있다. 책을 쓰려면 많은 책을 읽고 해석하고 자료를 모아 분
석하는 작업이 필수적이기 때문이다. 같은 이유로 책 쓰기는 스승에게
배우는 방법으로 매우 유용하다. 스승에 관한 책 집필은 스승을 종합
적으로 탐구하고 자기 안으로 심화시킬 수 있는 강력한 도구다.

여기서는 스승에 대한 책을 쓴 여러 사람을 소개하려고 한다. 다양한
사례를 제시하는 이유는 각 이야기가 스승에게 배우는 과정을 보여주
는 동시에 구체적으로 책을 쓰는 방법도 알려주기 때문이다.

기록과 책 쓰기는 다르다

서점에 가보면 특정 인물을 집중적으로 다룬 수많은 책을 볼 수 있다. 그 가운데 사사록과 사숙록의 성격을 띤 책이 적지 않다. 대표적으로 생존해 있는 인물에 대한 평전과 인터뷰집은 사사록에 속하고, 세상을 떠난 사람의 전기나 그에 관한 연구서들은 대체로 사숙의 소산인 경우가 많다.

먼저 한 가지 질문에 답해보는 게 좋을 것 같다. 스승에게 배우는 관점에서 앞에서 언급한 '기록'과 '책 쓰기'는 어떤 차이가 있을까? 간략히 정리하면 기록이 비교적 분량이 적고 형식이 자유로운 일기와 에세이, 필사 등 습작과 여러 자료를 모아놓은 자료집에 가깝다면 책은 탄탄한 체계와 높은 완성도를 갖춘 논문이나 저술을 의미한다.

다산 정약용은 수백 권에 이르는 자신의 저작을 크게 저술서(著述書)와 편집서(編輯書)로 나눴다. 그에 따르면 글쓴이의 생각과 주장이 많이 들어가면 저술에 해당한다. 편집서는 저자의 사상보다는 기존의 다양한 주장과 흩어진 자료를 모아서 일목요연하게 정리하는 데 초점을 맞춘다. 다산의 기준으로 보면 〈도산사숙록〉은 저술서와 편집서 어디에도 속하지 않는다. 〈도산사숙록〉은 말 그대로 퇴계의 책을 읽으며 느끼고 생각한 바를 간단히 적은 글로, 책이라기보다는 독후감이나 에세이 모음에 가깝다. 그래서 다산도 〈도산사숙록〉을 자신의 저작 목록에서 독립된 한 권의 책으로 분류하지 않았다.

다산을 존경하는 정민 교수도 《다산어록청상》이라는 〈도산사숙록〉과 비슷한 형태의 책을 쓴 적이 있다. 여기서 청상(淸賞)은 맑게 감상한다는 뜻이다. 이 책은 다산의 저서들에서 살면서 유념해야 하는 태도와 스스로를 점검하는 데 도움이 되는 문장을 가려 뽑고 감상을 곁들인 것이다. 정민 교수는 《다산어록청상》을 쓴 계기를 이렇게 말한다.

"지난해(2006년) 《다산선생 지식경영법》을 집필했다. 다산이 자식과 제자들을 가르칠 때 썼던 방법대로 《다산시문선(茶山詩文選)》을 초록하여 항목에 따라 나누고 모았다. 책 집필이 끝난 뒤에도 쓰고 남은 카드가 아주 많았다. (……) 우선 남은 카드를 열 가지 주제로 나눠 각각 12항목씩 배치하였다. 다산이 〈도산사숙록〉을 쓴 것처럼 매일 하나씩을 뽑아 내 감상을 덧붙였다. 이 메모를 모은 것이 바로 이 책이다. 나의 '다산사숙록(茶山私淑錄)'인 셈이다."[43]

같은 사숙록이지만 정민 교수의 책은 높은 완성도와 견실한 짜임새를 갖추고 있다. 방대한 《다산시문선》을 꼼꼼히 연구하여 다산에게 배워야 할 열 가지 주제를 정하고 그에 맞춰 다산의 문장을 뽑아냈다. 그 자료를 바탕으로 목차를 세우고 각각의 메시지를 해설하고 본인 생각을 더했다. 자료 수집부터 분석과 편집을 주도하고 자기 견해까지 한 권의 책에 녹여냈다.

정민 교수가 여기에 들인 시간도 다산이 〈도산사숙록〉을 쓴 시간보다 훨씬 더 많음은 물론이다. 〈도산사숙록〉이 퇴계를 공부한 개인적 기록이라면 《다산어록청상》은 그 이상의 유용한 내용과 튼튼한 형식을 겸비한 책이다.

《다산어록청상》과 같은 책은 스승의 저서와 어록을 살펴서 필요한 내용을 간추리고 나름의 체계에 맞춰 정리하는 형태를 취한다. 방법적으로는 독서와 초서를 활용하되 여기에 글쓴이의 생각을 덧붙인다. 이 방식은 책 집필의 여러 유형 가운데 가장 단순한 형태여서 비교적 부담 없이 시작할 수 있다는 장점이 있다. 다만 자료가 부실하거나 주제에 일관성이 떨어질 경우, 또 체계가 느슨하면 완성도가 독서일지나 감상문 수준을 벗어나기 어렵다. 물론 이 또한 스승에게 배우는 일환이 될 수 있지만 그 정도로 스승의 핵심을 종합하는 방편이라 보기는 어렵다. 그러므로 양질의 자료를 확보하고 목차의 응집력을 높이고 자료를 충분히 소화하는 데 공을 들여야 한다.

오에 겐자부로의 사숙법과 소설 창작론

'기록'을 다룬 꼭지에서 잠시 언급한 일본의 소설가 오에 겐자부로는 수십 년 동안 소설을 쓰는 방법을 연구해왔다. 흥미롭게도 그는 특정 기간 동안 한 인물을 집중적으로 사숙하고, 그 내용을 바탕으로 소설을 집필한다. 이처럼 독특한 소설 창작론을 정립하는 데 결정적인 영향을 미친 사람이 있다. 도쿄 대학 불문과 교수를 역임한 와타나베 가즈오다. 겐자부로는 평생의 스승으로 주저 없이 가즈오 교수를 꼽는다. 그의 표현을 빌리면 "소설가로서의 나의 인생에 실제로 유용한 가르침을 준 사람은, 나의 대학 스승이자 만년까지 나를 이끌어주신 와타나베 가즈오 교수"다.

겐자부로는 고등학교 2학년 무렵 가즈오 교수의 책《프랑스 르네상스 단장》을 읽고 크게 감동한다. 특히 책을 읽으며 '인간이란 어떤 존재여야 하는가에 대한 실마리'를 발견했으며, 저자를 만나고 싶다는 열망이 차올랐다. 사실 당시 그는 대학에 진학할 생각이 없었다. 그런 그가 한 권의 책을 읽고는 그 저자에게 배우고 싶다는 마음 하나로 학업에 매진하여 도쿄대학교 불문과에 들어갔다.

대학에 가서도 겐자부로는 가즈오 교수의 책을 계속 읽고 수업을 들으며 더없는 기쁨을 느꼈다. 스승의 강의가 끝나면 교실에 남아 그 여운을 글쓰기로 되새기곤 했다. 스승도 젊은 제자를 아껴 속깊은 대화를 자주 나눴다. 겐자부로는 대학을 졸업할 무렵 스승에게서 가장 중요한 가르침을 받는다.

"자네는 자네 방식으로 살아나가지 않으면 안 되네. 소설을 어떤 식으로 써나가는지 나로서는 알 수 없지만, 어떤 시인, 작가, 사상가들을 상대로 3년가량씩 읽어나간다면, 그때그때의 관심에 의한 독서와는 별도로 평생을 계속할 수 있을 것이네. 최소한 살아가는 게 따분하지는 않을 거야."[44]

스승의 말에 제자의 눈이 번쩍 뜨였다. 겐자부로는 이 가르침을 중요한 학습법으로 오랫동안 실천했다. 그런데 이 방법은 앞에서 소개한 '캠벨의 독서법'과 유사하면서도 몇 가지 다른 점이 있다. 캠벨이 기한에 상관없이 한 사람이 쓴 책을 모두 읽는다면 겐자부로는 3년 동안 한 사람을 중심에 두고 그 사람의 저서와 그 사람에 관한 책을 같이 읽는다. 가령 A라는 인물을 사숙한다면 캠벨은 A가 쓴 모든 책을 읽는 데 비해 겐자부로는 A의 저작과 그에 관한 연구서를 섞어 읽는다.

또 하나 중요한 차이는 캠벨은 독서로 사숙하는 데 집중하지만 겐자부로는 한 걸음 더 나아가 사숙의 과정과 내용을 소설 집필의 토대로 활용한다는 점이다. 그는 스승이 권한 공부법을 '인생의 원칙'으로 정했다고 하면서 다음과 같이 말한다.

"나는 3년마다 대상을 정해서 독서하는 것을 생활의 기둥으로 삼았다. 그것은 젊은 내가 매스컴에 알려지면서 생겨날 수 있는 퇴폐로부터 나를 구해주었고, 그러한 독서를 통해 다음에 쓸 소설에 대한 믿을 만한 호소의 목소리도 들려왔기 때문이다."[45]

이 원칙에 따라 그는 가장 소중하게 다가온 예술가 혹은 존경하는 인물을 한 명 정해서 3년 동안 집중적으로 공부했다. 예를 들면 40대 중반에는 자신이 가장 좋아하는 시인 윌리엄 블레이크(William Blake)를 3년간 연구했다. 당시 그는 10여 년 전부터 관심을 가져온 블레이크에게서 불현듯 신비로운 끌림을 느꼈다. 그의 시가 자기 '인생의 예언시'로서 거기에 무언가 씌어 있을 것 같은 예감이 들었다.

겐자부로는 이참에 블레이크를 제대로 만나기로 한다. 먼저 서점을 찾아가 블레이크의 책들을 살펴보고 시집 원문과 여러 번역본, 그리고 마음에 드는 블레이크 연구서를 가능한 많이 구했다. 그리고 이렇게 모은 책을 3년 동안 거의 매일 정독했다. 블레이크의 원문 작품집과 번역서는 물론이고 연구서 몇 권은 여러 번 반복해서 읽으며 필요한 내용을 간추리고 자기 생각을 덧붙여 기록했다. 훗날 겐자부로는 블레이크에 몰두하던 시기에 그의 "시가 내 인생의 근본에 닿아 있는 듯했다. 물이 종이에 스며 번지듯이 서로가 서로를 만나는 경험을 여러 번 했다"고 회고했다.

이런 과정을 거쳐 집필한 소설이 1983년 출간한 《새로운 인간이여, 눈을 떠라》이다. 겐자부로는 이 소설을 '블레이크 주석 소설'이라 부른다. 일곱 편의 연작 단편소설로 구성되어 있는데 첫 작품의 제목은 '순수의 노래, 경험의 노래'로, 이는 블레이크의 대표 시집 두 권의 제목이기도 하다. 《새로운 인간이여, 눈을 떠라》는 일본 현대문학과 영국의 19세기 문학의 창조적 조우에서 나온 작품이며, 작가의 실제 삶이 고전의 지혜로부터 힘을 받아 소생한 듯한 '완전히 새로운 소설'이라는 찬사를 받았다.

이후에도 겐자부로는 블레이크를 사숙한 것처럼 단테(Dante)를 연구하고, 그다음에는 아일랜드의 시인 윌리엄 버틀러 예이츠(William Butler Yeats)를 스승으로 삼았다. 그리고 두 사람에 관한 소설을 썼다. 1987년에 나온 《그리운 시절로 띄우는 편지》는 단테 공부의 결실로, 그가 집중적으로 단테를 읽으며 살아가는 생활에서 나온 소설이다. 예이츠에 관한 연구는 1993년부터 1995년까지 매년 한 권씩 출간한 《타오르는 푸른 나무》 3부작으로 집결되었다. 그는 《'나'라는 소설가 만들기》에서 이렇게 말한다.

"《그리운 시절로 띄우는 편지》에서는 나의 독자적인 단테 해독이 중요한 역할을 차지했다. 그것은 《새로운 인간이여, 눈을 떠라》에서 블레이크가 수행한 역할과 같았으며, 《타오르는 푸른 나무》에서는 예이츠가 마찬가지의 경우였다. 나는 이렇게 해서 내 생애의 소설 방법을 쌓아왔던 것이다."[46]

오에 겐자부로는 자신의 이상과 개성을 존중하며 살아가는 방법을 스승 와타나베 가즈오 교수에게 배웠다. 그 방법을 수십 년 동안 실천하며 삶에 본이 되고 영감을 주는 인물을 정해 3년씩 집중적으로 사숙했다. 그리고 사숙의 고갱이를 자양분 삼아 소설을 집필했다. 그렇게 정신을 담금질하고 그만의 고유한 문학 세계를 완성해나갔다.

많은 문학 비평가들이 평했듯이 겐자부로는 독창적인 시선으로 다양한 소재를 넘나들고, 또 독특한 문체를 능숙하게 구사하면서도 많은 독자로부터 보편적 공감을 이끌 줄 알았다. 그 비결은 무엇일까? 내가 발견한 한 가지 요인은 겐자부로가 본인의 체험과 여러 스승의 삶을 결합하여 소설을 썼다는 점이다. 사숙의 힘이 소설 창작을 견인한 것이다.

스승이 쓰지 못한 책을 제자가 대신 쓰다

1728년 20대 초반의 벤저민 프랭클린은 미국 필라델피아에서 인쇄업자로 자리를 잡았다. 이 무렵 그는 도덕적으로 완전한 인간이 되겠다는 일생의 목표를 세우고 그 유명한 '덕 완성 프로젝트'에 착수한다. 여러 고전과 스승을 참고하여 절제, 근면, 절약, 정의 등 13가지 덕목을 정하고, 이를 체득하기 위해 매주 덕목 하나에 집중하되 매일 실행 상황을 점검할 수 있는 방법(수첩 형태의 다이어리 시스템)을 만들었다.

프랭클린이 자서전에서 밝혔듯이 덕 완성 프로젝트는 힘든 일이었지만 그만한 가치가 있었다. 이 프로젝트를 실천하며 평생 삶의 토대가 되는 원칙을 내재화하고, 자신이 지향한 이상적 존재로 성장할 수 있는 힘을 키웠다. 덕 프로젝트가 아니었다면 훗날 과학자와 정치인, 외교관으로 다양한 역할을 효과적으로 수행하지 못했을지도 모른다. 그래서 프랭클린은 자서전에서 "내가 지난 79년 동안 행복하게 살 수 있었던 것은 하나님의 은혜와 이 방법 덕분이었다"고 강조했다.

1731년 프랭클린은 덕 완성 프로젝트를 미국 곳곳으로 널리 전파하면 어떨까 하고 생각했다. 개인적으로 시작해서 큰 효과를 본 자기계발 프로젝트를 사회 차원으로 확장하는 이른바 '덕의 연합체'를 꿈꿨다. 이를 위해 자신이 실천한 방법과 손수 만든 수첩과 계획표를 한데 묶어 '덕의 기술(The Art of Virtue)'이라는 책으로 출판할 계획까지 세웠다. 이 계획은 오랫동안 그의 머릿속에서 떠나지 않았지만 아쉽게도 실현되지 않았다. 덕의 연합체와 책 집필이라는 대담한 꿈은 오랜 시간 최우선적으로 집중해야 가능한 일이었는데, 프랭클린의 사업이 점점 커지고 나중에는 외교관으로 수십 년간 외국에서 활동하다 보니 결국 가지 못한 길로 남았다. 자서전에서 밝힌 것처럼 프랭클린은 《덕의 기술(Benjamin Franklin's The Art of Virtue)》을 완성하지 못한 것을 두고 두고 아쉬워했다.

놀랍게도 프랭클린이 이루지 못한 꿈을 그가 세상을 떠나고 200년이 지난 후 그의 제자가 실현했다. 조지 L. 로저스(George L. Rogers)는 프랭클린을 존경하여 사숙하는 중에 스승이 '덕의 기술'을 집필하고 싶어 했지만 실현하지 못했다는 사실을 알게 되었다. 그는 스승의 꿈을 대신 이루어 자신의 자녀와 세상 사람들과 나눠야겠다고 결심했다. 그는 수년 동안 스승의 자서전을 비롯해 편지와 수필, 칼럼을 모으고 정리하여 《덕의 기술》을 출간했다. 이 책을 세상에 소개하면서 로저스는 한 가지 바람을 다음과 같이 피력했다.

"이 책이 벤저민 프랭클린이라는 위대하고 선한 사람의 발자취를 더 빛나게 하기를 바라는 마음이 그것이다."[47]

로저스가 본인이 사숙한 스승이 내고 싶어 한 책을 대신 썼다면, 라이너 풍크는 자신이 사사한 에리히 프롬이 쓰고 싶어 했던 책을 대신 편집하여 출간했다. 잠시 프롬과 풍크의 이야기를 살펴보자. 프롬은 정신분석에 기반을 둔 자신의 심리치료 방법을 소개한 책《정신분석과 듣기 예술》에서 "다른 사람을 이해한다는 것은 그를 사랑하는 것이다. 이해와 사랑은 분리할 수 없다. 그것을 분리하는 것은, 근본적으로 이해할 수 있는 통로를 차단한 지적인 과정일 뿐이다"라고 말했다. 앞서 2장에서 봤듯이 프롬은 풍크와 처음 만날 때부터 사랑과 이해의 관계를 맺었다.

그런데《정신분석과 듣기 예술》의 저자는 프롬으로 나와 있지만 정작 그는 생전에 이 책을 출간한 적이 없다. 프롬은 이 책을 세상에 내놓고 싶었지만 말년에 심장질환으로 고생한 탓에 초반부만 작업하고 대부분의 내용은 미완으로 남겨둘 수밖에 없었다. 스승의 바람을 알고 있었던 풍크는 프롬을 대신해 스승이 진행한 많은 강연과 세미나와 인터뷰에서 관련 내용을 신중히 모았다. 그리고 생전에 스승이 생각했던 취지에 맞게 편집하여 1991년《정신분석과 듣기 예술》을 출간했다. 이때는 프롬이 세상을 떠난 지 딱 10년이 지나는 시점이었다. 프롬에 대한 풍크의 폭넓은 '이해'와 깊은 '사랑'이 없었다면 할 수 없는 일이었다.

사실 세상을 떠난 사람이 남긴 유고와 지적 성과를 책으로 편집하기란 어떤 면에서는 내 책을 쓰는 일보다 더 힘들다. 발군의 실력도 필요하지만 무엇보다 애정이 지극하지 않으면 시작하기조차 어렵다. 나도 구본형 사후에 스승의 유고집 두 권을 출판하는 작업에 참여했다. 나 말고도 여러 제자가 힘을 합치고, 스승의 가족과 출판사의 지원을 받았음에도 진행 과정이 만만치 않았다.

모르긴 몰라도 로저스와 풍크는 나보다 훨씬 험난한 과정을 거쳤을 것이다. 특히 프롬의 경우 그가 남긴 자료(강의록, 인터뷰, 미완성 저술, 메모 등)는 특유의 박식함과 다양한 관심사에 걸맞게 그 양이 어마어마했다. 또 다른 어려움은 방대한 자료의 완성도가 제각각이라는 점이다. 비교적 정리가 잘 되어 있는 자료도 있지만, 요약 수준이나 개요만 적어둔 메모들도 많으며, 프랭클린처럼 전체 자료 중에 소실된 것들이 적지 않을 수도 있다.

실제로 로저스와 풍크는 스승이 남긴 자료를 바탕으로 원고를 완성하는 과정에서 많은 시행착오를 겪어야 했다. 그럼에도 포기하지 않은 이유는 이 일이 스승이 쓰고 싶어 한 책을 대신 출간하는 이상의 의미가 있었기 때문이다. 그건 바로 이 지난한 작업을 통해 제자는 그리운 스승을 내밀하게 만나고 철저히 연구할 수 있다는 점이다.

스승에 관한 책을 써야 하는 이유

책 쓰기는 많은 장점을 가지고 있다. 먼저 사사와 사숙에 모두 활용할 수 있다. 라이너 풍크가 쓴《내가 에리히 프롬에게 배운 것들》은 풍크가 프롬을 사사한 과정과 사숙한 내용 모두를 담고 있다. 또 다른 예로 뛰어난 분석심리학자인 마리-루이제 폰 프란츠(Marie-Louise von Franz)는 스승인 칼 융이 세상을 떠나고 10년 후 스승에 관한 책《C. G. 융 우리 시대 그의 신화》를 펴냈다. 폰 프란츠의 융 사사록이자 사숙록인 이 책에서 그녀는 '융 전문가'로서 분석심리학으로 대표되는 융의 사상의 탄생 배경과 변천 과정을 살피면서 스승의 정수를 입체적으로 보여준다.

책 집필의 또 다른 장점은 스승에게 배우는 모든 방법을 포괄적으로 종합할 수 있다는 점이다. 다시 말해 스승을 관찰하고 대화 나누고 모방하고 책을 읽고 여행하고 필사하고 감정이입하고 틈틈이 기록한 모두를 밀도 있게 통합할 수 있다. 하나만 예를 들어보자. 조지프 캠벨의 이름을 달고 나온 책 중에서 비교적 국내에 널리 알려진《신화와 인생》은 사실 캠벨이 직접 쓴 게 아니다. 캠벨을 존경한 다이앤 K. 오스본(Diane K. Osbon)은 캠벨이 수개월 동안 진행한 세미나에 참가해 강의 내용을 자세히 필기했다. 그리고 수년 동안 캠벨과 함께하며 배운 바를 틈틈이 기록하고, 캠벨이 쓴 모든 책을 읽고 중요한 내용을 발췌해 두었다. 이 세 가지 재료를 결합해 한 권의 책으로 정리한 것이《신화와 인생》이다. 책의 원제는 'A Joseph Campbell Companion'이며 유용한 캠벨 입문서이자 캠벨 사상의 정수를 보기 좋게 함축한 책으로 꼽힌다.

여러 방법을 통합할 수 있는 만큼 스승에 관한 책은 콘셉트와 목적에 따라 다양한 방식으로 쓸 수 있다. 정민 교수의《다산어록청상》처럼 특정 주제에 초점을 맞춰 스승의 저작을 초록하고 소감을 곁들여 쓸 수 있고, 이순신을 존경한 이진이 작가처럼 스승의 인생 궤적을 답사한 여정과 느낀 점을 기행문 형식으로 정리할 수 있으며, 헤세를 사숙한 정여울 작가처럼 스승의 삶이 짙게 밴 공간을 여행한 기록과 스승의 대표작에 관한 해설을 함께 담을 수도 있다. 법정 스님처럼 스승의 어록과 일대기를 합쳐 평전 형태로 집필할 수도 있고, 이노우에 다케히코의 가우디 사숙록처럼 여행기와 사진과 스케치, 동영상을 활용해 보다 색다르게 구성할 수도 있다.

이 자리에서 책을 쓰는 방법을 자세히 말할 수는 없다. 그러려면 한 권 분량의 원고를 추가해야 할 테니까. 이 점을 감안해서 우리 책의 3장 여러 곳에 다채로운 방식의 책 집필 사례를 소개했다. 시중에 책 쓰기 관련 서적이 여러 권 나와 있고, 나 또한 《내 인생의 첫 책 쓰기》를 출간했으니 참고하기 바란다. 세세한 지침은 차치하더라도 한 가지는 강조하고 싶다. 스승과 함께한 체험과 스승의 가르침을 종합하는 책을 준비할 때 스스로에게 세 가지 질문을 던져보자.

'쓰고 싶은가? 쓸 수 있는가? 써야만 하는가?'

이 질문을 통해 내가 책을 쓸 준비가 얼마나 되어 있는지 가늠할 수 있다. 달리 말하면 세 가지 질문으로 책을 쓰는 데 필요한 요건을 전체적으로 점검할 수 있다. '쓰고 싶은가?'는 관심과 열정에 관한 질문이고, '쓸 수 있는가?'는 능력과 자신감에 대한 것이다. 마지막으로 '써야만 하는가?'는 의지와 사명감, 무엇보다 책 작업을 일상의 우선순위에 높게 올려두고 전념할 수 있는지를 묻는 것이다. 세 가지 질문에 모두 '그렇다'고 답할 수 있다면 책을 쓸 때가 된 것이다.

세 질문에 진실 되게 답하는 마음이 책을 쓰는 방법론보다 훨씬 중요하다. 물론 세 질문에 모두 고개를 끄덕이기 위해서는 먼저 책으로 남기고 싶을 만큼 존경하는 스승을 만나 푹 빠져야 한다. 그 과정과 내용이 충실해야 좋은 책을 쓸 수 있고, 글쓴이와 스승 모두에게 의미가 있다.

스승에 관한 책 집필은 스승을 가장 심층적으로 접하고 알차게 배울 수 있는 길이다. 스승의 알곡을 짜임새 있게 종합할 수 있는 최고의 방법이다. 스승이라는 학교를 졸업하기 위한 졸업논문이기도 하다. 스승에게 배울 만큼 배운 제자는 스승을 떠나야 하는데 '스승 책'을 완성한 제자는 자기 길을 갈 수 있다. 이어지는 4장에서 '스승의 길'과 '제자의 길'을 자세히 알아보도록 하자.

· 4장 ·

스승은 사라지고 제자는 떠난다

나무에 앉은 새는 가지가 부러질까 두려워하지 않는다.
새는 나무가 아니라 자신의 날개를 믿기 때문이다.

– 작자 미상[1]

스승에게서
무엇을 취하고 있는가?

어떤 사람이 손가락으로 달을 가리켜 보이면 손가락을 따라 달을 보아야 한다.
그런데 만약 손가락을 보고 달로 여긴다면 어찌 달만 잃겠는가,
손가락도 잃어버린 것이다.

– 부처

부처의 말에서 '달'은 진리를, '손가락'은 방편을 의미한다. 동서고금의
많은 현자들은 스승이 달이 아닌 손가락임을 강조했다. 손가락에 머물
지 말고 달을 보라는 뜻이다. 그런데 처음 제자에게 스승은 달과 같다.
그 정도로 믿고 달 보듯 우러러봐야 한다. 시간이 흘러 제자가 익을 만
큼 익으면 스승이 손가락임을 알게 되고 스승 또한 자신이 손가락 역
할임을 안다. 하지만 끝까지 손가락을 달로 여기는 제자는 자기 길을
가지 못한 채 스승의 그림자에 머문다. 마찬가지로 끝까지 달 노릇을
하려 드는 스승은 제자를 자신의 복제품으로 만든다.

눈먼 당나귀 같은 제자

중국 선불교(禪佛敎) 역사에 큰 자취를 남긴 임제 의현(臨濟義玄)은 무엇에도 '구애 받지 않는 참된 사람(無位眞人)'을 표방하며 누구에게도 의존하지 말라고 설파했다. 그런 임제에게도 걸출한 스승이 있었으니 중국 선(禪)의 열 번째 조사(祖師)인 황벽 희운(黃檗希運)이다. 임제는 젊은 시절 황벽을 만나 기껍게 제자가 되었고, 20년 동안 스승의 지도를 받으며 '옛날의 나'를 죽이고 '참된 나'를 찾았다.

황벽은 임제에게 법통을 전하며 스승에게 받은 지휘봉과 방석을 물려주었다. 지휘봉과 방석은 깨달음의 증표였다. 그런데 임제는 그것마저 불로 태워버리려고 했다. 스승의 만류로 없애지는 않았으나 그는 그만큼 어디에도 매이지 않는 기상을 중시했다. 그런 임제가 입적하기 직전 법당에 올라 말했다.

"내가 죽은 뒤에 나의 깨달음이 없어지지 않도록 해야 한다."

스승의 말을 듣고 훗날《임제록(臨濟錄)》을 편찬한 제자 삼성(三聖)이 답했다.

"저희가 어찌 감히 스승의 가르침을 없애겠습니까?"

임제가 물었다.

"그래, 그럼 뒷날 어떤 사람이 나의 정법안장(正法眼藏, 가르침, 깨달음)을 물으면 너는 뭐라고 할 것이냐?"

삼성이 곧바로 할(喝, 고함)을 했다. 스승이 지금까지 자주 보인 모습을 따라 한 것이다. 임제가 한탄했다.

"대체 누가 생각이나 했겠는가. 이 눈먼 당나귀한테서 내 가르침이 없어질 것을!"

임제는 늘 제자들에게 스승을 물론이고 부처에게도 의존하지 말라고 역설했다. 그가 고함(喝)을 자주 사용한 이유도 제자의 의존하려는 마음을 끊어버리는 데 있었다. 그런데 정작 그가 세상을 떠나며 뒷일을 맡긴 제자는 스승의 가르침(달)이 아닌 고함(손가락)을 흉내 내고 있으니 그가 한탄한 것도 무리는 아닌 것 같다.

불교는 부처를 숭배하는 종교가 아니라 스스로 부처가 되는 길이다. 부처가 자신의 법문을 달을 가리키는 손가락이라고 한 까닭이 여기에 있다. 스승과 제자의 관계도 다르지 않다. 손가락인 스승을 달로 여길 때 스승은 제자에게 굴레가 된다. 점점 자기 자신을 잃어버리고 진정한 나를 찾아가는 길도 막혀버린다.

내 안에서 흐르는 것만이 진정한 내 것

평생 동안 다산을 충실히 따랐던 황상은 예순일곱 살에 쓴 글에서 스승을 모시던 시절을 회상하며 스승이 저승에 가자고 해도 따르려 했다고 고백했다. 그 정도로 다산을 존경한 그는 스승을 극복했을까, 아니면 다산의 복제품에 머물렀을까?

황상은 중년에 접어들면서 시인과 유인의 삶을 결합하기 시작했다. 그리하여 격조 높은 시를 폭포처럼 쏟아내고, 스승이 다산초당(茶山草堂)을 일궜듯이 자신만의 특별한 공간인 일속산방(一粟山房)을 만들었다. 특히 시에서는 스승에 버금가는, 아니 다산을 능가하는 수준에 이르렀다.

당대 최고의 지성으로 손꼽히는 추사 김정희(秋史 金正喜)는 제주도에서 유배생활을 하던 중에 황상의 시를 처음 접하고 그 실력을 한눈에 알아봤다. 추사는 그를 직접 만나고 싶은 마음에 해배가 되자마자 강진을 찾았을 정도로 황상을 높이 평가했다. 훗날 추사는 황상의 시와 글을 모은 《치원유고(巵園遺稿)》에 서문을 쓰면서 지금 세상에서 찾아볼 수 없는 작품이라고 평했다.

추사의 동생으로 역시 시문(詩文)과 서예에 능했던 김명희(金命喜)는 황상이 젊어서부터 수십 년 동안 다산을 따른 점을 들어 그를 뒤따르며 본받는 사람이라고 하면서 처음에는 "그의 시가 다산 집안의 법도와 다르지 않으리라 여겼는데, (실제로 보니) 비슷한 점이 하나도 없었다"고 놀라워했다. 이어서 황상이 다산을 제대로 사사하고, 스승이 추천한 네 명의 시인을 오랫동안 사숙했으며, 여기에 본인 색깔을 더하여 마침내 이 모두를 넘어서는 경지에 이르렀다고 감탄했다. 한마디로 청출어람(靑出於藍)이라는 뜻이다.

김명희와 김정희뿐 아니라 요즘으로 치면 국무총리에 해당하는 영의정을 지낸 이재 권돈인(彛齋 權敦仁) 등 당대의 이름난 문인들이 황상을 '옛것을 배워 자신의 목소리를 빚어'내고, '깨달음을 얻어 일가를 이룬' 시인으로 상찬했다.

이처럼 황상은 50년 넘게 다산과 네 명의 시인을 따랐음에도 그 누구와도 닮지 않았다. 오히려 그만의 독창적인 시 세계를 형성했다. 어떻게 이런 일이 가능했을까? 여러 스승을 성심을 다해 연구하되 그들의 표층을 흉내 내는 데 머물지 않았기 때문이다. 그는 스승의 '겉모습

(손가락, 고함)'이 아닌 깊은 곳의 '알맹이(달, 깨달음)'를 천착하며 스스로를 갈고 닦았다. 스승의 내핵에 진입하는 제자는 스승을 깊이 따르되 집착하지 않는다. 스승의 정수는 집착하는 마음가짐으로 다다를 수 없다. 그것은 집착과 의존이 아닌 사랑과 열정에서 우러난 힘을 다해야 감득할 수 있다.

제자라면 자신에게 물어야 한다. '나는 스승에게서 무엇을 취하고 있는가? 스승의 가죽인가, 뼈인가? 중요한 건 골수(骨髓)인데, 과연 그걸 체득하고 있는가? 스승의 골수를 받아들여 거기에 내 피를 흐르게 하고 있는가?' 여기서 가죽이 스승의 글말이고 뼈가 행동이라면 골수는 스승의 진면목에 해당한다. 스승이 가진 보물이 아무리 좋아 보여도 내 안에서 소화하지 않으면 자양분이 될 수 없다. 체화하여 내 안에서 흐르는 것만이 진정한 내 것이다.

사생팬과 카피캣

특정 연예인에게 지나치게 몰두하는 사람들이 있다. 이들을 '사생팬(私生 fan)'이라 부른다. 자신이 좋아하는 연예인의 일거수일투족을 밤낮 가리지 않고 쫓아다니지만 건강한 팬은 아니다. 사생팬은 일방적이고 강박적이다. 다른 누구보다 스타를 열렬히 사랑한다고 믿지만 정작 스타는 그를 반기지 않는다. 교감하는 팬이 아닌 피곤한 스토커이기 때문이다.

건강한 팬은 스타를 존중하는 데 비해 사생팬은 전혀 그렇지 않다.

그들은 이유야 어떻든 간에 한 사람의 사생활을 막무가내로 침범한다. 건강한 팬은 교감을 원하지만 사생팬은 독차지하려든다. 스타를 향한 사생팬의 투사(投射)는 사생결단에 가깝다.

누군가에게 맹목적으로 집착하는 이들처럼 스승을 존경하는 제자도 맹신적인 추종자가 될 수 있다. 이들은 자신이 추앙하는 인물의 단점을 보려 하지 않는다. 하지만 이는 올바른 태도가 아니다. 성호 이익은 종종 제자들에게 자신의 학문을 그대로 받아들이지 말고 항상 의문을 제기하고 비판할 줄 알아야 한다고 강조했다. 스스로 질문하고 공부하여 깨닫는 자득(自得)이 그가 생각하는 공부의 요결이었다.

성호를 사숙한 다산도 자득을 강조했다. 자득 없이는 자기 목소리를 가질 수 없다. 그래서 3장에서 살펴본 것처럼 성호를 존경하되 추종자로 남는 걸 경계했다. 다산을 사숙하고 있는 정민 교수도 자득을 공부의 목표로 꼽는다. 더 나아가 자득하기 위해서는 스승을 그저 찬탄의 눈길로만 보지 말고 비판적으로 살펴볼 줄 알아야 한다고 주장한다.

정민 교수는 사람들이 다산을 존경을 넘어 교조화하는 모습을 여러 번 목격했다. 한 번은 이런 일도 있었다. 전라남도 강진에서 열린 다산 학술 행사에서 발표하는 중에 강진 유배 시절 다산의 어려운 형편을 소개하며 한동안 곁에 두었던 여인과 그 사이에서 태어난 딸을 잠깐 언급한 적이 있었다. 행사 뒤에 이어진 모임에서 한 사람이 그에게 왜 쓸데없는 이야기를 해서 다산 선생을 욕 보이냐고 힐난했다. 다산에게는 어떤 오점도 있으면 안 된다는 식이었다. 이런 태도는 다산이 지향한 실학사상에 위배될뿐더러 다산을 방부 처리하여 화석화된 존재로 만들 뿐이다. 그렇게 되면 다산은 범접할 수 없는 역사 속 위인이 되어 우리와 영영 멀어진다.

어느 누구도 완전무결하지 않다. 누구나 크고 작은 흠이 있으며 아무리 뛰어난 스승일지라도 이 점은 다르지 않다. "살아 있는 다산, 우리와 같은 인간적 흠결을 지닌 다산과 만나고 싶다. 그것이 다산이 이룩한 성취를 더 높고 환하게 비춰줄 것이다"라는 정민 교수의 지적처럼, 스승의 빛나는 성취와 장점뿐만 아니라 인간적 결점과 그늘진 면을 균형 있게 살필 줄 알아야 한다. 이것이 제자의 바른 자세다. 그런데 추종자로 전락한 제자는 스승에게 과도하게 의존하고 모조품 수준을 벗어나지 못한다. 요컨대 자기다움을 잃는다. 왜 이런 일이 일어날까? 두가지 주된 이유가 있다.

첫째, 스승을 향한 투사를 자각하지 못한다. 투사는 내 안에 있는 걸밖에서 찾는 심리 작용이다. 투사를 알아차리지 못하면 스승에게 투사한 내용을 자신 안에서 찾지 않고 계발하지 못한다. 이런 제자일수록 스승을 시늉내기 위해 애쓰지만 그럴수록 어정쩡해진다. 실력 면에서 스승의 완성도를 보여주지 못하고 고유의 스타일도 찾아볼 수 없다. 투사가 커질수록 카피캣(copycat)으로 추락한다.

둘째, 스승을 떠나 자기 길을 개척하지 않는다. 참된 스승은 때가 되면 제자가 자기 길을 가기를 바란다. 제자의 꿈이 스승처럼 되는 거라면 제자가 자신의 길을 만들어나가는 게 스승의 꿈이다. 그래서 진짜스승은 제자의 성공을 진심으로 기뻐한다. 제자의 성공은 스승 자신의 꿈이 실현된 증거이기도 하다. 어떤 이유에서든 스승이 제자의 자립을 막거나 제자가 스승 품에 안주할 경우 제자는 추종자로 남는다.

랠프 에머슨은 1850년에 출간한 《대표적 인물》에서 "위인과의 만남으로 자신의 정신도 위대해진다"고 스승의 역할을 강조했다. 그런 그가 같은 책에서 "자칫하면 자율 자주의 기개를 지니고 살기보다는 안이하게 타인에게 기대려는 경향이 생긴다"면서 결국에는 제자 스스로 서야 한다는 점도 지적했다. 또한 그는 《자립》에서 "위대한 천재는 본질적인 인간으로 돌아가는 법"이라고 했는데, 여기서 말하는 천재는 "자신의 생각을 믿는 것, 자신의 마음속에서 자신에게 옳은 것이 모든 사람들에게도 옳다고 믿는 사람"이다. 즉 다른 누가 아닌 스스로를 신뢰하고 내 생각과 행동의 주인으로 사는 사람이 곧 천재다.

에머슨의 제자 헨리 소로가 딱 그런 '대표적 인물'이다. "우리는 끊임없이 진정한 자기 자신이 되라는 초대를 받는다." 소로의 인생철학은 이 한마디로 응축할 수 있다. 소로는 누구나 자신의 삶을 살아야 한다고 굳게 믿었으며 그 자신도 이 원칙에 충실했다. 그가 스승인 에머슨의 그늘에 머물렀다면 《월든》은 물론이고 소로만의 생태사상도 꽃피우지 못했을 것이다.

그렇다면 제자가 투사를 깨치도록 돕기 위해 스승은 어떻게 해야 할까? 제자는 스승의 그림자로 묻히지 않기 위해 무엇을 해야 할까? 먼저 스승의 길과 제자의 길이 다르다는 걸 알아야 한다. 제자가 진정한 나를 발견하도록 이끄는 스승의 길은 무엇이고, 제자가 자기 길을 간다는 건 실제로 어떤 모습일까? 지금부터 하나씩 알아보자.

제자의 길:
'스승을 향해 칼을'

영원히 제자로만 머문다면 그것은 선생에 대한 도리가 아니다.
너희는 어찌하여 내가 쓰고 있는 이 월계관을 낚아채려 하지 않는가?

— 니체[2]

'알 마에스트로 쿠칠라다(al maestro cuchillada)'는 스페인어로 '스승을
향해 칼을'이라는 뜻이다. 펜싱에서 유래했다고 알려진 이 표현은 스
승과 실력을 견줄 만큼 최선을 다해 배워야 한다는 의미다. 한편으로
는 성장한 제자의 도전에 직면해야 하는 스승의 운명을 가리키기도 한
다. 제자에게 스승은 믿고 의지하는 버팀목인 동시에 언젠가는 넘어야
할 벽이다.

대결하는 스승과 제자

중국 신화를 보면 활쏘기 달인으로 불리는 예(羿)가 등장한다. 예에
게는 여러 제자가 있었는데 그중에서도 봉몽(逢蒙)이 특히 뛰어났다.

봉몽은 스승 곁에서 성실히 활쏘기를 배우면서 어떤 상황에서도 눈을 깜박이지 않는 기술을 익히고, 아주 작은 것도 크게 볼 수 있도록 눈을 단련했다.

예는 재능과 근면을 겸비한 봉몽에게 자신이 가진 재주를 모두 가르쳐주었다. 하지만 봉몽은 아무리 열심히 배워도 스승을 따라잡을 수 없었다. 스승으로 인해 평생 이인자로 머물 수밖에 없겠다고 생각한 제자는 스승을 죽이기로 한다. 봉몽은 예를 미행하며 연거푸 화살을 날리지만 스승이 모두 막아내는 바람에 실패한다. 스승에게 용서를 구하는 척하며 계속 기회를 엿보던 봉몽은 어느 날 방심하고 있던 예를 몽둥이로 때려죽인다. 천하의 명궁(名弓)은 아끼던 제자의 손에 죽고 만다.

신화는 실제로 일어난 일이 아닌 상징적인 메시지를 품고 있는 이야기다. 그런데 모든 상징(symbol)은 표면적 내용을 넘어 다층적 의미를 가지므로 신화 또한 여러 관점에서 해석할 수 있다. 내용만 보면 예와 봉몽의 이야기는 제자가 스승을 죽이는 하극상이고, 봉몽은 스승의 은혜를 모르는 파렴치한이다. 하지만 다른 관점에서 보면 봉몽은 스승을 넘어서야 하는 제자의 길에 대한 메타포다.

이 해석을 받아들이면 스승과 제자의 관계에서 중요한 시사점이 드러난다. 하지만 과연 이런 해석이 타당할까? 사실을 다루는 역사와 달리 신화는 철 지난 허구에 불과한 건 아닐까? 과연 현실에서도 이런 일이 일어날까? 이제 신화가 아닌 실제 사례를 살펴보자.

칼 융은 정신분석의 창시자 지그문트 프로이트와 약 7년간 정신적 '아버지와 아들'의 관계를 맺었다. 1906년 프로이트를 향한 열정적 찬사를 담은 융의 편지로 첫 인연을 맺은 두 사람은 존경과 존중으로 시작해 서로를 지지하고 보완하는 관계로 성장했다. 둘의 관계는 일반적인 사제지간을 훨씬 넘어 융은 프로이트를 위대한 인물이자 아버지로 여겼고, 프로이트는 융을 자신의 후계자 겸 정신적 아들로 대했다.[3]

하지만 시간이 흐르며 무의식에 대한 관점을 비롯해 이론적 견해 차이와 상이한 성격의 충돌로 둘 사이에 균열이 생긴다. 1913년 3월 파국의 마침표를 찍은 융과 프로이트의 관계는 현대 지성사의 한 페이지를 장식한다. 두 사람은 끝까지 함께하지 못했지만 융이 프로이트의 정신분석학이 없었다면 인간 심리의 여러 문제를 해결하는 열쇠를 찾지 못했을 것이라고 인정할 만큼 프로이트는 융에게 뚜렷한 흔적을 남겼다.

나는 몇 년 전 오스트리아 빈을 여행하는 중에 프로이트가 오랫동안 거주한 집을 방문했다. 지금은 프로이트 기념관으로 운영 중인 이곳에서 융과 프로이트는 처음 마주했다. 융은 무의식이라는 새로운 세계를 보여준 책의 저자이자 진심으로 존경해온 인물을 실제로 만났다는 사실에 가슴이 벅차올랐다. 시대를 앞서간 이론으로 찬사보다 비난에 시달리던 프로이트도 자신을 굳게 지지하는, 저 멀리 스위스에서 자신만을 보기 위해 달려온 제자를 보고 기쁘기 그지없었다. 이제껏 편지만 주고받다가 처음 대면한 두 사람은 프로이트의 서재에서 10시간 넘게 시간 가는 줄 모르고 대화를 나눴다. 동시에 이곳은 아버지와 아들 같던 둘의 갈등이 폭발한 장소이자 거의 마지막으로 만난 공간이기도 하다. 나는 프로이트의 집에서 가장 가까운 사이에서 가장 멀어진 둘의 인연을 생각하며 스승과 제자의 한 국면을 곱씹었다.

스승과 제자 사이에는 그 관계가 앞으로 이렇게 펼쳐진다고 예상해도 될 만큼 보편적인 패턴이 존재한다. 강렬한 첫 만남에서 제자의 존경과 스승의 총애로 친밀한 시기를 지나 대립과 결별로 끝나는 과정이다. 많은 경우에 본인이 의도했든 안 했든, 설사 좋은 의도라고 해도 스승이 제자를 자기 뜻대로 통제하려들 때 문제가 싹튼다. 또 한편으로 머리가 커질 대로 커진 제자는 경외의 대상이던 스승이 나와 별반 다르지 않음을 자각하면서, 때로는 스승에게 능력이나 성취를 부정당한 경험을 계기로 부지불식간에 반기를 드는 일이 잦아지며 갈등이 커지는 경향을 보인다. 거꾸로 말하면 진정한 스승이 되려면 적어도 종국에는 제자에 대한 통제권을 놓을 줄 알아야 하고, 제자도 스승에 대한 열등감을 다스릴 줄 알아야 자기답게 성숙할 수 있다.

프로이트와의 만남은 융에게 가장 중요한 만남이었던 만큼 스승과의 이별은 그의 인생에서 손에 꼽을 만큼 충격적인 사건이었다. 그래서일까. 스승과 갈라서고 몇 달 후 융은 의미심장한 꿈을 꾼다. 꿈에서 그는 '갈색 피부의 낯선 원시인 청년'과 함께 게르만 신화의 영웅 지크프리트를 죽이는 임무를 수행한다. 청년과 융은 동이 틀 무렵 숨어 있다가 총을 쏘아 영웅을 살해한다. 살인을 주도한 사람은 원시인 청년이지만 융은 자신도 '그토록 위대하고 아름다운 것'을 파괴했다고 자책하며 괴로워한다. 또한 '살인 범죄'가 들킬지 몰라 불안해하며 도망치는 중에 폭우가 쏟아져 내리고 융은 비가 범행의 흔적을 지우면 걸릴 일도 없다고 안도한다. 그러면서도 여전히 자책감에서 좀처럼 빠져나오지 못한다.

신화와 마찬가지로 밤에 꾸는 꿈도 상징을 언어로 삼는다. 인간의 무의식에서 흘러나오는 꿈은 상징을 활용해 꿈꾼 이에게 중요한 메시지를 전달하곤 한다. 융의 꿈에서 중요한 상징은 '지크프리트'라는 존재다. 다른 상징들처럼 지크프리트도 여러 관점에서 해석할 수 있다. 이를테면 지크프리트는 특정 인물을 상징할 수 있는데, 몇몇 연구자는 전설적인 영웅 지그프리트(Siegfried)는 지그문트 프로이트(Sigmund Freud)를 가리킨다고 주장한다. 프로이트는 한때 융의 '영웅'이었고 '우월한 인격'이자 '힘과 능률'을 대표하는 이상(理想)이었다.

융 자신은 이 꿈에 매우 강렬한 감정을 느꼈지만 이유는 알 수 없었다고 밝혔다. 하지만 나는 '지그프리트 = 지그문트 프로이트'라는 해석이 타당하다고 본다. 지그프리트를 프로이트로 치환하면 융이 꿈에서 참기 힘든 죄책감을 느낀 이유가 해명되고, 여러모로 꿈이 내포하는 메시지가 선명해진다.

아마 독자도 눈치챘을 것이다. 융의 꿈은 예와 봉몽의 이야기와 놀랍도록 유사하다. 신화에서 봉몽이 스승 예를 살해하듯이 융은 꿈속에서 한때 아버지 같은 존재로 우러러본 프로이트를 죽인다. 다르다면 봉몽과 달리 융은 영웅이 될 자질을 가진 청년의 도움을 받았다는 정도다. 그런데 이 '낯선 원시인 청년'은 사실 타인이 아니다. 원시(原始)는 무의식에 관한 전형적 상징이므로 낯선 청년은 융이 자각하지 못한 미지의 자신을 가리킨다고 볼 수 있다. 정리하면 낯선 원시인 청년은 융의 무의식 안에 사는 '또 하나의 나'다.

그렇다면 꿈과 신화에서 공경하는 스승이나 아버지(영웅)를 죽이는 사건은 어떤 메시지를 함축하는가? 일반적으로 스승 혹은 영웅과의 동일시를 끝내야 함을 의미한다. 융의 꿈에서 원시인 청년이 살인을 주도했다는 점에 주목하자. 이것은 융이 프로이트를 떠나 자기 안에서 그를 기다리는 잠재력, 즉 '또 하나의 나'를 계발할 때가 되었음을 시사한다. 같은 의미에서 우상파괴적인 태도를 강조한 임제 의현은 다음과 같이 말했다.

"진정한 통찰력을 얻고자 한다면 가장 중요한 것은 다른 사람에 의해 잘못된 길로 들어서지 않는 일이라네. 자네들의 길을 가로막고 선 것이라면 무엇이든 그 즉시 없애버리게. 부처를 만나면 부처를 죽이고 조사(祖師)를 만나면 조사를 죽이게. 나한(羅漢)을 만나면 나한을 죽이고 부모를 만나면 부모를 죽이게. 친지와 동료를 만나면 친지와 동료를 죽이게. 그래야만 자네들의 진정한 자유를 얻을 수 있네. 이렇게 해야만 그 무엇에도 집착하지 않고 완전히 홀로 존재하는 자유, 자기 자신이 될 수 있다네."[4]

스승과 친구도 모자라서 부모까지 죽이라니, 패륜을 저지르라는 말인가? 물론 아니다. 여기서 '죽이라'는 말은 극복하라는 뜻을 강조한 것으로 해석하는 게 타당하다. 스승을 포함해 누구에게도 지나치게 의존하거나 안주하지 말라는 뜻이다. 스승에게 배울 만큼 배웠으면 자기 길을 가라는 말이다.

다시 칼 융의 이야기로 돌아가 보자. 프로이트와 헤어질 당시 융은 더 이상 풋내기가 아니었다. 나이는 서른여덟이었고 독립적인 정신을 가지고 있다고 자부했으며, 이미 두 개의 명예박사 학위를 받았을 정도로 정신과 의사로 입지가 탄탄했다. 비록 완전한 형태는 아니지만 인간의 무의식을 프로이트와 다른 관점에서 연구하여 쓴 책《리비도의 변환과 상징》을 1912년에 출간했다. 그런데도 프로이트와의 절연은 융에게 엄청난 충격이었다. 직업적 위상이 흔들렸고 우울증에 시달렸으며 왕성하던 삶의 의욕은 독서와 사고 활동을 할 수 없을 정도로 위축되었다. 정신분석과 관련된 모든 직책에서 물러났으며, 끝까지 포기하지 않으려 했던 대학에서 강의하는 일마저 할 수 없게 되었다. 그에게 남은 것은 가족과 소수의 동료, 그리고 혼자 운영하는 작은 진료실뿐이었다.

프로이트와 갈라서고 융은 정신과 의사이자 학자, 그리고 한 인간으로서 자기 회의에 직면했다. 프로이트와 함께하는 동안은 둘의 의견이 불일치할 때면 자신이 뛰어난 스승의 사상을 제대로 이해하지 못하기 때문이라고 생각했다. 그 정도로 융은 프로이트의 정신분석학을 높이 평가했고 많은 영향을 받았다. 하지만 프로이트를 떠난 이상 더는 정신분석학에 의지할 수 없었다.

융에게 주어진 과제는 분명했다. '나는 프로이트와 어떻게 다른가? 나의 무의식을 얼마나 이해하고 있는가? 무의식에 대한 내 생각과 가정은 과연 타당한가?' 이 난해한 질문에 대해 독자적인 답을 찾아야 했다. 즉 프로이트의 정신분석학처럼 강한 생명력을 가진 자신만의 심리학을 세워야 했다.

이때부터 융은 약 6년간 외부 활동을 줄이고 이른바 '내향기'를 거치며 치열한 자기분석과 집중 연구를 통해 인간의 내적 지형을 설명할 수 있는 이론적 틀과 용어, 정신세계를 다루는 도구를 정리하여 '융 심리학'의 기반을 마련한다. 프로이트의 그늘에서 벗어나 자립의 토대를 닦은 것이다.

심리학 거장들의 공통점

프로이트와 융과 동시대에 활동한 뛰어난 정신과 의사로 알프레드 아들러(Alfred Adler)와 빅터 프랑클(Viktor Frankl)을 꼽을 수 있다. 이들 모두 각자 새로운 심리치료법을 창시했다. 프로이트는 정신분석학(psychoanalysis)을 개척하고, 아들러는 개인심리학(individual psychology)을, 융은 분석심리학(analytic psychology)을 정립했으며, 프랑클은 로고테라피(logotherapie, 의미요법)를 만들었다. 나이 대는 조금씩 다르지만(프로이트 1856년생, 아들러 1870년생, 융 1875년생, 프랑클 1905년생) 동시대를 살며 교류한 네 사람의 인연은 묘하게 얽혀 있다.

프로이트와 아들러와 융은 처음에는 정신분석학이라는 한 배를 탔다. 프로이트는 아들러의 스승이자 동료였고, 아들러는 프로이트가 무의식을 연구하는 초기의 중심지였던 수요 심리학회(Wednesday Psychological Society)의 주요 멤버이자 1908년 정식으로 창립한 오스트리아 빈(Wien) 정신분석학회 초대 회장을 맡았다. 융은 아들러보다 늦게 프로이트와 인연을 맺었지만 훨씬 더 신임을 받아서 프로이트가 1911년 국제 정신분석학회를 발족하며 초대 회장으로 낙점한 공식 후계자였다. 경쟁 관계였기 때문인지 융과 아들러는 비슷한 나이에 함께할 기회가 적지 않았음에도 친밀한 관계를 나누지 않았다.

프랑클은 융을 알았지만 그보다는 같은 유대인으로 오스트리아 빈에서 오랫동안 함께 살았던 프로이트와 아들러에게 많은 영향을 받았다. 그는 처음에는 프로이트에 매료되어 정신분석학을 공부하고, 프로이트와 편지를 주고받기도 했다. 그다음에는 아들러의 제자가 되어 개인심리학을 배웠다. 이런 이력 덕분에 프랑클은 프로이트의 국제 정신 분석학회지와 아들러의 국제 개인심리학회지 양쪽에 논문을 발표한 흔치 않은 이력을 가지고 있다.

프로이트, 아들러, 융, 프랑클, 이 네 사람에게는 각자의 심리학을 창안했다는 점 외에 또 다른 공통점이 있다. 넷 다 스승과 헤어진 전력이 있다는 사실이다. 프로이트가 정신분석학을 정립하는 데 큰 도움을 준 인물이 있으니, 열네 살 연상의 내과 의사 요제프 브로이어(Josef Breuer)다. 브로이어는 프로이트의 스승이자 동료로서 안나 오(Anno O)로 알려진 여성의 히스테리 치유 사례로 유명한《히스테리 연구 (Studies on Hysteria)》를 공저했다. 두 사람은 책이 나오고 1년 만에 히스테리의 원인에 대한 의견 차이로 결별한다. 1927년 프랑클은 아들러와 다른 견해를 가진 인물을 지지했다는 이유로 국제 개인심리학회에서 쫓겨나듯이 떠나야 했다. 그보다 16년 전인 1911년에 아들러는 프로이트로부터 프랑클과 비슷한 이유로 추방당한 적이 있다. 그런 그가 프랑클을 밀어냈다는 점이 흥미롭다. 아들러가 떠나고 수년 후 이번에는 융이 아들러의 경우와 크게 다르지 않은 이유로 프로이트와 반목하다가 갈라섰다.

사사의 관계에서 스승과 제자의 대립은 드물지 않다. 특히 스승과 제자가 같은 분야나 직업에서 활동할 때는 부지불식간에 이해관계가 얽히고 서로 부딪칠 가능성이 상존한다. 프로이트와 융, 아들러와 프랑클도 정신의학이라는 한 무대에서 활동했다. 물론 프로이트와 브로이어, 프로이트와 아들러, 융과 프로이트, 아들러와 프랑클이 헤어진 원인을 칼로 무 자르듯 단정 내리긴 어렵다. 아마도 이론상의 대립, 성격 차이,

조직 내 권력 싸움 등 여러 이유가 복합적으로 작용했을 것이고, 알려진 사실 외에 더 미묘한 요인들이 있을지도 모른다. 여기서 내가 주목하는 건 누가 누구를 배신했는지, 또는 이별의 구체적인 모습이 아니다. 핵심은 네 사람 모두 나름의 방식으로 스승을 벗어나 자기 길을 개척해나갔다는 점이다. 그 과정에서 스승과의 단절이라는 혹독한 관문을 통과해야 할지라도 말이다. 그런 점에서 제자는 '스승을 떠나야 하는 자'임을 확인할 수 있다.

프로이트가 원만하게 지내기 위해 브로이어에 동조했다면 광대한 무의식 탐구의 문을 열지 못했을 것이다. 융이 프로이트의 제자에 머물렀다면 어땠을까? 스승의 후계자 지위는 얻었을지 모르지만 인간 정신에 새로운 지평을 연 분석심리학은 탄생하지 못했을 것이다. 아들러의 경우도 크게 다르지 않으며, 프랑클도 아들러 곁을 맴돌았다면 뛰어난 개인심리학자는 될 수 있었겠지만 로고테라피라는 독창적인 심리요법은 창안할 수 없었을 것이다.

스승을 본받되 나의 길을 간다

스승과 제자가 결별한 사례를 자세히 소개하는 이유는 제자가 자기 길을 가기 위해 스승과 싸우거나 관계를 끊어야 한다는 뜻이 아니다. 궁극적으로 제자는 스승을 모방하는 수준을 벗어나 자기 고유의 것을 창조해야 한다는 게 핵심이다. 헤세의 말을 빌리면 "누구나 한 번은 스승에게서 떨어져 나오는 한 걸음을 떼어야 한다." 이는 제자가 스승이라는 학교를 졸업하기 위한 최종 시험이다.

건축가 승효상의 이야기는 이 점을 잘 보여준다. 승효상은 1974년 김수근을 처음 만나 12년이라는 긴 시간을 스승의 문하에서 보냈다. 그는 2016년의 인터뷰에서 스승에게서 무엇을 배웠느냐는 질문에 수없이 많다고 답했다. 건축의 기본부터 건축의 본질은 공간 특히 '내부에 있는 공간'이라는 철학, 건축가와 건축주는 동등한 존재여야 한다는 원칙 등. 무엇보다 스승을 통해 건축가는 모름지기 기술과 철학 모두에서 분명한 자기 색깔을 가져야 한다는 점을 배웠다. 그의 표현을 빌리면 진정한 건축가가 되기 위해서는 열심히 공부해서 건축에 대한 관점을 뚜렷이 한 다음에 어떤 건축을 하겠다고 선언할 줄 알아야 한다.

공부를 하기 위해서는 좋은 스승이 필요하고, 독립 선언을 하기 위해서는 스승을 떠나야 한다. 그래서 제자에게 스승은 모순적 존재다. 승효상에게 김수근은 '잊을 수 없는 스승'이자 '최대의 적'이었다. 지대한 영향을 준 스승인 동시에 그만큼 극복해야 할 크나큰 벽이기도 했다. 20대와 30대의 승효상이 김수근의 건축에 대해 가진 확신은 성벽처럼 단단했다. 제자는 스승의 큰 품 안에서 건축을 충실히 익혀나갔다. 그러면서도 시간이 흐를수록 이 벽을 넘지 않으면 나의 건축을 할 수 없으리라는 내적 압박이 점점 강해졌다. 그런데 자신의 건축에 안정감을 제공하는 동시에 한계를 부여하기도 했던 울타리가 홀연히 사라지고 만다.

1986년 5월 김수근은 승효상에게 당신의 건축 사무소인 '공간'을 맡아달라고 말한다. 사실 이건 제안이나 부탁이 아닌 유언에 가까웠다. 당시 췌장암으로 투병하던 김수근은 스승의 날을 맞아 찾아온 제자에

게 유지(遺旨)를 전한 것이다. 사실 공간에는 승효상보다 나이와 경력
이 많은 이들이 열 명도 넘게 있었다. 그런데도 스승이 그를 지목한 건
후계자로 공포한 거나 진배없었다. 승효상은 회사를 경영하는 데 관심
이 없었지만 스승의 뜻을 저버릴 수 없었다. 그 후 3년 동안 스승 사후
혼란스러운 회사를 이끌어나가기 위해 최선을 다한다. 하지만 이 일을
계기로 이제 스승을 떠나 자기 길을 가야 한다는 게 분명해졌다. '김수
근이 곧 공간'이었기에 어떻게든 회사를 살리기 위해 "김수근 선생보
다 김수근 건축을 더 잘한다"고 떠들었지만 속마음은 공허하기 그지없
었다. 자신의 건축을 하고 싶었다. 언제까지나 '김수근 건축'에 머물 수
는 없었다. 이제 '승효상 건축'을 해야 했다.

　1989년 12월 그는 공간의 경영자 자리를 선배에게 넘기고 자신의 건
축 사무소를 차린다. 스승이 지어놓은 성벽을 나와 홀로 작업실을 만
들면서 드디어 새로운 삶을 시작한 것이다. 분명히 그는 당대 최고의
스승으로부터 훌륭한 유산을 물려받았다. 동시에 그 유산이 큰 짐이
되어 그를 억누를지, 아니면 '거인의 어깨' 삼아 더 높은 곳으로 나아갈
수 있을지 분기점에 서 있었다. 이때부터 승효상은 스승을 떠나 건축
가로서 자립하는 데 많은 어려움을 겪어야 했지만 이 길을 가야 한다
는 걸 잘 알고 있었다. 스승이 작고하고 5년 후 1991년 그는 다음과 같
이 말했다.

　"1989년에 문을 연 내 사무실의 책상 곁에는 세상을 떠나시기 직전
찍으신 선생의 사진이 걸려 있다. 나는 이 액자를 치우고 싶어 하며, 치
워야 되는 이유도 분명히 알고 있다. 선생을 극복해야 하기 때문이고,
선생의 것보다 더 나은 건축을 만들 수 있어야 바른 제자가 비로소 됨

을 알기 때문이다."⁵

그는 스승 생전 12년에 사후 3년을 합쳐 총 15년간 받은 '건축 수업' 과 진정한 '나의 건축'을 통합하기 위해 또 한 번 치열하게 스스로를 단련해야 했다. 건축 문외한인 나는 그가 스승을 뛰어넘었는지 평가할 수 없지만, 그가 스승과 마찬가지로 우리나라를 대표하는 독창적인 건축가가 되었다는 점만은 알고 있다. '빈자(貧者)의 미학'으로 대변되는 건축 철학과 그가 만든 작품은 스승의 것과 확연히 다르다. 스승도 제자의 건축을 본다면 흐뭇하게 미소 지을 거란 생각이 든다.

이 책에서 소개한 다른 제자들은 어떨까? 그들도 모방에서 창조로, 스승을 본받되 자기 길을 택했을까? 결론부터 말하면 모두 각자의 분야에서 새로운 경지에 올랐다. 다산은 성호의 실학에서 출발해 50년 넘게 연구에 매진해 조선실학을 집대성했다. 다산을 사숙한 정민 교수는 다산학에 새로운 활기를 불어넣었다. 그 덕분에 다산에 관한 이야기가 다채로워지고 풍성해지고 있다. 성호라는 큰 호수에서 요긴한 것을 자유자재로 골라낸 다산처럼, 지금은 정민 교수가 다산이라는 큰 산에 무진장 묻혀 있는 보물을 캐내고 있다. 그 모두를 우리도 그가 보기 좋게 펴낸 다산 관련 서적에서 골라서 얻을 수 있다.

워런 버핏은 투자세계에서 은퇴하며 본인 회사를 대신 맡아달라는 그레이엄의 제안을 거절하고, 고향 오마하로 돌아와 자기 이름을 내건 투자조합을 만들었다. 비로소 그레이엄의 제자가 아닌 '전문 투자가'로 독립한 것이다. 그리고 스승에게 배운 투자법에 자신의 강점을 버무려 버핏 특유의 가치투자법을 완성했다. 이에 대해 훗날 한 전문 투자가는 "비유하건대 그레이엄은 성경을 썼고, 워런은 그 성경을 갱신했다.

바로 신약성서를 쓴 것"이라고 평했다. 이 밖에도 구본형은 변화경영과 자기계발에서, 황상은 시인과 유인으로서 확실한 자기 세계를 구축했다. 신영복은 서도에서 노촌과 정향이라는 걸출한 스승의 가르침을 습득하되 두 스승과 달리 한글 서예에서 독창적 경지를 개척했다.

헨리 소로는 어떤가? 그가 20대와 30대 초반을 거치며 삶의 철학과 기술을 숙성하기까지 에머슨에게 많은 영향을 받았음은 앞서 소개한 바와 같다. 소로의 사상은 19세기 미국에서 쓰인 가장 중요한 책으로 꼽히는 《월든》을 서른일곱 살에 출간하며 완전히 무르익었다. 그는 이 책을 쓰는 과정에서 에머슨을 비롯해 다른 누구의 도움 없이 10년간 일곱 번 고쳐 썼다. 《월든》은 20대 후반의 소로가 전부터 꿈꿔온 이상적 삶을 행동으로 옮기기 위해 월든 호숫가에 한 칸짜리 통나무집을 만들고, 농사짓고 일기를 쓰고 산책하며 보낸 26개월의 시간을 기록한 책이다. 그는 《월든》을 쓰며 자연의 학생에서 자연주의 사상가로 거듭났다. 시간이 흐르며 소로와 에머슨은 각자 자기를 닮은 세계 하나씩을 만들어냈다. 에머슨이 여러 저서와 초월주의(transcendentalism) 철학과 자기신뢰(Self-Reliance)를 통해 미국 사상사에서 중요한 위치를 차지하듯이, 소로 또한 특유의 자연주의 사상과 간소한 삶의 방식, 시민불복종(Civil Disobedience) 정신으로 많은 이에게 영감을 주고 있다.

스승과 마찬가지로 제자의 수준도 균일하지 않다. 나쁜 제자는 스승의 말을 듣거나 책을 읽는 데 그치고, 평범한 제자는 스승의 언행을 모방하는 데 머물며, 좋은 제자는 스승의 가르침을 품고 자신의 길을 간다. 스승 곁을 떠나 자기 길을 갈 때 제자 스스로 빛날 수 있고, 그런 제자가 스승 또한 빛낸다. 신영복은 스승의 날에 자신에게 감사 인사를 전하는 제자에게 말했다. "스승이 훌륭한 게 아닙니다. 좋은 스승을 가진 그 사람이 훌륭한 거지요." 훌륭한 스승이 훌륭한 제자를 알아보고 키우듯이 훌륭한 제자가 훌륭한 스승을 알아보고 그의 가르침을 널리 전한다.

스승의 길:
빛에서 어둠으로

스승은 점차 자신이 필요 없어지게 만드는 사람이다.

- 토머스 카루터스(Thomas Carruthers)[6]

스승은 열쇠가 아니다. 열쇠는 제자 안에 있지만 본인은 열쇠가 자기 안에 있음을 모르고 있다. 스승은 그 열쇠를 제자보다 먼저 본 사람이다. 제자가 열쇠를 찾아 밖을 헤맬 때 스승은 그 안에 열쇠가 있음을 슬쩍 일깨워준다. 제자가 어떤 열쇠를 갖고 있는지 어리둥절해할 때는 열쇠의 모습을 살짝 비춰준다. 하지만 열쇠를 찾아서 문을 여는 일은 오롯이 제자의 몫이다. 훌륭한 스승은 이 점을 잊지 않는다.

단테와 베르길리우스의 이야기

"인생길 반 고비에 올바른 길을 잃고서 난 어두운 숲에 처했었네."
이탈리아 르네상스의 문을 연 단테(Dante)의 장편 서사시 《신곡(神曲)》

의 첫 문장이다. 단테가 길을 잃은 때는 1300년, 그는 삶의 갈림길에 서 있었다.

당시 서른다섯 살의 단테는 고향 피렌체를 다스리는 여섯 명의 최고위원 중 한 명으로 선출되며 사회적 경력의 정점에 올랐다. 하지만 정점은 가장 높은 곳인 동시에 내리막의 시작이기도 하다. 그때부터 그는 온갖 음모에 휘말렸고 2년 후에는 피렌체에서 추방당했다. 그토록 사랑하는 고향을 떠나 정처 없이 떠도는 망명 생활이 시작된 것이다.

단테는 10년 넘게 《신곡》을 쓰며 '어두운 숲'을 헤쳐나갔다. 그는 필생의 역작을 지배층이 사용하는 라틴어가 아닌 그리운 고향의 언어 피렌체어로 썼으며, 그 과정에서 그간의 삶과 완전히 다른 영성과 내면의 길을 찾았다. 《신곡》은 지옥과 연옥과 천국을 거치며 신(God)을 찾아가는 한 인간의 영적 순례기다. 물론 이 여정을 노래하는 이는 시인 단테이고, 이야기의 주인공은 순례자 단테이다.

《신곡》의 도입부에서 주인공은 지옥문 앞에서 두려움에 떨며 옴짝달싹 못한다. 지옥으로 들어가기를 겁내고 있을 때 평소 존경해온 로마의 시인 베르길리우스(Vergilius)가 나타난다. 일찍이 단테는 훌륭한 인물이 이끌어줄 때 올바른 길을 찾을 수 있다고 생각했다. 그런 그에게 '가장 위대한 시인' 베르길리우스는 바른길을 알려주는 안내자였다. "스승은 내 손을 잡아 그 위에 자신의 손을 얹고, 환한 표정으로 힘을 북돋워주며, 나와 함께 들어섰다, 비밀의 장소로." 이렇게 단테는 스승을 따라 지옥을 향해 첫발을 내딛는다.

'이제 가시지요. 우리의 두 의지가 합쳐졌으니

당신은 저의 길잡이요, 주인이자 선생이십니다.'

이렇게 말하자 그는 앞장을 섰고

나는 그 험난한 여행을 시작했다.[7]

베르길리우스가 쓴 장편 서사시 《아이네이스(Aeneis)》에서 주인공 아이네이아스(Aeneas)는 살아 있는 인간으로서 죽은 자들의 세계를 여행한다. 그러니까 베르길리우스는 단테에 앞서 저승으로의 모험을 시로 그려낸 선각자인 셈이다. 단테가 베르길리우스를 소중한 영감을 제공한 최고의 시인으로 존경한 이유도 이 때문이리라. 단테는 스승과 동행하며 길고 험난한 순례를 견뎌낸다. 특히 베르길리우스는 지옥과 연옥을 먼저 거쳐야만 천국, 즉 구원에 이를 수 있음을 여러 번 강조하고 제자가 스스로를 성찰할 수 있도록 돕는다. 단테는 스승 덕분에 이 여정에 담긴 심오한 의미를 하나하나 깨우쳐나간다.

현명한 안내자 베르길리우스는 단테를 무시무시한 지옥부터 천국에 들어가기 위한 정화(淨化)의 무대가 되는 연옥(煉獄)까지 인도한다. 《신곡》의 '연옥편' 27곡을 보면 베르길리우스가 천국을 앞에 두고 단테에게 이제부터는 자기 없이 혼자 가야 한다고 알려주는 장면이 나온다. 스승은 제자에게 이제 준비가 되었다며 확신을 가지고 나아가라고 격려한다.

나의 지성과 기술로 널 여기까지 데려왔으나,

여기부터는 너의 기쁨이 너의 길잡이가 될 것이다. (……)

이젠 내 말이나 눈짓을 기다리지 마라!

너의 의지는 곧고 바르고 자유로우니

그 뜻대로 해야 할 것이다.

너의 머리에 왕관과 면류관을 씌운다.[8]

이 말을 끝으로 베르길리우스는 홀연히 사라지고 단테는 감사 인사도 하지 못한다. 훌륭한 스승은 제자가 자신의 길을 갈 준비가 되었을 때 베르길리우스처럼 행동한다. 가르치고 인도하는 역할에서 지켜보는 자리로 물러나는 것이다. 스승이 사라져도 제자의 정신에 심어진 스승의 가르침은 사라지지 않는다. 일본의 궁도가(弓道家) 아와 겐조(阿波研造)에게 궁도를 배운 독일의 철학자 오이겐 헤리겔(Eugen Herrigel)이 스승을 떠올리며 말한 것처럼 "스승은 제자가 자신보다 더 먼 데까지 나아가도록, 또 '스승의 어깨에 올라서도록' 진심으로 요구하면서 제자를 스승인 자기 자신으로부터 벗어나게 한다." 참된 스승은 아무런 보상이나 대가를 원하지 않고, 제자가 꿋꿋이 정진하기를 바라며 축복해준다.

스승은 제자를 위해 기꺼이 방편이 된다

불가(佛家)의 가르침 중에 사벌등안(捨筏登岸)이 있다. 강을 건너고 나서 언덕을 오르기 위해서는 타고 온 뗏목을 버려야 한다는 의미로, 수단에 지나치게 의존하지 말라는 뜻이다. 어찌 보면 스승은 뗏목과 같다. 물론 제자는 스승을 수단으로 삼지 않는다. 하지만 훌륭한 스승은 자신을 기꺼이 뗏목 같은 방편으로 여긴다. 때가 되면 제자가 홀로 서기 해야 함을, 자기 길을 찾아가야 함을 잘 알기 때문이다. 떠날 때가 되었을 때 제자는 스승을 붙잡고 있으면 안 되며 스승 또한 제자를 붙들고 있으면 안 된다.

스승의 울타리를 벗어나지 못하는 제자만큼 딱한 존재도 없다. 참스승은 사랑하는 제자가 한낱 모조품으로 남기를 바라지 않는다. 그래서 제자에게 필요한 지식과 기술을 전하고 모범으로 지도하면서도 중요한 결정에는 개입하지 않는다. 제자가 주도적으로 해답을 찾고 결정해야 한다는 걸 잘 알기 때문이다. 또한 제자가 그 과정을 거쳐야 스승을 향한 투사를 거둬들이고 주체적으로 개성을 가꿔나갈 수 있다는 점도 안다.

에리히 프롬과 그의 스승 살만 라빈코프를 기억하는가? 프롬은 라빈코프가 자신을 심판하거나 평가하지 않았고 뭔가를 명령하거나 강요한 적도 없었다면서 스승은 존재 자체로 제자를 감화하고 행동으로 모범을 보여주었다고 했다. 라빈코프와 비슷한 점이 거의 없어 보이는 경영코치 빌 캠벨도 스승으로서는 그와 다르지 않은 모습을 보였다. 캠벨은 "실리콘밸리 리더들에게 그만큼 중요하고도 폭넓은 영향을 끼

친 사람은 없다"라는 칭송을 받았지만 정작 그 자신은 스포트라이트를 피해 뒤로 물러나 있기를 선호해서 '실리콘밸리의 감춰진 비밀'로 불렸다. 캠벨은 코치가 선수를 대신해 경기를 뛰려고 들면 안 된다는 걸 누구보다 잘 알고 있었다.

칼 융도 그 자신이 프로이트에게 지나치게 의지했던 경험이 있었기 때문에 제자가 의존하는 걸 매우 경계했다. 융의 직계 제자인 마리 루이제 폰 프란츠에 따르면 융은 제자들에게 자립하는 존재가 되라고 누누이 강조했다. 많은 제자들이 적어도 한 번씩은 스승을 찾아와 중요한 문제를 상의하곤 했는데, 그들은 융이 특유의 혜안으로 적절한 해결책을 알려주기를 바랐다. 그때마다 융의 대응은 한결같았다.

"스스로 결정하게. 내가 더 이상 세상에 없을 때 그대가 무엇을 해야 할지 알아야 하지 않겠나."

구본형도 자신의 스승에 대해 프롬과 폰 프란츠와 같은 이야기를 한다. 그는 어느 해인가 스승의 날에 쓴 글에서 길현모 교수를 추억하며 "스승은 내게 아무것도 요구하지 않았다. 내 삶이 내 것임을 알고 있었기 때문이다"라고 말했다. 물론 스승은 젊은 제자의 얘기에 귀 기울이고 질문하고 도움이 될 만한 실마리를 전해주었다. 그런데 스승은 강제 해직당하여 대학을 떠나게 됐을 때, 제자가 뭔가 답을 주기를 바라고 있다는 걸 알면서도 명료한 답을 주지 않았다. 제자를 잡지도 떠밀지도 않았다. 대학에 남을지 아니면 떠날지는 오직 제자가 선택해야 할 일임을 알고 있었기 때문이다. 대신에 스승은 제자에게 그의 삶이 아름다울 것이라고 축복해주었고, 제자는 힘들고 초라해질 때마다 그 축복을 잊지 않았다. 이에 대해 구본형은 "빛나는 별 같은 지지"였다며 두고두고 감사해했다.

　제자 입장에선 인생의 중요한 갈림길에서 어디로 가야 하는지 알려주지 않는 스승이 이해하기 어려울 수도 있다. 구본형도 나중에는 스승의 마음을 이해했지만, 스승에게 배우고 싶다는 일념으로 대학원에 들어온 자신에게 가타부타 말이 없는 스승을 보며 처음에는 서운했다. 나도 20대 중반에 비슷한 경험을 했다. 당시 나는 구본형의 권유로 3년간 진행한 '개인대학' 경험을 살려 20대를 위한 자기계발서를 썼다. 몇 달 동안 공들여 원고를 완성하고 그에게 보이고 책을 내면 좋을 만한 출판사 추천을 부탁했다. 그런데 스승은 내게 스스로 알아서 하라고 했다. 출판사 몇 곳 정도는 소개해줄 거라 기대했던 나는 스승을 이해할 수 없었다. 솔직히 서운했다. 그런데 5년 후 첫 책을 출간하며 그가 왜 그렇게 했는지 이해할 수 있었다.

　책을 내기 위해 저자가 해야 할 일은 원고 집필만이 아니다. 원고에 적합한 출판사를 알아보고 연락하고 협의하는 과정, 출간 계약을 체결하고 편집자와 후속 작업을 진행하는 일도 저자의 몫이다. 이 후반 작업에 따라 최종적인 책의 완성도가 많이 달라질 수 있다. 그 정도로 원고 완성 후 진행하는 일이 중요하다. 나는 이 점을 전혀 몰랐고, 스승은 잘 알았다. 스승은 한 권의 책을 출간하기 위해 꼭 거쳐야 하는 과정을 제자가 스스로 경험하고 배우기를 바랐던 것이다.

밤이 있어 별이 빛나고 별이 있어 밤이 아름답다

가르치는 사람에게 배우는 이가 나날이 성장하는 모습만큼 기쁜 일도 없다. 그런데 자신의 가르침을 성실히 따르던 제자가 자기 길을 가기 위해 스승을 떠나려는 경우는 좀 다르다. 이때 자칫 스승은 제자를 붙잡거나 통제하려들 수 있다. 제자가 스승을 추종하는 데 안주하면 문제가 발생하듯이 스승이 제자를 통제하려는 일이 하나둘 늘어나면 관계에 균열이 생긴다.

특히 제자가 더 이상 초심자가 아닌 어느 정도 성장한 후에는 스승의 지나친 통제는 갈등에 불을 지핀다. 강제적인 통제는 제자를 마음대로 재단하고 사유화하려는 욕망과 닿아 있다. 미숙한 제자가 스승을 독차지하려는 것처럼 나쁜 스승은 제자를 지배하려 한다. 이런 일이 반복되면 제자는 스승에게 맹목적으로 종속되거나 갈등이 폭발해 관계를 재로 만들 수 있다. 제자의 길이 추종과 반항이 아니듯이 독재자처럼 행세하는 사람도 좋은 스승이 아니다. 올바른 스승의 길은 따로 있다.

리처드 파인만은 괴짜로 불릴 만큼 개성이 뚜렷했다. 넘치는 활력부터 소탈하고 격의 없는 자세, 문제를 끝까지 붙들고 늘어지는 끈기, 새로운 시도를 마다하지 않는 개방적 사고, 자신에 대한 확고한 믿음, 곁가지를 쳐내고 핵심을 간파하는 직관, 복잡한 개념을 일상적 소재로 재밌게 풀어내는 화술, 그리고 특유의 억양에 이르기까지 이 모두가 결합해 그만의 독특한 스타일을 자아냈다.

파인만의 스타일은 물리학을 연구하는 방식에도 고스란히 드러났다. 말 그대로 파인만의 물리학에는 파인만다움이 넘쳐흘렀다. 이 점은 그의 책 제목에도 잘 드러난다. 《파인만의 물리학 강의(The Feynman Lectures on Physics)》가 처음 나온 1963년 당시만 해도 물리학의 기본 원리와 전반적 내용을 이 책만큼 포괄적이고 체계적으로 정리해 내놓은 경우는 한 번도 없었다. 또한 특정 물리학자의 이름을 달고 나온 교재도 유례를 찾아볼 수 없었다. 파인만의 책은 출간되자마자 호평을 받으며 물리학도들의 필독서로 자리 잡았다. 그의 사후에도 개정판이 나오고 지금도 꾸준히 팔린다. 그런데 정작 대학에서 이 책을 교재로 사용하는 물리학 교수는 그때나 지금이나 거의 찾아보기 어렵다. 파인만의 책이 기존 교과서와 달라도 너무 다르기 때문이다. 더 정확히 말하면 책에 파인만의 개성이 그대로 녹아들어서 다른 사람이 이 책으로 학생들을 가르치기 난감하다는 뜻이다.

아마 파인만만큼 자기 색깔이 뚜렷한 과학자도 드물 것이다. 그래서 처음에 나는 파인만이 제자들에게 본인의 방식과 스타일을 강요하지 않았을까 생각했다. 막상 조사해보니 내 예상은 완전히 틀렸고 결과는 정반대였다. 본인 개성에 충실했던 파인만은 누구든 자기 자신으로 살아야 한다고 확신했다.

그가 중시한 창조성도 어떤 문제를 기존에 알려진 대로가 아닌 새로운 아이디어, 특히 자기다운 방식으로 풀어내는 걸 의미했다. 수업을 듣는 학생들에게도 자주 독자적인 발상으로 과학을 탐구해야 한다고 주장했다.

파인만은 특유의 괴짜스럽고 직설적인 방식으로 '스승의 길'을 실천했다. 많은 이들이 파인만을 탁월한 스승으로 여겼지만, 그는 플로디노프에게 자기는 좋은 선생이 아니라고 아연실색한 것처럼 겉으로는 스승이 되는 걸 내켜하지 않는 모습을 보였다. 심지어 자신이 지도한 제자들에게 따로 편지를 보내 "나에게 추천서 같은 건 기대하지도 말라"고 못 박을 정도였다. 스승의 유명세에 의지하지 말라는 경고나 다름없었다. 이제 스승을 떠나 너의 길을 가야 한다는 뜻이기도 했다.

이렇게 단호하게 대하면서도 과학 연구나 삶에서 어려운 문제로 고민하는 제자가 연락을 해오면, 파인만의 모습은 또 달라졌다. 물론 이때도 직접적인 해결책을 준 적은 거의 없지만 경험에서 우러나온 조언을 아끼지 않았다. 한번은 그의 예전 박사과정 학생이 스승을 떠나서도 중요한 연구를 하지 못하고 있다고 고백하면서 무명 과학자로 남을까 봐 괴롭다는 편지를 보낸 적이 있다. 파인만은 답장에서 진심으로 대하기만 한다면 하찮은 연구 주제는 없다면서 "넌 나에게 이름 없는 사람이 아니"라고 격려한다.

그리고 편지 마지막에 덧붙인다. "세상에 너의 자리가 있다는 것을 알고, 자신을 정당하게 평가하기를 바란다. 청춘의 순진한 이상을 기준으로 삼지도 말고, 네가 잘못 상상한 네 선생의 이상을 기준으로 삼아서도 안 된다." 여기서도 파인만은 제자를 위로하면서도 한편으론 믈로디노프를 비롯해 다른 제자들에게 역설한 것처럼, 누군가를 따라갈 수 있다고 해서 올바른 길로 간다는 의미는 아니며 스스로 발견하고 만들 수 있는 것만이 진정으로 가치 있다는 메시지를 전하고 있다.

밤하늘에는 헤아릴 수 없을 정도로 많은 별이 떠 있다. 그중에서 우리 인간과 오랫동안 각별한 인연을 맺어온 별이 하나 있다. 북극성 (Polar Star). 이 별은 태양보다 2,000배나 밝고, 북쪽이 어느 방향인지를 확실하게 알려준다. 그래서 북극성을 찾을 수만 있으면 어디에 있든 내 위치를 가늠할 수 있다. 실제로 이제껏 수많은 항해자와 조난자들이 북극성을 보고 활로를 찾았다.

북극성이 길잡이별이라면 스승은 삶의 북극성이다. 스승은 밝은 길잡이별이 돼 제자를 인도하지만, 어느 순간 제자는 그 별에서 눈을 돌려 자기 길을 가야 한다. 구본형은 2007년 길현모 교수가 세상을 떠나고 한 달 후에 쓴 '빛과 어둠'이라는 글에서 스승이 제자에게 줄 수 있는 마지막 선물을 멋진 비유를 들어 설명했다.

"하늘이 어두우면 비로소 아주 많은 별들이 빛나기 시작한다. 좋은 스승을 가지고 있다는 것은 자신을 빛낼 멋진 어둠을 가지고 있다는 뜻이다. 내게는 그런 스승이 있었다. 언젠가 나도 때가 되어 그런 어둠이 되었으면 좋겠다."⁹

구본형에게 길현모 교수는 마음속 같은 자리에 늘 떠 있는 길잡이별과 같았다. 함께 있을 때는 훌륭한 역할모델이었고, 자주 만나지 못할 때는 마음을 비추는 달빛 같은 영감이었다. 그리고 세상을 떠난 후에는 제자가 스스로 빛날 수 있는 '어둠'이 되었다.

나는 구본형이 떠나고 그가 그리워질 때마다 밤하늘을 쳐다보곤 했다. 천문학 책에서 북극성 찾는 법을 보고 집 옥상에 누워 가장 밝은 별을 찾아보았다. 구본형에게 그의 스승이 그랬던 것처럼 내게 구본형은 오랫동안 믿고 의지한 길잡이였다.

이제 이 찬란한 별은 어둠이 되었다. 그리고 비로소 나는 본다. 내 안의 별과 빛을. 이제 나는 안다. 제자가 자신의 마음속에서 별빛을 보게 하는 스승이 위대한 스승임을. 제자는 스승의 빛을 반사하는 데 그치지 않고 스스로 빛나는 별이 되어야 한다. 그것이 어둠에 대한 빛나는 경배이며 어둠과 별이 가장 멋지게 함께하는 방법이다.

니체는 "자신을 불필요한 존재로 만드는 것, 이것이 바로 모든 위대한 인간들의 명예"라고 말했다. 위대한 스승도 그렇다. 제자가 스승을 떠나거나 극복해야 하는 임무를 수행해야 한다면 스승은 제자에게 자신이 필요하지 않도록 해야 한다. 그래서 스승은 때가 되면 제자에게 말한다.

"네 길을 가라. 네 세상 하나를 창조해라."

"이제 나의 길을 가리라. 내 세상 하나를 창조하리라"

*나 자신한테서 배울 것이며, 나 자신의 제자가 될 것이며,
나 자신을, 싯다르타라는 비밀을 알아내야지.*

– 헤르만 헤세[10]

이 세상에 똑같은 사람은 아무도 없다. 스승과 제자가 아무리 마음이 잘 통해도 크든 작든 서로 생각이 다르고 안 맞는 부분이 있을 수밖에 없다. 또 스승과 제자의 길이 다르다고 해서 관계가 늘 파국으로 치닫는 건 아니다. 예와 봉몽과 비슷하면서도 다른 이야기가 《열자(列子)》에 나온다. 제자인 기창(紀昌)이 천하제일의 궁수가 되기 위해 활쏘기를 가르쳐준 스승 비위(飛衛)에게 도전하지만 둘의 관계는 비극으로 끝나지 않는다. 흥미롭게도 스승의 실력을 넘을 수 없던 봉몽이 비열한 방식으로 스승을 해치는 데 비해 실력의 우열을 가릴 수 없던 비위와 기창은 서로를 인정하고 존중한다. 그리하여 두 사람은 사제를 넘어서는 관계로 성숙한다.

진정한 나를 찾아가는 개성화

중국 양쯔강의 작은 나루터에 20대의 젊은이와 노인이 서 있다. 둘은 서로 노를 젓겠다고 실랑이를 벌이고 있다. 노인이 아쉬운 눈빛으로 말한다.

"마지막이니 내가 너를 건네주겠다."

"깨우치기 전엔 스승님이 건네주셨지만, 이제는 제가 건너가야지요."

청년은 노인에게 마지막 인사를 드리고 힘껏 노를 저어 떠난다.

이 이야기에 등장하는 노인은 중국 선불교의 오조(五祖) 홍인(弘忍)이고 젊은이는 육조(六祖) 혜능(慧能)이다. 홍인에게 배울 만큼 배운 혜능은 스스로 스승을 떠난다. 그렇게 자신의 길로 들어선다.

조선시대의 두 고승(高僧)인 사명(四溟) 스님과 서산(西山) 대사가 처음 만났을 때의 일화 한 토막. 사명이 묘향산으로 서산 대사를 찾아갔다. 그가 문안 인사를 드리고 나니 서산 대사가 물었다.

"지금 어디서 오는가?"

"옛길을 따라서 왔습니다."

진리를 구하던 많은 구도자들이 스승을 찾았던 그 길을 따라왔다는 뜻이었다. 서산이 일갈했다.

"옛길을 따르지 말라!"

다른 누군가가 아닌 '너의 길을 가라'는 가르침이다. 그런데 사명이 "새 길을 찾아서 왔습니다"라고 답했다면 서산 대사는 뭐라 했을까? 어쩌면 사명에게서 교만을 감지하고 옛길을 따르라고 나무랐을지도

• 4장 스승은 사라지고 제자는 떠난다 •

모른다. 스승을 따라야 할 때가 있고 스승을 떠나야 할 때가 있다. 스승은 제자가 무르익으면 흔연히 놓아주어야 하고, 제자는 스승을 성실히 모시다 때가 되면 홀로 서야 한다. 그렇다면 그때가 언제일까? 제자가 제 빛깔과 향기를 피워낼 준비가 되었을 때가 적기다.

칼 융은 삶의 궁극적 목적으로 자기실현(self-actualization)을 제시한다. 자기실현은 '전체의 자기'가 되는 것이다. 여기서 전체의 자기는 '진정한 나'와 상통한다. 진정한 나가 되기 위해서는 의식과 무의식을 포괄하는 잠재력을 최대한 실현해나가야 한다. 잠재력은 추상적 관념이 아니다. 꿈과 재능, 성격과 핵심가치, 소명과 천직. 이 모두가 잠재력에 속한다. 이런 가능성을 하나하나 살려나가면 한 사람의 총체적 인격, 즉 개성(個性)을 완성할 수 있다. 그래서 융의 분석심리학에서는 자기실현을 개성화(Individuation)라고 부르기도 한다. 마리 루이제 폰 프란츠는《인간과 상징》에서 개성화 과정에서 유의할 점을 다음과 같이 설명한다.

"개성화 과정은 앵무새의 모방을 절대로 용납하지 않는다. 이 앵무새는, 많은 문화권의 사람들이 위대한 종교 지도자(가령 그리스도나 부처나 그 밖의 교조들)의 종교적인 원체험(原體驗)의 '외적'인 혹은 의식적인 행위를 흉내 내다가 정신적으로 '석화'되고 만 것을 상기시킨다. 위대한 지도자가 밟은 길을 되밟는 것과, 그의 삶이 경험한 개성화 과정을 모방하거나 그대로 따른다는 것과는 전혀 다르다. 진정으로 위대한 지도자가 밟은 길을 따르는 것은, 그 지도자와 똑같이 우리 자신의 삶을 성실하게 그리고 헌신적으로 살고자 노력해야 한다는 것을 의미하는 것이다."11

융과 폰 프란츠의 주장도 서산 대사의 메시지와 다르지 않다. 스승에게 열심히 배우되 나의 본질을 잃지 말고 내 인생을 살아야 한다는 점을 역설하고 있다. 같은 의미에서 법정 스님도 《홀로 사는 즐거움》에서 "투철한 자기 결단도 없이 남의 흉내나 내는 원숭이 짓 하지 말라. 그대 자신의 길을 그대답게 갈 것이지 그 누구의 복제품이 되려고 하는가"라고 말했다.

그런데 이처럼 자기 길을 갈 것을 강조한 이들에게도 스승이 있었다는 사실도 잊지 말아야 한다. 법정에게는 젊은 시절 사사한 효봉 선사와 오랫동안 사숙한 성 프란치스코가 있었고, 폰 프란츠는 융에게 직접 가르침을 받고 '융의 분신'으로 불릴 정도로 가장 뛰어난 제자였다. 법정은 스승의 가르침에 자신의 방식을 결합하여 개성적인 선풍(禪風)을 가꾸었다. 폰 프란츠는 거대한 산맥 같은 융의 업적에 압도되지 않고 전설과 우화를 활용한 무의식 분석과 여성의 개성화, 그리고 동시성(synchronicity)[12] 등 여러 면에서 분석심리학을 심화하는 데 크게 공헌했다. 요컨대 두 사람은 스승이 있었기에 진정한 나를 발견할 수 있었고, 자기 길을 꿋꿋이 개척해나감으로써 스승을 빛나게 했다.

융과 폰 프란츠가 강조하는 개성화는 메마른 이론이 아니다. 일상에서 진정한 자기를 형성해나가는 과정이며, 이것이 곧 인생이다. 강수진은 발레리나로 성장하는 데 있어 스승 마리카 베소브라소바에게 큰 영향을 받았다. 동시에 그녀는 현역 시절 발군의 발레 테크닉부터 연습 방법, 감수성과 표현에 이르기까지 선명한 스타일로 이름이 높았다. '세상에서 가장 슬픈 일은 남의 인생을 대신 사는 것'이며 내가 아닌 타인이 되어 성공할 바에는 자기 자신으로 살면서 시련을 겪는 게 낫다는 게 강수진의 한결같은 믿음이다. 그녀는 이렇게도 말한다.

"큰 꿈을 가지고 '나도 저 사람처럼 되고 싶다'라고 생각하는 것은 좋으나, 거장들의 스타일을 그대로 따라서 습작만 하는 것은 위험한 일이다. 물론 습작도 굉장히 중요한 배움의 한 과정이다. 특히 기초를 만들어가는 과정에서는 뛰어난 거장을 따라서 해보는 것은 스킬 향상에 많은 도움이 되기도 한다. 하지만 많은 사람이 거기서 멈추기 때문에 문제이다. 분명히 말하지만 똑같은 것은 예술이 될 수 없다. 거장에게 배운 기초 위에 자기만의 세계를 만들었을 때 비로소 예술이 된다."[13]

많은 발레 전문가들이 입을 모아 평하듯이 강수진의 발레는 독창적이다. 그녀는 훌륭한 스승에게 열심히 배웠고, 타고난 신체 조건과 재능을 특유의 성실함으로 완전히 계발했다. 여기에 더해 그녀는 자기 발레의 독창성의 원천으로 어린 시절 배운 한국무용과 중학생의 나이로 유학을 떠나 한 걸음 떨어진 자리에서 이해한 한국적 특성을 서양 발레에 접목한 것을 꼽는다. 그녀는 다음과 같이 개성을 강조했다.

"개성이 있는 사람의 작품은 누가 봐도 그 작품이 누구의 것임을 한눈에 알 수 있다. 내 춤 동작 역시 마찬가지이다. 어떤 사람들은 내 손 동작만 보고도 '강수진 씨 공연이군요'라고 알아차릴 수 있다고 한다. 이처럼 개성이란 나만의 것이면서 모두의 것이다. 나를 다른 사람과 다르게 만드는 그 개성이 결국은 다른 사람이 나를 이해하고 인식하는 데 도움을 주기에 개성이란 나를 포함한 모두를 위한 것이고, 그 미덕은 아무리 말해도 넘침이 없다."[14]

여기서 '개성적일수록 보편적'이라는 역설이 나온다. 자기실현은 내 안의 잠재력을 최대한 힘껏 살려내 개성으로 꽃피우는 과정이다. 잠재력의 구체적인 모습은 다양하지만 그게 뭐든 내가 모르고 있거나 계발하지 않고 있는 나의 일부다. 따라서 미지의 나를 하나하나 찾아나갈수록 나란 존재는 점점 더 완성되고 진정한 나에 가까워진다. 개성이 뚜렷해지는 동시에 더 온전한 존재가 되는 것이다.

개성이 강한 사람일수록 유행에 민감할 것 같지만 사실은 정반대다. 개성이 뚜렷해질수록 유행을 따르지 않으며 오히려 무심해지기까지 한다. 진정한 나에 가까워질수록 마음이 충만해지고 자신이 무엇을 원하는지 확실해지기 때문에 남의 기준이나 사회적 유행을 좇을 필요가 없어진다.

서산 대사와 법정 스님, 칼 융과 폰 프란츠, 그리고 강수진은 표현만 다를 뿐 본질은 같은 이야기를 하고 있다. 스승을 떠나 자기 길을 가야 한다는 메시지다. 스승이라는 거울을 통해 진정한 나를 발견할 수 있지만 진정한 나를 완성하기 위해서는 스스로 스승을 떠나야 한다.

제자는 스타에게 열광하는 팬이 아니다. 팬은 스타의 공연을 즐기고 응원하는 데 만족하지만 제자는 스승을 본받아 잠재력을 하나하나 계발해나가야 한다. 스승은 제자가 끝까지 따라가야 하는 길이 아닌, 제자가 자기 존재를 다시 보고 재해석을 할 수 있는 연결 고리가 되어야 한다. 그렇게 서로 상호작용할 때, 제자는 스승을 향한 투사를 넘어 진정한 나를 만날 수 있으며 스승의 가르침은 제자를 통해 발전할 수 있다.

자기다움이 자기다운 세계를 만든다

나는 2016년에 출간한 《위대한 멈춤》에서 한 사람의 본질적인 변화를 의미하는 '전환(轉換)'을 다뤘다. 이 책에서 전환의 9가지 길 가운데 하나로 스승과의 동행을 제시하고, 전환의 성공 기준으로 '자기다운 세계의 창조'를 강조했다. 최고의 나를 닮은 의미 있는 세계 하나를 구축하는 것이야말로 전환의 목적이기 때문이다. 이 점은 스승을 떠나 자기 길을 가야 하는 사람에게도 똑같이 적용된다.

물론 제자는 처음에는 스승이 자신과 비교할 수 없을 정도로 뛰어나다고 생각한다. 그렇지 않다면 자발적으로 제자가 되어 스승에게 배우지 않을 것이다. 그렇게 스승 곁에서 수련하다 보면 어느 순간 스승과 내가 크게 다르지 않음을 깨닫게 된다. 오르지 못할 나무였던 스승과 자신이 겹쳐지면 제자는 비로소 스스로를 신뢰하게 된다. 다시 말해 스승을 통해 '나'를 재발견하고 자기 길을 갈 준비를 하는 것이다.

플로디노프와 파인만의 관계는 길 잃은 물리학도가 운명처럼 만난 스승에게 인생의 가르침을 구하고 자기 길을 찾는 이야기를 보여준다. 스승이 필요한 시간이 있다. 삶에 폭풍이 불어닥쳐 앞날이 막막할 때, 인생의 갈림길을 앞에 두고 어떻게 해야 할지 혼란스러울 때, 중요한 결정에 직면해서 무엇을 해야 할지 알면서도 확신이 부족할 때가 그런 경우다. 스승은 이런 제자가 마음을 다잡도록 격려하고 따끔한 일침을 주고 실마리를 슬쩍 전한다.

파인만을 처음 만난 플로디노프가 딱 그랬다. 처음에는 주변 사람들이 기대하는 물리학자가 될 수 있을지 고민이 컸고, 다른 한편으로는 글쓰기(시나리오 쓰기)라는 블리스를 따라도 될지 도무지 확신할 수 없었다. 이럴 때 속마음을 털어놓을 수 있는 스승이 있다면 정말 든든할 것이다. 믈로디노프에게는 신뢰할 수 있는 스승, 파인만이 있었다.

조급함과 불안함에 지쳐가던 젊은 제자는 원숙한 스승과의 대화를 통해 인생의 좌표를 다시 설정할 수 있었다. 이에 대해 믈로디노프는 "파인만에게 길을 묻고 그의 길을 따랐다"고 간명하게 표현했다. 여기서 오해하지 말아야 할 점이 있다. 믈로디노프는 파인만의 정신을 따랐지 스승의 스타일이나 경력을 좇지 않았다는 사실이다. 실제로 파인만은 그에게 구체적인 답을 주지도 않았다. 그렇다면 제자에게 돌파구를 제공한 스승의 정신은 무엇일까? 한마디로 '누가 뭐라 하건 나답게 산다'는 원칙이다. 이것이 믈로디노프가 파인만에게 받은 최고의 조언이었다. 제자는 스승을 본받아 많은 물리학도가 택하는 길을 가지 않았다. 그렇다고 파인만과 비슷한 커리어를 밟지도 않았다. 그는 제3의 길, 아니 믈로디노프의 길을 만들어나갔다.

믈로디노프는 칼텍에서의 짧은 연구원 생활을 마치고 독일로 건너가 막스 플랑크 연구소에서 연구원으로 몇 년간 일했다. 그다음에는 본인의 블리스였던 시나리오 집필에 집중하기 위해 대중문화 산업으로 경력을 틀어 드라마와 영화의 시나리오 집필, 게임 제작과 관련된 일을 했다. 특히 미국의 인기 있는 TV 시리즈 〈스타트렉: 넥스트 제너레이션〉을 비롯해 여러 방송의 대본 작업에 참여했다. 또한 영화감독 스티븐 스필버그와 월트 디즈니 사와 손잡고 많은 상을 받은 컴퓨터 게임을 개발하기도 했다. 2005년에는 다시 칼텍으로 돌아와 교수로 재직하며 2013년까지 학생들을 가르쳤다.

커리어 차원에서 믈로디노프의 차별성은 물리학자로서의 전문성과 글쓰기 능력을 양 날개로 삼아 새로운 커리어를 개척했다는 점이다. 지금도 그는 일흔 살 가까운 나이에 전업 작가로서 왕성히 활동하고 있다. 파인만은 호기심 넘치고 봉고 연주를 즐기고 미술 스케치를 배우는 등 다양한 취미를 즐겼지만 기본적으로 물리학, 넓게 봐도 자연과학 한 분야에서 활동했다. 그가 쓴 글도 거의 다 과학 논문이나 강의 교재였다.

그에 비해 믈로디노프는 강하게 끌리는 주제라면 그게 뭐든 연구한다는 본인 원칙을 따라 물리학을 비롯한 자연과학뿐 아니라 파인만이라면 질색했을 심리학과 철학 그리고 영성에 이르기까지 다방면을 그야말로 자유롭게 넘나들었다. 이는《새로운 무의식》,《세계관의 전쟁》,《유연한 사고의 힘》등 그가 저술한 책 목록만 봐도 알 수 있다. 아울러 남다른 문장력을 활용해 난해한 과학 주제를 재치 있는 필치로 명쾌하게 설명한 책들, 이를테면《춤추는 술고래의 수학 이야기》,《유클리드의 창》,《호모 사피엔스와 과학적 사고의 역사》를 출간하여 세계적으로 사랑받는 과학 저술가가 되었다.

겉만 보면 파인만과 믈로디노프는 서로 확연히 다른 길을 갔다. 그렇지만 둘은 다른 사람이 되려 하지 말고 자기 자신에게 충실할 때 충만한 인생을 살 수 있다는 점에서 생각이 일치했다. 그런데 이 두 사람만 자기다움을 강조한 게 아니다. 내가 아는 훌륭한 스승들은 여지없이 같은 메시지를 삶의 원칙으로 삼았다. 융이 중시한 개성화도 자기다움에 뿌리를 두고 있다. 비근한 의미에서 그는 "진정한 치유는 자기 자신이 되는 것"이라고 했고, 조지프 캠벨은 "인생에서 우리가 누릴 수 있는 특권은 진정한 자기 자신이 되는 것이다"라고 설파했다. 혹시 법정 스님이 출가한 이유를 알고 있는가? 법정 스님은 '출가'라는 글에서 집을 떠나 불교에 귀의한 이유를 밝힌 바 있다. 그가 출가한 이유는 인생이 무상해서나 세상이 싫어서가 아니었다. 불교의 진리에 매혹되거나 중생을 구제하기 위함도 아니었다. "나답게 살기 위해서, 내 식대로 살기 위해서 집을 떠났다." 내가 누구인지 탐구하고 자기답게 살기 위해서 수행자의 길을 선택했다는 말이다.

그림 작가 에릭 칼(Eric Carl)이 펴낸 《뒤죽박죽 카멜레온》이란 그림책이 있다. 이 책에서 주인공 카멜레온은 다른 동물들의 신체적 특징을 부러워하며 자기 몸에 그 특징들을 계속 붙여 나간다. 그런데 그토록 멋져 보이는 특성들을 다 섞어 놓고 보니, 정작 주인공은 이도 저도 아닌 모양이 되어버린다. 자기다움을 잃은 카멜레온은 존재의 힘도 쪼그라들어서 전에는 손쉽게 해낸 눈앞의 파리도 잡을 수 없게 된다. 명상 전문가 스티븐 배첼러(Stephen Batchelor)의 말처럼 "자신이 아닌 다른 것이 되기를 원할 때 번뇌가 생긴다." 달리 말하면 다른 사람이 아닌 나를 이해하고 계발할 줄 알아야 한다. 자기다움은 내 안의 재료를 발굴하여 주도적으로 삶을 재편하고 개선하고 창조할 수 있는 힘이다. 그래서 자기다움 없이는 자기다운 세계도 구축할 수 없다.

모난 돌이 정 맞던 시절은 이미 오래전에 지나갔다. 바야흐로 독창성의 시대다. 창의력은 4차 산업혁명의 원동력이며 인공지능이 대체하기 어려운 역량이다. 영화 〈기생충〉으로 아카데미 4개 부문을 휩쓴 봉준호 감독은 작품상 수상 소감에서 "가장 개인적인 것이 가장 창의적인 것"이라고 말했다. 이 말은 그가 존경하는 영화감독 마틴 스콜세지

• 4장 스승은 사라지고 제자는 떠난다 •

(Martin Scorsese)에게 배운 가르침으로, 봉 감독은 영화를 만들 때 이 한 문장이 중요한 원칙이었다고 고백했다. '가장 개인적인 것'은 무엇을 의미할까? 나는 '자기다움'이라 생각한다. 자기다움이야말로 창의력의 원천이다. 봉준호의 영화에는 봉준호다움이 들어 있고, 마틴 스콜세지의 작품에는 스콜세지의 기운이 농축되어 있다. 강수진의 발레는 강수진 그 자체이고, 파인만의 물리학에는 파인만다움이 살아 있으며, 플로디노프의 책에는 그만의 개성이 반짝인다. 그게 뭐든 자기다운 세계는 나를 재료로 만드는 작품이다.

리하르트 바그너(Richard Wagner)는 오페라 〈트리스탄과 이졸데(Tristan und Isolde)〉에서 힘차게 외쳤다. "이 세상에 내 세상도 하나 있어야겠다. 내 세상만 가질 수 있다면 구원을 받아도 좋고 지옥에 떨어져도 좋다." 그렇다. 자기 길을 개척하는 일은 진정한 나를 닮은, 자기다움을 바탕으로 '작은 세상' 하나를 구축하는 것이다. 내 모든 걸 쏟아부어 내 손으로 '이거야말로 진정한 나'라고 말할 수 있는 인생을 창조하는 것이다.

이 작은 세계가 개인의 수준을 넘어 보편성을 획득하고 독자적인 경지에 이르렀을 때 이른바 '일가(一家)'를 이뤘다고 말한다. 나를 닮은 '큰 세계'는 칼 융의 분석심리학과 정약용의 다산학(茶山學)처럼 새로운 분야나 학파일 수 있고, 황상이 수십 년에 걸쳐 완성한 일속산방과 법정 스님의 불일암 같은 물리적 공간이 될 수도 있다.

물론 새로운 분야나 물리적 공간의 창조가 아닌 기존에 있던 분야를 혁신하거나 독보적인 경지에 오른 경우도 일가를 이뤘다고 할 수 있다. 좋은 예로 승효상의 '빈자의 미학'에 기반을 둔 건축 세계와 이노우에 다케히코의 독창적인 만화 세계, 워런 버핏의 가치투자법을 들 수 있다. 나도 그대도 크든 작든 내 세상 하나를 만들어야 한다. 그렇지 않으면 다른 사람이 만든 세계에 머무를 수밖에 없다.

나는 누구이며 누가 될 것인가?

가장 작으면서도 가장 커질 수 있는 세계는 인간 그 자체다. 한 사람이 곧 하나의 세계다. 우리 각자의 마음은 소우주(小宇宙)로 봐도 좋을 정도로 광활하다. 그래서 헨리 소로는 외부세계가 아닌 정신세계를 여행하기를 바랐다. 그는 외부 자연과 마찬가지로 내면에도 대륙과 바다처럼 광대한 세계가 존재한다고 믿었다. 소로는 《월든》에서 윌리엄 해빙턴(William Habington)의 시를 인용하며 저 밖 어디보다 자기 내부의 신세계를 탐험하기를 권했다.

"그대의 눈을 안으로 돌려보라, 그러면 그대의 마음속에 이제껏 발견 못하던 천 개의 지역을 찾아내리라. 그곳을 답사하라, 그리고 자기 자신이라는 우주학의 전문가가 되라." [15]

테러리스트부터 성인(聖人)에 이르기까지 인간처럼 폭넓은 스펙트럼을 가진 생명체는 없다. 엄혹한 감옥에서 역사에 남을 명저(名著)가 탄생하는가 하면 더 바랄 게 없을 최상의 환경에서 방종하게 지내는 이도 있다. 탕아가 회심하여 성자로 거듭나고, 뛰어난 영적 수행자가 저급한 사이비로 추락하기도 한다. 이처럼 인간의 변화 가능성은 가히 크고도 넓다. 나의 길을 간다는 건 내 안의 많은 가능성을 남김없이 실

현해나가는 것이다. 모든 위대한 변화는 내면에서 시작하며 내적 변화
와 함께 외적 삶도 새롭게 도약한다.

　나는 전혀 예상하지 못했기에 구본형과의 이별을 처음에는 실감하
지 못했다. 여전히 곁에 있는 것 같았고, 전화를 걸면 그의 목소리가 들
릴 것 같았다. 얼마간 시간이 지나고 나서야 더는 '사부'라고 부르며 함
께 여행하고 책을 쓸 수 있는 한 사람이 없다는 걸 실감했다. 이젠 술
한 잔 나눌 수 없고 메일을 보내도 답장을 받을 수 없었다. 스승이 직접
쓴 책도 더는 나오지 않을 터였다. 하루하루 이런 생각을 하다 보니 한
없이 슬픔에 빠져들곤 했다. 그러던 어느 날 스승이 2010년에 출간한
책의 면지에 써 준 글을 우연히 보게 되었다.

　　승완에게
　　너는 네 길에 들어섰으니,
　　망설이지 마라.
　　오직 그 일로 밥과 이름을 얻어라.
　　매일 땀을 흘리도록 해라.
　　네 글과 함께 잠들어라.
　　늘 문지방을 넘어서고,
　　지극한 것을 신에게 빌어라.
　　땀 흘려 재능을 살리면
　　네 세상 하나를 가질 수 있다.
　　그리 되어라.

스승은 이미 수년 전에 너의 길을 갈 때가 되었다고, 네 세상 하나를 만들어야 한다고 얘기하고 있었다. 그런데 정작 나는 내 세상은커녕 나의 길이 무엇인지 감도 못 잡고 있었다. 오히려 스승의 부재라는 심연 속으로 추락하고 있는 듯했다. 갑작스럽게 맞이한 스승의 부재는 나를 비춰 볼 수 있는 거울이 사라졌다는 의미이기도 했다. 이런 상황은 내게 실존적 고독을 불러일으켰다. '나는 누구인가?' 한동안 잊고 지냈던 질문이 마음에 파장을 일으켰다.

구본형은 언젠가 이렇게 말했다. "나는 내가 누구인지 알았고, 내가 왜 여기 있는지 알았고, 거기에 삶의 의미를 부여할 수 있었고, 그래서 거기에 내 인생 전부를 썼다." 그가 이렇게 확언할 수 있었던 이유는 삶의 방향성이 확실했기 때문이다. 인생의 방향성은 나란 존재의 이유, 즉 내가 누구이며 누가 될 것인지를 함축한다. 이와 함께 방향성은 그 의미를 향해 가는 여정을 선물한다. 이를 통해 한 사람은 그만의 고유한 삶을 경험하고 배우고 성숙한다. 나는 나중에야 이것이 모든 방향성에 숨은 참된 목적임을 알았다.

아마 이때쯤이었던 것 같다. 내가 본격적으로 인생의 방향성을 찾기 위한 탐색을 시작한 것이. 나는 하나의 질문을 마음에 걸고 생활했다. '나란 존재와 내 삶의 본질을 담고 있는 한 문장은 무엇인가?' 한 단락이나 한 페이지가 아닌 한 문장을 겨냥한 이유는 곁가지를 쳐내고 본질을 포착하고 싶었기 때문이다. 단순하게 집중할수록 나란 존재의 중심도 선명해지리라 믿었다. 사람들과 대화를 나누면서, 영화를 보면서, 글 쓰고 일할 때도 이 질문을 잊지 않았다.

모든 순간은 같지 않아서 어떤 순간은 아주 많은 걸 바꾸기도 한다.

이런 마법 같은 순간은 자기통찰(self-insight)을 수반할 때가 많다. 자기통찰의 힘은 내 안의 온갖 것을 재발견하고 재해석하고 재구성할 수 있다는 데 있다. 지금도 삶의 방향성을 발견한 순간을 생생히 기억한다. 어느 날 오후 《장자(莊子)》를 읽다가 '심재(心齋)' 두 글자가 눈에 들어왔다. 생전 처음 본 단어인데 왠지 모르게 끌렸다. 심재의 뜻에 대한 여러 해석을 찬찬히 살펴본 후 나는 '성찰과 성장의 길'로 받아들였다. 짧은 문장 하나에 내가 가고 싶은 길이 응축되어 있는 듯했다. 이 세상의 수많은 길에서 내게 딱 맞는 오솔길을 드디어 찾았다고 느꼈다. 이때부터 이 한 문장은 인생 주문(呪文)이 되었다. 내가 운영하는 1인 기업의 이름을 '컨텐츠랩 심재'로 짓고, 가장 소중한 공간인 서재를 심재라 부르는 것도 이 때문이다.

명함을 새로 만들며 가장 잘 보이는 곳에 내가 찾은 방향성을 넣었다. '심재, 성찰과 성장의 길'. 지금도 이 문장을 떠올리면 가슴이 뛴다. 이건 부나 명성에 관한 이야기가 아니다. 소명과 나다운 인생에 관한 것이다. 오랫동안 스스로를 평범하고 모자란 사람이라 생각했다. 한때는 내가 아닌 다른 사람이 되고 싶어 하기도 했다. 방향성을 마음에 심은 다음부터는 정말이지 나 자신으로 살고 싶다. 내가 바라는 그 존재가 되고 싶다.

삶의 방향성이 잡히자 그에 잘 어울리는 직업도 찾고 싶었다. 방향성과 발맞출 수 있는 직업이야말로 천직(天職)이 아니겠는가. 늘 나의 천직이 무엇인지 궁금했지만 좀처럼 답을 찾을 수 없었다. 이번에는 질문을 조금 바꿔보았다. '내가 세상에 내놓을 수 있는 최상의 콘텐츠는 무엇인가?' 나의 열정과 실력, 철학을 가장 잘 담고 있는, 다시 말해 가장 만들고 싶고 가장 잘 만들 수 있는 콘텐츠가 무엇인지 집중적으로 고민했다.

나는 오래전부터 사람에 관심이 많았다. 수많은 이야기 중에서도 사람 이야기가 가장 재밌고 감정이입도 잘 된다. 훌륭한 철학이나 예술 작품보다 그걸 만든 철학자와 예술가에게 눈이 먼저 갔다. 특히 '나'라는 존재를 재료로 자기다운 세계를 창조한 사람에게 늘 끌렸다. 영화도 책도 그런 사람을 다룬 걸 선호했다. 그러고 보니 서재에는 출판 시장에서 가장 안 팔린다는 자서전과 평전, 인터뷰집이 가득하다. 아마 500권은 족히 넘을 듯싶다. 관심을 둔 인물들 30여 명 각각의 책들만 모아둔 공간도 따로 있다. 그 정도로 '인물' 탐구를 즐긴다.

취미처럼 즐겨온 인물 탐사와 삶의 방향성을 어떻게 결합할 수 있을까 생각하다가 문득 '인물학'이라는 단어가 떠올랐다. 스스로 자기다운 세계를 창조한 사람들에 대한 입체적 연구를 인물학이라 이름 짓고, 여길 집중적으로 파면 가장 나다운 콘텐츠를 만들 수 있을 것 같았다. 이 아이디어를 붙잡은 순간 세상의 수많은 직업 중에서 나의 천직을 발견했다는 확신이 들었다. 그래서 삶의 방향성을 정립했을 때처럼 명함의 내 이름 옆에 '인물학 전문가(Human Explorer)'라고 새겼다. 천직을 발견하고 처음 쓴 책이 평범에서 비범으로 도약한 40여 명의 전환기를 심층적으로 연구한《위대한 멈춤》이다. 지금 쓰고 있는 이 책도 '스승과 제자'라는 테마에 인물학을 접목한 것이다. 후속으로 한 분야를 정복한 인물들의 학습법을 정리한 '대가의 공부법'과 글쓰기에 인물학을 결합한 탁월한 작가들에게 배우는 글쓰기 책도 준비하고 있다.

나는 믿는다, 나다운 세계를 만들어나가는 것이 나답게 성장하는 홀

룡한 방법임을. 앞으로도 계속 인물학에 매진해 내가 탐구하는 그 인물들처럼 작더라도 나를 닮은 세계 하나를 만들고 싶다. 인물학 전문가로서 책을 비롯해 강연과 프로그램, 워크숍 등 다양한 형태의 차별적 콘텐츠를 개발해 세상과 나누고 싶다. '컨텐츠랩 심재(Contents Lab 心齋)'의 존재 이유도 사람들의 성찰과 성장을 돕는 인물학 콘텐츠를 만드는 것이다. 이것이 내가 마음속에 그려둔 직업적 비전이다.

나의 길을 간다고 해서 스승과 절연하는 건 아니다. 스승의 육신은 이 세상을 떠났고, 이제 나는 마음 안에서 사부를 만난다. 스승과 함께한 기억이 살아 있고, 그가 쓴 많은 책들이 곁에 있으며, 삶의 갈림길에서 중요한 결정을 해야 할 때 '스승이라면 어떻게 했을까?' 물을 수 있다. 다른 위대한 스승들처럼 사부도 자기 길을 개척하는 제자야말로 훌륭하다고 말했다. 나는 스스로 매일 다짐한다.

'나의 길을 가리라. 내 세상 하나를 창조하리라.'

스승과 제자 그리고 우리 모두는 구도자(求道者)다. 말 그대로 나의 길(道)을 찾고(求) 만들어가는 게 인생이다. 어느 책에선가 '길'의 어원이 '길들이다'라고 설명한 걸 봤다. 작더라도 내 손으로 가장 자기다운 세계를 꿋꿋이 만들어가는 과정이 가치 있는 삶임을 믿는다. 내가 선택하고 온몸으로 길들이는 길이야말로 자기다운 길이며 사람은 그 길을 갈 때 아름답게 빛난다.

스승과 제자는 나누어진 하나

*그대가 비록 바윗돌이나 대리석이라 해도
가슴의 사람을 만나면 보석으로 바뀔 것이다.*

— 루미(Rumi)[1]

모든 인생은 전인미답(前人未踏)이다. 누구도 나와 같지 않고 똑같은 삶도 없다. 그래서 '나는 누구이며 누가 될 것인가?'는 정해진 답이 없는, 스스로 답을 만들어야 하는 질문이다. 이를 위해 무엇보다 심도 있는 자기인식이 필수다. 그런데 어디서부터 시작할지 막막하다. 이때 스승이야말로 신뢰할 수 있는 출발점이다. 스승은 나와 무관한 타인이 아닌 나를 비추는 거울이기 때문이다. 인생이란 게 한치 앞을 예측할 수 없는 모험이라도 좋은 스승과 함께 탐험한다면 든든하지 않을까.

살면서 마음을 나누고 깨달음을 증폭시킬 수 있는 인물과의 만남처럼 소중한 선물도 없다. 오에 겐자부로는 와타나베 가즈오 교수와의 만남을 '인생 최대의 행운'으로 여겼다. 나는 그가 작가 생활 50주년을 기념하며 출간한 책을 읽다가 흥미로운 부분을 발견했다. 그가 세 가지 질문에 답한 내용이다.

질문 : 혹시 돌아가실 수 있다면 몇 살로?

답 : 스물두 살로. 소설을 시작하지 않고 어학실력을 확실히 키워서 와
타나베 가즈오 선생님 밑에서 전문적으로 공부를 하겠습니다. 그
런 다음에 언제라도 소설을 쓸 수 있었을 테니까요.

질문 : 지금 가장 주의하고 계시는 것은?

답 : 와타나베 가즈오 선생님이 말씀하신 '스스로의 믿음에 빠진 기계
가 되는' 것. 노년이란 정말로 그런 방향으로 하락해가는 듯해서요.

질문 : 가장 재회하고 싶은 고인은 누구입니까?

답 : 아아, 와타나베 가즈오![2]

일흔이 넘어서도 스승을 그리워하는 제자의 마음이 절절하다. 다산
정약용도 성호 이익을 '백세사(百世師, 훌륭한 모범으로 오래 존경받는 스
승)'로 평생 공경했다. 워런 버핏 역시 스승을 만나고 50년이 지난 후에
도 여전히 "벤저민 그레이엄을 따르라"면서 "인간이 가진 무수한 나침
반 중에서 그레이엄이야말로 가장 정확하게 북쪽을 가리키는 나침반"
이라는 말로 스승을 기렸다. 구본형과 신영복, 라이너 풍크와 헨리 소
로도 늘 스승과의 인연에 감사하며 존경하는 마음을 잊지 않았다.

이들 모두는 자기다운 삶을 일구고 각자의 직업에서 일가를 이뤘다.
그런 인물들이 오랫동안 스승을 존경한 이유는 그저 추종해서가 아니
다. 좋은 스승과의 인연이 그만큼 특별하기 때문이다. 오이겐 헤리겔은
《마음을 쏘다, 활》에서 "길이 자신을 어디로 인도하든 간에 제자는 스

승과 헤어질 수는 있을지언정 잊을 수는 없다"고 말했다. 진정한 스승이 제자의 내면 깊숙이 각인되는 이유는, 스승이란 존재가 루미가 말한 '가슴의 사람'이기 때문이다. 스승은 제자가 아직 자각하지 못한 '진정한 나'의 또 하나의 버전이다. 스승과 함께하는 삶은 단순히 저 밖 누군가에게 배우는 게 아닌 결국 자기 자신을 여행하고 돌아보는 여정이다. 그래서 스승 안으로 깊이 들어가서 입체적으로 탐구하는 능력이 커질수록 나란 존재를 새롭게 이해하는 열정과 나답게 성장할 수 있는 힘을 키울 수 있다.

존경은 부러움과 다르다. 부러움은 내게 없는 것을 가지고 있는 사람을 보고 느끼는 감정이다. 그래서 흔히 부러우면 지는 거라고 말한다. 부러움은 쉽게 시기심으로 변질될 수 있다. 그에 비해 존경은 내 안에 있지만 아직 내가 계발하지 못한 보물을 가진 사람에게 끌리는 마음이다. 니체는 인간인 "나는 오늘 그리고 지난날의 존재이지만 내 안에는 어떤 것, 즉 내일과 모레 그리고 장래의 것이 있다"고 했다. 스승은 제자 안에 잠겨 있는 이상형(理想型)을 현재 진행형으로 보여준다.

달리 말하면 스승은 제자가 가장 원하고 될 수 있는 가장 완전한 모습이다. 제자와 스승은 서로에게 강하게 끌린다. 제자가 스승이 이뤄낸 성과에 유달리 감동하는 까닭은 그 성과의 씨앗이 자기 안에도 있기 때문이다. 내게는 아직 작은 씨앗에 불과하지만 스승은 씨앗을 나무로 키워 꽃을 피우고 결실을 맺었다. 그래서 존경하는 사람을 시기하기보다는 마음으로 따르고 자발적으로 고개를 숙인다.

매일 만나고 같은 공간에 머물러도 마음으로 만나지 못하는 경우가 태반이다. 사사든 사숙이든 스승과 제자는 마음으로 연결된다. 두 마음이 만나 하나가 되어간다. 스승은 제자를 사랑하고, 제자는 스승을 존경한다. 존경과 사랑은 깊어지면 같아진다. 둘은 사람을 깊게 하고 자아를 확장한다. 우리는 누군가를 사랑하고 존경할 때 '나'라는 작은 울타리를 넘어설 수 있다. 그러므로 사랑하고 존경하는 마음은 위대하며 이 둘이 결합한 인연처럼 귀한 관계도 없다. 진정한 제자와 스승은 서로에게 '또 하나의 나'다. 제자가 스승을 떠나 자기 길을 가도 이 점은 변하지 않는다. 하나였던 것만이 나눠질 수 있다. 스승과 제자는 '나누어진 하나'다.

나는 이 책에서 우리 삶을 수놓는 다양한 빛깔의 관계 중에서 사제의 인연을 집중적으로 소개했다. 사실 내가 하고 싶은 말은 단순하다. 더 높은 차원으로 도약하기 위해서는 다른 누군가의 도움이 필요한데 그 존재가 스승이다. 진실한 스승과 성실한 제자가 만나 진정한 관계를 맺을 때 새로운 세계가 열린다. 스승은 거울과 창문 같아서 제자는 스승을 통해 내가 누구인지, 어떻게 살아야 하는지 배운다. 어찌 보면 몇 줄로 요약할 수 있는 이 메시지를 전하기 위해 다양한 인물들을 등장시키고 꽤 두꺼운 책을 썼다. 핵심 메시지를 다면적으로 살피고 다채롭게 표현하고 싶다는 의도도 있지만, 내게 감동을 준 여러 스승과 제자의 삶을 가급적 두텁게 소개하고 싶다는 열망이 가장 컸다.

나는 인생의 한 국면에서 한 사람이 다른 한 사람을 만나 새로운 차원으로 진입하는 이야기를 읽으며 가슴이 떨렸다. 기쁨에 끌려 5년 넘게 이 책에 나오는 많은 인물에게 빠져들다 보니 그 관계 각각에서 내가 보였고, 여러 각도에서 나를 들여다볼 수 있었다. 전혀 예상하지 못한 배움이었다. 물론 모든 스승과 제자의 인연이 행복하게 마무리되지는 않는다. 한눈에 서로를 알아본 두 사람도 정도의 차이만 있을 뿐 예외 없이 곡절을 겪는다. 더없이 친밀하고 어떤 일에도 굳건할 것 같던 관계가 갈등으로 얼룩지고, 뜨겁게 타오르던 교감이 사소한 오해들로 싸늘해지곤 한다. 결국에는 이런저런 요인으로 대립이 폭발해 파국으로 치닫는 수도 적지 않다. 반대로 갈등을 디딤돌 삼아 교감이 깊어지고 관계의 무늬가 촘촘해지는 경우도 있다.

내게는 이 모든 게 어떤 영화나 소설보다 흥미진진하고 매력적이었다. 이 이야기들 하나하나에 내 삶을 맞대어 보면서 소중한 교훈을 얻었다. 그 기쁨과 배움을 나누고 싶어서 이 책을 쓰기 시작했다. 집필 작업은 울퉁불퉁하고 힘에 부쳤지만 글을 쓰는 내내 마음은 환하게 깨어 있었다. 글 한 편 한 편을 다시 읽고 고쳐 쓰는 중에도 새로운 통찰이 계속 이어졌다. 아마도 각 글에 등장하는 인물들이 지닌 힘 때문인 것 같다. 퇴고하는 데 전에 쓴 책들보다 배 이상의 시간이 걸렸다. 책을 쓰는 내내 몰입했지만 둔한 머리와 뭉툭한 문장력에 답답해하며 조바심치기도 했다. 그래도 내게 더없는 끌림과 울림을 선사한 스승과 제자의 세계를 세상에 전하고 싶다는 마음으로 여기까지 왔다.

그대가 이 책에서 마음을 열어주는 이야기, 영감을 주는 인물을 만난다면 참 좋겠다. 이 책과 함께 진정한 나와 스승을 찾는 여행을 시작한다면 그보다 더 큰 희열은 없을 것이다.

2021년 4월 13일

홍승완, 공부방 심재(心齋)에서

———

한 사람의 잠재력은 씨앗과 같다.

사과나무 씨앗이 사과나무로 성장할 수밖에 없듯이

한 사람은 자신의 잠재력과 같은 본질을 가진 스승과 공명한다.

부모가 자녀에게서 자신을 보듯

스승과 제자는 서로에게서 각자를 본다.

제자는 스승에게서 자신이 원하는 '그 사람'을 보고

스승은 제자가 찾는 '그 사람'이 제자 안에 있음을 일깨운다.

제자는 훌륭한 스승을 통해 진정한 자아를 만나며

스승은 훌륭한 제자를 통해 영원한 생명을 얻는다.

그렇게 두 사람은 하나가 된다.

존경이 그 사람처럼 되고 싶은 마음이라면 사랑은 그 사람이 되어보는 마음입니다.

이 책은 스승을 그리워하는 마음의 기록이자 뒤늦게 제출하는 졸업논문입니다.

나답게 내 길을 가겠다는 다짐이기도 합니다. 사랑과 존경을 담아 구본형 사부님에게

이 책을 바칩니다. (왼쪽이 구본형, 오른쪽이 저자)

스승과 제자를 관통하는 키워드, 투사

우리가 다른 사람의 특징과 속성에 주의를 기울일 때
우리 자신의 깊이와 의미를 깨닫는다.
우리의 황금은 처음에 우리에게서 나와 그들에게로 옮겨졌다가
마침내 우리에게로 다시 되돌아온다.
우리 내면의 황금(inner gold)을 투사하는 것은 깨달음이 깊어지는 최상의 기회이다.

― 로버트 A. 존슨(Robert A. Johnson)[1]

본문에서 '투사(投射, projection)'라는 다소 낯선 단어를 여러 번 언급했다. 투사는 인간의 마음을 연구하는 심리학에서 자주 볼 수 있는 용어다. 다른 모든 인간관계처럼 스승과 제자 사이도 마음과 마음의 교감이라는 점에서, 관계의 맥을 짚는 데 심리학이 요긴하다.

심리적 관점에서 스승과 제자를 가장 잘 들여다볼 수 있는 개념이 투사다. 투사는 스승과 제자의 첫 만남부터 점점 가까워지고 배우는 과정, 갈등과 논쟁 국면, 제자의 자립에 이르기까지 거의 모든 상호작용에 중요한 영향을 미친다. 투사가 정확히 무엇이고, 관계와 학습에 어떻게 작용하는지 알아보자.

우리는 부정적인 면뿐 아니라 긍정적인 것도 투사한다

투사는 내 안에 있는 것을 외부의 사물이나 다른 사람에게서 찾는 정신작용이다. 일반적으로 심리학에서는 사람은 자기 안에 억압된 부분이나 감추고 싶은 면을 밖으로 투사하는 경향이 있다고 본다. 이른바 '그림자(shadow) 투사'다. 흔히 그림자 투사는 뭘 해도 싫은 사람이나 왠지 거슬리는 사람, 겉으로는 관심 없는 척하면서도 내심 자꾸 떠오르는 사람을 향한다.

그림자 투사가 심해지면 그 대상을 사실과 다르게 괴물로 만들어서 과도하게 증오하거나 처벌하려들 수도 있다. 그런데 지나친 증오나 적대감은 그 원인이 실제로 상대에게 있는 경우도 있지만, 다른 한편으로는 그 특성이 내게도 있다는 증거다. 그렇지 않다면 비호감인 사람에게 강하게 끌려서 굳이 마음을 쓰고 또 예민하게 반응할 필요가 없다.

그림자는 나의 일부이지만 내가 보려 하지 않거나 이해하기 어려운 부분이다. 그럼에도 내 안에 존재하고, 나와 함께 살기를 원한다. 그래서 저 밖에서 적을 찾아 싸우거나 희생양을 만드는 건 그림자를 해소하는 데 효과가 없다. 그보다는 그림자를 인정하고 관계를 맺는 접근이 바람직하다. 그림자는 부정적이기만 한 게 아니어서 찬찬히 소화하기만 하면 약점을 보완하고 자신에 대한 이해를 넓히는 기회를 제공한다. 그래서 수십 년 넘게 그림자 투사를 연구한 칼 융은 "가장 두려워하는 것을 찾아라. 다음 성숙은 바로 그곳에서 일어난다"고 말했다.

그림자를 자각하기 위해서는, 비유적으로 표현하자면 내면의 깜깜한 동굴 속으로 촛불을 켜고 들어가야 한다. 불안감과 두려움을 감내하며 어둠이 가장 짙을 때 깨달음이 열린다는 믿음을 견지해야 한다.

그림자는 처음에는 더러운 쓰레기 더미나 무서운 괴물처럼 보인다. 하지만 그 존재를 직시하고 빛을 비추면 괴물은 사라지고 울면서 떼쓰고 있는 아이가 보인다. 상처 입은 '내면 아이'는 그림자의 또 다른 모습이다. 이 아이를 무시하거나 위협해서는 안 된다. 상처를 살피듯 조심히 보듬고 아이를 키우듯 신중히 보살펴야 한다. 그러면 아이는 건강하게 자라서 좋은 친구가 된다.

우리는 그림자로 인해 넘어지고 관계를 망칠 수 있다. 그런데 이때가 기회다. 어떻게든 피해야 할 함정처럼 보이는 그림자를 인정하고 꾸준히 성찰하면 그림자가 보물로 바뀌는 놀라운 경험을 할 수 있다. 그래서 조지프 캠벨은 "그대가 비틀거리며 넘어지려는 곳, 거기에 그대의 보물이 묻혀 있다"고 말한다. 그림자와 동행하며 깊어지는 자기이해야말로 진정한 성숙이다.

그런데 사실 우리는 부정적인 면뿐만 아니라 긍정적인 것도 투사한다. 그러니까 내 안의 그림자(inner shadow)뿐만 아니라 '내면의 황금(inner gold)'도 밖에서 찾아 헤맨다. 긍정적 투사의 대표적 대상이 존경하는 인물이다.

보통 투사는 무의식적으로 일어난다. 그래서 투사의 주체가 자신임에도 정작 본인은 무엇을 투사하고 있는지 모른다. 문제는 내 안에 있는 잠재력(내면의 황금)을 외부의 누군가에게 부지불식간에 계속 투영하면 팬이나 노예로 머물게 된다는 점이다. 그러면 투사 대상에게 과도하게 의존하거나 집착하게 된다.

투사의 관점에서 보면 궁극적으로 스승은 내 안에 있다. 다시 말해 내가 존경하는 스승에게서 발견한 특성은 내 안에 숨어 있다. 물론 우리는 스승을 바깥세상에서 발견한다. 가령 학교에서 만나거나 책을 통해 스승을 접한다. 이것은 스승(잠재력)이 저 밖에 있어서 그런 게 아니라 우리가 내 안의 '황금'을 자각하지 못하고 외부의 스승에게서 감지하기 때문이다. 밖에서 인연을 맺은 스승을 '마음속 스승'이라 부르는 이유다.

왜 내 안에 있는 걸 내 손으로 바로 찾지 못할까? 주된 이유는 그것이 잠재력이기 때문이다. 비유하자면 잠재력은 땅 밑에 묻혀 있는 씨앗이다. 이 씨앗이 앞으로 어떤 나무가 될지 파악하는 가장 확실한 방법은 꽃과 열매를 보는 것이다. 즉 '그 열매에 그 나무'여서 사과가 열리면 사과나무, 감을 달고 있으면 감나무다. 저 밖에서 만난 스승은 앞으로 내가 키워야 할 씨앗의 전체적인 미래 모습이다. 사사든 사숙이든 스승은 자기 존재의 꽃과 열매를 통해 아직 흐릿한 제자의 가능성을 생생하게 보여준다.

요컨대 스승은 제자의 잠재력을 온전히 실현한 본보기다. 그래서 스승은 제자의 거울과 창문 역할을 한다. 스승은 아직 드러나지 않은 제자의 잠재력을 비춰주고, 그 가능성이 실현된 모습도 보여준다.

밖을 향한 투사에서 안을 보는 투시로

지혜로운 스승은 제자가 자신에게 무엇을 투사하고 있는지 안다. 스승이 해야 할 일은, 제자가 자신에게서 보고 있는 내용이 사실은 그 안에 있음을 일깨워주는 것이다. 여기서 유의할 점은 스승이 편한 대로 또는 쉬운 방식으로 알려줘서는 안 된다는 것이다. 제자의 눈높이에 맞춰 설명하고 제자가 받아들일 수 있는 방식으로 전해야 한다.

누군가에게 "당신은 빛나는 재능과 가능성을 가지고 있다"고 말하면 당사자는 십중팔구 받아들이지 않는다. 오히려 '저 사람이 입에 발린 소리를 하고 있다'거나 '딴 목적이 있다'고 경계한다. 그런데 같은 말도 누가 하느냐에 따라 전혀 다르게 다가올 수 있다. 존경하는 스승의 말이라면 적어도 아부나 거짓말로 여기지는 않을 것이다.

흥미롭게도 눈 밝은 스승일수록 내면의 황금을 한 번에 알려주지 않는다. 그러니까 제자에게 만찬을 차려주듯이 "봐라, 이것이 네가 나에게 투사하는 것이다"라는 식으로 제시하지 않는다. 왜일까? 두 가지 이유가 있다. 먼저 뜨거운 태양처럼 환하게 반짝이는 것은 갑자기 보면 눈이 부셔 잘 볼 수 없다. 그래서 스승은 '진실을 말하되 빗대어' 말하고, 제자가 눈멀지 않도록 조금씩 보여준다.

두 번째 이유는, 많은 음식을 한 번에 다 먹을 수 없듯이 제자가 투사의 내용물을 소화하기 버겁다는 점이다. 스승에게 투사한 정신적 잠재력을 현실화하는 데는 부단한 연마의 시간이 필요한데 제자는 아직 감당할 준비가 안 되어 있다. 스타가 되기 위해 땀과 눈물로 가득한 수년간의 연습생 시절을 보내는 것보다 스타를 보며 열광하고 박수치는 팬으로 남는 게 편한 법이다. 그래서 현명한 스승은 장기적인 관점에서 제자의 여건을 고려하여 지도한다.

그렇다고 스승이 제자에게 지름길이나 편한 방식을 권하지는 않는다. 훌륭한 스승은 아기가 음식을 쉽게 먹을 수 있도록 잘게 으깨서 주는 어머니처럼 제자에게 투사의 내용을 친절하게 알려주지 않는다. 그렇게 하면 제자가 자신에게 더 의존한다는 걸 안다. 그럼 어떻게 하는

423

가? 구체적인 방법은 다양하겠지만 그게 뭐든 제자가 스스로 자각하는 데 중점을 둔다. 이를테면 스스로 가능성을 발견할 수 있는 학습의 장을 제공하거나 잠재력을 발휘할 수 있는 기회를 주선한다. 예를 들면 구본형은 내게 정기적으로 글쓰기 과제를 주고 책을 쓰게 하고 다양한 교육 콘텐츠를 개발하는 프로젝트에 참여시켰다. 이런 식으로 스승은 자연스럽게 제자의 투사 방향을 밖에서 안으로 돌려준다. 밖을 향한 투사를 나를 들여다보는 성찰로 바꾸는 것이다.

힘의 관점에서 보면 투사는 에너지가 매우 강하다. 스타에 열광하는 팬을 보라. 특히 부정적이긴 하지만 스타를 향한 사생팬의 집요함은 놀랍기까지 하다. 하지만 내 잠재력을 밖에서 찾는다는 점에서, 투사에 몰두하는 태도는 나의 힘을 스스로 포기하는 것과 같다. 거듭 강조하건대 투사는 무의식적으로 진행되므로 자각하기가 까다롭다. 투사 대상에게 실망하거나 환상이 깨지면 투사를 거둬들일 것 같지만 그런 경우는 드물다. 대부분은 또 다른 투사 대상을 찾는 데 골몰한다.

잊지 말자. 모든 나무에게 뿌리가 있듯이 누구나 내면에 황금이 있다. 훌륭한 스승은 제자가 내면의 황금을 발견하도록 안내한다. 스승은 밖을 이리저리 두리번거리는 제자의 시선을 돌려 안을 살펴보도록 돕는다. 이때 투사의 방향이 바뀌어도 투사의 강도는 줄지 않아서, 투사는 내면을 향한 투시(透視)로 전환된다. 투시는 꿰뚫어 봄이다. 이때 비로소 제자는 알맹이를 가려온 껍데기를 뚫고 자신의 진면목을 볼 수 있다.

납을 금으로 만드는 연금술은 물질에만 해당되는 게 아니다. 정신과 관계에도 연금술이 존재한다. 밖을 향한 투사에서 안을 밝히는 투시로의 전환은 한 사람의 내면에서 그리고 스승과 제자 사이에서 일어날 수 있는 최고의 연금술이다. 한 사람의 마음에 새 길이 열리고 비로소 자기다운 삶으로의 여정이 시작된다.

주

1 《빵장수 야곱의 영혼의 양식》, 노아 벤샤, 류시화 역, 김영사, 2008년, p. 87.

서문

1 《헤르만 헤세 대표시선》, 헤르만 헤세, 전영애 역, 민음사, 2007년, p. 293.

2 《신화와 인생》, 조지프 캠벨, 박중서 역, 갈라파고스, 2009년, pp.167~169;《인도의 철학》, 하인리히 짐머, 김용환 역, 대원사, 1992년, pp.19~21. 내용 일부 수정.

3 《스티브 잡스》, 월터 아이작슨 저, 안진환 역, 민음사, 2011년, p.10.

4 《스티브 잡스》, pp.659~660.

5 《스티브 잡스》, p.94.

6 《스티브 잡스 첫 청소년 전기》, 카렌 블루멘탈, 권오열 역, 서울문화사, 2012년, p.13.

7 《스티브 잡스》, p.520.

1장 나의 마음속 스승

1 《거인의 어깨 위에 올라서라》, 마이클 J. 겔브, 정준희 역, 청림출판, 2003년, p.14.

2 《새는 날아가면서 뒤돌아보지 않는다》, 류시화, 더숲, 2017년, p.258.

3 《사랑의 기술》, 에리히 프롬, 황문수 역, 문예출판사, 2005년, p.163.

4 《나는 이렇게 될 것이다》, 구본형, 김영사, 2013년, p.1.

5 《심리학적인 연금술》, 안창일 외, 시그마프레스, 2007년, p.234.

6 《내면의 황금》, 로버트 A. 존슨, 박종일 역, 인간사랑, 2010년, pp.12~13.

7 〈큰 바위 얼굴〉, 너대니얼 호손, 이종인 역, 가지않은길, 2013년, p.62.

8 〈큰 바위 얼굴〉. p.70.

9 〈큰 바위 얼굴〉, p.93.

10 《데미안》, 헤르만 헤세, 전영애 역, 민음사, 2000년, p.7.

11 《데미안》, p.123.

12 《데미안》, p.222.

13 《2천 년을 기억하는 스승과 제자》, 고전 연구회 편역, 포럼, 2006년, p.155.

2장 사사, 존재와 삶을 바꾸는 만남

1 《영혼의 모음》, 2002년, 샘터, pp.237~238.

2 《내가 에리히 프롬에게 배운 것들》, 라이너 풍크, 김희상 역, 갤리온, 2008년, p.19.

3 《내가 에리히 프롬에게 배운 것들》, pp.18~19.

4 《사랑의 기술》, 에리히 프롬, 황문수 역, 문예출판사, 2006년, pp.42~43.

5 《소유냐 존재냐》, 에리히 프롬, 차경아 역, 까치, 1996년, p.10.

6 《내가 에리히 프롬에게 배운 것들》 p.24.

7 《내가 에리히 프롬에게 배운 것들》 pp.22~23;《정신분석과 듣기 예술》, 에리히 프롬, 호연심리센터 역, 범우사, 2000년, pp.261~262, 참고하여 정리.

8 《내가 에리히 프롬에게 배운 것들》, p.87.

9 《신화와 인생》, 조지프 캠벨 저, 박중서 역, 갈라파고스, 2009년, p.187.

10 《빌 게이츠 & 워렌 버핏 성공을 말하다》, 빌 게이츠 외, 김광수 역, 월북, 2005년, pp.49~50.

11 《냇물아 흘러흘러 어디로 가니》, 신영복, 돌베개, 2017년, p.280.

12 《냇물아 흘러흘러 어디로 가니》, p.111.

13 《역사는 남북을 묻지 않는다》, 심지연, 소나무, 2001년, p.364.

14 《강의》, 신영복, 돌베개, 2004년, pp.19~20.

15 《마음을 쏘다, 활》, 오이겐 헤리겔, 정창호 역, 걷는책, 2012년, p.75.

16 《깊은 인생》, 구본형, 휴머니스트, 2011년, pp.184~185.

17 '길현모 선생님', 구본형 변화경영연구소 홈페이지, 2007년 1월 12일자 마음편지.

18 '길현모 선생님, 중요한 길목마다 그분이 거기 서 계셨다', 구본형 변화경영연구소 홈페이지, 2006년 7월 22일자 칼럼.

19 '길현모 선생님, 중요한 길목마다 그분이 거기 서 계셨다', 구본형 변화경영연구소 홈페이지, 2006년 7월 22일자 칼럼.

20 《월드 클래스를 향하여》, 구본형, 생각의나무, 2000년, p.7.

21 《깊은 인생》, p.173.

22 '길현모 선생님, 중요한 길목마다 그분이 거기 서 계셨다', 2006년 7월 22일자 칼럼.

23 《어느 자폐인 이야기》, 템플 그랜딘, 박경희 역, 김영사, 2011년, p.231.

24 《지혜의 도시 지혜의 건축》, 승효상, 서울포럼, 1999년, p.27.

25 《지혜의 도시 지혜의 건축》, p.29.

26 《위인이란 무엇인가/자기신념의 철학》, R. W. 에머슨, 정광섭 역, 동서문화사, 2010년, p.148.

27 《소로우의 일기》, 헨리 D. 소로우, 윤규상 역, 도솔, 2003년, pp.71~72.

28 《헨리 데이빗 소로우》, 헨리 솔트, 윤규상 역, 양문, 2001년, p.66.

29 《소로우와 에머슨의 대화》, 하몬 스미스, 서보명 역, 이레, 2005년, p.99.

30 《소로우와 에머슨의 대화》, pp.99~100.

31 《소로우와 에머슨의 대화》, p.322.

32 《거인의 어깨 위에 올라서라》, 마이클 J. 겔브, 정준희 역, 청림출판, 2003년, p.34.

33 《1만 시간의 재발견》, 안데르스 에릭슨 외, 강혜정 역, 비즈니스북스, 2016년, p.248.

34 《파인만의 여섯 가지 물리 이야기》, 리처드 파인만, 박병철 역, 승산, 2003년, p.34.

35 《파인만에게 길을 묻다》, 레너드 플로디노프, 정영목 역, 더숲, 2017년, p.159.

36 《파인만에게 길을 묻다》 pp.212~213.

37 《대화에 대하여》, 시어도어 젤딘, 문희경 역, 어크로스, 2019년, pp.45~46.

38 《어떤 질문은 당신의 벽을 깬다》, 할 그레거슨, 서종민 역, 코리아닷컴, 2019년, pp.42~43

39 《유연한 사고의 힘》, 레너드 플로디노프 저, 김정은 역, 까치, 2018년, pp.169~170.

40 《탤런트 코드》, 대니얼 코일, 윤미나 역, 웅진지식하우스, 2009년, p.201.

41 《싯다르타》, 헤르만 헤세, 박병덕 역, 민음사, 2002년, p.16.

3장 사숙, 마음 안에서 스승을 만나는 길

1 《마스터리의 법칙》, 로버트 그린, 이수경 역, 살림, 2013년, p.28.

2 《영혼의 자서전》, 니코스 카잔차키스, 안정효 역, 열린책들, 2009년, p.521.

3 프란치스코 성인의 고향은 책에 따라 아시시, 아씨시, 아씨씨로, 성인의 이름은 프란치스코, 프란체
   스코, 프란치스꼬 등으로 조금씩 다르게 불린다. 여기서는 '아시시'와 '프란치스코'로 통일하되 책
   제목에 들어 있는 성인의 고향과 이름은 해당 책의 서지정보를 따랐다.

4 《산에는 꽃이 피네》, 법정, 류시화 엮음, 문학의숲, 2009년, p.33.

5 《성자 프란체스코》, 니코스 카잔차키스, 김영신 역, 열린책들, 2008년, p.9.

6 《아시시의 성 프란치스코》, 헤르만 헤세, 정성원 역, 열림원, 2014년, p.70.

7 '김수환 추기경 선종 특별 기고문—사랑은 아직 끝나지 않았다', 조선일보, 2009년 2월 20일.

8 《생각의 탄생》, 로버트 루트번스타인 외, 박종성 역, 에코의서재, 2007년, p.242.

9 《거인의 어깨 위에 올라서라》, 마이클 J. 겔브, 정준희 역, 청림출판, 2003년, pp.34~35.

10 《머리 좀 굴려보시죠!》, 조엘 살츠먼, 김홍탁 역, 김영사, 2007년, p.196.

11 《일생에 한 번은 고수를 만나라》, 한근태, 미래의창, 2013년, pp.85~86.

12 《정약용과 그의 형제들 1》, 이덕일, 김영사, 2004년, p.53.

13 《다산산문선》, 정약용, 박석무 역주, 창비, 2013년, pp.23~24.

14 《다산산문선》, p.286.

15 《정약용과 그의 형제들 1》, p.234.

16 《다산 정약용 유배지에서 만나다》, 박석무, 한길사, 2003년, p.383.

17 《다산어록청상》, 정민, 푸르메, 2007년, p.108.

18 《신화의 힘》, 조셉 캠벨 외, 이윤기 역, 이끌리오, 2002년, pp.189~190.

19 《이윤기가 건너는 강》, 이윤기, 작가정신, 2001년, p.174.

20 《처음처럼》, 신영복, 처음처럼, 돌베개, 2016년, p.266.

21 《미쳐야 미친다》, 정민, 푸른역사, 2004년, p.177.

22 같은 해에 출간한 거의 같은 내용에 다른 용도로 편집한 《다산증언첩》이 있다. 여기서는 이 두 권을
   하나로 봤다.

23 《다산선생 지식경영법》, 정민, 김영사, 2006년, p.7.

24 《다산의 재발견》, 정민, 휴머니스트, 2011년, p.48.

25 《다산의 재발견》, p.5.

26 《유배지에서 보낸 편지》, 정약용, 박석무 편역, 창비, 2009년, p.164.

27 《소로우의 일기》, 헨리 D. 소로우, 윤규상 역, 도솔, 2003년, p.424.

28 《정약용과 그의 형제들 1》, p.236.

29 법정넷(www.beopjeong.net)에 공개된 《달이 일천강에 비치리》 원고에서 발췌.

30 《페피타》, 이노우에 다케히코, 박수지 역, 학산문화사, 2012년, p.46.

31 《페피타》, p.80.

32 《페피타》, DVD 동영상에서 발췌.

33 《페피타》, DVD 동영상에서 발췌.

34 《페피타》, p.10.

35 《페피타》, p.105.

36 《공백》, 이노우에 다케히코, 서현아 역, 학산문화사, 2013년, p.140.

37 《앙리 카르티에 브레송》, 피에르 아술린, 정재곤 역, 을유문화사, 2006년, p.25.

38 《헤세로 가는 길》, 정여울, 아르테, 2015년, p.324.

39 《이순신을 찾아 떠난 여행》, 이진이, 책과함께, 2008년, p.380.

40 《이순신을 찾아 떠난 여행》, pp.386~387.

41 《이순신을 찾아 떠난 여행》, p.380.

42 《낯선 곳에서의 아침》, 구본형, 을유문화사, 2007년, p.228.

43 《다산어록청상》, p.6.

44 《'나'라는 소설가 만들기》, 오에 겐자부로, 김유곤 역, 문학사상사, 2000년, p.91.

45 《'나'라는 소설가 만들기》, p.91.

46 《'나'라는 소설가 만들기》, p.127.

47 《덕의 기술》, 벤저민 프랭클린, 조지 L. 로저스 엮음, 정혜정 역, 21세기북스, 2004년, p.11.

4장 스승은 사라지고 제자는 떠난다

1 《새는 날아가면서 뒤돌아보지 않는다》, p.204.

2 《차라투스트라는 이렇게 말했다》, 프리드리히 니체, 정동호 역, 책세상, 2000년, p.130.

3 프로이트와 융의 관계에서 한 가지 밝혀둘 점이 있다. 칼 융의 동료와 제자들은 대체로 프로이트가 융에게 적지 않은 영향을 미쳤음을 인정하지만 두 사람의 관계를 사제지간으로 보지 않는다. 융이 프로이트를 만나기 전에 이미 유능한 학자로 자리매김하고 있었다는 점을 들어 선후배나 동료 관계로 본다. 그에 비해 프로이트 쪽은 융에 대한 언급 자체를 하지 않는 편이다. 추측건대 스승의 사랑을 흠뻑 받고도 배신했다는 생각이 강한 듯하다. 중요한 건 주변인들의 생각이 아니라 프로이트와 융의 생각이며, 둘의 관계에서 나온 직접적인 증거이다. 특히 두 사람이 주고받은 편지에 따르면 융과 프로이트는 스승과 제자의 관계를 넘어 정신으로 맺은 아버지와 아들의 관계에 가까웠다. 비

430

록 그 관계가 그들의 긴 생에서 몇 년 동안에 불과하더라도 이 사실은 변하지 않는다.

4 《선의 황금시대》, 존 C. H. 우, 김연수 역, 한문화, 2006년, p.243.

5 《지혜의 도시 지혜의 건축》, 승효상, 서울포럼, 1999년, p.96.

6 《탤런트 코드》, p.279.

7 《신곡―지옥편》, 단테 알리기에리, 박상진 역, 민음사, 2007년, p.25.

8 《신곡―연옥편》, 단테 알리기에리, 박상진 역, 민음사, 2007년, p.246.

9 '빛과 어둠', 2007년 2월 2일자 마음편지.

10 《싯다르타》, p.62.

11 《인간과 상징》, 카를 G. 융 외, 이윤기 역, 인간과 상징, 열린책들, 2009년, pp.332~333.

12 동시성은 '의미 있는 우연의 일치'를 의미한다. 칼 융은 동시성이란 "둘 혹은 그 이상의 의미심장한 사건들이 동시에 발생하는 현상으로, 여기에는 우연한 가능성 이상의 뭔가가 작용하고 있다"고 말한다. 동시성은 세 가지 요인이 맞아떨어져야 한다. '내적(심리적)인 사건'과 '외적인 사건', 이 둘 간의 '의미 있는 연결'. 예컨대 밤에 꾼 꿈에서 친구가 내게 인사를 했는데, 몇 시간 후 그 친구가 세상을 떠났다는 소식을 듣는 식이다. 꿈에서 만난 친구와 친구의 죽음은 인과적으로 상관이 없지만 '인사'와 '떠남'이라는 의미 차원에서는 바로 연결된다.

13 《나는 내일을 기다리지 않는다》, 강수진, 인플루엔셜, 2013년, p.257.

14 《나는 내일을 기다리지 않는다》, p.260.

15 《월든》, 헨리 데이빗 소로우, 강승영 역, 은행나무, 2011년, p.472.

나가는 글

1 《사랑 안에서 길을 잃어라》, 루미, 이현주 엮음, 샨티, 2005년, p.37.

2 《오에 겐자부로, 작가 자신을 말하다》, 오에 겐자부로 외, 윤상인 외 역, 문학과지성사, 2012년, p.397, p.416, p.417.

부록

1 《내면의 황금》, p.13.

참고문헌

biography 편집부, 《바이오그래피 8.5 승효상》, 스리체어스, 2016년.

E. H. 카, 길현모 역, 《역사란 무엇인가》, 탐구당, 2015년.

Joseph Campbell, Phil Cousineau, *The Hero's Journey: Joseph Campbell on His Life and Work*, New World Library, 2003.

R. W. 에머슨, 정광섭 역, 《위인이란 무엇인가 / 자기신념의 철학》, 동서문화사, 2010년.

강수진, 《나는 내일을 기다리지 않는다》, 인플루엔셜, 2013년.

고전 연구회 편역, 《2천 년을 기억하는 스승과 제자》, 포럼, 2006년.

공자, 김형찬 역, 《논어》, 홍익출판사, 2005년.

공자, 이수태 역, 《새번역 논어》, 생각의나무, 1999년.

구본형, 《깊은 인생》, 휴머니스트, 2011년.

구본형, 《나는 이렇게 될 것이다》, 김영사, 2013년.

구본형, 《낯선 곳에서의 아침》, 을유문화사, 2007년.

구본형, 《마흔세 살에 다시 시작하다》, 휴머니스트, 2007년.

구본형, 《월드 클래스를 향하여》, 생각의나무, 2000년.

구본형, 《일상의 황홀》, 을유문화사, 2004년.

금장태, 《다산평전》, 지식과교양, 2011년.

김범진, 《스티브 잡스 i Mind》, 이상, 2010년.

김상근 외, 《르네상스 창조경영》, 21세기북스, 2008년.

김서영, 《아주 사적인 신화 읽기》, 현암사, 2018년.

김호, 《그렇게 물어보면 원하는 답을 들을 수 없습니다》, 위즈덤하우스, 2019년.

너대니얼 호손, 이종인 역, 《큰 바위 얼굴》, 가지않은길, 2013년.

노아 벤샤, 류시화 역, 《빵장수 야곱의 영혼의 양식》, 김영사, 1999년.

니코스 카잔차키스, 김영신 역, 《성자 프란체스코》, 열린책들, 2008년.

니코스 카잔차키스, 안정효 역, 《영혼의 자서전》, 열린책들, 2009년.

단테 알리기에리, 박상진 역, 《신곡》, 민음사, 2007년.

대니얼 멘델슨, 민국홍 역, 《오디세이 세미나》, 바다출판사, 2019년.

대니얼 코일, 윤미나 역, 《탤런트 코드》, 웅진지식하우스, 2009년.

데이비드 봄, 강혜정 역, 《창조적 대화론》, 에이지21, 2011년.

데이비드 브룩스, 김희정, 《인간의 품격》, 부키, 2015년.

디어드리 베어, 정영목 역, 《융》, 열린책들, 2008년.

라이너 풍크, 김희상 역, 《내가 에리히 프롬에게 배운 것들》, 갤리온, 2008년.

랄프 왈도 에머슨, 김천봉 역, 《랄프 왈도 에머슨》, 이담북스, 2012년.

랄프 왈도 에머슨, 서동석 역, 《자연》, 은행나무, 2014년.

레너드 플로디노프, 김명남 역, 《새로운 무의식》, 까치, 2013년.

레너드 플로디노프, 김정은 역, 《유연한 사고의 힘》, 까치, 2018년.

레너드 플로디노프, 정영목 역, 《파인만에게 길을 묻다》, 더숲, 2017년.

로런스 프리드먼, 김비 역, 《에리히 프롬 평전》, 글항아리, 2016년.

로렌스 크라우스, 김성훈 역, 《퀀텀맨》, 승산, 2012년.

로먼 크르즈나릭, 김병화 역, 《공감하는 능력》, 더퀘스트, 2018년.

로버트 A. 존슨, 고혜경 역, 《당신의 그림자가 울고 있다》, 에코의서재, 2007년.

로버트 A. 존슨, 박종일 역, 《내면의 황금》, 인간사랑, 2010년.

로버트 그린, 이수경 역, 《마스터리》, 살림, 2013년.

로버트 루트번스타인 외, 박종성 역, 《생각의 탄생》, 에코의서재, 2007년.

루미, 이현주 엮음, 《사랑 안에서 길을 잃어라》, 샨티, 2005년.

루이자 길더, 노태복 역, 《얽힘의 시대》, 부키, 2012년.

류시화, 《새는 날아가면서 뒤돌아보지 않는다》, 더숲, 2017년.

리처드 파인만, 박병철 역, 《파인만의 여섯 가지 물리 이야기》, 승산, 2003년.

마리-루이제 폰 프란츠, 이부영 역, 《C. G. 융 우리 시대 그의 신화》, 한국융연구원, 2016년.

마이클 J. 겔브, 정준희 역, 《거인의 어깨 위에 올라서라》, 청림출판, 2003년.

마이클 가자니가, 박인균 역, 《뇌로부터의 자유》, 추수밭, 2012년.

마크 갈리, 이은재 역, 《성 프란체스코》, 예경, 2006년.

말콤 글래드웰, 노정태 역, 《아웃라이어》, 김영사, 2009년.

맹자, 박경환 역, 《맹자》, 홍익출판사, 2005년.

미르카 크네스터, 류시화 역, 《마음에 대해 무닌드라에게 물어보라》, 연금술사, 2015년.

미치 앨봄 외, 공경희 역, 《모리와 함께한 화요일》, 세종서적, 2002년.

박석무, 《다산 정약용 유배지에서 만나다》, 한길사, 2003년.

박석무, 《다산 정약용 평전》, 민음사, 2014년.

박승오 외, 《위대한 멈춤》, 열린책들, 2016년.

박홍규, 《빈센트가 사랑한 밀레》, 아트북스, 20005년.

박희병 편역, 《선인들의 공부법》, 창작과비평사, 1998년.

법정, 《달이 일천강에 비치리》, 불일출판사, 1984년 (웹사이트 '법정넷'에 전체 원고 공개).

법정, 《버리고 떠나기》, 샘터, 2001년.

법정, 《산방한담》, 샘터, 2001년.

법정, 《새들이 떠나간 숲은 적막하다》, 샘터, 2002년.

법정, 《영혼의 모음》, 샘터, 2002년.

법정, 《홀로 사는 즐거움》, 샘터, 2004년.

법정, 류시화 엮음, 《산에는 꽃이 피네》, 문학의숲, 2009년.

법정, 현장 엮음, 《시작할 때 그 마음으로》, 책읽는섬, 2017년.

베르너 하이젠베르크, 유영미 역, 《부분과 전체》, 서커스, 2016년.

벤저민 프랭클린, 강미경 역, 《프랭클린 자서전》, 느낌이있는책, 2007년.

벤저민 프랭클린, 조지 L. 로저스 엮음, 정혜정 역, 《덕의 기술》, 21세기북스, 2004년.

빅토르 E. 프랑클, 박현용 역, 《책에 쓰지 않은 이야기》, 책세상, 2012년.

빌 게이츠 외, 김광수 역, 《빌 게이츠 & 워렌 버핏 성공을 말하다》, 월북, 2005년.

서동석, 《에머슨 조화와 균형의 삶》, 은행나무, 2014년.

손세관, 《안토니 가우디》, 살림, 2004년.

스즈키 순류, 정창영 역, 《선심초심》, 물병자리, 2007년.

승효상, 《오래된 것들은 다 아름답다》, 컬처그라퍼, 2012년.

승효상, 《지혜의 도시 지혜의 건축》, 서울포럼, 1999년.

시어도어 젤딘, 문희경 역, 《대화에 대하여》, 어크로스, 2019년.

시오노 나나미, 김석희 역, 《르네상스를 만든 사람들》, 한길사, 2001년.

신영복, 《감옥으로부터의 사색》, 돌베개, 1998년.

신영복, 《강의》, 돌베개, 2004년.

신영복, 《냇물아 흘러흘러 어디로 가니》, 돌베개, 2017년.

신영복, 《손잡고 더불어》, 돌베개, 2017년.

신영복, 《처음처럼》, 돌베개, 2016년.

심지연, 《역사는 남북을 묻지 않는다》, 소나무, 2001년.

아담 카헤인, 강혜정 역, 《포용의 리더십》, 에이지21, 2010년.

아담 카헤인, 류가미 역, 《통합의 리더십》, 에이지21, 2008년.

안나 S. 레드샌드, 황의방 역, 《빅터 프랑클》, 두레, 2008년.

안창일 외, 《심리학적인 연금술》, 시그마프레스, 2007년.

알로이스 프린츠, 이한우 역, 《헤르만 헤세》, 더북, 2002년.

앤 재닛 존슨, 권오열 역, 《워런 버핏 이야기》, 명진출판사, 2009년.

앤드류 킬패트릭, 안진환 외 역, 《워렌 버핏 평전》, 월북, 2008년.

앨리스 슈뢰더, 이경식 역, 《스노볼》, 랜덤하우스, 2009년.

에드워드 월도 에머슨, 서강목 역, 《소로와 함께한 나날들》, 책읽는오두막, 2013년.

에리히 프롬, 차경아 역, 《소유냐 존재냐》, 까치, 1996년.

에리히 프롬, 호연심리센터 역, 《정신분석과 듣기 예술》, 범우사, 2000년.

에리히 프롬, 황문수 역, 《사랑의 기술》, 문예출판사, 2005년.

에릭 슈미트 외, 김민주 외 역, 《빌 캠벨, 실리콘밸리의 위대한 코치》, 김영사, 2020년.

여럿이 함께 씀,《신영복 함께 읽기》, 돌베개, 2006년.

오병곤 외,《내 인생의 첫 책쓰기》, 위즈덤하우스, 2008년.

오에 겐자부로 외, 윤상인 외 역,《오에 겐자부로, 작가 자신을 말하다》, 문학과지성사, 2012년.

오에 겐자부로, 김유곤 역,《'나'라는 소설가 만들기》, 문학사상사, 2000년.

오에 겐자부로, 정수윤 역,《읽는 인간》, 위즈덤하우스, 2015년.

오이겐 헤리겔, 정창호 역,《마음을 쏘다》, 활, 걷는책, 2012년.

월터 아이작슨, 안진환 역,《스티브 잡스》, 민음사, 2011년.

이광식,《십대, 별과 우주를 사색해야 하는 이유》, 더숲, 2013년.

이노우에 다케히코, 박수지 역,《페피타》, 학산문화사, 2012년.

이노우에 다케히코, 서현아 역,《공백》, 학산문화사, 2013년.

이노우에 다케히코, 서현아 역,《이노우에, 다시 찾다》, 학산문화사, 2017년.

이노우에 타케히코 외, 서현아 역,《만화가 시작된다》, 학산문화사, 2009년.

이덕일,《정약용과 그의 형제들》, 김영사, 2004년.

이마미치 도모노부, 이영미 역,《단테 신곡 강의》, 안티쿠스, 2008년.

이부영,《분석심리학 이야기》, 집문당, 2014년.

이부영,《자기와 자기실현》, 한길사, 2002년.

이윤기,《시간의 눈금》, 열림원, 2005년.

이윤기,《이윤기가 건너는 강》, 작가정신, 2001년.

이재은,《처음 읽는 신영복》, 헤이북스, 2019년.

이진이,《이순신을 찾아 떠난 여행》, 책과함께, 2008년.

장광열,《당신의 발에 입 맞추고 싶습니다》, 동아일보사, 2004년.

재닛 로우, 김기준 역, 워렌 버핏,《부의 진실을 말하다》, 크레듀, 2008년.

정민,《다산 증언첩》, 휴머니스트, 2017년.

정민,《다산선생 지식경영법》, 김영사, 2006년.

정민,《다산어록청상》, 푸르메, 2007년.

정민,《다산의 재발견》, 휴머니스트, 2011년.

정민,《미쳐야 미친다》, 푸른역사, 2004년.

정민,《삶을 바꾼 만남》, 문학동네, 2011년.

정민,《책 읽는 소리》, 마음산책, 2002년.

정민,《체수유병집》, 김영사, 2019년.

정민,《파란》, 천년의상상, 2019년.

정약용, 박석무 역주,《다산산문선》, 창비, 2013년.

정약용, 박석무 편역,《유배지에서 보낸 편지》, 창비, 2009년.

정약용, 정민 편역,《한밤중에 잠깨어》, 문학동네, 2012년.

정여울,《헤세로 가는 길》, 아르테, 2015년.

제러미 리프킨, 이경남 역,《공감의 시대》, 민음사, 2010년.

제프 콜빈, 김정희 역, 《재능은 어떻게 단련되는가?》, 부키, 2010년.

제프리 영 외, 《iCon 스티브 잡스》, 임재서 역, 민음사, 2005년.

조셉 자보르스키, 강혜정 역, 《리더란 무엇인가》, 에이지21, 2010년.

조셉 캠벨 외, 이윤기 역, 《신화의 힘》, 이끌리오, 2002년.

조엘 살츠먼, 김홍탁 역, 《머리 좀 굴려보시죠!》, 김영사, 2007년.

조지 레너드, 강유원 역, 《달인》, 여름언덕, 2007년.

조지프 캠벨, 노혜숙 역, 《블리스, 내 인생의 신화를 찾아서》, 아니마, 2014년.

조지프 캠벨, 다이앤 K. 오스본 엮음, 박중서 역, 《신화와 인생》, 갈라파고스, 2009년.

조지프 캠벨, 홍윤희 역, 《신화의 이미지》, 살림, 2006년.

존 C. H. 우, 김연수 역, 《선의 황금시대》, 한문화, 2006년.

지오르지오 바자리, 이근배 역, 《이태리 르네상스의 미술가 평전》, 한명, 2000년.

찰스 핸디, 김진준 역, 《홀로 천천히 자유롭게》, 생각의나무, 2000년.

최영묵 외, 《신영복 평전》, 돌베개, 2019년.

카렌 블루멘탈, 권오열 역, 《스티브 잡스》, 서울문화사, 2012년.

카를 G. 융 외, 이윤기 역, 《인간과 상징》, 열린책들, 2009년.

카를 구스타프 융, 조성기 역, 《카를 융, 기억 꿈 사상》, 김영사 2007년.

크리스토퍼 사이크스, 노태복 역, 《리처드 파인만》, 반니, 2017년.

템플 그랜딘, 박경희 역, 《어느 자폐인 이야기》, 김영사, 2011년.

트와일라 타프, 노진선 역, 《천재들의 창조적 습관》, 문예출판사, 2006년.

폴 핼펀, 노태복 역, 《파인만과 휠러의 만남》, 양자미로, 승산, 2019년.

프리드리히 니체, 이미기 역, 《인간적인 너무나 인간적인 II》, 책세상, 2002년.

프리드리히 니체, 정동호 역, 《차라투스트라는 이렇게 말했다》, 책세상, 2000년.

피에르 아술린, 정재곤 역, 《앙리 카르티에 브레송》, 을유문화사, 2006년.

피천득, 《인연》, 샘터, 2002년.

피터 게이, 정영목 역, 《프로이트》, 교양인, 2011년.

하몬 스미스, 서보명 역, 《소로우와 에머슨의 대화》, 이레, 2005년.

하워드 가드너, 임재서 역, 《열정과 기질》, 북스넛, 2004년.

하이스 반 헨스베르헌, 양성혜 역, 《어머니 품을 설계한 건축가 가우디》, 현암사, 2002년.

하인리히 짐머, 조셉 캠벨 엮음, 김용환 역, 《인도의 철학》, 대원사, 1992년.

한근태, 《일생에 한 번은 고수를 만나라》, 미래의창, 2013년.

한동일, 《라틴어 수업》, 흐름출판, 2017년.

할 그레거슨, 서종민 역, 《어떤 질문은 당신의 벽을 깬다》, 코리아닷컴, 2019년.

헤르만 헤세, 김화경 역, 《페터 카멘친트》, 현대문학, 2013년.

헤르만 헤세, 박병덕 역, 《싯다르타》, 민음사, 2002년.

헤르만 헤세, 전영애 역, 《데미안》, 민음사, 2000년.

헤르만 헤세, 전영애 역, 《헤르만 헤세 대표시선》, 민음사, 2007년.

헤르만 헤세, 정성원 역, 《아시시의 성 프란치스코》, 열림원, 2014년.

헨리 D. 소로우, 윤규상 역, 《소로우의 일기》, 도솔, 2003년.

헨리 데이비드 소로, 윤규상 역, 《소로의 일기 청년편》, 갈라파고스, 2017년.

헨리 데이빗 소로우, 강승영 역, 《월든》, 은행나무, 2011년.

헨리 데이빗 소로우, 류시화 역, 《구도자에게 보낸 편지》, 오래된미래, 20005년.

헨리 솔트, 윤규상 역, 《헨리 데이빗 소로우》, 양문, 2001년.

효봉문도회 엮음, 《효봉어록》, 불일출판사, 1975년.

신문기사

구본준, 슬램덩크 창조자 '가우디의 창조'를 그리다, 한겨레신문, 2012년 12월 30일.

금장태, [다산 정약용 다시 읽기] 〈4〉 정약용 vs 이황, 한국일보, 2012년 5월 6일.

법정, 김수환 추기경 선종 특별 기고문—사랑은 아직 끝나지 않았다, 조선일보, 2009년 2월 20일.

조운찬, 노촌 이구영선생 산문집 '한겨울…' 출간, 경향신문, 2004년 5월 11일.

인터넷 사이트

구본형 변화경영연구소 http://www.bhgoo.com

법정넷 http://www.beopjeong.net

성호기념관 http://seongho.iansan.net

조셉 캠벨 재단(Joseph Campbell Foundation) http://www.jcf.org

영화

〈법정스님의 의자〉, 임성구 감독, 2011년.

〈템플 그랜딘(Temple Grandin)〉, 믹 잭슨 감독, 2010년.

〈핸즈 오브 스톤(Hands Of Stone)〉, 조나단 자쿠보위즈 감독, 2016년.

스승이 필요한 시간

초판 1쇄 인쇄 2021년 5월 5일
초판 1쇄 발행 2021년 5월 15일

지은이 홍승완
펴낸이 정용수

사업총괄 장충상 본부장 윤석오
편집장 박유진 책임편집 김민기 편집 정보영
디자인 김지혜
영업·마케팅 정경민 양희지
제작 김동명 관리 윤지연

펴낸곳 ㈜예문아카이브
출판등록 2016년 8월 8일 제2016-000240호
주소 서울시 마포구 동교로18길 10 2층(서교동 465-4)
문의전화 02-2038-3372 주문전화 031-955-0550 팩스 031-955-0660
이메일 archive.rights@gmail.com 홈페이지 ymarchive.com
블로그 blog.naver.com/yeamoonsa3 인스타그램 yeamoon.arv

© 홍승완, 2021
ISBN 979-11-6386-069-3 03190